瞿 林 东 文 集

第 9 卷

白寿彝与20世纪中国史学

瞿林东　著

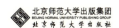

北京师范大学出版集团
BEIJING NORMAL UNIVERSITY PUBLISHING GROUP
北京师范大学出版社

序

1964 年 6 月，我毕业于北京师范大学历史系，同年，经过考试，成为该系的研究生，师从白寿彝先生攻读中国史学史。其间，白先生带领我们"中国史学史编写组"的全体同仁，学习"毛泽东关于批判继承历史遗产的理论"，加深了大家对历史遗产重要性的认识。这对我后来数十年的学习和研究，都有深刻的影响。

1981 年 5 月，在阔别母校十三年后，我奉调到北京师范大学新建立的史学研究所，在白先生指导下从事科研和教学工作，直至白先生 2000 年 3 月去世，前后将近 20 年。在这 20 年中，研究工作头绪多了，担子重了，视野开阔了，对史学的理解也逐步深入了。这期间，由于工作的需要和自己时有所感、所悟，我撰写了一些关于学习白先生史学思想和治学精神与治学方法的文章，用以认识和提高对于清人章学诚所说的"家学"传统的理解。2001 年，我曾把这些文章汇编成一本小书，题为《白寿彝史学的理论风格》，经河南大学李振宏教授的推荐，在河南大学出版社出版，作为对白先生逝世周年的纪念。河南大学教授朱绍侯先生应我的请求，为这本小书写了序言。对于他们的这种真挚友谊和热心支持，至今我都满怀感激之情。

在白先生逝世后的十年中，我仍在继续着对白先生史学思想和治学道路的研究。这不仅仅是应学术界各方面的要求而作，也不仅仅是为了"家学"的传承而作，我认为自己有一种学术上的使命，即尽可能全面地阐述白先生在历史学领域诸多方面的成就，并把它置于20世纪中国史学发展过程中加以评述，以展现这位学人在20世纪中国史学发展中的风采和影响。基于这一心境和认识，我在《白寿彝史学的理论风格》一书的基础上，把近30年来的有关文章汇集起来并重新编次，书名则定为《白寿彝与20世纪中国史学》，奉献给学术界和读书界的朋友。

本书主要包含关于白先生的学术思想和治学道路、他作为总主编的《中国通史》的价值、他的民族史思想的意义、他对中国史学史研究的贡献，以及他的学风和文风等几个方面的内容。由于我的学力所限，对老师的学术思想理解不够深刻，这些文章难免有肤浅之处，同时，又由于知识领域所限，对有些领域如白先生的宗教史研究和中国交通史研究，则很少涉及。对此，我深以为疚！

从学术史和学术思想史的积累和延续来看，我希望我的这些过往的文字，不会因为岁月的流逝而过时，这是我的一点心愿。书中所汇辑的文章，因作于不同时间和不同报刊的需要，内容上或有重复之处，恳请读者予以谅解。书中所论，如有不妥以至错误之处，衷心希望同行与读者予以指正。

瞿林东谨记

2010 年 3 月 1 日

目　录

民族史思想

论史学遗产

通识和器局

通识和器局[*]

——纪念白寿彝先生百年诞辰

引　言

2009 年 2 月 19 日，是白寿彝先生 100 周年诞辰的纪念日。很早就想到要写一点纪念文字，以表达自己对老师的缅怀之情。可是提起笔来，总觉得要写的东西很多很多，真不知从何处着笔。想了很久，我想用这样四个字来概括白先生的学术特点和治学宗旨，或许更能反映我对自己老师为学风格的理解。这就是："通识"和"器局"。

从司马迁提出"通古今之变"①，到郑樵倡导

---

* 原载《史学史研究》2009 年第 1 期。

① 司马迁：《报任安书》，《汉书》卷六十二《司马迁传》，北京：中华书局，1962 年，第 3735 页。

"会通之义"①，再到章学诚总结出来的"通史家风"②，以及龚自珍所说的"欲知大道，必先为史"③，都包含了知识的渊博、器量的宏大和见识的深刻，可以看作是历史上的史学家的"通识"和"器局"。

白先生学术的特点，正是继承、发展了史学上的通识和器局。对此，我以前有一点朦胧的认识，而现在比以前又多了一些理解和认识。1981年，白先生在《史学史研究》上连续发表了四篇《谈史学遗产答客问》的文章。我在阅读、学习中的那种激动和沉思交织在一起的心境，至今难忘。1981年年底，我写了一篇读后的认识《史学遗产和史学研究——读〈谈史学遗产答客问〉书后》，发表在《史学史研究》1982第1期上面。其中，第三部分讲的就是"专长之才和通识之才"的问题。文中有这样一段话："值得我们注意的是，作者的四篇《答客问》，以论说理论问题开篇，引用和评论了一百八十种左右书刊，提出了一些有价值的见解，而又采取问答体的形式，反映了作者本人也是努力在用德、学、识、才的标准来要求自己的。这也可以看作是作者对中青年史学工作者的一种'身教'吧。"

20多年过去了，随着岁月的逝去，我对白先生著作的精髓也懂得多了一点。白先生的通识和器局，在他所研究的诸多领域，都更加鲜明地显现出来。

一、理论与通史

白先生从20世纪50年代初，就努力学习马克思主义理论，并把它用来指导自己的研究工作，在此后的半个世纪中，他从未中断

① 郑樵：《通志》总序，北京：中华书局，1987年，第1页。
② 章学诚：《文史通义》卷五《申郑》，叶瑛校注，北京：中华书局，1985年，第463页。
③ 龚自珍：《龚自珍全集》第一辑《尊史》，上海：上海人民出版社，1975年，第81页。

这种努力，也从未改变这一方向。他在学习和运用马克思主义理论方面，有一个显著的特点，即善于把握马克思主义唯物史观的精髓并把它同自己的研究对象结合起来，从而提出自己的见解。白先生写的《中国史学史》第一册的目次中，有这样几个标题："历史理论一：社会存在决定社会意识"；"历史理论二：物质生产和物质生产者的历史"；"历史理论三：社会历史之辩证的发展及其规律性"。马克思主义唯物史观有丰富的内容，白先生所强调的这几个基本原理，无疑是很重要的。诚如他所理解的那样："历史理论，首先是史学领域的哲学问题，主要是社会存在和社会意识的关系问题，人民群众在社会历史上的地位问题，历史进程有无规律可循的问题。"①从思想史研究和历史研究来看，这几个问题，不仅是重要的，而且也是经常会引起这样那样争论的问题。白先生强调这几条原则，自有其针对性。

白先生善于把理论运用于指导他所从事的研究，不仅有明确的和坚定的信念，而且具有突出的实践性和艺术性。那种高屋建瓴的气势，真有一泻千里之感。举例来说，如他在《中国通史纲要》中撰写的《中国历史的年代：一百七十万年和三千六百年》，实则是一篇关于中国历史分期问题的宏论。文中不仅明确地划分了中国历史进程的各个阶段及其特点，而且在关于中国封建社会内部分期问题上提出了独到的见解。这一见解的核心价值，是充分地考虑到了在封建社会中占统治地位的地主阶级的变化。因为地主阶级是封建社会中地主阶级同农民阶级这一主要矛盾的矛盾主要方面，其变化直接影响到对劳动力的占有形式和剥削形式的变化。具体说来，他把秦汉时期的世家地主、魏晋南北朝隋唐时期的门阀地主、五代宋元时期的品官地主和明清时期的官绅地主的出现，并在政治上居于统治

---

① 白寿彝：《中国史学史》第一册，上海：上海人民出版社，1986年，第11页。

地位，作为将中国封建社会划分为四个发展阶段的标志之一的观点①，已为不少学者所认同。

又如，白先生在主持制定多卷本《中国通史》的《导论》卷时，曾确定要写出 12 个方面、346 个问题的理论性著作，作为统率《中国通史》的开卷之作。我还清晰地记得，当时白先生要我撰写"家庭"一章。白先生说，在《中国通史》中，难得有机会在某一个地方专门来写中国历史上的家庭，但家庭是社会的"细胞"，有必要在导论中对它的演变做一个概括的阐述。后因种种原因，《中国通史》的导论没有执行这一撰述计划，但白先生仍认为这是一个重要的学术构想。而目前我们所读到的《中国通史》的《导论》卷所包含的 9 个问题，还是十分突出地显示出它的主编的通识和器局。这 9 个问题是：

> 统一的多民族的历史；
> 历史发展的地理条件；
> 人的因素，科学技术和社会生产力；
> 生产关系和阶级关系；
> 国家和法；
> 社会意识形态；
> 历史理论和历史文献；
> 史书体裁和历史文学；
> 中国和世界。

值得注意的是，白先生在《导论》卷的题记中写了这样一段话，他说：

> 本卷只讲述一些我们感到兴趣的问题，不能对中国历史做

---

① 参见白寿彝主编：《中国通史纲要》，上海：上海人民出版社，1980 年，第 16～22 页。

理论上的全面分析。一九八一年六月，我们在《史学史研究》第二期上发表了导论的提纲，提出了中国历史的十二个方面，三百四十六个问题，涉及面相当广泛，但在短时期内不能对这些问题都进行研究，经过反复讨论，拟定了现在这样的内容。一九八一年的提纲，我们认为仍值得参考，现作为附录，附在本卷之后。①

这里说的"只讲述一些我们感到兴趣的问题"，实际上都是历史理论和史学理论中的一些关键问题。他用"涉及面相当广泛"来表明12个方面、346个问题的价值，故作为《导论》卷的附录，这既可以反映编撰者的思路和工作进程，也可供将来的研究者参考。

还有一点也是值得注意的，即上述9个方面的问题，既不是讨论历史过程，也不是空发议论，而是以唯物史观的观点和方法，结合中国历史发展的实际，阐述相关的理论认识。可以认为，这是比较系统地以马克思主义唯物史观同中国历史实际相结合而做的理论论述，是唯物史观取得民族形式的一种途径。在唯物史观受到来自国内外的非难和挑战的时候，《中国通史》的《导论》卷的出版，一方面反映了主编白先生的通识和器局，另一方面也反映了他所指导下的学术群体的实事求是的、开放进取的学术心态。该书面世将近20年了，但仍然具有理论上的价值。

白先生主编的《中国通史纲要》被翻译成多种外文出版，而中文版已印刷了30多次；他总主编的多卷本《中国通史》受到学术界的高度赞誉，并受到国家领导人的重视和称颂，这同他在通史方面的通识和器局是密不可分的。

---

① 白寿彝主编：《中国通史》第一卷《导论》题记，上海：上海人民出版社，1989年，第2页。

二、民族观与民族史研究

白寿彝先生是一位马克思主义史学家，并在 20 世纪八九十年代成为当时中国马克思主义史家的代表人物之一。同时，白先生又是一位出身于少数民族的史学家。这两个因素，使其对马克思主义的民族理论具有深刻的和创造性的理解。他的通识和器局，在这方面也反映得十分突出，为治民族史者所推崇、所尊敬。

白先生在《白寿彝民族宗教论集》的题记中写了这样一段话：

> 中国的历史，是中华人民共和国国土上现有的和曾经有过的民族共同创造的历史。这一点认识……逐渐为我国史学工作者所普遍接受。这在史学思想上是一个了不起的进步。它既有重要的理论意义，又有深远的现实意义。我在多年断断续续的摸索中，对民族史有两点体会。它经历过单一民族内部的统一、区域性多民族的统一、全国性多民族的统一，以至当前社会主义全国性多民族的统一。统一是我国历史发展的主流。又一点是，尽管在历史上出现过不少的民族斗争，甚至于出现过民族战争，但从整个历史的发展看，我国民族之间总是越来越友好。友好并不排斥斗争的存在，斗争也不能阻挡友好关系的前进。[1]

上面这段话，大致可以表明白先生的民族观和民族史观。

显然，白先生的民族观的核心是："中国的历史，是中华人民共和国国土上现有的和曾经有过的民族共同创造的历史。"这就是为什么他的《民族宗教论集》开篇就是关于"国家与民族"的论述。白先生

---

[1] 白寿彝：《白寿彝民族宗教论集》，北京：北京师范大学出版社，1992 年，第 1 页。

的这一民族观，早在 20 世纪 50 年代初就已经初步形成了。他在 1951 年写的《论历史上祖国国土问题的处理》一文中指出：

为了说得更清楚，我们不妨说，对于本国史上祖国国土的处理，是有两个办法。一个办法是，以历代皇朝的疆域为历代国土的范围，因皇权统治范围的不同而历代国土有所变更或伸缩。又一个办法是，以今天的中华人民共和国的国土为范围，由此上溯，研求自有历史以来，在这个土地上的先民的活动。这两种不同的办法，显然表示着不同的思想倾向：

第一，前一个办法显然还受着传统的历史观点的支配，就是还受着皇朝历史观点的支配。尽管我们在本国史的工作中，主观上要站在人民的立场，并且事实上也已经站在人民的立场，但如果用这样的办法来处理历史上的国土问题，那么，至少在这一点上，还没有从旧的非人民的，甚至是反人民的立场上得到解放。这和后一个办法是不同的，后一个办法是已经摆脱了旧的观点，完全从旧的立场上得到解放了。

第二，前一个办法很容易引导我们的历史工作陷入大汉族主义的偏向。因为在这个办法处理下的地理条件，很容易限制了本国史的内容，要使它成为单独的汉族的历史或汉族统治者的历史，要在"汉族"或"汉族统治者"和"中国"之间画上等号。后一个办法采用的结果，却恰恰相反。它可能使本国史有丰富的内容，可能使本国史成为中华各民族共同的历史，可能使本国史告诉我们这个民族大家庭的历史的由来。

第三，前一个办法可能引导我们把本国史一个朝代一个朝代孤立地看，不能把历史和我们现在的社会生活结合起来。后一个办法，恰巧相反，是要求我们从了解现在社会生活的意义上去研究历史的。

从这三点来说，用皇朝疆域的观点来处理历史上的国土问题，是错误的办法；用中华人民共和国的国土范围来处理历史上的国土问题，是正确的办法。我们应该消灭前一个办法。我们应该建立后一个办法。①

白先生关于对历史上中国国土问题的处理意见，既考虑到历史上的发展形势，也考虑到新中国的现实状况，是历史和现实的结合，从而克服了对于国土问题的片面性认识，同时也正确地回答了中国作为一个多民族国家的历史事实。他的这一见解，被许多同行所认同，对于新中国的中国历史研究产生了积极的影响。

1990年，白先生在一次座谈会上就"统一多民族国家"，讲了3个问题："一个是统一规模的发展，一个是统一意识的传统，一个是'一'和'多'的关系。"②其核心思想，仍然是"统一"和"多民族"的问题。可见，在40年中，他的民族观是始终围绕着这一条主线一以贯之的。

白先生关于民族史的见解以及如何进行民族史研究，有许多精辟的论点和重要的设想，这些论点和设想，在民族史研究领域产生了突出的积极影响。

这里，我们要特别提到白先生的3篇文章，一篇是《关于中国民族关系史上的几个问题——在中国民族关系史座谈会上的讲话》（1981年），一篇是《说民族史——在中央统战部、国家民委召开的民族问题五种丛书工作会议上的讲话》（1984年），还有一篇是《关于民族史的工作——在中国民族史学会上的讲话》（1988年）。在这几篇相互关联的文章中，白先生提出了一些重要的学术观点。

---

① 白寿彝：《白寿彝民族宗教论集》，北京：北京师范大学出版社，1992年，第25～26页。

② 白寿彝：《白寿彝民族宗教论集》，北京：北京师范大学出版社，1992年，第11页。

首先，是关于历史上民族关系的主流问题。针对学术界久已存在的友好合作、互相打仗这两种对立的说法，白先生指出：

> 我们研究历史，不能采取割裂历史的方法。从一个历史阶段看问题，固然是必要的；从整个历史发展趋势看问题，则是更为重要的。在民族关系史上，我看友好合作不是主流，互相打仗也不是主流。主流是什么呢？几千年的历史证明：尽管民族之间好一段、歹一段，但总而言之，是许多民族共同创造了我们的历史，各民族共同努力，不断地把中国历史推向前进。我看这是主流。这一点是谁都不能否认的。当然，历史发展是波浪式地前进、螺旋式地前进，有重复、有倒退，不可能是直线上升的，总会有曲折、有反复，这是历史发展的规律。但总的讲，我们各民族的共同活动，促进了中国历史的发展。这种情况，在某些地方可能是有意识的，在另一些地方也可能是无意识的。不管有意识还是无意识，它都推动了中国历史的前进，每一个民族都有一份贡献。可能有的民族贡献多一些，有的民族贡献少一些，有的更重要一些，有的不太重要。这大概是符合历史发展的实际情况的。①

白先生的上述论断，深入浅出地回答了历史上民族关系"主流"的问题。此论一出，原来的争论双方都表示认同，很少再有类似的争论了。从这里我们得到这样的启示：看待复杂的历史问题，既要从具体环节考察，更要从整体上和发展趋势上考察；既要看到事物的一个方面，又要看到事物与事物之间的联系及其辩证演进的前景。

其次，是关于主体民族问题。白先生出身于回族，是一位马克

---

① 白寿彝：《白寿彝民族宗教论集》，北京：北京师范大学出版社，1992年，第53～54页。

思主义史学家，他能够从历史事实、从全民族的利益上来看待民族史问题。这里说的"主体民族"是他的民族史观的又一个重要论点。他认为：

> 汉族是中国历史上的主体民族，这个提法对不对？我说对。为什么？因为汉族在全国各民族中，无论在哪个时期，都是人数最多、生产水平和文化水平最高的民族。在某些方面，汉族可能不如少数民族，少数民族超过了汉族。但总的讲，汉族水平是比较高的。还有一点非常重要，汉族在全国各民族中，始终成为我们国家的稳定力量。没有这个民族不行。……中国历史几千年连续不断，在世界史上是少有的。这个功劳，汉族应居第一位。如果没有汉族，少数民族做不到这一点。当然，我们说汉族是主体民族，并不是说少数民族无关紧要，并不是说这个老大哥可以欺侮兄弟、压迫兄弟。绝不是这样。我们说尊重汉族的历史，这跟大汉族主义是两回事。汉族成为主体民族，可能成为大汉族主义思想滋长因素之一；但不等于说，汉族作为主体民族就一定要产生大汉族主义。①

白先生进一步分析说：

> 值得注意的是，这个稳定力量，并不因为元代是蒙古贵族的统治、清代是满洲贵族的统治而有所削弱或受到排挤。元代和清代的统治，尽管是少数民族的贵族当权，但必须得到汉族地主阶级的拥护，没有汉族地主阶级的拥护，蒙古贵族、满洲

---

① 白寿彝：《白寿彝民族宗教论集》，北京：北京师范大学出版社，1992年，第56～57页。

贵族的统治也不可能稳定。这个看法，是符合历史实际的。①

白先生所论是完全正确的。今天，我们还可以进一步发展白先生的上述论点，从元朝、清朝统治时期，在意识形态领域中的历史文化认同方面做进一步的说明。应当强调的是，这方面的历史资料的发掘和阐说，尚有很大的空间。作为白先生的门人，我们有责任去努力从事这一工作，使白先生的学术观点进一步发扬光大。

再次，是关于少数民族对边疆的开发和捍卫问题。白先生的民族史观和民族史研究，总是从"多民族"的视角出发，其中蕴含着深刻的辩证观点和全局意识。他在讲到研究和撰写"多民族的统一"的历史时，强调指出：

> 我们要写多民族的统一，写各民族同汉族在相互关系上的发展。各族有各族的特点，但也离不开"共同性"。第一点是对边疆的开发，少数民族出了很大的力量。没有他们，边疆开发是不可能的。他们的功劳是不可磨灭的。他们在边疆地区繁衍、生息、生产劳动，不断开拓，经历了多少个世纪。旧的史书，把少数民族同汉民族的关系，写成了是少数民族不断文明化的过程，这是不对的，正是少数民族开发了那个地方。第二点是要大写我们少数民族如何捍卫我们的边疆。这两方面的材料可多可少，但内容很要紧。没有这两点，就没有今天的中国。②

在中国历史进程中，少数民族的贡献是多方面的，而对边疆的开发和捍卫，可以说是最重要、最伟大的贡献。"没有这两点，就没有今

---

① 白寿彝：《白寿彝民族宗教论集》，北京：北京师范大学出版社，1992年，第57页。

② 白寿彝：《白寿彝民族宗教论集》，北京：北京师范大学出版社，1992年，第68页。

天的中国"，这样一个深刻的结论，是真正把少数民族的地位放到历史的高度和现实的价值加以估量和评价。对于这一结论，当今的史学工作者，仍有深入理解、深入研究的必要。

最后，白先生还谈到了研究和撰写民族史的以下问题。

——关于民族史研究的资料工作和理论指导问题。白先生指出，不应把资料的收集、整理看作是简单的工作。他说：正史中的资料、正史以外的资料、地下出土的资料，以及外国传教士和外交官的资料、外国政府公布的档案资料等，都应当关注。他认为："这些年，我们的资料工作做得不少，但重视得还不够，还不能摆在应有的地位上去看待。有些单位把资料工作一律看成是简单的工作，这是不对的。资料工作中，有比较简单的，有相当复杂的，有时比写论文还要难。"①这些话，把资料的大致范围及其重要性都讲到了。

同时，白先生又强调了理论指导的重要性。他既有原则又有分析地指出：

> 又一件事，是理论方面的。我们的民族史工作，必须以马克思主义为指导，这是不可动摇的。说是指导，是指基本观点、基本方法上的指导。我们要在指导下工作，要结合中国实际运用马克思主义、发展马克思主义。在中国民族史里，有不少理论问题有待进一步研究，有待于深入的发掘。我们对一些已经提出来的问题，已经习以为常的看法，还是可以重新提出来进行再认识的。②

从这里可以看出，白先生强调了马克思主义同中国民族史的结合，

---

① 白寿彝：《白寿彝民族宗教论集》，北京：北京师范大学出版社，1992年，第72页。

② 白寿彝：《白寿彝民族宗教论集》，北京：北京师范大学出版社，1992年，第72页。

才是运用马克思主义理论指导民族史研究的正确方法。这是白先生始终不渝的治史宗旨，即以唯物史观同具体的研究对象结合起来，从中提出理论性的认识，用以得出合理的历史结论，并丰富马克思主义唯物史观。白先生还进一步解释重视理论在学术发展上的意义，他说：

> 理论更高的成就，在于能有更多方面的联系，能解释更多的矛盾。因此，我们也就必须有更广阔的视野。我们民族史工作者，各有自己的专史、专题，但不能作茧自缚，要把上下古今、左邻右舍尽可能地收入眼下。我们必须注意，研究一个民族的历史，至少需要懂得一些其他有关的民族的历史，懂得中国历史发展的全貌。同志们，我们的工作是必须付出艰苦劳动的工作。但同时，我们是在进行推动历史前进的工作，意义是很深刻的。①

白先生从自己的治学经验中总结出理论的价值和意义，对于我们这些晚辈和中青年史学工作者来说，是极其宝贵的思想遗产。重温他的这些话，感到格外亲切、格外有分量。

——关于民族史的撰写形式问题。白先生在中国史学史方面的造诣，使他能从中国历史编撰的优良传统来看待史书编撰问题。关于民族史的撰写形式，他也提出了一些具体的意见：

> 民族史的写法不要千篇一律。不一定都写成社会发展史的形式，体裁可以有多种。否则很多东西不易写进去，要不拘形式。按照各民族的材料，采取适当的形式，不要写得太呆板。

---

① 白寿彝：《白寿彝民族宗教论集》，北京：北京师范大学出版社，1992年，第73页。

不要只引用经典著作。经典著作的结论，不能代替历史。历史
是具体的。比如说，某个民族是哪一年形成的，不好说。这都
有个长期的过程。写书的时候，也可以使用传说。汉族的历史
就有很多传说嘛。写明它是历史传说就是了。有的传说可能失
真，但不能说完全无真实性。它总有个历史的影子嘛。提供材
料、讨论，需要人多一些，但写书时无须太多人。人多了不好
办，改也不好改，总得有拿主意的人。学术问题不能投票，不
能搞少数服从多数。写成的书稿要保证有一定的水平。①

理论、形式、历史、传说以及它们的相互关系，都是历史编纂中要
碰到、要正确处置的问题，白先生也都讲到了。可以看出，他在民
族史研究方面，从一般性原则到如何着手去做，都提出了自己的看
法，有些是他亲身的经验，有些是他的设想，都值得后人珍惜。

除了在理论、方法论的遗产方面，白先生主编的《回族人物
志》②和《中国回回民族史》③也反映了他在民族史撰述上的主要成就。

三、史学史理论与史学史撰述

白先生自 20 世纪 30 年代末开始从事中国史学史教学工作，从
20 世纪 60 年代初起，致力于中国史学史的研究工作，并创办了内部
刊物《中国史学史参考资料》（即今《史学史研究》季刊）。

白先生关于中国史学史的认识和研究，同样显示出他的通识和
器局，从而得到这一研究领域的同行的尊敬。他在这一研究领域所
表现出来的通识和器局，主要反映在以下几个方面。

---

① 白寿彝：《白寿彝民族宗教论集》，北京：北京师范大学出版社，1992 年，第
69 页。
② 白寿彝主编：《回族人物志》，四卷本，银川：宁夏人民出版社，1985～1997 年。
③ 白寿彝主编：《中国回回民族史》上、下卷，北京：中华书局，2003 年。

第一，关于对中国史学史研究任务的认识和阐述。中国史学在目录学方面有丰富的遗产，而在 20 世纪上半叶又有多种史部目录解题或要籍介绍的专书问世。中国史学史的研究和撰述，怎样从史部目录学和要籍介绍的形式中走出来，从而成为史学史这门专业学问的发展史？20 世纪前期，金毓黻的《中国史学史》做了初步的尝试；20 世纪五六十年代，刘节在教学中也做了可贵的努力，这见于他的学生们所整理的讲稿《中国史学史稿》。白先生认为，要把中国史学史的研究和撰述推进到新的高度，首先必须明确中国史学史的研究任务。他在 1964 年发表的《中国史学史研究任务的商榷》一文中，提出了自己的见解，认为中国史学史研究的任务，主要是"阐明规律和总结成果"，以及努力做到理论和资料的结合。他指出，掌握马克思主义的科学的历史观和方法论，阐明规律(包括思想发展的规律和一些技术上的规律)是可以做到的。而总结成果主要是下功夫研究史学上的一些代表作。这两点，只有在不断提高理论水平和详细占有资料的情况下才能做到①。

《中国史学史研究任务的商榷》是一篇理论文章，如果我们联想到白先生此前发表的《谈史学遗产》一文，以及他在 20 世纪 80 年代提出的 30 部代表作的有关见解，就可以理解他所说的"阐明规律和总结成果"的丰富内涵。白先生在 1961 年撰写的《谈史学遗产》这篇长文中，提出应当重视七个方面的问题：一是关于史学基本观点的研究(含对历史观的研究、对历史观在史学中的地位的研究、对史学工作的作用的研究)，二是关于史料学遗产的研究，三是关于历史编纂学遗产的研究，四是关于历史文学遗产的研究，五是关于各个历史问题的前人已有成果的研究，六是关于史学家和史学著作的研究，

①　参见白寿彝：《白寿彝史学论集》(下)，北京：北京师范大学出版社，1994 年，第 595～601 页。

七是关于历史启蒙书遗产的研究①。其中，有些观点在他 20 世纪 80 年代所写的四篇《谈史学遗产答客问》中，又有了新的发展②。显然，如果能正确地运用马克思主义理论并结合有关历史著作来研究中国史学史上的这些问题，我们就有可能不断认识中国史学的发展规律。

至于中国史学史上的成果，可谓"汗牛充栋"，"浩如烟海"，人们常有望洋兴叹、无从下手之感。对此，白先生从大处着眼，提出了 30 部著作，建议致力于中国史学史研究的朋友们作为阅读、研究的参考。他在 1987 年对史学研究所举办的面向全国中国史学史助教进修班的学员的讲话中，讲到了读书问题，他说：

> 最后，讲讲读书的问题，研究史学史要认真读书。老师在堂上讲书要听，要讨论，要体会，这是间接的读书。但是最重要的是要自己认真读书、直接理解，光靠耳食不行。最近我们选了二十七部书，要求学习史学史的同志们必须读。这二十七部是：《书》、《诗》、《易》、《周礼》、《仪礼》、《礼记》、《春秋》、《左传》、《公羊传》、《穀梁传》；《史记》、《汉书》、《后汉书》、《三国志》；《续汉书》的《志》、《五代史志》(即《隋书志》)；《通典》、《通志》、《资治通鉴》、《文献通考》、《史通》、《文史通义》；《宋元学案》、《明儒学案》；《明夷待访录》、《日知录》、《读通鉴论》。此外，我又添上三部，凑成三十部。这三部是《论语》、《孟子》、《读史方舆纪要》。就同学们讲，这么多书一年里读不完，十年念完就是很不错的了。怎么办？我想这个投资是

---

① 参见白寿彝：《白寿彝史学论集》(上)，北京：北京师范大学出版社，1994 年，第 472~479 页。

② 参见白寿彝：《白寿彝史学论集》(上)，北京：北京师范大学出版社，1994 年，第 494~550 页。

必要的，有机会可以买上，没有这几部书是不行的。①

白先生推荐的这些书，在他主编的《史学史研究》的"读书会"栏目中
多有评价，受到读者的重视。

上述这些事实表明，白先生治学，从不空谈理论，而是以理论
与实际相结合为其指归。白先生所著《中国史学史论集》以及他主编
的《中国史学史教本》（后改名为《中国史学史》）、六卷本《中国史学
史》等，反映了他在不同历史时期的中国史学史研究成果。

第二，倡导研究中国史学史上的重大问题。中国史学史的时间
跨度大，内容丰富，需要研究的问题非常多。史学史研究者如何在
顾及整体面貌研究的同时，捕捉重大问题做深入研究，这是推进中
国史学史研究的战略性问题。针对这一问题，白先生高屋建瓴地提
出他对这一问题的思考。1984 年，白先生发表了一篇文字甚短而分
量极重的文章，即《中国史学史上的两个重大问题》。文章首先概括
了当时中国史学史研究和撰述的状况，指出："近几十年来，关于中
国史学史的著作数量还不大，但总是慢慢地多了起来。这些书，在
见解和功力上，相互间的差距相当大。但也有一个比较共同的地方，
就是它们受到《隋书·经籍志》和《四库全书总目提要》的影响相当大，
史书要籍介绍的味道相当浓。金毓黻先生的《中国史学史》和刘节先
生的《中国史学史稿》，是两部比较好的书，但也似乎反映它们由旧
日的史部目录学向近代化的史学史转变的艰难过程。"②白先生在平
时同他身边的研究人员曾这样形象地比喻过：金毓黻先生的《中国史
学史》是第一代产品，刘节先生的《中国史学史稿》是从第一代向第二
代过渡的产品，我们所要做的工作是完成第二代产品并向第三代产

---

① 白寿彝：《白寿彝史学论集》（上），北京：北京师范大学出版社，1994 年，第
291～292 页。

② 白寿彝：《白寿彝史学论集》（下），北京：北京师范大学出版社，1994 年，第
602～603 页。

品过渡。可见，他是把自己的学术工作以及他所领导的学术群体的研究工作置于整个学术史发展的长河中来看待、来估量的。唯其如此，他总是在学术发展的关键时期提出新的见解，以推进学术的进步。因此，他明确而坚定地提出：

近两年，国内的形势很好，在某些战线上，大有突飞猛进之势。在这样的新形势下，我们的史学史工作也应该甩掉旧的躯壳，大踏步前进，把新的史学史学科早日建立起来。这件工作牵涉的方面比较多，但我认为有两个重要问题，是应该多下点功夫及早解决的。这两个问题如果解决得好，史学史这门学科就可能面目一新。①

依我个人的浅见，白先生在这里说的"甩掉旧的躯壳"，就是要摆脱"史部目录学"和"史书要籍介绍"的影响，展开对中国史学史上重要问题的研究，当然包括对上文所说到的那些问题的研究。而这里说的"大踏步前进"，一方面同历史形势有关，另一方面也同学科建设有关。这正是一位有高度社会责任感的学者的本色的体现：他的学术脉搏总是与时代的脉搏一起跳动的。

那么，白先生所说的两个重要问题是什么呢？文章中这样说：

我说的这两个重要问题，第一，是对于历史本身的认识的发展过程；第二，是史学的社会作用的发展过程。是社会存在决定社会意识，还是社会意识决定社会存在？社会发展是有规律的，还是无规律的？群众是历史的主人，还是杰出人物是历史的主人？像这些问题，都是属于第一类的问题。还有，生产

---

① 白寿彝：《白寿彝史学论集》（下），北京：北京师范大学出版社，1994年，第603页。

状况的升降，地理条件的差异，人口的盛衰，以及历代的治乱兴衰，史学家、思想家和政治家对于这些现象如何认识，这也属于第一个问题的范围。史学的成果是否对社会有影响，史学家是否重视历史观点对社会的影响，以及历史知识的传播对社会的发展是否起作用？这些都属于第二个问题的范围。①

概括说来，这里说的两个重要问题，一是对历史的认识，二是对史学的认识。对历史的认识，重在认识历史的规律；对史学的认识，重在对史学功用的认识。这两个问题是密切联系着的。只有认识了历史和历史发展的规律，才可能认识种种史学现象和史学的本质。诚然，史学史研究者真正走到了这一步，那就不仅"甩掉旧的躯壳"，而且可以"大踏步前进"了。

如果研究中国史学史的朋友多了解、认识一些历史问题和历史理论问题，那么中国史学史的研究一定会有更大的发展。同样，研究中国历史的朋友倘能多关注一些史学史的问题和史学理论问题，那么关于中国历史的研究一定也会有新的起色。在我们纪念白先生百年诞辰的时候，重温他的这些卓见，再一次给了我们许多启示。

第三，提出建设有中国民族特点的马克思主义史学的具体目标。这实际是关于中国史学发展的方向问题。1983 年，白先生在陕西师范大学历史系做了题为《关于建设有中国民族特点的马克思主义史学的几个问题》的演讲。演讲包含了六个部分，白先生开宗明义：

> 我所谈的题目是：《关于建设有中国民族特点的马克思主义史学的几个问题》。这是一个总题目。可以说的问题不少，我想谈六个问题。第一，关于历史资料的重新估价问题；第二，史

① 白寿彝：《白寿彝史学论集》（下），北京：北京师范大学出版社，1994 年，第603 页。

学遗产的重要性；第三，取鉴于外国历史的问题；第四，历史教育的重大意义；第五，历史理论和历史现实的问题；第六，史学队伍的智力结构问题。①

这里有两个关键词，一个是"中国民族特点"，另一个是"马克思主义史学"，二者缺一不可。当然，还有一个关键词，就是"建设"，是需要史学工作者去认识、去实践、去创造，才可能成功。

值得注意的是，白先生在这篇演讲中，并没有过多地陈述建设有中国民族特点的马克思主义史学的重要性等有关理论问题，而是以一个史学大家的通识和器局，对中国史学发展的方向和前景提出了人们可以认识和实践的具体路径。

他讲的"关于历史资料的重新估价"，是提出了"历史资料的二重性"问题。白先生认为，关于历史资料，"第一，它是记载过去的事情，同时，还是用于解释现在的资料。如果不懂得历史资料，我们无法解释现在，对当前的许多问题解释不了。""第二，历史资料不只是研究历史的资料，同时还是好多种学科的研究资料。它既是历史资料，又是当前进行一些学术研究的资料。"②他的结论是："我们过去那种把历史资料看成是死东西的思想，要有所改变。要看到历史资料的很大一部分在今天还是富有生命力，还能够加以利用，还应在原有基础上加以发展。我们学历史首先遇到的是资料问题。把历史资料的作用看得宽一点、深一点，对历史资料本身也增加活力，容易跟现实结合，不至于把它看成一去不复返的东西，毫无联系的

---

① 白寿彝：《白寿彝史学论集》（上），北京：北京师范大学出版社，1994年，第307页。

② 白寿彝：《白寿彝史学论集》（上），北京：北京师范大学出版社，1994年，第308页。

东西。这个问题还是个很大的问题。"①白先生对历史资料的阐说，饱含着唯物辩证法的方法论，既看到历史和现实的联系，又看到历史学与其他学科的联系。

关于"史学遗产的重要性"，白先生再一次强调了总结中国史学上的历史思想、历史文献、历史编纂、历史文学四个方面遗产的重要性，指出："对史学遗产的这四个方面，我们应该进行总结，发扬优良传统，为建设我们有民族特点的史学做出贡献。"②

至于"历史理论和历史现实"问题，他一方面指出理论同现实的关系，认为应当"从历史现实里边总结出理论，不是个简单的事情，理论是要不断发展的"。另一方面，他又强调理论的指导作用的重要性，指出："有理论跟没有理论大不相同"，有理论，"可以推动我们的事业更快地前进，更准确地前进。"③他从理论同实践的关系总结出规律性的认识，并把这一认识和史学工作联系起来，指出：

> 有了理论，见于现实；有了理论，指导实践。这不是一件容易的事情，要得到大家认识一致了，基本上一致了，或者大部分一致了，这个理论才能变成现实。把理论应用到历史研究上，也是一个道理。我们要总结中国的历史，要总结中国历史和外国历史之间的共同性、差异性，总结一下在马克思普遍真理指导下的中国历史学发展的规律。懂得规律了，有利于推动研究工作的不断发展提高。总结规律的本身也有一个不断提高认识的过程。这个工作是艰巨的，但是这条路必须走，不管怎

① 白寿彝：《白寿彝史学论集》（上），北京：北京师范大学出版社，1994年，第309页。
② 白寿彝：《白寿彝史学论集》（上），北京：北京师范大学出版社，1994年，第315页。
③ 白寿彝：《白寿彝史学论集》（上），北京：北京师范大学出版社，1994年，第319页。

样走。现在有一些人在探讨许多枝枝节节的问题，这也有用处，但光这样不行，还应该抓大的，纵观全局，从理论上看，在理论上下功夫。①

白先生在 20 世纪 80 年代说的这番话，对今天的史学工作仍有指导意义和重要的参考价值，即研究历史，要重视全局，要提高理论水平，要努力发现和揭示事物发展的规律，不应当在"枝枝节节"的问题上流连忘返。

关于"历史教育的重大意义"，白先生现身说法讲道：

> 我们历史工作者，是不是有很多人考虑历史教育的问题，我还不敢说。从我个人来讲，在历史系工作了好几十年，一直到最近两年才考虑教育问题。我过去对历史研究考虑得多，对历史教学考虑少了一些，对历史教育就没有考虑。我们历史研究的成果，历史教学的成果，对历史教育有影响，这是不错的。但是主观上自觉地考虑教育问题不够。这反映我们的学术工作、教学工作还是有学院式的味道，眼睛没有看见我们的工作对国家前途的关系，没有看见对于培养下一代人的重要意义。就这一点讲，我们的工作是有缺点的。②

他的这些话，是真正的肺腑之言。在 20 世纪最后的 20 年中，白先生关于历史教育的文章、谈话有 20 篇之多，这在史学家中是少见的，可见他对历史教育的认识，确已发展到很高的境界。他在 1982 年还出版了《历史教育和史学遗产》一书，在此书的题记中，白先生

---

① 白寿彝：《白寿彝史学论集》（上），北京：北京师范大学出版社，1994 年，第 319～320 页。

② 白寿彝：《白寿彝史学论集》（上），北京：北京师范大学出版社，1994 年，第 316～317 页。

坦率地表明他对历史教育的认识有一个发展过程，他写道：

> 我从事教育工作已有四十四年。从事历史研究工作，还要多几年。这实际上，不管我持的立场和观点怎样，都做的是历史教育的工作。但长期以来，我只是简单地认为，这是传播历史知识的工作，是客观地研究历史问题的工作，没有自觉地把这个工作跟现实联系起来，没有认识到这是历史教育的工作。一直到最近几年才意识到历史教育的重要性，应该把史学工作跟教育工作联系起来。①

作为一代著名史学家，白先生如此真诚地检讨自己，无情地"解剖"自己的思想，使我们这些做学生的着实感到惭愧和内疚，从而激发起我们在历史教育方面去做更多的工作的热情。时下，关于"历史"方面的"讲坛"在在多有，为历史结论"翻案"的"新论"层出不穷，这自然是打着"观众需要"的旗号，但这旗号的背面恐怕还是隐约地写着"媚俗"和"效益"的注释。面对这样的情况，有责任心的史学工作者，真的应当像白先生当年那样，严肃地思考历史教育问题，并把这个问题同自己的工作、事业紧密地联系起来，以此告慰九泉之下的白先生！

结　语

白先生的通识和器局，不仅在通史、民族史、史学史领域"自为经纬"，而且贯通于这几个领域之中：他主持的通史编纂，不仅包含着丰富的民族史思想，而且体现出史学史中历史编纂的优良传统；

---

① 白寿彝：《历史教育和史学遗产》，郑州：河南人民出版社，1983 年，第 2 页。

他主持的民族史、史学史撰述，则蕴含着通史的背景和底蕴。不仅如此，他的通识和器局，还反映在他的教学思想和教育思想之中，并在许多方面付诸实践，收获了丰硕的成果。

明清之际的黄宗羲这样说过："大凡学有宗旨，是其人之得力处，亦是学者之入门处。"又说："学者而不能得其人之宗旨，即读其书，亦犹张骞之初至大夏，不能得月氏要领也。"①我跟随白先生学习、工作多年，时时也在思考先生治学之宗旨，为的是希望早些摸索到"入门"处。然思之愈久，则愈觉先生之高不可攀。现在有一点点体会，也只是心向往之而已。

那么，以我现在的认识，如何来概括先生的治学宗旨呢？我想借用章学诚评价郑樵的话来做这样的比喻，或许是比较恰当的。章学诚称赞郑樵："独取三千年来遗文故册，运以别识心裁，盖承通史家风，而自为经纬，成一家言者也。"②白先生治史，倡导通识，在"承通史家风"方面，卓然名家。他在中国通史、中国民族史、中国史学史方面的许多真知灼见及其相关著作，亦可谓"自为经纬"之说。这可以说是白先生继承前人的地方。但白先生更有超过前人之处，亦如章学诚所言："作史贵知其意，非同于掌故，仅求事文之末也。"③从今天的眼光来看，这个"意"，自应依据作者所处的时代予以探究。白先生治史所追求的"意"，是着眼全局，阐明规律，而马克思主义的理论、方法论，正是他能够继承前人而又超越前人的真谛。

这里，我又想起了唐人对史学家的要求，即"博闻强识，疏通知

---

① 黄宗羲：《明儒学案》发凡，北京：中华书局，1985年，第17页。
② 章学诚：《文史通义》卷五《申郑》，叶瑛校注，北京：中华书局，1985年，第463页。
③ 章学诚：《文史通义》卷二《言公上》，叶瑛校注，北京：中华书局，1985年，第172页。

远"①。对这两句话似可以作两种理解，一种理解是："博闻强识"是"疏通知远"的基础，"疏通知远"是"博闻强识"的提升。还有一种理解是："博闻强识"和"疏通知远"是相辅相成的两个方面，是知识积累和器局熔炼相辅相成的关系。不论人们作怎样的理解，白先生在治史方面所具有的通识和器局，都可以看作是在马克思主义指导下的、当代的"博闻强识，疏通知远"的史学大家。在我看来，长于通识，贵有器局，这就是白寿彝先生的治史特点和治学宗旨。

对于一位成就卓著的学术大家来说，人生有涯而其学术生命却可长存于世。白先生的学术思想、学术宗旨、学术成就，必将嘉惠于一代代后辈学人，推动学术的发展、新生！

---

① 魏徵等：《隋书》卷三十三《经籍志二》大序，北京：中华书局，1973 年，第993 页。

白寿彝先生和 20 世纪中国史学[*]

引言：一个辉煌的人生句号

1999 年 4 月 26 日，对于白寿彝先生来说，这一天可以看作是他以毕生的勤奋治学、不懈追求和丰硕成果，为自己极平凡而又极富社会价值的一生，画上了一个辉煌的句号。这一天，北京师范大学隆重集会，祝贺白寿彝先生九十华诞，祝贺他总主编的 12 卷、22 册、1400 万字的《中国通史》，由上海人民出版社全部出版。北京学术界和有关部门的负责人，以及白先生家乡的代表，汇聚一堂，可谓群贤毕至，同声祝贺，其真诚、热烈的气氛，为历史学界所少见。而尤为大会所关注者，是江泽民同志为此专门给白寿彝先生写了贺信，并派有关部门负责同志在会前送到白寿彝先生家中。李鹏、李瑞环、李岚清等同

---

* 原载《史学史研究》2002 年第 3 期。

志，也以不同的祝贺方式表达了他们的盛意。

江泽民同志在贺信中写道：

> 您主编的二十二卷本《中国通史》的出版，是我国史学界的一大喜事。您在耄耋之年，仍笔耕不辍，勤于研究，可谓老骥伏枥，壮心未已。对您和您的同事们在史学研究上取得的重要成就，我表示衷心的祝贺！①

白寿彝先生在大会上也发表了讲话，他说：

> 一个民族没有历史，或研究历史很不够，这不是民族的光荣。我们现在正处在过渡时期，更应该看重自己的历史，看见我们在人类历史上的成绩。我再一次感谢同志们的支持。江泽民总书记最近再三强调要学习学习再学习。我虽然 90 岁了，还要和同志们继续奋斗下去；多吸收精神上的氧气，多写点为当代人所爱读的历史书，争取再过上一个 90 岁。②

在这个讲话中，可以看出他是把研究和撰写中国历史，同阐明中华民族对于人类历史的伟大贡献联系在一起的。这就是他心中最想说的话，也是他数十年为之不懈奋斗的巨大动力。就像中国史学史上一些优秀的史学家把最后几十年的精力都用以完成一部"名山之作"一样，白先生把他生命的最后 20 多年也都倾注于《中国通史》了。人的生命是有限的，人生的追求和人生的价值是无限的。白先生在2000 年 3 月 21 日与世长辞，告别了他终生挚爱的史学事业。他留给

---

① 江泽民：《中共中央总书记江泽民给白寿彝同志的贺信》，载《史学史研究》1999年第 3 期。

② 白寿彝：《白寿彝教授在大会上的讲话》，载《史学史研究》1999 年第 2 期。

今人和后人的，却是多种著作和《中国通史》这座史学丰碑。对于他个人来说，这也正是他平凡人生的一个辉煌的句号。

一、从爱国者到马克思主义者

白寿彝先生（1909—2000 年）是河南开封人，出身于回族家庭。他热爱自己的民族，也同样热爱中华民族大家庭。这种真诚的热爱之情，是他作为一个爱国者的思想基础，也是他进而接受马克思主义、成为一个坚定的马克思主义者的思想基础之一。

1937 年，日本军国主义发动了全面侵华战争，中国人民奋起反抗，抗日战争爆发。在这一年，28 岁的白寿彝先生出版了《中国交通史》一书。他在该书的第五篇第六章中，扼要地论述了"中国交通事业之前途"，从六个方面分析了中国交通事业发展的艰难。其中，关于前两个方面，他尖锐地指出：

> 第一，中国政府之力尚不能完全控制国境内的一切交通事业，它管不了水上走的外国轮船，管不了地上走的外力控制下的火车铁路，管不了出没无常的外国飞机，管不了外国人在各地设置的电台和沿海的水线。第二，中国自办的交通机关尚不能充分发挥其效能，因循浮惰营私的情形尚不能真正地铲除，对于各种行政上及事务上之合理化与经济化，尚未能真正地向前迈进。①

从这两个方面的概括来看，白先生的忧患意识与爱国思想，已非常强烈。作者最后写道：

---

① 白寿彝：《中国交通史》，郑州：河南人民出版社，1987 年，第 210 页。

这六点，都是中国交通事业前途之很大的障碍。在这个时候，国难严重到了极点，这种关系国家兴亡的大事业是需要政府和人民拼命去做的。我们的一部中国交通史，究竟是一部失败史，或是一部胜利史，在最近的数年中就要决定。这个时代已不是再容我们优游岁月的时候了。①

在这里，我们既看到了一个满怀爱国激情的热血青年，也看到了一个具有深刻思想境界的史学工作者。

新中国成立后，白寿彝先生的爱国热情在许多方面都有突出的反映，而以在史学工作中的反映具有更广泛的影响和更重要的社会意义。这里，我只举出他于 1951 年 3 月 23 日在《光明日报》上发表的《论爱国主义思想教育和少数民族史的结合》一文为例，从中可以窥见作者的爱国主义精神。白寿彝先生认为，史学工作者在进行爱国主义思想教育中，承担着十分光荣而艰巨的任务：

　　那就是，他们必须经常地指出，中国民族在长久的历史上继续不断的文明创造，中国民族在人类史上的伟大的成就；中国人民的悠久的斗争的传统，中国人民以及世界人民的悠久的反压迫反侵略，对抗民族内部和民族外部的敌人的无比的英勇。那就是，他们必须努力彻底消灭由于百十年来半封建半殖民地社会所造成的民族自鄙自怯的思想，彻底消灭由于更长久的封建社会所造成的看不见人民力量、轻视人民力量的思想。那就是，他们必须努力，在通过历史事实的分析中，不限于学校中的学生而要尽可能在更广大的群众中宣传民族自尊的思想，民族自信的思想，甚至于是伟大的民族的骄傲，从而促进人们对

---

① 白寿彝：《中国交通史》，郑州：河南人民出版社，1987年，第210～211页。

于人民力量的伟大的确信，对于中国人民抗美援朝必然胜利的确信，全亚洲人民必然胜利的前途的确信，全世界人民必然胜利的前途的确信。

白先生在半个世纪以前写下的这段话，在今天的社会实践中，仍具有现实的意义。值得注意的是，他并不是一般地倡言加强爱国主义思想教育，而是从一般意义上提高认识进而结合自身的工作来提出问题的。他十分诚恳地说：

> 我作为一个历史教师，同时又作为少数民族中的一个成员，愿在这里提出一个问题，就是爱国主义思想教育和少数民族史结合的问题。我个人认为，这种结合是完全必要的；现在提出这个问题，也是完全必要的。

他从四个方面分析了这种必要性，认为：第一，国内少数民族都有悠久的历史；第二，国内少数民族，在中华民族历史创造的过程中，有不少突出的贡献；第三，国内少数民族也都是"酷爱自由、富于革命传统的民族"；第四，国内各族人民的亲密团结，是有历史传统的。他从历史上论证了这些见解，最后指出：

> 总之，爱国主义思想教育和少数民族史的结合，不只可以更宽广了爱国主义思想教育的内容，并且还深刻了、强化了爱国主义思想教育的内容。这一方面是通过了爱国主义思想教育，而更加巩固了各族人民底团结；又一方面是由于各族人民团结得更加巩固，而大大地提高了爱国主义思想教育的效果。所以，在爱国主义思想教育方在展开的今日，把爱国主义思想教育和少数民族史结合的问题提出来，有完全的必要。也许有人认为

对于少数民族史知道得太少，不易结合。这是事实。但如果你不愿用功钻研，你就永远不知道。你多钻研，就多知道一些。钻研的人多了，用功的时间久了，自然知道的也就多了。这也是事实。

半个多世纪以来的新中国的历史表明，白寿彝先生在50多年前提出的这个问题，具有多么重要的理论意义和实践意义；同时，也证明白寿彝先生作为一个爱国主义者的思想的深刻和影响的广泛。

对于白寿彝先生来说，从爱国主义走向马克思主义，从表面上看是顺理成章的事情；从实质上看，这同他的生活经历、"师友之益"，以及出自内心的追求真理的自觉要求是密切相关的。抗日战争时期，白寿彝先生在云南大学执教，同楚图南先生结下了深厚的友谊。新中国成立之初，白寿彝先生在北京师范大学历史系同侯外庐先生结下了深厚的友谊。从白寿彝先生的学术活动中，我们可以清晰地看到楚图南、侯外庐对他的影响。这种影响不只是学术上的，而且也是思想上的。侯外庐先生是新中国时期的北京师范大学历史系的第一任系主任，对推动以马克思主义唯物史观改造旧的史学体系，发挥了重要作用。一个突出的事例是，侯外庐先生在历史系组织中国通史教学改革小组，而白寿彝先生是组长。这个小组的主要任务，是摸索以唯物史观为指导，改革中国通史的教学。白寿彝先生在小组中的作用是十分突出的[1]。在今天看来，这或许是白先生比较系统地接触和学习马克思主义的开端，并对他此后50多年的治学道路产生了重大的影响。

白寿彝先生对马克思主义的学习和运用，是一个不断探索和深入的过程。20世纪50年代，他着重把马克思主义运用于民族史和民

---

[1] 刘淑娟：《侯外庐同志在北京师范大学历史系》，载《史学史研究》1982年第3期。

族问题的研究。从 1951 年出版的《回回民族底新生》一书的末章中可以看出,白先生当时已经系统地阅读了毛泽东的著作,尤其是毛泽东关于民族工作的一些论断和指示,格外为白先生所重视;从 1952 年出版的《回民起义》资料集的"题记"中,可以看出白先生已经开始运用马克思主义的阶级斗争学说,来观察历史上的民族问题和民族关系问题,分辨历史文献所反映出来的阶级分野和所记史事的真伪;1954 年,白先生在《新建设》等报刊上发表了《学习马克思主义关于民族共同体的理论,改进我们的历史研究工作》等文章,表现出一位忠诚于人民的史学家追求真理的自觉和热忱。

20 世纪 60 年代,白先生运用马克思主义的理论和方法研究中国史学遗产,他发表的《谈史学遗产》和《中国史学史研究任务的商榷》二文,是在这方面很有影响的撰述。在《谈史学遗产》一文中,白先生深入地讨论了经典作家关于历史唯物主义之历史的问题。他在该文的最后一部分中写道:

> 马克思主义出现以前有没有历史唯物主义,不是一个简单的问题,我们还没有搞得很清楚。经典作家所指出的"历史唯物主义的萌芽",都是采用大工业生产以后的历史现象。在此以前,比如在封建社会或更早的奴隶社会,是否也可以有这样的萌芽呢?如果中国封建社会已有了这样的萌芽,是在什么历史条件下产生的呢?这些问题都不是一下子说得清楚,需要从长讨论的。①

白先生所提出的问题,是中国史学遗产中最重要的问题之一。他在其后的研究中,用大量的事实证明在中国史学上是存在着这种

---

① 白寿彝:《学步集》,北京:生活·读书·新知三联书店,1962 年,第 153 页。

"历史唯物主义的萌芽"的,从而为科学地总结中国史学遗产开辟了新的路径。在《中国史学史研究任务的商榷》一文中,白先生论述了"精华和糟粕"、"规律和成果"、"理论和资料"等问题。其中,最具有理论意义的方面,是作者关于规律的论述。白先生指出,发掘和描述中国史学史上历史唯物主义观点和历史唯物主义发展的规律、朴素辩证法观点的历史观点的发展规律,是"中国史学史研究的重要任务"。同时,他还指出,研究中国史学上的技术层面的规律、历史文学发展的规律,也是必要的。该文最后又着重强调了应当注意到"中外史学的发展应有共同的基本规律,也必有各不相同的民族特点"①。从这两篇论文中我们可以清晰地看到,白先生运用历史唯物主义和辩证唯物主义理论与方法,深刻地剖析了中国史学史研究的基本问题,显示出他的马克思主义修养发展到了一个新的阶段。

十年"文化大革命",给全国人民留下了极其深刻的教训。"文化大革命"后的拨乱反正,以及在解放思想、实事求是的思想路线的指引下,中国学术界的马克思主义水平大大提高了。在这样的历史条件下,在新的历史时期,白先生在历史研究和社会活动方面,都显示出他作为一个忠实的和成熟的马克思主义者的本色。这个时期是他的学术生命最活跃的时期,他把马克思主义理论和方法运用到他所涉及的一切领域。他发表了关于对中国封建社会认识的理论、关于中国历史上民族关系主流的理论、关于马克思主义史学在中国的传播和发展的认识、关于史学遗产的新认识,以及关于建设有中国特色的马克思主义史学体系的理论、关于中国通史和中国通史编纂的理论、关于历史教育的理论等,主编了具有中国史学特点的《史学

---

① 白寿彝:《白寿彝史学论集》(下),北京:北京师范大学出版社,1994年,第595~601页。

概论》。① 他的这些认识和理论，有一个鲜明的特点，那就是：在马克思主义唯物史观基本原理指导下，结合具体的研究对象，根据可靠的事实和文献，提出新的结论，进行新的理论创造。这不仅坚持了马克思主义唯物史观，而且是对马克思主义唯物史观的丰富和发展。

概括说来，这就是一位爱国者发展成为马克思主义者的历程。白寿彝先生以其丰富的理论遗产和史学著作，表明了他是一位热忱、忠实而卓有成就的马克思主义史学家。

二、博洽、专精、卓识的史家

白寿彝先生是一位兼擅博洽、专精而又以卓识著称于世的史家。白先生的著作涉及中国交通史、中国伊斯兰教史、回族史及中国史学史等领域；他主编的著作有《中国通史纲要》、《史学概论》、《回族人物志》（4 卷本）、《中国通史》（12 卷 22 册）；他的论集有《学步集》、《〈史记〉新论》、《历史教育和史学遗产》、《白寿彝民族宗教论集》、《白寿彝史学论集》（上、下）、《中国史学史论集》等。其中，《白寿彝史学论集》包含了八个方面的内容，它们是：中国封建社会，历史教育，史学评述，史学遗产，史学史论，史学史教本初稿，朱熹撰述

---

① 参见《关于中国封建社会的几个问题》、《中国历史的年代：一百七十万年和三千六百年》、《关于中国封建社会的发展》，以上收入《白寿彝史学论集》（上），北京：北京师范大学出版社，1994 年，第 3～40 页；《关于中国民族关系史上的几个问题》，收入《白寿彝民族宗教论集》，北京：北京师范大学出版社，1992 年，第 46～65 页；《六十年来中国史学的发展》，收入《白寿彝史学论集》（下），北京：北京师范大学出版社，1994 年，第 639～649 页；《关于〈谈史学遗产〉》、《谈历史文献学》、《谈史书的编纂》、《谈历史文学》，以上收入《白寿彝史学论集》（上），北京：北京师范大学出版社，1994 年，第 494～550 页；白寿彝主编《史学概论》，银川：宁夏人民出版社，1983 年；《关于建设有中国民族特点的马克思主义史学的几个问题》、《关于史学工作的几个问题》，以上收入《白寿彝史学论集》（上），北京：北京师范大学出版社，1994 年，第 307～341 页；白寿彝主编《中国通史》第1 卷《导论》，上海：上海人民出版社，1989 年；白寿彝著《历史教育和史学遗产》，郑州：河南人民出版社，1983 年；等等。

丛考，序、跋、书评、札记。综上，可见他的博洽。

　　白先生治史，不赞成务广而疏，提倡博洽与专精互补。他撰写的《中国交通史》出版后，被认为"举凡有关中国交通文化而可为典据之文献，全部搜用无遗，且都注明出处，确是一部标志着中国交通文化史著中最高水平的作品"。① 值得注意的是，此书出版后50年即1987年河南人民出版社重印时，国内尚无此类著作问世。由此，我们又可以略知撰写此书的艰难。白先生早年曾致力于朱熹思想研究，有些文稿在"文化大革命"中遗失了，现就仅存"朱熹撰述丛考"所收的7篇论文来看，他在这方面的研究是有深厚功力的。白先生关于回族史的研究，半个多世纪以来，一直被认为是起到了奠基的作用和开拓的作用，受到广泛的关注②。白先生关于中国封建社会的研究，如他与王毓铨先生合作的《说秦汉到明末官手工业和封建制度的关系》以及他自己撰写的《明代矿业的发展》③，都是有精深研究的论文。白先生关于中国史学史的研究，更是蜚声中外。他在20世纪60年代中期撰写的《中国史学史教本》上册④，尽管他本人事后并不十分满意，但在当时确是达到了最新的高度，在今天仍有许多值得参考的地方。他在80年代所著《中国史学史》第一册，反映了他在理论思考和撰述体系上对中国史学史的整体认识；他的《中国史学史论集》一书，大多是精粹之作。⑤

　　当然，博洽和专精，最终还是要体现出卓识来，才可能产生出

---

① 牛岛俊作：《中国交通史》日译本序，《中国交通史》附录，郑州：河南人民出版社，1987年，第213页。

② 李松茂：《白寿彝和中国回族研究》，载《云南民族学院学报》2002年第3期。

③ 白寿彝：《白寿彝史学论集》（上），北京：北京师范大学出版社，1994年，第46~124页。

④ 白寿彝：《白寿彝史学论集》（下），北京：北京师范大学出版社，1994年，第829~998页。

⑤ 白寿彝：《中国史学史》第一册，上海：上海人民出版社，1986年；白寿彝：《中国史学史论集》，北京：中华书局，1990年。

创新的学术。这一点，正是白先生治史的特点和优点所在，是他在学术界受到人们敬重和钦佩的根本原因所在。

白先生在治史方面的卓识和创新，反映在他所涉及的各个领域。因限于篇幅，不能一一罗列，这里只从几个方面举例说明如下。

提出了回族史研究的理论和方法。白先生的治史活动，从伊斯兰教史和回族史开始，直到逝世前，他都始终关注着这方面的工作。为了发展回族史研究，他殚精极虑，提出了明确的理论和方法。他先后发表了有关的文章和讲话，如《关于回族史的几个问题》(1960年)、《关于回族史工作的几点意见》(1984年)、《关于开展回族史工作的几点意见》(1989年)、《关于编写新型回族史的几点意见》(1990年)。① 这些文章和讲话，所论涉及"回族和伊斯兰教"、"回族的来源"、"阶级关系和民族关系"、"历史人物"、"回族史工作"、"回族史研究的重要性"、"回族跟汉族、跟别的兄弟民族的关系"、"关于编写新的回族史的问题"，以及搜集资料问题、队伍建设问题等。他所说的"编写新的回族史"的编纂形式，是参照他作为总主编的《中国通史》的体裁而提出来的，即包含四个部分：序说、综述、典志、人物。他把他主编的《回族人物志》(4卷本)看作是其中的第四个部分。他还对第三部分提出了具体的12个方面的事目：地域考，生计考，工艺考，会社考，寺院考，教育考，天文、历算考，医药、体育考，礼俗考，经籍考，金石考，语言考。白先生在回族史研究方面的理论和实践，把回族史研究不断推向前进。

提出了中国历史上民族关系主流的新见解。从20世纪50年代起，白寿彝先生关于民族史的研究开始逐步突破回族史研究的范围，而涉及民族关系史研究中的一些理论问题。他撰写的《论历史上祖国国土问题的处理》(1951年)、《关于中国民族关系史上的几个问题》

---

① 白寿彝：《白寿彝民族宗教论集》，北京：北京师范大学出版社，1992年，第176~187、206~218、238~246页。

（1981年）等论文①，提出中国历史上的国土疆域的划分与历史上的民族关系有密切联系的论点，以及用发展的观点、全面看问题的观点来考察中国民族关系史上的主流问题的论点等，引起了史学界的广泛重视。关于中国民族关系史上的主流问题，白寿彝先生的看法是：关于民族关系史上的主流问题的探讨和研究，可以看得开阔一点。我们研究历史，不能采取割裂历史的方法。从一个历史阶段看问题，固然是必要的；从整个历史发展趋势看问题，则是更为重要的。在民族关系史上，"友好合作"不是主流，"互相打仗"也不是主流。有时好一阵子，有时歹一阵子，但总而言之，是各民族间的关系越来越密切，是许多民族共同创造了我们的历史，各民族的共同努力，不断地把中国历史推向前进。这是主要的，也可以说这就是主流。他从历史上各民族在社会生产、社会生活中的互相依存，从盛大皇朝的形成离不开少数民族的支持，从少数民族的进步同样是中国整个社会进步的重要标志三个方面论证了上述看法②。他的上述见解提出来后，使"斗争"是主流与"友好"是主流之间的长期争论得到缓和，大家基本上取得了共识，加深了对民族关系史发展趋势之本质的认识。

提出了中国史学史学科建设的理论。白先生从20世纪40年代起致力于中国史学史研究，前后约60年时间。在这60年中，在三个不同的历史时期，他写出了三个中国史学史稿本。他在《白寿彝史学论集·题记》中这样写道：

> 本书所谓史学，主要是指史学史。像民族史那样，这是一门新兴的学科，更确切地说，是一门在树立中的学科。史学史

---

① 白寿彝：《白寿彝民族宗教论集》，北京：北京师范大学出版社，1992年，第24～31、46～65页。

② 白寿彝：《白寿彝民族宗教论集》，北京：北京师范大学出版社，1992年，第53～56页。

的任务是阐述史学发展的过程及其规律，阐述史学在发展中所反映的时代特点以及史学的各种成果在社会上的影响。对于中国史学史来说，是要我们对本国史学做出系统的自我批评和自我总结。这是一个艰巨的任务，没有长期细致的工作，是做不好的。我在40年代初，因学校要开设这门课程，我开始试写讲稿，讲稿写到清末。60年代初，我另起炉灶，重新写史学史讲稿，写到刘知幾，因社会主义教育运动开展起来，没有能继续写下去。这一次的讲稿，在北京师范大学排印了，题作《中国史学史教本》。1983年六月，我开始写史学史的第三个稿本，在1984年十二月完成了第一卷，题名《中国史学史》，由上海人民出版社出版。……第一个稿本已不知弄到哪里了。第二个稿本虽只印了五百本，但毕竟是印出来了，因而得以保存下来，并在相当范围内得以流传。现在的第三个稿本，虽在不少地方已与《教本》大不相同，但《教本》仍有可以参考的地方，还有不少章节是第三稿还没有写到的。①

对于第一个稿本，我们已无从得知其面貌。第二个稿本是《中国史学史教本》初稿，曾经作为教材在北京师范大学历史系使用过，并在国内广泛流传。它包含两篇十章。第一篇是"先秦、秦汉间的史学"，从"远古的传说"写到"战国、秦汉间的私人著述"，凡四章。第二篇有六章，从"司马迁"写到"刘知幾"。《中国史学史教本》在学术上有两个方面的突出成就。一个成就是，它把刘知幾以前的中国史学发展的脉络梳理出了一个流畅的头绪。再一个成就是，它提出了一些新的问题，如"远古的传说"同史学的关系，怎样看待"原始的历史观念"，"神意的崇奉"与"人事的重视"对于史学发展的影响，对"战国

---

① 白寿彝：《白寿彝史学论集》（上），北京：北京师范大学出版社，1994年，第1～2页。

中叶以后诸子的史论"的概括，等等。第三个稿本是《中国史学史》第一册。这是白先生主编的六卷本《中国史学史》的第一卷，它包含"叙篇"和"先秦时期：中国史学的童年"两个部分。这两个部分在中国史学史研究领域，分别展示出全新的气象。关于先秦时期的史学，作者在第二个稿本的基础上又提出了新的认识，一是提出了"历史观点的初步形成"，二是提出了"历史知识的运用"。前者进一步强调了对历史观点的研究；后者则明确地提出了史学同社会的密切关系，从而进一步阐明了史学的社会作用和社会价值。本书的"叙篇"，是中国史学史学科建设的里程碑。"叙篇"论述了理论问题、分期问题、思想遗产问题和作者关于史学史学科建设的设想。这对于史学史学科的"树立"，具有重要的理论意义和学术意义。"叙篇"第一章分别论述了"'历史'一词的歧义"、"史学的任务和范围"、"史学史的任务和范围"等基本问题。它论史学的任务和范围是："史学的任务是研究人类社会发展过程及其规律。它的范围可以包括历史理论、史料学、编撰学和历史文学。"[1]它论史学史的任务和范围是："史学史，是指史学发展的客观过程。我们这部书[2]，就是以中国史学史为对象，按照我们的理解，对于中国史学发展的过程及其规律的论述。按照这样的任务，本书论述的范围，包括中国史学史本身的发展，中国史学在发展中跟其他学科的关系，中国史学在发展中所反映的时代特点，以及中国史学的各种成果在社会上的影响。"[3]从这些论述来看，我们可以认为，中国史学史学科性质这一基本问题，是得到了很明确的论证了。这距离白先生发表《中国史学史研究任务的商榷》已有 20 个年头，上距梁启超提出撰写中国史学史的问题已整整 60 年了。

---

①　白寿彝：《中国史学史》第一册，上海：上海人民出版社，1986 年，第 11 页。

②　指六卷本《中国史学史》——引者。

③　白寿彝：《中国史学史》第一册，上海：上海人民出版社，1986 年，第 29 页。

提出了中国史学史领域中的一些重大问题并对之做了精辟的分析。白寿彝先生在中国史学史研究领域有丰富的思想和别出心裁的卓识。

第一，对史学遗产的高度重视和精辟分析。这是白先生史学史思想的一个重要出发点。白先生在 1961 年发表的《谈史学遗产》长篇论文，可以看作是他关于史学遗产的一份"宣言"。文中论到了整理史学遗产"是一种有意义的工作"，并从史学在意识形态和现实社会的关系中的地位、中国史学发展的规律、史学遗产中的重大问题同当前历史的关系三个方面论证了这种意义。文章对史学基本观点、历史观点在史学中的地位、史学工作的作用、史料学、历史编纂学、史学家和史学著作、史书体裁七个方面的遗产做了精辟的分析。文章还就"精华和糟粕"、"要百家争鸣"等问题发表了见解①。这篇论文首次详尽地论证了史学遗产的重要性，反映了作者对于史学遗产同现实社会、历史研究、探讨史学发展之密切关系的认识。白先生后来的许多论著，如《中国史学史研究任务的商榷》(1964 年)、《中国史学史教本》上册(1964 年)、《谈史学遗产答客问》(1981 年)、《史学概论》(1983 年)等，都是从这篇论文发展而来的。

第二，科学地认识历史发展过程。1984 年，白先生在讲"中国史学史上的两个重大问题"时指出：在新的历史形势下，"我们的史学史工作也应该甩掉旧的躯壳，大踏步前进，把新的史学史学科早日建立起来"。为此，他认为"有两个重要问题，是应该多下点功夫及早解决的"。他说的第一个问题，"是对于历史本身的认识的发展过程"，如："是社会存在决定社会意识，还是社会意识决定社会存在？社会发展是有规律的，还是无规律的？群众是历史的主人，还是杰出人物是历史的主人？""还有，生产状况的升降，地理条件的差异，

---

① 白寿彝：《白寿彝史学论集》(上)，北京：北京师范大学出版社，1994 年，第 462～486 页。

人口的盛衰，以及历代的治乱盛衰，史学家、思想家和政治家对于这些现象如何认识"，等等，都属于这一类问题。所谓规律，就是要通过对这些问题的研究和提升去发现，去概括。白先生举出《史记》、《通典》、《资治通鉴》、《通志》、《明夷待访录》、《日知录》、《文史通义》等著作，说明规律是可以被认识的。他尖锐地指出："我们对于以上这些著作，在理论上的发掘很不够，对于历史本身的发展过程，缺乏总结，以至我们关于史学史的专书中的表述，显得内容贫枯。"①白先生的中国史学史论著富于理论色彩和思想深度，皆出于探索规律的这一撰述宗旨。我们从这里可以得到两点重要启示：一是科学地认识历史发展过程，是认识史学发展的基础；二是对史学名著在理论上进行发掘和总结，是科学地认识历史发展过程的途径之一。

第三，全面和深入地认识"史学的社会作用的发展过程"。这是白先生讲的两个重大问题中的另一个重大问题，主要是指"史学的成果是否对社会有影响，史学家是否重视历史观点对社会的影响，以及历史知识的传播对社会的发展是否起作用"。白先生举出《诗》、《易》言论和汉、唐史事进行论说，指出："其实，在中国史学史上，这是一个老问题，不少古人曾经用言论或实践回答了这个问题，但在我们研究史学时，很少注意这个问题，甚至有时还觉得这是一个狭隘的、实用的问题，不愿理睬。我觉得，应该把这个问题重视起来，给它以应有的地位。"②这个问题以及上面所讲的那个问题的提出，都是有针对性的、为着推进中国史学史研究而提出来的。白先生认为，直到20世纪80年代初，关于中国史学史的著作，"有一个比较共同的地方，就是它们受到《隋书·经籍志》和《四库全书总目提

---

① 白寿彝：《白寿彝史学论集》（下），北京：北京师范大学出版社，1994年，第603、604页。

② 白寿彝：《白寿彝史学论集》（下），北京：北京师范大学出版社，1994年，第603、605页。

要》的影响相当大，史书要籍介绍的味道相当浓。金毓黻先生的《中国史学史》和刘节先生的《中国史学史稿》，是两部比较好的书，但也似乎反映出它们由旧日的史部目录学向近代性质的史学史转变的艰难过程"①。金著撰于 20 世纪 30 年代，出版于 40 年代；刘著撰于50 年代，经后人整理、出版于 80 年代初。白先生的这番话，指出了80 年代治中国史学史的路径。关于上述两个重大问题，他的结论性意见是："在中国史学史上，重要的问题不少，这两个问题，恐怕是当前更为重要的问题。在史学史的编撰上，一个史学家一个史学家地写，一部史学名著一部史学名著地写，这可以说是必要的，也可以说是研究过程中所难免的。但是否可以要求更高一些，要求更上一层楼，是否可以把这些以人为主、以书为主的许多框框综合起来，展示出各个历史时期史学发展的清晰面貌呢？这当然不容易，但总还不失为一个可以考虑的前进方向吧。"②这就是白先生说的"甩掉旧的躯壳"，研究和撰写新的中国史学史著作的基本要求。白寿彝先生在中国史学史领域的卓识，还反映在他关于史学同经学、子学之关系的认识，关于对史学史之古今论述的重视，关于中国史学史分期的标准和原则等，这里就不一一论述了。

　　提出了关于中国历史分期的新认识。这在《中国通史纲要》一书中反映得尤为清晰。本书原是写给外国读者阅读的。但是，作者通过这部书在探索中国历史的进程及其阶段性特点方面，取得了许多新的进展，可以认为是突破性的创获。如对于中国历史划分阶段的看法，白先生提出了独到的见解，这不仅表现在对于纵的阶段的划分，更重要的是在对于每一阶段的时代特点的把握。具体说来，白先生以社会生产力的发展、阶级关系的变化、阶级斗争的发展、少

---

　　① 白寿彝：《白寿彝史学论集》（下），北京：北京师范大学出版社，1994 年，第603 页。

　　② 白寿彝：《白寿彝史学论集》（下），北京：北京师范大学出版社，1994 年，第605 页。

数民族地区的发展和中外关系的发展五个方面的因素，把中国封建社会划分为四个发展阶段，并以此论证每一个发展阶段上的不同的特点；认为与此相适应的是地主阶级经历了由世家地主、门阀地主、品官地主到官绅地主的变化；同样，农民阶级也相应地由编户农民、荫附农民转变为佃农；认为封建社会的这一发展过程，在剥削关系上反映出国税和地租由统一到分离的发展过程，而这个发展过程同地主阶级的变化、农民阶级的变化、农民起义口号的变化、封建国家经济政策的变化等是一致的；认为民族杂居地区和广大边区的封建化在中国历史发展中作用重大，也具有划分历史阶段的意义。白先生的这些精辟的见解，或发前人之所未发，或推进了前人的见解，显示了他对于中国通史之研究和撰述的全局的器识与创新的精神。

提出并论述了关于中国历史的一些重大理论问题。这在《中国通史》第一卷中集中地反映出来。作为多卷本《中国通史》的导论，它的基本宗旨是：在历史唯物主义指导下，结合中国历史发展的史实，一是阐述如何认识中国历史的一些基本理论问题，二是阐述《中国通史》在历史编撰上的理论依据和基本要求，三是阐述中国历史与世界历史的关系。这些阐述，填补了历史理论研究与中国历史研究这两个方面的一些空白，有突出的理论创新意义。

——关于中国历史上的统一问题。认为统一的多民族国家是逐渐形成起来的。提出了统一的四个类型的论点，即单一民族内部的统一、区域性多民族的统一、全国性多民族的统一和社会主义的全国性多民族的统一。

——关于历史分期。认为分期问题的讨论不要局限于中原，要努力在全国范围内考察，应当从社会发展的不平衡的状态上掌握一个时期的整体性。提出了封建社会可以分为四个时期的见解，而分期的标准，应当综合考察生产力的发展、地主阶级身份的变化、农民阶级身份的变化、民族地区和广大边区的发展变化、中外关系的变化等标准。

——关于地理条件与历史发展。厘清了地理条件决定论和承认地理条件对历史发展有重大影响二者之间的界限，提出了中国地理条件的特点及其与中国历史发展的关系的理论认识，即地理条件的复杂性和经济发展的不平衡性，地理条件之局部的独立性和整体的统一性及其与历史上政治统治的关系，地理条件与民族、民族关系，地理条件的变化及其对社会的影响。

——关于生产者、科学技术和社会生产力。突出了直接生产者在社会生产力发展中的作用，提出了中国历史上的直接生产者在不同时代的不同特点；把科学技术作为生产力的一个方面来看待，把科学技术和生产力问题作为中国历史之基本理论来看待。

——关于生产关系、阶级结构。提出了封建社会中多种生产关系的并存、封建社会阶级结构的等级，以及地主阶级在封建社会的社会矛盾中居于矛盾的主要方面的论点，并把世家地主、门阀地主、品官地主、官绅地主视为封建社会中地主阶级变化的四个阶段。

——关于国家职能。全面阐述了国家职能，即国家不仅具有统治职能，还具有社会职能，认为简单地把剥削阶级掌权的国家看成是一无所取，是不符合历史情况的。

——关于中国通史编纂的形式。提出了新综合体的理论和框架，阐明了《中国通史》以序说、综述、典志、传记四部分结合而成的基本内容和主要优点，为中国通史编纂开创了一种新的形式。

——关于中国与世界。阐述了中国历史发展之连续性的两个主要方面：一是中国作为一个政治实体在其发展过程中未曾为外来因素所中断，二是中国文明在文化发展上也未曾有断裂现象，同时阐述了中国史在世界史中的重要性。以上这几个方面，都显示出了该书的理论创新。白先生在史学上的卓识，远不止这里所列举的。这里仅就民族史、史学史、中国通史方面略举数例概而言之。但仅此而论，我们确可窥见这位博洽、专精、卓识的史学家的器局和风采。

三、新时期中国史学的一位杰出的建设者

学术发展史表明，任何一个时期的学术，都有它的代表人物。新时期的中国史学也有它的代表人物，白寿彝先生就是其中之一。这是因为：白寿彝先生是新时期中国史学的一位杰出的建设者。其根据如下：

第一，他同侯外庐、胡绳、刘大年等老一辈史家代表了这个时期中国史学发展的方向，即马克思主义史学发展的方向。在这个问题上，白先生始终是态度坚定和旗帜鲜明的。在"文化大革命"刚刚结束后不久，他在1978年的一次讲演中指出：

> 理论方面有两个问题，一是理解，一是运用。理解上，要求完整地、准确地学习，不容易。怎么样才能做到呢？就是不能离开经典著作的当时的历史条件和经典作家的意图去理解当时的论断。离开当时的历史条件和经典作家的意图理解经典著作，就不可能完整、准确。当然这要下更大的功夫。在运用上，往往在理论运用上运用得好，就是对马克思主义的发展。用马克思主义指导我们的工作，得出新的结论，就是发展。要求理论上的发展，是符合马克思主义的。不要求发展，停滞不前，让理论僵化，那不是马克思主义。所以，要有这样的认识，要有这样的责任感，也要有这样的气魄和信心。这样，对我们提高信心、推动科学发展才有利。如果光是在那里绕大圈子，没有一点创见提出来，那么，研究工作的意义不大。所以，在马克思主义理论指导下，详细占有材料，得出新结论，就是创造

性的结论，就是发展。①

这一段话，可以看作是白寿彝先生关于在马克思主义指导下创造性
地进行历史研究的一个总的认识。在这篇讲演中，他还着重分析了
历史上的阶级关系、民族关系和中外关系，对于拨乱反正，给人以
许多启发。他在 1982 年和 1983 年两次著文，较早地对中国马克思
主义史学做了初步总结②，反映了他对中国马克思主义史学之历史
的科学认识和对其前景充满信心。1983 年，白先生在《关于建设有中
国民族特点的马克思主义史学的几个问题》的讲演中，进一步提出中
国马克思主义史学建设的蓝图和模式，他说：

> 我们建设有民族特点的马克思主义史学，必须是在我们过
> 去的历史学的基础上，在对我们过去的史学遗产的总结基础上
> 来进行工作。有人说，马克思主义的普遍真理，怎么会出来一
> 个民族特点的马克思主义？我们讲马克思主义是普遍真理，那
> 是讲它的原理、原则方面。但具体起来，它用于不同的民族，
> 不同的国家，就应该有不同的特点。普遍真理体现在不同民族
> 的、不同国家的特点里面，二者并不矛盾。③

提出这个问题的理论意义和实践意义在于：一方面，把中国史学遗
产研究的重要性，提高到与当今中国马克思主义史学的建设和发展
有直接关系的高度上来认识，从而为研究中国史学确定了位置、明

---

① 白寿彝：《白寿彝史学论集》（下），北京：北京师范大学出版社，1994 年，第
328 页。
② 分别见白寿彝：《六十年来中国史学的发展》，《白寿彝史学论集》（下），北京：北
京师范大学出版社，1994 年，第 639～649 页；白寿彝：《马克思主义史学在中国的传播和
发展》，载《史学史研究》1983 年第 1 期。
③ 白寿彝：《白寿彝史学论集》（上），北京：北京师范大学出版社，1994 年，第
310 页。

确了方向；另一方面，把中国马克思主义史学的建设和发展同总结中国史学遗产联系起来，这不仅丰富了马克思主义史学的内容，而且也为马克思主义史学的民族特点找到了具体的形式和实现的途径。在这篇讲演中，白先生就"历史资料的重新估计"、"史学遗产的重要性"、"对外国史学的借鉴"、"历史教育的重大意义"、"历史理论和历史现实"、"史学队伍的智力结构"等问题，作了精辟的分析，对于现今的马克思主义史学建设，仍有重要指导意义。白先生在新时期的史学工作都是按照他所坚持的方向进行的。他对他的同事和学生，也都是按照这个方向去要求他们的。在他的周围，形成了这样一个史学群体，即把坚持马克思主义史学方向，建设和发展有中国民族特点的马克思主义史学作为奋斗的目标。

第二，他大力阐发史学工作的社会作用，反复论说历史教育的现实意义。白先生作为一代史学名家，享誉海内外，但他并不是一个只关心学术研究的一般学者，他的可贵的精神在于，他始终关注着国家、民族的前途，关注着全民族对于历史前途的认识和信念，并把史学工作同这种密切关注的历史责任和时代使命结合在一起。正因为如此，他在新的历史时期，始终不渝地反复论述史学的社会作用，提倡积极开展历史教育。上文提到，白先生在 1983 年出版了《历史教育和史学遗产》一书，他在该书的"题记"中做了这样的自我剖析：

我从事教育工作已有四十四年。从事历史研究工作，还要多几年。这实际上，不管我持的立场和观点怎样，都做的是历史教育的工作。但长期以来，我只是简单地认为，这是传播历史知识的工作，是客观地研究历史问题的工作，没有自觉地把这个工作跟现实联系起来，没有认识到这是历史教育的工作。一直到最近几年才意识到历史教育的重要性，应该把史学工作跟教育工作联系起来。1981 年夏，历史教学研究会成立，我开始把这个问题提出来。在这一年多的时间里，遇到适当的场合，我就对这个问题发表自己的意见。因为我对这个问题考虑得还很不成熟，在发言内容中，有先后不完全相同的地方，也可以说有不断发展的地方。现在也把这些讲话的记录汇集在这里，供同志们参考、批评。①

这是一位有高度责任感的史学家在向人们吐露自己的心声；同时，也是一位有影响的史学家在倡导更多的史学工作者都能有这种历史教育的自觉意识，这将极大地促进史学工作的开展，促进史学工作在社会中发挥更大的作用。这里，我们要特别提到这样一个事实：白先生在 1994 年出版的《白寿彝史学论集》中，关于"历史教育"的论文、讲话，被编辑在显著的位置，而其数量竟有 20 篇之多，其中有16 篇写于 1981 年以后。

古往今来，论历史教育的人很多，也有不少卓见。白先生关于历史教育的思想有超出一般论历史教育之处者，在于他不仅是从史事方面阐述历史的教育作用，而且是从史学的科学价值和社会功能方面阐述历史教育的作用，尤其是从史学史的视野来阐述历史教育的必要性及其社会价值。白先生认为："研究史学史是大工程。史学史就是研究历代史学家对过去的看法，对自己所处时代的看法。把这些看法同有关的不同时期的历史结合起来，看看他们受了时代的什么影响，看看他们如何影响社会。从这里，我们可以看出史学的科学成就。要从史学史的学习、研究上，总结历史经验，继承发扬优良传统，吸取外来的新的血液，对推动历史前进这一问题上一定要清楚一些，要不辜负我们这个时代。史学史工作是一生的事业，

---

① 白寿彝：《历史教育和史学遗产》题记，郑州：河南人民出版社，1983 年，第 2 页。

也应该发展成为一门博大精深的学问。"①这些话是对青年史学工作者讲的，但它涉及了历史教育的许多问题。从客体来看，历史上的史家如何看历史、看自己所处的时代，以及他们如何受时代的影响和他们如何影响社会，这里饱含着辩证法思想。从主体来看，总结经验、继承发扬优良传统、推动历史前进、不辜负时代的要求，以及如何正确看待史学史工作，这里也饱含着辩证法思想。同时，主体与客体之间，也是建立在对立统一原则基础上的。这就是从史学史的知识、见识、责任和视野来看待历史教育的价值和意义。白先生关于历史教育的思想，在史学工作和社会实践中具有重要的理论意义的实际意义。首先，它把关于历史教育的认识从一般属于实用的或感性认识的阶段提升到理性认识的阶段；其次，它提高了人们对史学史之社会意义的认识，有益于人们对史学史的深入研究。可以认为，白先生关于历史教育的思想和论著，是 20 世纪中国马克思主义史学在这方面最集中、最有代表性的反映。

第三，他是一位出色的史学工作的组织者。白先生做了许多学术组织工作，产出了许多史学成果，扩大了史学工作者队伍，增强了人们对于史学工作的信心。白先生通过编纂《中国通史纲要》一书，迅速地使他自己和同他一起工作的同事，从"文化大革命"的阴影中走出来，重新踏上了历史研究的征途，赢得了许多宝贵的时间，也"赢得"了这部影响广泛的"小通史"的出版②。他组建北京师范大学史学研究所，主编《史学史研究》季刊，吸引、团结和锻炼了一批史学史研究者，直接和间接地推动了这个学科的发展。他主编的《史学概论》一书，增强了参与撰写此书的同事们的理论兴趣，也为高校增添了一本新教材，并在此基础上举办了史学概论讲习班。他主编的

① 白寿彝：《白寿彝史学论集》（上），北京：北京师范大学出版社，1994 年，第 296 页。

② 《中国通史纲要》自 1980 年由上海人民出版社出版以来，至今（2002 年）已有 27 次印刷，累计印数多达 94 万余册。

《回族人物志》，为北京、宁夏等地研究回族史的朋友创造了一个发挥专长的机会，也为全国的同行继续进行回族史研究摸索了道路。尤其要强调的是，他以70岁高龄，提出编撰多卷本《中国通史》的计划，在全国500多位学者、同行的支持下，历时20年，终于实现了撰述目标，在很大的范围内推动了人们对中国通史的研究和认识。他在许多学术团体中担任职务，对有关学术团体开展学术活动发挥了积极的作用。许多事实表明，他不只是一位杰出的史学家，还是一位杰出的史学工作的组织者。

第四，他完成了一项宏伟的世纪工程。这就是12卷、22册、1400万字的《中国通史》的编撰和出版。《中国通史》是一部巨制，它有几个突出的特点：

鲜明的理论体系。《中国通史》以唯物史观为指导，结合中国历史进程的实际，在深入研究的基础上，创造性地提出了关于中国历史发展的一些极为重要的理论认识，这些认识贯穿于全书之中，而在《导论》卷做了系统的和充分的阐述。其中大多属于历史理论范畴的理论问题，也有属于史学理论范畴的理论问题。对这两类理论问题，《导论》卷都是以唯物史观的基本原则为指导，从中国历史和中国史学的发展中总结出来的：讲理论而不脱离史实，举史实而提升到理论，读来容易理解而多有启发。

内容丰富，资料翔实。《中国通史》包含经济、政治、民族、军事、文化、中外关系、历史人物等多方面内容，史料翔实，读来使人产生厚实、凝重之感。尤其值得提到的是：它把各少数民族的历史都放在中国历史进程的大背景下加以阐述，充分肯定前者在后者之中的重要位置，充分肯定多民族共同创造中华文明的历史业绩；它把科学技术同生产力的发展状况结合起来阐述，反映出科学技术在推进生产力发展方面的重要作用；它展现出从先秦至近代各个历史时期的人物群像，使中国历史更加生动并引人入胜地展现在读者面前。

体裁新颖而具有民族特色。白寿彝先生吸收了中国古代多种史书体裁的形式，并以新的历史观念、新的认识水平，制定了一种"新综合体"用于《中国通史》的撰写。全书除第一、二卷外，其余十卷都各包含四个部分：一是序说，阐述有关历史时期的历史资料、研究状况、存在问题和本卷撰述旨趣。二是综述，阐述有关历史时期的政治、军事、民族等方面的重大事件，勾勒这个时期历史进程的轮廓，便于读者明了历史发展大势。三是典志，阐述有关历史时期的各种制度及相关专题，丰富读者对"综述"部分的认识。四是传记，记述有关历史时期的各方面代表人物，展现"人"在历史运动中的能动作用和历史地位，进一步丰富了读者对"综述"和"典志"的认识，从而增强了历史感，所生兴味更加浓厚，所得启示更加深刻。20世纪以前，中国史书多以纪传体、编年体、典志体、纪事本末体四种体裁为主要表现形式；20世纪以来，章节体逐渐代替了上述各种体裁。《中国通史》以章节体的形式而注入纪传体等传统史书体裁的风格，把古今史书体裁的优点结合起来，形成一种"新综合体"，从而容纳了极为丰富的历史内容，也活泼了历史编撰形式，使其具有突出的民族特色。这不仅给人以耳目一新之感，更重要的是使人们对中国历史可以有一个全局的、立体的、动态的认识。

反映了最新的学术成就。《中国通史》各分卷主编多是有关研究领域的著名学者，且又约请了许多专史研究的学者参与撰述，可谓人才之荟萃，史识之检阅，故在学术水平上反映了20世纪八九十年代的最新成就。如第一卷《导论》对有关理论问题所做的系统论述，是目前关于中国历史之理论认识的最有分量的著作。第二卷《远古时代》，吸收了20世纪以来考古发现的重要成果，重构了对中国远古时代历史的认识，是历史研究同考古研究相结合的最重要的成果之一。又如各卷的"序说"，是学术性极为突出、要求十分严格的一项内容，第三卷至第十二卷对此都有独到的阐述，具有很高的学术史价值。再如各卷"综述"对大事的提纲挈领，"典志"对专题的钩稽爬梳，"传记"对历史人物的抉择去取和描述评论等，大多反映出著者的独到见解。

作为一部历史巨著，《中国通史》同许多鸿篇巨制一样，或许还存在一些不足之处，甚至也难免有个别的讹误，但它的成就和影响，却是无可替代的。随着岁月的流逝，它将愈加受到人们的重视。正如著名史学家戴逸教授在 1999 年所评论的那样：

> 白老是老一辈史学家，现已九十高龄，可说是鲁殿灵光，岿然屹立，是我们的表率。尤其令我们钦佩的是，以九十高龄完成《中国通史》巨著。这是一部空前的巨著，是 20 世纪中国历史学界的压轴之作。这是白老心血所萃，是对学术界的重大贡献，是他献给本世纪(20 世纪)的珍贵礼物。①

戴逸教授强调《中国通史》"最全面、最详尽、最系统，是真正的通史"。"它时间跨度最大，从远古时代一直到 1949 年。它内容最丰富、最全面，包括政治、经济、文化、民族、地理环境、典章制度、科学技术，几乎无所不包。它纵通横通，是真正的通史，改变了以往许多只有历史事件和制度，偏而不全，略而不详的缺点。""这是一部高质量、高水平的通史。这部通史不仅详细而且有创新，在吸收已有研究成果基础上又向前推进。"②戴逸教授的评论，反映了史学界许多同行的共同认识，具有突出的代表性。

白寿彝先生总主编的《中国通史》，是 20 世纪中国几代史学家编

---

① 转引自许殿才：《七十年心血铸就的丰碑——"祝贺白寿彝教授从事学术活动七十周年暨多卷本〈中国通史〉全部出版大会"侧记》，载《史学史研究》1999 年第 3 期。

② 转引自许殿才：《七十年心血铸就的丰碑——"祝贺白寿彝教授从事学术活动七十周年暨多卷本〈中国通史〉全部出版大会"侧记》，载《史学史研究》1999 年第 3 期。

撰中国通史的总结性和创造性相结合的巨著。它开辟了 21 世纪中外读者认识中国历史和中华文明的新途径。它对于全国各族人民来说，具有重要的现实意义和长远的历史意义，正如江泽民同志在给白寿彝先生信中所指出的：

> 中华民族的历史，是全民族的共同财富。全党全社会都应该重视对中国历史的学习，特别是要在青少年中普及中国历史的基本知识，以使他们学习掌握中华民族的优秀传统，牢固树立爱国主义精神和正确的人生观、价值观，激励他们为中华民族的伟大复兴而奉献力量。我一直强调，党和国家的各级领导干部要注重学习中国历史，高级干部尤其要带头这样做。领导干部应该读一读中国通史。这对于大家弄清楚我国历史的基本脉络和中华民族的发展历程，增强民族自尊心、自信心和奋发图强的精神，增强唯物史观，丰富治国经验，都是很有好处的。同时，我们也要学习和借鉴外国历史。历史知识丰富了，能够"寂然凝虑，思接千载"，眼界和胸襟就可以大为开阔，精神境界就可以大为提高。我提倡领导干部"讲学习、讲政治、讲正气"，而讲政治、讲正气，也是要以丰富的历史知识作基础的。
>
> 我相信，这套《中国通史》，一定会有益于推动全党全社会进一步形成学习历史的浓厚风气。①

随着岁月的推移，《中国通史》的这种作用，一定会越来越明显地反映出来。从爱国者走向马克思主义者，这是 20 世纪一大批史学工作者共同走过的道路。作为一位博洽、专精而又满怀卓识的史学家，

---

① 江泽民：《中共中央总书记江泽民给白寿彝同志的贺信》，载《史学史研究》1999年第 3 期。

是只有那些勤奋、多思、富于创造精神的史学工作者才可能达到的境地。作为一个时期的史学之杰出的建设者，更是只有为数不多的史学家才能做到的。白寿彝先生以自己毕生的勤奋和追求、理论和实践，确定了自己在 20 世纪中国史学上的位置。

治学道路和学术风格

唯物史观与史学创新[*]

——简论白寿彝史学研究的理论风格

一、鲜明的治学宗旨

　　白寿彝史学的理论风格，可以概括为这样的认识：在马克思主义唯物史观基本原则指导下，结合具体的研究领域或具体的研究对象，根据充分的和可靠的历史资料，从辩证的和发展的视野，综合种种问题，提出新的认识和新的理论概括。清人黄宗羲强调说："大凡学有宗旨，是其

---

　　* 原载《人民日报》，2000 年 7 月 13 日。在老一辈史学家中，白寿彝先生在新中国成立以后，才有机会接触和学习马克思主义唯物史观，并在半个世纪里坚持不懈地运用它指导历史研究和史学工作，从而取得了辉煌的成就，成为享誉国内外的著名史学家。白寿彝史学的理论风格是在坚持唯物史观基本原则的基础上，对一些重要的历史领域和史学领域作具体分析和实事求是的研究，进而提出创造性的结论。他的这种研究过程，十分注重对于中国历史实际的把握和对于中国优秀史学遗产的继承，因而具有突出的和鲜明的民族特色。这篇文章，试图对上述问题做初步探讨，一是借以表达对白寿彝先生的怀念，二是为进一步明确中国史学发展方向而提出一些或许是值得深入思考的问题。

唯物史观与史学创新 ｜ 59

人之得力处，亦是学者之入门处。"①白寿彝史学的理论风格，正是集中反映出了他的治史宗旨。其风格和宗旨，并非笼统而不可行，高悬而不可即。相反，它是可以认识、可以实践的。这就是：其一，对马克思主义唯物史观基本原则尽可能作深入的理解，并善于灵活地把它运用于指导历史研究。其二，这种指导作用，不是对马克思主义关于唯物史观的词句的搬用，也不只是必要的征引，而是取其精髓，循其本质，或高屋建瓴，或阐幽发微，皆不脱离其根本，而在思想上又有广阔驰骋的空间。其三，这种指导作用，是紧密地同研究领域和研究对象结合起来的，即反映研究领域和研究对象的丰富而可靠的材料是研究的根据，唯物史观作为分析这些根据的方法论，帮助研究者从中抽象出正确的结论；这些结论，不是唯物史观一般原理之词句的组合，而是在唯物史观方法论指导下概括出来的新的具体结论。一言以蔽之，关键在于对唯物史观的正确理解和正确运用。

1978 年，白寿彝先生在一次学术报告中指出："理论方面有两个问题，一是理解，一是运用。理解上，要求完整地、准确地学习，不容易。怎么样才能做到呢？就是不能离开经典著作的当时的历史条件和经典作家的意图去理解当时的论断。离开当时的历史条件和经典作家的意图去理解经典著作，就不可能完整、准确。当然这要下更大的功夫。在运用上，往往在理论运用上运用得好，就是对马克思主义的发展。用马克思主义指导我们的工作，得出新的结论，就是发展。要求理论上的发展，是符合马克思主义的。不要求发展，停滞不前，让理论僵化，那不是马克思主义。所以，要有这样的认识，要有这样的责任感，也要有这样的气魄和信心。这样，对我们提高信心、推动科学发展才有利。如果光是在那里绕大圈子，没有

---

① 黄宗羲：《明儒学案》发凡，北京：中华书局，1985 年，第 11 页。

一点创见提出来，那么，研究工作的意义不大。所以，在马克思主义理论指导下，详细占有材料，得出新结论，就是创造性的结论，就是发展。当然，这个发展可大可小，水平有高有低。"①这一段话，可以看作是白寿彝先生关于在马克思主义指导下进行历史研究的一个总的认识；这个认识自有一个不断发展、不断深化的过程，而在"文化大革命"结束后的拨乱反正中更加明确起来，成为他的学术历程的新的起点。

二、创造性的史学建树

白寿彝先生学术研究领域广泛，他在民族史、史学史、中国通史的研究和撰述方面，多有建树。20 世纪 50 年代初，他以马克思主义唯物史观为指导，在重新认识和阐述中国通史教学体系方面；五六十年代，他在回族史的认识和撰述方面，在中国史学史的发展规律的探索和一些个案研究的结论方面，也都遵循着这个基本路径。他在这个时期发表的《论爱国主义思想教育和民族史的结合》(1951年)、《谈史学遗产》(1961 年)、《司马迁寓论断于序事》(1961 年)、《中国史学史研究任务的商榷》(1964 年)等论文，都在历史学界产生了很大的影响。在这些论著中，表现出作者对马克思主义唯物史观的国家观、阶级观、民族观、文化观等，都有深刻的理解。

在改革开放的新的历史时期，经过理论上的拨乱反正，白寿彝先生对马克思主义唯物史观更加坚信不疑，在理解上和运用上都发展到了一个新的更高的阶段，他的学术生命也进入最辉煌的时期。这个时期，白寿彝先生以唯物史观为指导，在中国通史、中国史学史、民族史和民族关系史等方面，都提出了许多创造性的见解，在

---

① 白寿彝：《白寿彝史学论集》(上)，北京：北京师范大学出版社，1994 年，第328 页。

史学界产生了广泛的影响。这里仅举数例，以略见其大概。

其一，关于中国封建社会的发展及其分期问题。这是中国通史上的重大问题之一，史学界在认识上的分歧也很大，主要观点有八九种之多。针对这种情况，白寿彝先生在 1977 年提出这样的认识："讲社会发展规律，首先还要讲经济基础，讲什么呢？生产力、生产关系嘛。封建社会生产力发展很缓慢，抓这个，困难大。生产关系抓哪一个呢？要抓农民阶级，但是首先要抓地主阶级。为什么？因为地主阶级是封建社会矛盾的主要方面。看封建社会变化，在地主阶级身上体现得清楚些，材料也多些。有了这个材料，再分析农民阶级、分析农民战争，就好办得多。……还有一个，从民族关系上来分析。"①显然，这个问题的提出，在学术上是带有突破性的进展，其根据则是马克思主义的生产关系学说和辩证法思想。后来，白寿彝先生把这个见解进一步展开，成为《中国历史年代》一文的主要内容②，并收入《中国通史纲要》的"叙论"③。白寿彝先生的具体论点是：世家地主、门阀地主、品官地主和官绅地主是地主阶级演变的几个主要标志，据此把中国封建社会划分成成长时期（秦汉）、发展时期（三国两晋南北朝隋唐）、继续发展时期（五代宋元）和衰老时期（明清）。结合这一论述，他还同时考察了生产力和科学技术的进步，考察了农民阶级身份的变化、国税与地租的分离、农民起义口号的演变、民族关系的密切、中外关系的发展等，形成一个综合多种因素和标志的中国封建社会分期理论。这个理论，对于撰述多卷本《中国通史》具有极重要的指导意义。

其二，关于史学遗产的重要性及其与建设有民族特点的马克思主义史学的问题。这是研究中国史学史和发展当今中国史学的一个

---

① 白寿彝：《白寿彝史学论集》（上），北京：北京师范大学出版社，1994 年，第 8 页。
② 白寿彝：《中国历史年代》，载《北京师范大学学报》1978 年第 6 期。
③ 参见白寿彝主编：《中国通史纲要》，上海：上海人民出版社，1980 年。

关键问题。1983 年，白寿彝先生在一次题为《关于建设有中国民族特点的马克思主义史学的几个问题》的讲演中明确地指出："我们中国的历史学很有特点，值得我们研究。研究中国历史学的特点，就是研究中国史学遗产的特点，对于我们建设一个有民族特点的马克思主义史学很有帮助。我们建设有民族特点的马克思主义史学，必须是在我们过去的历史学的基础上，在我们对过去的史学遗产的总结的基础上来进行工作。有人说，马克思主义是普遍真理，怎么会出来一个民族特点的马克思主义？我们讲，马克思主义是普遍真理，那是讲它的原理、原则方面。但具体起来，它用于不同的民族、不同的国家，就应该有不同的特点。普遍真理体现在不同民族的、不同国家的特点里面，二者并不矛盾。"[①]提出这个问题的理论意义和实践意义在于：第一，把对于中国史学遗产的研究的重要性，提高到与当今中国马克思主义史学的建设和发展有直接关系的高度上来认识，从而为研究中国史学史确定了位置、明确了方向；第二，把中国马克思主义史学的建设和发展同总结中国史学遗产联系起来，这不仅丰富了马克思主义史学的内容，而且也为马克思主义史学的民族特点找到了具体的形式和实现的途径。可见，中国史学史的研究具有非常重要的意义。为了使更多的史学工作者认识到这个重要意义，白先生才如此大声疾呼，并反复从理论上和实践上加以阐述。今天我们重新提出他的这些论点，不能不对他在马克思主义的修养方面和勇于进行理论创新方面，表示钦佩和敬意。白寿彝先生对这些问题的思考，有几十年的积累。他在 20 世纪 60 年代发表的《谈史学遗产》一文中，就显示了这方面的发展方向。他认为，中国史学遗产的优秀思想成果，对于我们理解马克思主义是有帮助的。他指出："过去讲史学思想，很简单地认为，没有什么可以讲的。如果要讲史

---

① 白寿彝：《白寿彝史学论集》（上），北京：北京师范大学出版社，1994 年，第 310 页。

学思想，讲马克思主义理论就行了。这个话有道理，但不完全对，至少不全面。马克思主义没有传入中国以前，中国历史学不可能有一个历史唯物主义的思想体系，这是没有问题的。但这并不等于说，我们过去没有正确的历史观点。对具体历史问题、具体历史现象、具体历史人物、具体历史事件，过去也曾经有过不同程度的正确看法，这些看法不可能都写在马克思主义经典里面，但是它们是正确的。在今天我们有马克思主义指导了，对于这些前人所做的成果，我们不要一脚踢开，应该吸收过来做我们的营养。这样做，可以丰富我们的史学思想。"①这是从具体方法上阐明了优秀的史学遗产的思想成果同马克思主义理论之间的关系，也是明确地指出了在历史学的思想领域里如何建设有中国民族特点的马克思主义史学的途径。从 20 世纪 60 年代以来，尤其是改革开放以来，白寿彝先生在进行中国史学史研究中，以及在他主持下进行的各项史学史研究中，都恪守上述这一基本思想。

其三，关于"统一的多民族国家"和中国历史上民族关系的"主流"问题。中国是一个多民族国家，秦汉以后成为统一的多民族国家。对于"统一的多民族国家"问题，白寿彝先生在《中国通史》第一卷《导论》第一章中指出："多民族国家的形成是经过一个漫长的过程的。我们的祖国，曾经出现过各种形式的多民族的统一。我们经过的统一，有单一民族内部的统一、多民族内部的统一和多民族的统一，后者又包含区域性的多民族的统一和社会主义的全国性的多民族的统一。"②这不仅指出了中国是一个统一的多民族国家，而且强调了这是一个辩证的发展过程，从而避免对这个问题作形而上学的简单化的理解和说明；同时，从这个辩证发展过程中，充分表明了

---

① 白寿彝：《白寿彝史学论集》（上），北京：北京师范大学出版社，1994 年，第 311 页。

② 白寿彝主编：《中国通史》第一卷《导论》，上海：上海人民出版社，1989 年，第 90 页。

中华民族中的各个民族在推动祖国统一事业中都曾经做出重要的贡献。毫无疑问,这是一个符合中国历史客观事实的结论,是一个马克思主义的结论。关于中国历史上民族关系的"主流"问题,史学工作者尤其是民族史和民族关系史研究者有激烈的争论。针对这种争论,白寿彝先生于1981年在中国民族关系史座谈会上的讲话中指出:"在民族关系史上,我看友好合作不是主流,互相打仗也不是主流。主流是什么呢?几千年的历史证明:尽管民族之间好一段、歹一段,但总而言之,是许多民族共同创造了我们的历史,各民族共同努力,不断地把中国历史推向前进。我看这是主流。这一点是谁都不能否认的。当然,历史发展是波浪式地前进、螺旋式地前进,有重复、有倒退,不可能是直线上升的,总会有曲折、有反复,这是历史发展的规律。但总的讲,我们各民族的共同活动,促进了中国历史的发展。"①面对激烈的学术争论,白寿彝先生高屋建瓴,透过纷繁复杂、矛盾错综的历史现象揭示出历史的本质,并从中国历史发展的全局着眼,阐明了这一历史本质的意义和价值。此论一出,诸论释然。从而推进了对中国历史上民族关系史的认识,这一认识对于如何看待现实的中国各民族的关系,有重大的理论意义和实践意义。

三、重要的启示

白寿彝先生在理论上和学术上的创造与建树,还可以举出许多。我们从他主编的《中国通史纲要》、多卷本《中国通史》(12卷22册)、《史学概论》、《回族人物志》(4卷本),以及他的《白寿彝史学论集》(上、下)、《白寿彝民族宗教论集》、《中国史学史》第一册、《中国史

---

① 白寿彝:《白寿彝民族宗教论集》,北京:北京师范大学出版社,1994年,第53～54页。

学史论集》等著作中，可以看出他在近 20 年中，是怎样运用马克思主义唯物史观为指导，在历史和史学的研究中不断创新的历程。

从白寿彝先生的治史宗旨与创新历程中，我们可以得到两点重要的启示。

第一点启示是：马克思主义唯物史观是指导历史研究的科学的理论体系，这个理论体系具有强大的生命力。20 世纪五六十年代，中国马克思主义史学在迅速发展并取得重大成就的同时，曾经出现过对唯物史观做简单化、绝对化的理解和运用，其后在"文化大革命"中更遭到了"四人帮"的歪曲，这是严重的教训。但这并不是唯物史观本身的"过错"所造成的。相反，当人们经过"文化大革命"后的理论上的拨乱反正，并接触大量涌入国门的西方史学的历史理论，冷静地来思考、学习、运用唯物史观时，更加确信了它的真理价值。在这方面，白寿彝先生是始终不渝的、坚定的信仰者和实践者，他近 20 年来在历史学的诸多领域所取得的新的重大成就，以及中国马克思主义史学在这个阶段所取得的其他许多重大成就，都雄辩地证明了唯物史观对于指导历史学研究的重要性及其不可替代的意义。我们真诚地、虚心地吸收外国历史学界的一切积极成果；但从根本上和整体上看，这些积极成果，都不足以证明唯物史观的"过时"。20 世纪中国史学有多方面的进步和成就，而其中最重大的进步和成就，乃是中国马克思主义史学的形成和发展。我们可以有充分的信心：在新的世纪里，中国史学的主流仍将按照唯物史观所指示的方向向前发展，成为更加坚强、有力的马克思主义史学的中国学派。

第二点启示是：在唯物史观指导下，充分吸收中国史学的优秀遗产，使马克思主义史学具有中国的民族特点，这是批判继承史学遗产的需要，更是发展当前史学的需要。白寿彝先生的史学成就，也为我们在这方面做出了榜样。首先，他十分重视历史资料的多方面功能。他认为："历史资料，第一，它是记载过去的事情，记载过去的历史，同时，还是用于解释现在的资料。如果不懂历史资料，我们无法解释现在，对当前的好多问题解释不了。""第二，历史资料不只是研究历史的资料，同时还是好多种学科的研究资料。"他进而认为，这些资料，既是学术史资料，又是学术资料，"我们可以把它叫作历史资料的二重性"①。显然，对于历史资料作这样的理解和运用，必然使历史著作不仅反映着中国历史的内容和特点，而且，还带着中国民族的精神传统和思想传统，以至于包含对于前人提出的问题所做的研究与说明，显示出鲜明的民族特色。其次，他十分重视中国史书的丰富多彩的表现形式及其在当今历史撰述上的借鉴与创新意义。他总主编的《中国通史》和他主编的《回族人物志》，都是对中国史书多种体裁的综合运用和新的创造，也显示出鲜明的民族特色，受到学术界和广大读者普遍关注与好评。最后，他十分重视中国史学重视文字表述的优良传统，他称之为"历史文学"的传统，即历史著作之文字表达的艺术性要求。他在《谈史学遗产答客问》的系列文章中，专有一篇《谈历史文学》②；他主编的《史学概论》，专有一章论述历史文学；他在报纸上发表文章，呼吁多研究点中国历史的特点，多写点让更多人看的文章。他本人的论著，尤其是近 50 年来的论著，大多写得深入浅出，使人读来容易理解，而又深有启迪，可见他是身体力行，努力继承和发扬中国史学的"历史文学"传统，即文字表述的美学要求。至于说到白寿彝先生对回族的深厚感情，对中华民族历史文化的深厚感情，对中华民族大家庭的深厚感情，都洋溢在他的论著之中，是阅读过他的著作的人都可以感受到的。

---

① 白寿彝：《白寿彝史学论集》（上），北京：北京师范大学出版社，1994 年，第 308、309 页。
② 白寿彝：《白寿彝史学论集》（上），北京：北京师范大学出版社，1994 年，第 536 页。

白寿彝先生坚持在马克思主义唯物史观指导下进行历史研究和新的理论创新的学术方向，坚持建设有中国民族特点的马克思主义史学的治史道路，以及他在这方面所取得的重大成就，值得我们认真思考和学习。

白寿彝先生的史学思想和治学道路 [*]

　　白寿彝先生从 1929 年起踏上治学的道路，至今(1989 年)已经整整 60 年了。今年，又恰是寿彝先生在高校执教 50 周年、来北京师范大学任教授职务 40 周年纪念和他的 80 华诞。我们是寿彝先生在新中国成立后所培养的两代学生，深感对于老师的最好的庆贺之情，莫过于学习老师的治学精神，总结和发扬老师的学术思想。本文是我们在这方面的一点认识，也是我们对老师的一点奉献。

一、一条不断探索的路：治学的历程和理论上的追求

　　白寿彝教授，1909 年生于河南开封的一个回族家庭。青年时期的寿彝先生，先后在中州大

　　* 原载《北京师范大学学报(哲学社会科学版)》1989 年第 1 期，本文系与龚书铎教授合作。

学和文治大学学习；1929 年，考入燕京大学国学研究所读研究生，师事著名学者黄子通先生、郭绍虞先生、冯友兰先生和许地山先生，1932 年毕业于燕京大学；在 20 世纪 30 年代，主要从事中国伊斯兰教史和回族史研究，以及中国交通史研究；28 岁时（1937 年），出版了第一本专著《中国交通史》①，1938 年，此书由日本学者牛岛俊作译成日文，并于次年在日本东京生活社出版，牛岛俊作在日译本序中称此书"确是一部标志着中国交通文化史著中最高水平的作品"，其著者"是中国史学界的俊秀之士"②。寿彝先生曾经回忆说，撰《中国交通史》，是自己学术生涯中的一个"插曲"；但这个"插曲"对后来的治学道路却产生了不小的影响。

1939 年至 1949 年，寿彝先生先后在云南大学、中央大学（今南京大学）任教，讲授中国通史、中外交通史、中国史学史等，继续中国伊斯兰教史和回族史的研究，出版了《中国回教小史》③、《咸同滇变见闻录》④、《中国伊斯兰史纲要》⑤、《中国伊斯兰史纲要参考资料》⑥等著作。

寿彝先生 1949 年至北京师范大学执教，以至于今。先后讲授中国通史、史学概论、中国史学史等，继续研究回族史并开始了对中国通史若干问题的研究，出版了《回回民族底新生》⑦、《回民起义》资料集 1—4 册⑧、《回回民族的历史和现状》⑨等，同时发表了有关中国通史研究的论文 20 余篇。1961—1965 年，寿彝先生因受教育部

---

① 白寿彝：《中国交通史》，上海：商务印书馆，1937 年。
② 白寿彝：《中国交通史》附录，郑州：河南人民出版社，1987 年，第 212~213 页。
③ 白寿彝：《中国回教小史》，重庆：商务印书馆，1944 年。
④ 白寿彝校集：《咸同滇变见闻录》，重庆：商务印书馆，1945 年。
⑤ 白寿彝：《中国伊斯兰史纲要》，上海：文通书局，1946 年。
⑥ 白寿彝：《中国伊斯兰史纲要参考资料》，上海：文通书局，1948 年。
⑦ 白寿彝：《回回民族底新生》，上海：东方书社，1951 年。
⑧ 白寿彝编：《回民起义》资料集 1~4 册，上海：神州国光社，1952 年。
⑨ 白寿彝：《回回民族的历史和现状》，北京：民族出版社，1957 年。

委托编写中国史学史教本（古代部分），把教学与研究的重点都转到中国史学史方面。这期间，他重新开出了史学史课程，创办了《中国史学史参考资料》①，组织了"中国史学史编写组"，召开了有关的讨论会，招收了史学史专业的研究生和进修教师；发表了一系列有关史学史研究的文章，其中，《谈史学遗产》、《司马迁寓论断于序事》、《中国史学史研究任务的商榷》等②，在当时史学界产生了较大的影响；出版了论文集《学步集》③，写出了《中国史学史教本》上册④。我们从查阅寿彝先生的著述目录得知，这短短的 5 年时间，他在中国史学史的研究方面取得的进展和成果，显示出对中国史学史学科建设的见解和信心。但是，这项工作却因"文化大革命"的开展而中辍了。

"文化大革命"期间，在艰难的岁月里，寿彝先生同顾颉刚先生等一道致力于"二十四史"的点校工作，为整理祖国的史学遗产而呕心沥血，做出贡献。出于一个忠诚的史学家的良心和责任，他从 20 世纪 70 年代中期开始，在史学界不少同行的支持下，决心从事中国通史的编撰工作，并先后主持撰写出中型的中国通史（200 万字，未刊稿），小型的中国通史（即《中国通史纲要》），同时开始了大型的中国通史的酝酿工作。这些艰巨的工作，由于"文化大革命"的结束，尤其是在党的十一届三中全会的号召和鼓舞下而大大加快了步伐。政治环境的根本改善使史学界迎来了真正的春天。年届七旬的寿彝先生感慨系之地说："这是我真正做学问的开始！"1979 年，他在学校的支持下，成立了史学研究所，恢复了《史学史资料》，招收了一批新的史学史研究生。寿彝先生决心一方面主持中国通史的编撰工作，

---

① 该刊创办于 1961 年 6 月，1981 年更名为《史学史研究》（季刊），国内外发行。
② 上述三文，分别载于《新建设》1961 年第 4 期，《北京师范大学学报》1961 年第 4 期，《人民日报》1964 年 2 月 29 日。
③ 白寿彝：《学步集》，北京：生活·读书·新知三联书店，1962 年。
④ 北京师范大学铅印教材，1964 年。

另一方面重理旧业,把中国史学史的研究继续开展起来。

20世纪80年代,是寿彝先生学术生涯中最紧张、繁忙,同时也是成果最丰硕的年代。除了中国通史和中国史学史的研究和撰写外,他又同宁夏回族自治区合作,计划编写4卷本的《回族人物志》。1980年,《中国通史纲要》出版(上海人民出版社);1981年,《〈史记〉新论》出版(求实出版社);1983年,《中国伊斯兰史存稿》出版(宁夏人民出版社);1983年,《历史教育和史学遗产》(河南人民出版社)和《史学概论》(宁夏人民出版社)出版;1985年,《回族人物志》第一册(元代部分)出版(宁夏人民出版社);1986年,多卷本《中国史学史》第一册出版(上海人民出版社);1987年,《中国通史纲要续编》出版(上海人民出版社),而《中国交通史》由河南人民出版社重印出版;1988年,《回族人物志》第二册(明代部分)出版(宁夏人民出版社);尤其令人兴奋的是,多卷本《中国通史》第一卷(全书导论)也即将出版,等等。每年出版一本书,真是丰收的季节啊!在史学园地辛勤耕耘了60年的寿彝先生,进入了他的学术生命的最旺盛的时期。这就是为什么他赞许王国维所论"衣带渐宽终不悔"的境界,用以砥砺自己,也用以勉励后学。人们常常爱用"老骥伏枥,志在千里"的诗句和"发挥余热"的话来反映老一辈学者的顽强治学精神,但寿彝先生从自己的学术生命的活泼的跳动中感到,他还"不服老"。诚如他在接受采访时所说:"我觉得70岁才是真正做学问的开始,以前的各项工作也可以说是为今天的研究做准备。在学术领域里是没有止境的,我仍将走新路!"

我们以拳拳之心回顾了寿彝先生的治学历程,深深感到,寿彝先生学术兴趣广泛,他走过的路是一条不断探索的路。在这条道路上,他始终不渝地坚持着对于真理的追求。

大学时期和读研究生时期的寿彝先生,对哲学有浓厚的兴趣。新中国成立后,他的这种兴趣立即转向对马克思主义理论的学习和研究方面。从 1951 年出版的《回回民族底新生》一书的末章中可以看出，寿彝先生当时已经系统地阅读了毛泽东的著作，尤其是毛泽东关于民族工作的一些论点和指示，格外为寿彝先生所重视；从 1952年出版的《回民起义》资料集的"题记"中可以看出，寿彝先生已经开始运用马克思主义的阶级斗争学说，来观察历史上的民族问题和民族关系问题，分辨历史文献所反映出来的阶级分野和所记史事的真伪；1954 年，寿彝先生在《新建设》第 1 期上发表了《学习马克思主义关于民族共同体的理论，改进我们的历史研究工作》；等等。表现出一位忠诚于人民的史学家追求真理的自觉和热忱。他于 20 世纪 60年代发表的《谈史学遗产》、70 年代末发表的《中国历史的年代：一百七十万年和三千六百年》和《关于史学工作的几个问题》、80 年代初发表的《关于中国民族关系史上的几个问题》和《谈史学遗产答客问》等名篇，表明寿彝先生在学习和运用马克思主义理论方面已有很深的造诣。寿彝先生在理论上的追求还有更高的境界，那就是力图使马克思主义与中国历史相结合，与中国史学相结合，他主编的多卷本《中国通史》第 1 卷以及他主编的《史学概论》，就是在上述两个方面的创造性的尝试。然而，他对于这两部书却并不十分满意，认为在理论上还有进一步提高的必要。这又说明，寿彝先生在理论上的追求是没有止境的。

寿彝先生对于老一辈的马克思主义史学家在理论上的成就与贡献，时时称说，赞叹不已，并谆谆告诫我们要认真读他们的著作。寿彝先生培养研究生，也是把提高他们的理论水平放在第一位的。20 世纪 60 年代的研究生，他要求他们学习毛泽东关于批判继承历史遗产的理论；70 年代的研究生，他要求他们读《资本论》第 1 卷；80年代的研究生，他要求他们读《反杜林论》、《路德维希·费尔巴哈和德国古典哲学的终结》等著作。寿彝先生在理论上的追求和造诣，是启迪后学智慧的钥匙，也是他在学术工作上取得重大成就的奥秘。

二、史学思想的两个特点：通识与创新

寿彝先生的史学思想，贯穿于他对于民族史的研究和撰述、中国通史的研究和撰述、中国史学史的研究和撰述这三个领域之中。不论是从历史研究的整体性来看，还是从寿彝先生的治学历程来看，这三个领域都有一种逻辑的联系，即这是一个从局部研究到整体研究、从具体研究到理论研究的发展过程。而饶有兴味的是，寿彝先生对上述每一个领域的研究和撰述，也都不同程度地反映出这一逻辑的联系。我们通过对这两层逻辑联系的考察认识到：发展的观点、全局的器识和创新的精神，是寿彝先生研究历史的理论和方法论上的几个特点，也是他的史学思想的几个重要方面。下面，我们将结合寿彝先生在每一领域研究中的学术成果，阐述对于他的史学思想的一些初步的认识。

（一）关于民族史的研究

寿彝先生在大学时代着手于对先秦诸子的研究，读研究生时则以朱熹哲学为研究课题。他的这些研究虽然没有继续下来，但却培养起他对哲学的兴趣，这对于他后来研究历史善于从哲学上提出问题和分析问题有很大的影响。寿彝先生致力于史学工作，是从研究民族史开始的。具体说来，是从伊斯兰教史和回族史研究开始的。随着这种研究的深入，他的兴趣进而扩大到对民族关系史的研究，并愈来愈增强了理论的色彩。

寿彝先生致力于中国伊斯兰史的研究，始于 20 世纪 30 年代后期。从这时起到 40 年代初，他发表了《中国回教史研究》（1936 年）、《中世纪中国书中的回教记录》（1937 年）、《回教文化研究之意义》（1939 年）、《跋吴鉴〈清净寺记〉》（1942 年）等论文。从这些撰述中，我们可以看到作者的两个明显的研究意向及研究方法：一是关于中

国文献有关伊斯兰史记载的摸索，二是关于伊斯兰史若干专题的考察。关于文献的摸索，《从怛逻斯战役说到伊斯兰教之最早的华文记录》(1936年)长文是一篇力作。此文征引繁富，以中国文献为主，也涉及西人的有关记载，至今仍有参考的价值①。值得注意的是，寿彝先生于文献的摸索，绝不限于现成的各类图籍，而于有关碑记的搜求与阐释亦十分重视。关于专题的考察与研究，则涉及战争、贸易和文化，反映出寿彝先生在伊斯兰史方面的开阔的视野。1942年年底至1943年，寿彝先生在六七年文献研究与专题研究的基础上，打算着手写一部中国伊斯兰教史。1942年年底，成书三章，但终因战乱时期，乡居缺书，以致明清时期无法落笔；又因辗转迁徙，已成三章，佚失其二。我们从仅存的一章②的规模来看，寿彝先生是试图写一部内容翔实的中国伊斯兰史，而以中西交通、政治和文化为叙述重点。可惜这一愿望终因条件限制而未能实现。次年，寿彝先生撰成《中国回教小史》一文，发表于《边政公论》。1944年经过修订，由商务印书馆出版单行本。虽为"小史"，但却是中国伊斯兰教的一部通史，它从隋唐讲到"最近的三十二年"。作者在"小史"的题记中讲到"中国回教史的研究，是一门很艰苦的学问"；同时讲到研究这门学问的人，应当具备语言、文学、宗教、历史、文献、实地考察等多方面的条件。这些看法，在今天仍然是有意义的。

寿彝先生在20世纪80年代初所撰的几篇序跋，又提出了一些值得深入探讨的问题。如关于"伊斯兰的中国化和各宗教间的互相影响问题"③，希望"关于《古兰经》的研究工作能在我国有所展开"的问

---

① 参见白寿彝：《中国伊斯兰史存稿》，银川：宁夏人民出版社，1983年，第56～103页。

② 作者题名为《元代回教人与回教》，收入《中国伊斯兰史存稿》，银川：宁夏人民出版社，1983年。

③ 白寿彝：《中国伊斯兰史存稿》，银川：宁夏人民出版社，1983年，第338页。

题①，关于"各地的伊斯兰教石刻能够陆续都汇集起来，编印、出版"的问题②，等等。寿彝先生于 1982 年年初，把他自 1936 年以来有关中国伊斯兰教史的研究成果编为一集，题名《中国伊斯兰史存稿》，交宁夏人民出版社出版。《中国伊斯兰史存稿》作为先生在 20 世纪三四十年代的研究成果，不仅在当时具有探索与开拓的价值，就是在今天来看，它在理论和方法上的特色，仍然具有学术生命力。这种生命力不仅表现在伊斯兰教史的研究方面，也表现在一般的宗教史和回族史研究方面。

寿彝先生的回族史研究始于 20 世纪 40 年代前期，而以 50 年代为第二个阶段，80 年代为第三个阶段。在研究中国伊斯兰教史的同时，寿彝先生为回族史研究积累了丰富的资料和撰述上的准备。40 年代前期，他写出了《回教先正事略》60 卷，其中回族人物约占 56 卷，有传者 175 人，有附传者 179 人。这虽是一部未刊稿，但却为他的回族史研究开辟了一条广阔的道路。50 年代，寿彝先生发表和出版了丰富的回族史研究成果。其中有代表性的著作是：《回回民族底新生》、《回民起义》资料集 1—4 册、《回回民族的历史和现状》等。寿彝先生的这一时期的回族史研究著作有两个鲜明的特点：一是对于回族历史的科学性认识，二是对于历史文献的科学性认识。这两个特点都带有鲜明的时代气息。如在《回回民族底新生》一书中，运用马克思主义的阶级斗争理论来看待历史上的回汉关系问题，以及汉族内部、回族内部的阶级分野问题。又如，在《回民起义》资料集的"题记"中，提出运用阶级观点对待历史资料，并提倡对历史资料采取"冷静"的"分析"的态度。

20 世纪 80 年代，寿彝先生在主持编撰多卷本《中国通史》的同时，着手主持编撰 4 卷本的《回族人物志》。全书编入历史人物 400

---

① 白寿彝：《中国伊斯兰史存稿》，银川：宁夏人民出版社，1983 年，第 343 页。
② 白寿彝：《中国伊斯兰史存稿》，银川：宁夏人民出版社，1983 年，第 345 页。

人左右，是回族史研究工作中第一部系统的人物传记，也是中国少数民族史研究工作中第一部系统的人物传记。《回族人物志》是寿彝先生40年代前期所撰《回教先正事略》的未刊稿在新的历史条件下的继续和发展。该书在体例上的创新，撰述上的严谨和所容纳的回族人物数量之多、方面之宽，是它的三个特点，也是回族史研究工作中的一个突破，而且还为一般的人物志的编写工作提供了经验。

从20世纪50年代起，寿彝先生关于民族史的研究开始逐步突破回族史研究的范围，而涉及民族关系史研究的一些理论问题。他撰写的《论历史上祖国国土问题的处理》(1951年)、《关于中国民族关系史上的几个问题》(1981年)等论文①，提出中国历史上的国土疆域的划分与历史上的民族关系是密切联系的论点，以及用发展的观点、全面看问题的观点来考察中国民族关系史的主流问题的论点，等等，引起了史学界的广泛重视。关于中国民族关系史上的主流的问题，寿彝先生的看法是：关于民族关系史上的主流问题的探讨和研究，可以看得开阔一点。我们研究历史，不能采取割裂历史的方法。从一个历史阶段看问题，固然是必要的；从整个历史发展趋势看问题，则是更为重要的。在民族关系史上，"友好合作"不是主流，"互相打仗"也不是主流。总而言之，是许多民族共同创造了我们的历史，各民族共同努力，不断地把中国历史推向前进。这是主要的，也可以说这就是主流。他从历史上各民族在社会生产、社会生活中的互相依存，从盛大皇朝的形成离不开少数民族的支持，从少数民族的进步同样是中国整个社会进步的重要标志三个方面论证了上述看法。

寿彝先生常说，民族史的研究启发他进行中国通史的研究。他认为，只有对中国历史发展的全过程有了比较正确的把握时，才能对民族史研究做出适当的科学的结论。20世纪50年代以后，寿彝先

---

① 分别见白寿彝：《学步集》，北京：生活·读书·新知三联书店，1962年，第1～4页；《北京师范大学学报》1981年第6期。

生在民族史研究上不断提出了一些新的论点，这一方面是学习马克思主义理论并用以指导历史研究的结果，另一方面也是他致力于中国通史的教学与研究的结果。

(二)关于中国通史的研究

寿彝先生学术工作上的重大的转折和发展，是由研究其本民族的历史进而走向研究整个中华民族的历史——中国通史。这不只是研究范围的扩大，甚至也不只是认识程度的加深；这里最需要的是通识之才和创新精神。这一转折始于20世纪50年代初，而自70年代中期以来直至今日，已逐步形成比较完整的理论体系和较大规模的编撰活动。

1949年，寿彝先生在南京中央大学讲授中国通史。那个时候，中国通史是大学一年级各系学生的必修课程，常常是两三位教师在同一时间分别开讲，学生可以自由选择授课教师，也可以自由流动。寿彝先生主讲中国通史，深受欢迎，听讲的人日渐增多。同年，他应聘到北京师范大学历史系执教。系主任侯外庐先生组织起以寿彝先生为组长的"中国通史教学小组"，负责审查、讨论和通过教学大纲。当时，解放伊始，初学马列，教学中的一个迫切任务，是改造旧的中国通史的思想和体系，建立起中国通史教学的新体系和新思想。许多教师在思想上既兴奋，又困扰，大家都在学步阶段。寿彝先生主讲中国通史并领导"中国通史教学小组"的工作，这是他在新的历史环境里，在马克思主义指导下和教学实践中，逐步形成对于中国通史的整体认识的一个重要时期。50年代，寿彝先生从具体的研究和理论的研究两个方面，陆续发表了他对于中国通史的一些带有整体性认识的成果。如关于官手工业的性质、发展阶段及其与封建专制和生产力发展的关系[1]，关于农民战争问题[2]，关于疆域与民

---

[1] 白寿彝：《学步集》，北京：生活·读书·新知三联书店，1962年，第35～73页。
[2] 白寿彝：《中国历史上的农民战争》，载《历史教学》1960年第7期。

族关系问题①，关于历史教学和历史研究中如何处理古今问题、特殊性与规律性的问题②，关于民族史和宗教史的关系以及民族研究中的阶级关系和民族关系问题③，等等。这些问题，有的涉及划分历史时期的问题，但更多的是关于历史上的某一个方面的整体性认识。这对于他后来从事中国通史的研究和编撰工作，是很重要的学术思想上的准备。

20世纪70年代中期，寿彝先生在许多同行的支持下，计划陆续编写大型的、中型的、小型的三种中国通史。编撰工作先从组织编撰中型的中国通史入手，以两年多的时间，写出了200多万字的一部草稿。经过讨论，大家认为中型通史难以写出特色。出于高度的责任心，只好暂时搁下了，并从1977年开始筹划撰写小型的中国通史。这就是1950年上海人民出版社出版的《中国通史纲要》（以下简称《纲要》）。这部不到30万字的《纲要》，整整写了3年，经过数十次的讨论和修改，在内容上和体例上都有一些新的考虑。《纲要》出版以来，已经印刷10次，累计印数在70万册以上。外文出版社先后出版了《纲要》的英、日、西班牙等外文版。国外有的高等学校还把《纲要》作为中国史教材。1987年，《中国通史纲要续编》（即1919年至1949年部分）的中文版（以下简称《续编》），也由上海人民出版社出版。从《纲要》的撰写到《续编》的出版，前后算起来，整整10年了。撰述之难，于斯可见！

《中国通史纲要》是一本"普通读物"，原是写给外国读者阅读的。但是，作者通过这部书在探索中国历史的进程及其特点方面，却取得了许多新的进展，有的可以认为是突破性的创获。如对于中国历史划分阶段的看法，寿彝先生提出了独到的见解，这不仅表现在对

①　白寿彝：《学步集》，北京：生活·读书·新知三联书店，1962年，第1～9页。
②　白寿彝：《学步集》，北京：生活·读书·新知三联书店，1962年，第115～128页。
③　白寿彝：《学步集》，北京：生活·读书·新知三联书店，1962年，第21～34页。

于纵的段落的划分提出自己的看法，更重要的是在对于每一段落的时代特点的把握上也提出了自己的创见。具体说来，寿彝先生以社会生产力的发展、阶级关系的变化、阶级斗争的发展、少数民族地区的发展和中外关系的发展五个方面的因素把中国封建社会划分为四个发展阶段，并以此论证每一个发展阶段上的不同的特点；认为与此相适应的是地主阶级经历了由世家地主、门阀地主、品官地主到官绅地主的变化，同样，农民阶级也相应地由编户农民、荫附农民转变为佃农；认为封建社会的这一发展过程，在剥削关系上反映出国税和地租由统一到分离的发展过程，而这个发展过程同地主阶级的变化、农民阶级的变化、农民起义口号的变化、封建国家经济政策的变化等，是一致的；认为民族杂居地区和广大边区的封建化在中国历史发展中作用重大，也具有划分历史阶段的意义，等等。寿彝先生的这些精辟的见解，多发前人之所未发，显示了他对于中国通史之研究和撰述的全局的器识与创新的精神。

小型的中国通史的编撰和出版，为编撰大型的中国通史提供了经验，也进一步丰富了对于多卷本《中国通史》的构想。这一构想可以从小型的中国通史和大型的中国通史之间的联系和区别中清楚看出。寿彝先生认为：《中国通史纲要》的目的，是勾画中国历史的大的轮廓，讲清基本线索和重要问题，要有新观点、新见解，要把科学性和通俗性结合起来；而多卷本《中国通史》的任务，是要对 170 万年以来，特别是 3600 年以来的中国历史进程做系统的和详尽的阐述，要包含极其丰富的内容，并使这些内容能够以较好的形式表现出来。根据这一构想，寿彝先生制定了多卷本《中国通史》的构架。

——以马克思主义为指导，结合历史资料，分析中国历史发展过程及其规律，包含各历史时期的特点，历史发展过程中各方面的相互关系、代表人物和人民群众的历史作用。这一思想，除在正文各卷中应予以贯彻外，还集中地体现在第一卷（即全书导论）中。第一卷共有九章：前六章结合中国历史阐述了几个历史理论方面的重要问题；后三章是结合中国历史的编纂工作阐述了几个史学理论方面的重要问题，反映了寿彝先生对中国历史发展进程的理论认识，也反映了他对中国通史编纂工作之目标的理论概括。

——尽力表现历史进程的丰富性和复杂性，并使这一表现形式具有民族的特色。关于这一点，寿彝先生在理论上有两个考虑：1. 中国史书的传统体裁很丰富，这是中国史学遗产的一个重要方面，批判继承这一部分遗产，将有利于扩大中国马克思主义史学的表现形式，促进中国的历史科学朝着具有"中国作风和中国气派"的方面发展。2. 历史现象是复杂的，单一的体裁如果用于表述复杂的历史进程，显然是不够的。因此，史书的编撰，应按照不同的对象，采取不同的体裁，同时又能把各种体裁互相结合起来，使全书融为一体。

根据这样的考虑，寿彝先生参照古今史书体裁优点，决定采用一种新的综合体裁来编撰多卷本《中国通史》。除第一、二卷应按具体情况分别处理外，其余十卷都分为"序说"、"综述"、"典志"、"传记"四个部分。"序说"，包含有基本史料的论述、研究概况的论述、本卷的编撰意图和要旨。"综述"，对各个历史时期的民族关系、政治、军事大事和社会发展的基本情况进行论述。"典志"，是关于经济、政治、军事及法典等制度的论述。"传记"，主要是各方面代表人物的传记。

——突出表现历史活动是人的活动。寿彝先生认为，历史毕竟是人的活动所构成的，有人民群众的活动，也有杰出人物的活动。这是不应回避，也是回避不了的。从史学的社会目的来看，我们讲述历史、撰写历史容易引起人们兴趣，具有比较突出的社会效果的，主要还是各方面人物的传记。中国史学上有写历史人物传记的优良传统，多卷本《中国通史》把"传记"列为重要部分（约占全书四分之一以上），也是试图继承这个优良传统。

多卷本《中国通史》这一理论构架，不是可以简单地从马克思主义的书本中找到的，而是在马克思主义指导下，通过对中国优良的史学遗产的批判继承并进行创造性的研究才能摸索到的。寿彝先生对马克思主义的学习和研究，总是同中国历史的发展和中国史学的发展结合起来，务使理论不致成为脱离具体研究的空洞的理论，史学不致成为脱离理论指导的盲目的史学。多卷本《中国通史》的理论构架，以及他运用这一理论构架提出了回族史研究和撰述的总体设想①，都生动地说明了这一点。

（三）关于中国史学史的研究

从学科的性质和任务来说，史学史是史学对于自身历史的反省和对于未来的追求的学问。寿彝先生多年致力于中国史学史的研究，是他在学术工作上能够不断步入新的境界的一个重要原因。

20 世纪 40 年代初，寿彝先生在云南大学讲授中国史学史，这是他接触中国史学史的开始。60 年代初，教育部委托寿彝先生编写中国史学史教本（古代部分），由此转入了对于中国史学史研究途径的探索。80 年代，是他进入这一领域酝酿成果的时期。诚如他自己所说："这四十多年，对于中国史学史的摸索，首先是暗中摸索，继而是在晨光稀微下，于曲折小径上徘徊，继而好像是看见了应该走上的大道。现在的问题是，还要看得更清楚些，要赶紧走上大道。"②

20 世纪 50 年代以来，寿彝先生关于中国史学史的研究大致是循着两个方向深入的。一是对中国史学史重大课题的研究，二是对中国史学史研究的意义和范围的研究。正是有了这两个方面的思想积累和成果积累，寿彝先生得以在 80 年代中期提出他对于中国史学史

---

① 参见白寿彝：《回族人物志》第一册"题记"，银川：宁夏人民出版社，1985 年。
② 白寿彝：《中国史学史》第一册"叙篇"，上海：上海人民出版社，1986 年，第 182~183 页。

学科建设的总体说明，并打算通过主编多卷本《中国史学史》以实现这一说明。

寿彝先生对于中国史学史上重大课题的研究，在 20 世纪 50 年代是刘知幾的史学和马端临的史学，60 年代是《史记》和《汉书》，80 年代是近代史学的发展和马克思主义史学的发展。通观作者对《史》、《汉》、刘、马的研究，有这样几个特点：第一个特点是十分注重考察时代与史学的关系。如作者在分析《史记》写作的历史背景时，极为详尽地阐述了自西周至秦汉数百年间的历史大变动，阐述了从秦始皇到汉武帝全国大一统局面的形成，以及它们对司马迁撰写《史记》的影响。第二个特点是注重对于学术流变的考察。作者论马端临的史学思想，首先从揭示马端临对杜佑、郑樵史学传统的发展入手，从而从一个方面把中唐至元初的史学连贯起来，并反映出一种发展的观点和动态地研究问题的方法。第三个特点是注重理论概括。如作者提出，史才论和直笔论是刘知幾"独断"之学在治学精神上的重要特点，又把"博采"和"善择"、"兼善"和"忘私"以及"探赜"的提出，视为刘知幾论"史识"的三个特点，等等。第四个特点是采用比较的方法。如《史记》、《汉书》比较，"六通"比较，等等。从《史》、《汉》、刘、马研究到《说六通》，从 1964 年写出的《中国史学史教本》上册，可以看出，寿彝先生的中国史学史研究，已经摆脱以往要籍介绍的模式，而具有比较开阔的视野、发展的思路和理论的特色。而他在 1983 年发表的《马克思主义史学在中国的传播和发展》、《谈谈近代中国的史学》两篇文章，则是中国学术界较早地对近代史学的发展，尤其是对中国马克思主义史学的发展所做的初步总结，它们对推动这一领域的深入研究，起到了开风气之先的作用。

寿彝先生研究中国史学史的另一个方面的内容，是关于中国史学史研究的意义和范围。这方面的代表作，20 世纪 60 年代有《谈史学遗产》和《中国史学史研究任务的商榷》，80 年代有《谈史学遗产答客问》四篇系列文章。《谈史学遗产》首先指出，研究史学遗产在于理解史学跟现实斗争的关系，探索史学发展的规律，并从史学已有成果中吸取思想资料。文章说："我们要研究史学遗产，既不同于那些要把遗产一脚踢开的割断历史的简单的想法，也跟那些颂古非今的死抱着遗产不放的国粹主义者毫无共同的地方。我们主张取其精华，弃其糟粕，改造我们的遗产，使它为社会主义史学服务。我们要继承优良传统，同时更要敢于打破传统，创造出宏大深湛的新的史学规模。"接着，文章提到中国史学思想上和历史编撰学上的精华和糟粕，主张既要"取其精华，去其糟粕"，还要对糟粕善于利用。文章还具体提出了史学遗产研究中的"七个花圃"。这篇文章实际上说的就是研究史学史的意义和范围。《中国史学史研究任务的商榷》是这篇文章的继续，它从"规律和成果"、"精华和糟粕"、"理论和资料"三个方面概括了中国史学史研究的任务，把问题提得更集中、更明确了。这两篇文章对于推动中国史学史学科建设起了启发思想的积极作用。80年代发表的"答客问"的一组文章，是从历史观点、历史文献、历史编撰、历史文学等方面，论述和发展了作者在20多年前提出的几个主要问题，进一步明确了中国史学史研究的范围。寿彝先生在80年代还发表了一些论著和讲话，重申了或新提出了很多值得重视的问题。一是强调对于历史本身的认识的发展过程的研究和对于史学的社会作用的发展过程的研究[1]；二是强调中国史学史研究应当真正成为包括对于中国各个民族的史学史的研究，中国史学家应当通过长期努力写出一部包含各个国家、各个民族的世界史学史[2]；三是强调认真读书，认真研究史学名著，避免空疏学风，并列出27部史书作为重点研究的课题[3]。

---

[1]　白寿彝：《中国史学史上的两个重大问题》，载《史学史研究》1984第3期。
[2]　白寿彝：《座谈会上的开场白》，载《史学史研究》1985年第2期。
[3]　白寿彝：《白寿彝史学论集》（上），北京：北京师范大学出版社，1994年，第291页。

任何一门学问，只有在它明确了自己的研究任务和范围，建立了自己的理论体系，摸清了自身发展的过程及其阶段性，认识了它跟其他学科的联系和区别，考察了它的研究史，提出了它当前的和未来的发展方向时，才能真正形成一门学科，才能创造出本身的学科体系。寿彝先生在 1984 年 12 月写出了多卷本《中国史学史》的"叙篇"。在这篇长达 10 万字的"叙篇"里，作者指出了区别历史和历史记载两种概念的必要性，以及史学的任务和范围与史学史的任务和范围的不同；勾画了中国史学发展的基本脉络及其在每一个发展阶段上的时代特色；概括了前人和今人有关史学史研究的思想成果；在回顾自己研究历程的基础上提出了研究史学史的方法和新的目标。

这些论述，是作者把自己 40 多年来思考的问题、发表的见解、积累的成果，经过归纳和提高，升华为理论的形式而构成一个整体。这个整体结构的提出，有两个方面的科学价值：从特殊的意义上来说，它是关于中国史学史专业建设上的重要成果；从一般的意义上来说，它又是史学史这门学科的学科体系建设上的重要成果。我们深深感到，寿彝先生的这一重要成果的提出，是一个艰苦探索和创新的过程，从中我们可以清晰地看到他不断摸索、开拓、前进的步伐。关于中国史学史的研究工作，目前寿彝先生正在主持两个课题，一是列入国家教委"七五"期间教材规划的《中国史学史教本》，二是列入全国"七五"期间哲学社会科学重点项目的多卷本《中国史学史》。前一个项目将在 1989 年完成。后一个项目已经出版了第一册①，全书 6 卷，预计 1990 年完成。对于后一个题目，寿彝先生提出的目标是："这是一项基本建设工作。这项工作可能做得好些，别的事情就比较好办一些。我试图把中国史学史划分为几个历史阶段，对每一个历史阶段的史学代表人物和代表作能做出比较明确的论述，但是

---

① 白寿彝：《中国史学史》第一册，上海：上海人民出版社，1986 年。

要把他们放在整个历史时代的洪流中去观察他们，看他们所受当时社会的影响及他们对于当时社会的影响，并且还要观察他们对于前辈史学的继承关系，对后来的史学留下了什么遗产。"①寿彝先生亲自执笔的第一卷，正是按照这个要求写成的。从第一篇（即先秦史学）的规模来看，它已经超出了《中国史学史教本》上册只是从史学自身来说明其矛盾运动的构思和框架，而是把史学放到时代中去考察，从而使史学跟时代的关系更密切了。这是一个重大的发展。可以认为，多卷本《中国史学史》的编撰工作，将推动中国的史学史学科建设不仅在理论体系上而且在具体研究上确立起来。

从民族史研究到中国通史研究，再到中国史学史研究，这是一个不断开拓、创新的过程，也是各个领域互相渗透、互相促进的过程。正是在这个过程中，寿彝先生逐步滋长和发展了他研究历史和史学的通识思想。从这个意义上说，我们认为，通识与创新是寿彝先生史学思想中最鲜明的两个特点。

三、历史教育：对史学社会作用的新认识

放在我们面前的这本书——《历史教育和史学遗产》，是寿彝先生继《学步集》之后的又一本论文结集。作者把历史教育问题和史学遗产问题编成一个集子，反映出他对于史学工作所寄予的深意：历史教育是我们从事史学遗产研究的社会目的；换言之，愈是深入地研究史学遗产，愈是能使人们认识到历史教育的重要性。这是寿彝先生史学思想中的一个重要部分，甚至可以认为是核心的部分。

寿彝先生的历史教育思想萌生甚早。这可见于他50多年前在《中国交通史》中所写的最后一句话，即"这个时代已不是再容我们优

---

① 白寿彝：《中国史学史》第一册，上海：上海人民出版社，1986年，第195页。

游岁月的时候了"，显示出作者治史是为了警戒世人、为现实服务的目的。在此后的半个世纪中，他的这个思想随着研究工作的深入和对马克思主义的学习与运用，而不断地得以丰富和发展起来。

首先是对于传统史学的社会作用的认识。寿彝先生在阐述研究史学遗产的必要性时，首先就强调："研究史学遗产可以更具体更深刻地理解史学作为一种社会意识形态在现实斗争中的战斗作用。"[①]根据这一思想，寿彝先生对史学遗产的研究，十分重视分析历史上史家所处的时代及其撰述的目的，分析每一重大史学现象产生的社会原因及其对社会的反作用，分析那些有重要价值的思想资料的提出及其现实意义，这些都是力图使史学史的研究富有历史教育的社会意义。

寿彝先生从对史学史的研究中所阐发的历史教育思想，在他撰写的《中国史学史》第一册中得到了更加完整的理论上的表述和实际上的运用。他在本书的"叙篇"中讲到史学的社会影响时，深沉地写道："好多年来，经常有人问：学历史有什么用处。我们研究史学的社会影响，可以说，就是要回答这个问题。先从个人说起，史学的用处可以开阔视野，增益智慧。从工作上说，可以从总结历史经验中得到借鉴。从更为远大的地方说，史学可以在总结过去的基础上，更好地认识现在，观察未来，为人们指引一个理想的历史前途。"[②]这是从个人的思想文化修养说到个人的社会实践，再从单个人的意识和实践说到人的群体的意识和实践，历史知识都在影响着人们，都在默默地发挥着它的巨大的作用。作者认为，那种把讲历史仅仅看作是了解过去，仅仅是为了弄清历史真相的看法，是不全面的。作者还指出："在具体的历史实践（按：即社会实践）中，联系历史知

---

① 白寿彝：《学步集》，北京：生活·读书·新知三联书店，1962年，第129页。
② 白寿彝：《中国史学史》第一册"叙篇"，上海：上海人民出版社，1986年，第42页。

识而做出政治上的重大决策，历代都有其例。"①这是从丰富的历史知识中提炼出来的很有分量的结论。

这些年来，寿彝先生反复强调历史教育的重要作用，为此，他撰写文章，发表演讲，接受采访，其意则在于希望有更多的人能自觉地认识到这个问题。作为史学家，他尤其希望史学工作者以此作为自己的神圣职责。他在《中国史学史》中再一次提出这个问题："史学工作者出其所学，为社会服务，这是我们的天职，不容推托。我们从历史上研究史学的社会影响，一要研究历代史学家如何看待这个问题，二要研究史学在实践中具体的社会效果。这是一件有很大意义的科学工作，也是一件有很大意义的教育工作。相当多的史学工作者忽视这一点，我们应做好拾遗补阙的工作。"②这部著作关于历史知识和社会实践的关系的论述，跟作者以往在这个问题上所发表的文章、讲演相比，有了很大的发展。除了理论的阐述外，作者在第一篇里以专章总结了先秦时期人们在"历史知识的运用"方面的认识和经验。在具体论述先秦时期人们对历史知识的运用时，作者概括了三个问题：一是"多识前言往行以畜其德"，二是"疏通知远"，三是直笔、参验、解蔽。作者在对上述三个问题的论述上，融会了先秦的历史文献，贯穿了对先秦历史进程的评价，这不仅为史学史研究开拓了一条新路，而且也证明了作者提出的这个看法是应当受到广泛的重视的，即："历史知识是人类知识的一个宝库，特别是政治家、教育家和思想家都离不开它。"③寿彝先生指出，秦汉以下的史学在这方面还有更丰富的内容。可以相信，这将是多卷本《中国史学史》在撰述思想上的一个显著特点。

其次是对于马克思主义史学的社会作用的认识。寿彝先生关于

① 白寿彝：《中国史学史》第一册"叙篇"，上海：上海人民出版社，1986年，第43页。
② 白寿彝：《中国史学史》第一册，上海：上海人民出版社，1986年，第42～43页。
③ 白寿彝：《中国史学史》第一册，上海：上海人民出版社，1986年，第323页。

历史教育的思想，在他对中国马克思主义史学的总结中，占有更为重要的地位。他在《六十年来中国史学的发展》一文中，对老一代的马克思主义史学家的评价，都是把他们的史学跟时代的使命紧紧地联系在一起进行考察的。他在论李大钊的《史学要论》时，深刻而又富于激情地写道："他在这本书里高度评价史学对思想教育的重要意义，强调史学的重要作用在于指示社会前进的正确道路。""李大钊同志对于史学的崇高的期望，使我们今天读着他的遗著，还觉汗颜。"①他评价郭沫若的《中国古代社会研究》说：在大革命失败后的"风雨如晦"的年代里，"沫若同志写这部书，正是要担负起'鸡鸣不已'的任务，揭示中国社会历史发展的规律，从而指出中国历史必然的前途"②。他在谈到抗日战争时期和解放战争时期的马克思主义史学成就时进而写道："在这些战争的岁月里，我们的史学家面对着民族的生死存亡和反动政权的残酷统治，他们以严肃的科学态度，清算祖国的历史，发掘祖国的文化传统，显示了中国人民对历史前途的信心，鼓舞了青年一代反对内外反动派的斗志。"③这些话，反映了寿彝先生对老一代马克思主义史学家的热忱的赞扬和衷心的敬佩之情，也反映了他对史学工作所担负的时代使命的深沉的和自觉的认识。

1983 年 2 月，寿彝先生在一次史学理论座谈会上指出：史学要回答现实提出的一些迫切问题，这应当是没有疑义的，而且早已成为我国马克思主义史学的优良传统。我国老一辈的马克思主义史学家们，是回答了他们所处的那个时代的现实所提出的一些重大问题的，如中国的社会性质问题，中国革命的对象、任务、性质、前途问题，亦即中国的历史命运问题。对于这些问题的问答，他们是交

---

① 白寿彝：《六十年来中国史学的发展》，载《史学月刊》1982 年第 1 期。
② 白寿彝：《六十年来中国史学的发展》，载《史学月刊》1982 年第 1 期。
③ 白寿彝：《中国史学史》第一册，上海：上海人民出版社，1986 年，第 106～107 页。

了卷的，成绩是巨大的。现在，我们处在社会主义建设时期，处在为实现四个现代化而奋斗的新的历史时期，现实生活也向我们提出了一些重大的、迫切的问题。对于这些问题，我们回答了没有呢？还没有。我们要有清醒的认识，要用历史学家的严肃的态度来思考这些问题，研究这些问题，回答这些问题。

举例来说，我感到有两个问题是要我们思考、研究和回答的。一个问题是："马克思主义史学和社会主义建设"；一个问题是："马克思主义史学和群众教育"。马克思主义史学在社会主义时期的根本任务是什么？它对我们建设四个现代化有什么作用？史学工作者在新的历史条件下怎样跟上时代的发展，怎样把历史感同时代感结合起来？这些问题在认识上不搞清楚，就会削弱史学的作用，史学工作者也不可能在四化建设中找到恰当的位置、发挥应有的作用，这些，都跟"马克思主义史学和社会主义建设"这个问题有关。至于"马克思主义史学和群众教育"问题，同样涉及社会主义建设问题，即涉及建设高度的社会主义精神文明的问题。我们研究历史问题，写历史书，不只是给史学工作者看的，我们的广大读者是全国各族人民。马克思主义史学工作者有责任向全国各族人民提供正确的、丰富多彩的历史书，使他们通过学习历史看到自己的光荣责任，看到中华民族的前途，看到中国和世界的前途。从这个意义上说，史学工作者也是教育工作者。①

他的这些见解，对于当代中国马克思主义史学建设来说，是有重要参考价值的。

关于史学工作的群众教育的形式问题，寿彝先生也提出了不少

---

① 白寿彝：《开展马克思主义史学理论研究》，载《世界历史》1983年第3期。

具体的主张，做了许多实际的工作。他历来主张，史学工作者的研究成果，不单是写出来给专业工作者阅读，而是写给全国各族人民群众阅读的。因此，他提倡历史撰述的艺术性表述方法，这就是他概括的中国史学的历史文学传统。表面看来，这只是史学成果的表述形式问题，其实是关系到史学工作者究竟能在多大的程度上为社会服务、为群众服务的问题，是关系到史学如何跟社会结合的问题。他提倡史学工作者也应当写通俗的历史读物，认为通俗并不等于肤浅，那种鄙视撰写通俗历史读物的想法和做法是不足取的。他高度评价历史学家吴晗生前在主持"中国历史小丛书"和"外国历史小丛书"的编写、出版方面的工作，认为这是他对中国史学发展的一个贡献。寿彝先生主编的《中国通史纲要》，既是一本专著，也是一本"普通历史读物"。几年当中一再重印，还有多种外文版本的出版，影响之大，在同类著作中并不多见，也证明了寿彝先生主张的正确。与此相联系的，寿彝先生还提出这样的设想：通过史学家和艺术家的合作，创造出一种以图画表示历史进程的著作，让更多的人读得懂，并对历史有一种形象的认识。他还提出创办一种历史知识小报的设想，在广大的青少年中宣传正确的历史知识，以提高他们的文化修养和精神素质，丰富他们的历史智慧。

对于历史教学工作，寿彝先生是把它作为历史教育的一种主要形式看待的。1981年，他在中国教育学会历史教学研究会成立大会上的书面发言中指出："历史教育和历史教学，这两个名词的含义不完全一样。历史教学，可以说，只是历史教育的一部分。历史教育，在历史教学以外，还可以有各种形式。但无论历史教学或其他的教育方式，都是为历史教育总目的服务的。离开了历史教育总的目的任务，历史教学的目的任务是无从谈起的。"①他的这个看法，一方

---

① 白寿彝：《在历史教学研究会成立大会上的书面发言》，载《历史教学》1981年第11期。

白寿彝先生的史学思想和治学道路 | 91

面是从历史教育来看待历史教学的教育意义，另一方面是把历史教学纳入整个史学工作的一部分来看待。不论是对于史学工作还是对于教育工作来说，这样来看待历史教学工作的社会作用，是十分必要的。1988年5月，寿彝先生约请北京市部分中学历史课教师，就"历史教育与人才培养"问题进行座谈。他进一步指出："历史教学同历史教育的关系十分密切：历史教学是历史教育的一种形式；是否可以这样理解，在现阶段还是一种比较重要或最重要的形式。"①作为史学界和教育界的前辈，寿彝先生的这些见解和做法，使许多中青年同志受到启发和鼓舞。

寿彝先生的历史教育思想，含义甚广。但其理论的核心，在于阐明史学与人生及社会的关系。20世纪80年代初，寿彝先生先后在北京师范大学、湖北大学、河南大学、郑州大学、北京历史学会发表讲演，阐述史学工作在教育上的重大意义。综观寿彝先生的这些讲演和后来发表的文章，他关于史学工作在教育上的重大作用的理论要点是：

——讲清楚做人的道理，尤其是做一个社会主义新人的道理。"人类的历史，不论讲多长的时代，总的是讲人与人之间的关系，讲的是不同的历史时期人与人的关系。"

——进行革命传统教育。"我们要用生动、丰富的史实，饱满的热情进行这种教育。"

——对于民族团结的教育有很大意义。"我们史学工作者在阐述历史的时候，要全面阐述民族关系。注意这方面的工作，这对于加强民族团结，对于建设伟大的社会主义祖国，有重大的意义。"

——关于人类对自然进行斗争的教育。"人类历史的发展过程，就是对自然进行斗争，掌握自然规律，同时不断地能够利用自然、

①　凌晨：《历史教育与人才培养——北京市部分中学历史课教师座谈纪实》，载《史学史研究》1988年第3期。

改造自然，为人类社会谋幸福的过程。人类离开自然条件是不能生存的。""讲中国史，要进行这种教育。讲外国史，对比一下我们的情况，也要进行这种教育。"

——进行总结历史经验的教育。"这主要是从政治方面讲的。中国的史学家，有一种古老的传统，就是讲历代的治乱兴衰。这是过去讲历史的很重要的问题。""过去人讲这个，是为了供当时统治阶级参考、借鉴。但是研究这样的问题，注意这样的问题，我们今天还应该做。今天我们这样做，为的是观察国家命运，一方面要从过去的历史上培养我们观察政治的能力，另一方面培养我们对政治的兴趣。"

——进行爱国主义、历史前途的教育。"一般来讲，历史是过去的事情，我们搞历史，基本上是搞过去。但搞过去，为的是了解过去。了解过去干什么呢？是为了解释现在。解释现在干什么呢？是为了观察未来。""这样一个任务，历史工作者恐怕比旁的教育领域的担子还要重。"①寿彝先生的历史教育思想，是对李大钊有关论点的继承和发展，它从一个方面丰富了当代中国马克思主义史学理论，具有重要的理论价值和社会价值。

---

① 以上引文均见白寿彝：《史学工作在教育上的重大意义》,《历史教育和史学遗产》,郑州：河南人民出版社，1983年，第32~41页。

白寿彝先生的学术思想和史学成就[*]

上篇 学术思想

一、神圣的社会责任

古往今来，大凡有作为的学人，在治学道路上总是有一种思想上的动力；正是这种动力，使他们能够坚持不懈地追求、攀登，直到光辉的顶点和生命的终结。这些学人，留给后世的，不只是他们的皇皇巨著，还有他们的思想和精神。

白寿彝先生正是这样一位学人。当我们怀着钦敬之心，去追寻白寿彝先生的治学道路时，就会逐渐感受到他的这种思想动力的巨大和长久！

白先生治学的动力，首先是出于社会责任感。1937 年，他的第一部专著《中国交通史》由

  * 原载《史学理论与史学史学刊》2002 年卷。

商务印书馆出版。这是中国学术界的第一部中国交通史。这年，白先生 28 岁。作为一个青年史学工作者，白先生已显示出他对于国家命运、社会前途的关注与责任。他在此书最后一章即第六章"中国交通事业之前途"中，从六个方面分析了"中国交通事业前途之很大的障碍"，进而指出："在这个时候，国难严重到了极点，这种关系国家兴亡的大事业是需要政府和人民拼命去做的。我们的一部中国交通史，究竟是一部失败史或是一部胜利史，在最近的数年中就要决定。这个时代已不是再容我们优游岁月的时候了。"①这一段话，写在"九一八"事变、"一二·九"运动之后，"七七"事变前夕，只要我们回溯历史，就会感受到这些话是多么的深沉，多么的有分量。

由此可以看出，白寿彝先生从他踏上治学道路之初，就明确地树立起史学工作者的社会责任感。这种社会责任感伴随他走过 60 多年的治史生涯，直到生命的最后一息。

作为一位有广泛影响的史学家，白先生的社会责任感主要反映在以下几个方面。

——对史学工作有崇高的目标。史学工作是神圣的。在中国古代，这种神圣性固然有针对朝廷和君主的一面，同时也有针对历史、当世和后人的一面。近代以来，这种神圣性主要是针对国家、民族、社会和人民，同时也针对历史和后世。白寿彝先生在这方面有很突出的自觉意识和深刻见解。1984 年，在新中国成立 35 周年之际，白先生在《面临伟大的时代》一文中写道：

> 近几年来，我常常想，一个历史工作者，要使自己所从事的工作有意义，有价值，对人民有好处，就不能没有时代感。我所理解的时代感，有两方面意思。一方面，是要从我们所面

---

① 白寿彝：《中国交通史》，郑州：河南人民出版社，1987 年，第 211 页。

临的历史时代的认识水平去研究历史、阐述历史；又一方面，是我们对历史的研究和阐述要反映时代的要求。这就是说，我们不能脱离时代去认识历史，而只有当我们正确地认识了历史的时候，才能深刻地理解当今的时代，更好地为时代的要求服务。这是历史研究工作之所以能够教育历史工作者本身、教育广大人民群众的根本所在。①

在这里，白先生把时代的认识与时代的要求和教育自己与教育他人几个方面的关系做了辩证的阐说，从而深刻地揭示出史学工作之神圣性的理论和实践的归宿。20世纪八九十年代，在经历了种种政治风浪和史学工作的多方面的经验教训之后，白先生在这方面有很多的论述，这是他的史学思想发展到一个新阶段的重要标志之一。

——为学科建设殚精极虑。不断推进学科建设，才能不断提高史学工作的质量，努力实现史学工作的崇高目标。20世纪五六十年代，老一辈的史学家翦伯赞先生为历史学学科建设做出了突出贡献，八九十年代，白先生在这方面继续做出贡献。1978年，在"文化大革命"结束后不久，他发表了《关于史学工作的几个问题》的演讲，就学风问题、理论问题、组织问题提出了系统的认识和具体的建议。他讲学风，是把中国古代史家重视才、学、识、德和当今史家如何认识、运用马克思主义、毛泽东思想结合起来，使人感到真切具体。他讲理论，是强调根本原则，指出：

> 理论问题，最具基本的还是生产力和生产关系，经济基础和上层建筑，社会存在和社会意识，阶级和阶级的斗争，个人和群众等问题。

---

① 白寿彝：《白寿彝史学论集》（上），北京：北京师范大学出版社，1994年，第286页。

白先生结合历史上的经验教训，尤其是"文化大革命"的历史教训，就这些问题发表了自己的认识。他讲组织，一是强调史学工作者队伍建设问题，二是强调史学工作的规划问题①。显然，只有组织了队伍，制订了规划，史学工作才有可能按照预定的目标顺利前进。白先生的这些话，发表于1978年百废待兴的年代，其重要性和影响力是可以想见的。

1982年，白先生着手主编《史学概论》一书。次年，此书由宁夏人民出版社出版，并被一些高校历史系用作教材。此书就历史观、历史文献、史书的编著、史书的体例、历史文学、史学与相关学科的关系、中国近代史学、中国马克思主义史学和当前的任务等重要问题，作了系统的论述。这是一本独具特点的著作，所论都是学科建设中的重要问题，至今仍有参考价值。1983年，白先生明确地提出了"建设有中国民族特点的马克思主义史学"的问题，并从历史资料的重新评估、史学遗产的重要性、对外国史学的借鉴、历史教育的重大意义、历史理论和历史现实、史学队伍的智力结构问题六个方面作了阐述②。所有这些，对于史学界的一些同行进一步认识历史学以及在新的历史条件下进行学科建设，都有重要的启示和积极的意义。

——强调历史著作走近大众。这里就提出了一个重要问题：史学著作如何才能走近大众、便于大众接受？白先生历来十分重视这个问题。他于1961年在《红旗》杂志上发表《历史学科基本训练有关的几个问题》一文，其中讲到一点，就是史学工作者要注意提高"文字的表达能力，要能写出正确表达自己意思的文章，并且要文理通

---

① 参见白寿彝：《白寿彝史学论集》（上），北京：北京师范大学出版社，1994年，第322～341页。

② 参见白寿彝：《白寿彝史学论集》（上），北京：北京师范大学出版社，1994年，第307～321页。

顺，结构完整"①。1962 年，他在《关于历史学习的三个问题》一文中，专门讲到"史与文的问题"，进一步明确指出"不学好语文，就不能普及历史知识，不能普及历史教育"。② 从这里可以看出白先生为什么如此重视史学工作者的语文修养。1981 年，白先生在《谈史学遗产答客问》的系列文章中，有一篇是专谈"历史文学"的。这里说的"历史文学"，是指"历史著作中对历史的文字表述"。白先生就这个题目，对中国史学上的历史文学传统作了精彩的概括。他在文章的最后强调指出："其实，一个历史工作者必须有一定的文学修养。不要说我们历史上的大历史家都是文学家了，仅就一个普通的历史工作者来说，他对于文学没有一定的修养，是不能胜任这个工作的。"③其后，他在他主编的《史学概论》一书中，又专设一章"历史文学"，进一步明确了它作为史学工作中的一个重要理论问题和实践问题的重要地位④。他在他主编的《中国通史纲要》付排之前，请了专业的和非专业的一些同志参加讨论，逐段进行修改，为的是让人们读得懂。正如他在 1989 年所发表的一篇短文中所说：

> 问题研究，出了成果，这就须有所表述。古语说得好："书不尽言，言不尽意。"把自己所了解的都表述出来，并不容易。第一，理解得不透彻，就表述不出来。第二，在文字表述上缺乏训练，即使了解得透彻了，也表述不好。这二者，都是功力上的问题，只要认识到了，加上不断的努力，是可以不断克服

---

① 白寿彝：《白寿彝史学论集》（上），北京：北京师范大学出版社，1994 年，第 176 页。
② 白寿彝：《白寿彝史学论集》（上），北京：北京师范大学出版社，1994 年，第 185 页。
③ 白寿彝：《白寿彝史学论集》（上），北京：北京师范大学出版社，1994 年，第 549 页。
④ 参见白寿彝主编：《史学概论》，银川：宁夏人民出版社，1983 年，第 189～229 页。

的。现在我想说的是第三种情况,这是由于作者没有为读者设想,没有尽可能使用为更多人所能接受的语言文字,以致减少了阅读的群众。抱有这种见解的人,往往有两种认识上的问题。第一,认为文史是两途,治史就不必在文字上下功夫。其实,只要写成文字,就是要让人阅读的,能让更多的人阅读,不比只有少数读者好吗?第二,认为让更多人阅读的作品,总不免于粗俗。其实,让更多人能阅读的作品倒是更须下功夫的作品,是否粗俗要看作品的质量,与读者的多少,并无关系。我们要打破这两种认识上的障碍,走出自己封锁的牢笼,走向群众。这不只关系到个人作品的影响问题,更关系到史学工作的开展,史学工作的社会效益①。

——关心青年史学工作者的成长。史学工作同其他任何社会事业、科学工作一样,要不断有一代又一代年轻人补充进来,以保持它的活力。白先生作为一个史学家,又长期在高等学校执教,不论是从教育事业的角度还是从史学事业的角度,他都深知培养年轻队伍的重要性。白先生言传身教,在这方面做了许多工作。他发表的《历史学基本训练有关的几个问题》(1961年)、《治学如积薪,后来居上》(1961年)、《关于历史学科教学、研究的几点意见》(1981年)、《要发挥历史教育应有的作用》(1983年)、《在史学史助教进修班座谈会上的讲话》(1987年)等文章和讲话,都满腔热情地期待着青年史学工作者的成长,并在许多方面给予具体的、明确的指导②。他不论是讲基本训练,还是讲史与论、史与文、精与博的关系,讲认真读书、文章章法,讲历史、史学、史学史的关系等,都贯穿着"加速培

---

① 白寿彝:《白寿彝史学论集》(上),北京:北京师范大学出版社,1994年,第370页。

② 以上诸文均见白寿彝:《白寿彝史学论集》(上),北京:北京师范大学出版社,1994年,第165~180、419~422、584~585、265~280、290~298页。

养后备军"的思想①，都结合着史学传统来讲，其中也都包含着他自己的甘苦和经验，使人感到亲近、真切，可以身体力行去做。1983年，他在北京师范大学史学研究所举办的史学概论讲习班结业时，对青年史学工作者讲了这样一段话：

> 希望大家要认真读书，学历史和学旁的都一样，有一个不断补课的过程，没有一劳永逸。要不断地补课，有好多课是要补的。过去我们讲历史，不管中国的和外国的，讲社会生产力总讲得不够。现在，更麻烦了。科学技术在进入了生产过程以后，就是生产力了，当它没有进入生产过程时，它也是潜在的生产力。我们为了懂得一定社会的社会生产力，还要懂得那时的科学技术状况及其生产上的使用状况。这我们就须补充许多知识。此外，经济学、政治学、法学，起码常识都应该有。讲到历史的学术文化问题就更多了。大量的有计划的补课，对于我们有十分迫切性。思想上不能安于小成，安于小成就一无所成了。当然，学问是无穷无尽的，我们也不能什么都懂，不能无所不知，无所不晓。但总要要求知道得多一点、深一点，千万不要故步自封②。

"不能安于小成"，这是多么恳切的提示和期待。十七八年过去了，当时的青年人现在已经到了中壮年。重新再来读一读白先生的这段话，仍然值得深长思之。

从白先生的工作和论著来看，他对于自己作为一个历史学家承担的责任，看得很重，也看得很宽。许多史学家都有一种社会责任

---

① 白寿彝：《白寿彝史学论集》（上），北京：北京师范大学出版社，1994年，第272页。

② 白寿彝：《白寿彝史学论集》（上），北京：北京师范大学出版社，1994年，第279页。

意识，但在白先生身上，这种社会责任意识要更自觉、更强一些。这是他六七十年治学道路上的一个最根本的动力。

二、执着的理论追求

白先生在治学道路上的另一个动力，是理论上的兴趣和对真理的追求。

大学时期和读研究生时期的白寿彝先生，对哲学有浓厚的兴趣，并对朱熹思想和撰述有深入的研究。新中国成立后，他的这种兴趣立即转向对马克思主义理论的学习和研究方面。从1951年出版的《回回民族底新生》一书的末章中，可以看出白寿彝先生当时已经系统地阅读了毛泽东的著作，尤其是毛泽东关于民族工作的一些论点和论述，格外为白寿彝先生所重视。从1952年出版的《回民起义》资料集的"题记"中，可以看出白先生已经开始运用马克思主义的阶级斗争学说，来观察历史上的民族问题和民族关系问题，分辨历史文献所反映出来的阶级分野和所记事情的真伪。1954年，白先生发表了《学习马克思主义关于民族共同体的理论，改进我们的历史研究工作》[①]等文章，表现出一位忠诚于人民的史学家追求真理的自觉和热忱。他在20世纪60年代发表的《谈史学遗产》、70年代发表的《中国历史的年代：一百七十万年和三千六百年》和《关于史学工作的几个问题》、80年代初发表的《关于中国民族关系史上的几个问题》和《谈史学遗产答客问》等名篇，表明他在学习和运用马克思主义理论方面已有很深的造诣。白先生在理论上的追求还有更高的境界，那就是力图使马克思主义与中国历史相结合，与中国史学相结合。他主编的多卷本《中国通史》第一卷以及《史学概论》，就是在上述两个方面

---

① 载《新建设》1954年第1期。

的创造性尝试。然而，他对于这两部书并不是十分满意，认为在理论上还有进一步提高的必要。这说明，白先生在理论上的追求是没有止境的。

白寿彝先生对于老一辈的马克思主义史学家在理论上的成就与贡献，时时称说，赞叹不已，并时时告诫我们要认真读他们的著作。白先生培养研究生，也是把提高他们的理论水平放在第一位看待的。20世纪60年代的研究生，他要求他们学习毛泽东关于批判继承历史遗产的理论；70年代的研究生，他要求他们读《资本论》第一卷；80年代的研究生，他要求他们读《反杜林论》、《路德维希·费尔巴哈和德国古典哲学的终结》等著作。白先生在理论上的追求和造诣，对后学是有力的引导，也是他本人在学术上取得重大成就的重要原因。

由于历史环境和个人经历的不同，在老一辈史学家中，白寿彝先生是在新中国成立以后，才有机会接触和学习马克思主义唯物史观的。他在半个世纪里坚持不懈地运用唯物史观指导历史研究，从而取得了辉煌的成就，成为享誉国内外的史学家。对于他在理论上的追求，我们试作这样的概括：在马克思主义唯物史观基本原则指导下，结合具体研究领域或具体的研究对象，根据充分的和可靠的历史资料，以辩证的和发展的视野综合种种问题，提出新的认识和新的理论概括。清人黄宗羲强调："大凡学有宗旨，是其人之得力处，亦是学者之入门处。"①白寿彝先生史学的理论风格，正是集中反映出了他的治史宗旨。这就是：其一，对马克思主义唯物史观基本原则尽可能做深入的理解，并善于灵活地把它运用于指导历史研究。其二，这种指导作用，不是对马克思主义关于唯物史观的词句的搬用，而是取其精髓，循其本质，或高屋建瓴，或阐幽发微，皆不脱离其根本，而在思想上又有广阔驰骋的空间。其三，这种指导

---

① 黄宗羲：《明儒学案》发凡，北京：中华书局，1985年，第17页。

作用，是紧密地同研究领域和研究对象结合起来的，即反映研究领域和研究对象之丰富而可靠的材料是研究的根据。唯物史观作为分析这些根据的方法论，帮助研究者从中抽象出正确的结论；这些结论不是唯物史观一般词句的组合，而是在唯物史观方法论指导下概括出来的新的结论。一言以蔽之，就是对唯物史观的正确理解和运用。

1978 年，白寿彝先生在一次学术报告中指出：

> 理论方面有两个问题，一是理解，一是运用。理解上，要求完整地、准确地学习，不容易。怎么样才能做到呢？就是说不能离开经典著作的当时历史条件和经典作家的意图去理解当时的论断。离开当时的历史条件和经典作家的意图去理解经典著作，就不可能完整准确。当然这要下更大的功夫。在运用上，往往在理论运用上运用得好，就是对马克思主义的发展。用马克思主义指导我们的工作，得出新的结论，就是发展。要求理论上发展，是符合马克思主义的。不要求发展，停滞不前，让理论僵化，那不是马克思主义。所以，要有这样的认识，要有这样的责任感，也要有这样的气魄和信心。这样，对我们提高信心、推动科学发展才有利。如果光是在那里绕大圈子，没有一点创见提出来，那么，研究工作的意义不大。所以，在马克思主义理论指导之下，详细占有材料，得出新的结论，就是创造性的结论，就是发展。①

这一段话，可以看作是白寿彝先生关于在马克思主义指导下创造性地进行历史研究的一个总的认识。

---

① 白寿彝：《白寿彝史学论集》（上），北京：北京师范大学出版社，1994 年，第328 页。

白寿彝先生学术研究领域广泛，在交通史、民族史、宗教史、史学史、中国通史的研究和撰述方面，多有建树。20世纪五六十年代，他以马克思主义唯物史观为指导，在重新认识和阐述中国通史教学体系方面，取得了许多重要研究成果，在历史学界产生了很大的影响，表现出他对马克思主义唯物史观的国家观、阶级观、民族观、文化观等，都有深刻的理解。在改革开放的新的历史时期，经过理论上的拨乱反正，白寿彝先生对马克思主义唯物史观在理解上和运用上都发展到了一个新的更高的阶段。这个时期，他以唯物史观为指导，在中国通史、中国史学史、民族史和民族关系史等方面，都提出了许多创造性的见解。

例如，关于中国封建社会的发展及其分期问题。这是中国通史中的重大问题之一，史学界在认识上分歧很大。针对这种情况，白寿彝先生在1977年提出这样的观点："讲社会发展规律，首先还要讲经济基础，讲什么呢？生产力、生产关系嘛。封建社会生产力发展很缓慢，抓这个，困难大。生产关系抓哪一个呢？要抓农民阶级，但是首先要抓地主阶级。为什么？因为地主阶级是封建社会矛盾的主要方面。看封建社会变化，在地主阶级身上体现得清楚些。有了这个材料，再分析农民阶级、分析农民战争，就好办得多。……还有一个，从民族关系上来分析。"[①]显然，这个问题的提出，在学术上带有突破性的进展，其根据则是马克思主义的生产关系学说和辩证法思想。后来，白寿彝先生把这个见解进一步展开，具体论点是：世家地主、门阀地主、品官地主和官绅地主是地主阶级演变的几个主要标志；据此，他把中国封建社会划分为成长时期(秦汉)、发展时期(三国两晋南北朝隋唐)、继续发展时期(五代宋元)和衰老时期(明清)。结合这一论述，他还同时考察了生产力和科学技术的进步，

---

① 白寿彝：《白寿彝史学论集》(上)，北京：北京师范大学出版社，1994年，第8页。

考察了农民阶级身份的变化、国税与地租的分离、农民起义口号的演变、民族关系的密切、中外关系的发展等，形成了一个综合多种因素和标志的中国封建社会分期理论。

又如，关于史学遗产的重要性及其与建设有民族特点的马克思主义史学的关系问题。这是研究中国史学史和发展当今中国史学的一个关键问题。1983年，白寿彝先生在一次题为《关于建设有中国民族特点的马克思主义史学的几个问题》的讲演中明确地指出：

> 我们建设有民族特点的马克思主义史学，必须是在我们过去的历史学的基础上，在对我们过去的史学遗产的总结基础上来进行工作。有人说，马克思主义是普遍真理，那是讲它的原理、原则方面。但具体起来，它用于不同的民族，不同的国家，就应该有不同的特点。普遍真理体现在不同民族的、不同国家的特点里面，二者并不矛盾。[1]

提出这个问题的理论意义和实践意义在于：第一，把中国史学遗产研究的重要性，提高到与当今中国马克思主义史学的建设和发展有直接关系的高度上来认识，从而为研究中国史学确定了位置、明确了方向；第二，把中国马克思主义史学的建设和发展同总结中国史学遗产联系起来，这不仅丰富了马克思主义史学的内容，而且也为马克思主义史学的民族特点找到了具体的形式和实现的途径。白寿彝先生对这些问题的思考，有几十年的积累。从20世纪60年代开始，尤其是改革开放以来，白寿彝先生自己所从事的中国史学研究以及在他主持下的各项史学史研究，都恪守上述这一基本思想。

再如，关于"统一的多民族国家"和中国历史上民族关系的"主

---

① 白寿彝：《白寿彝史学论集》(上)，北京：北京师范大学出版社，1994年，第310页。

流"问题。对于"统一的多民族国家"问题，白寿彝先生在《中国通史》的《导论》中指出：

> 多民族国家的形成是经过一个漫长的过程的。我们的祖国，曾经出现过各种形式的多民族的统一。我们经过的统一，有单一民族内部的统一、多民族内部的统一和多民族的统一，后者又包含区域性的多民族的统一和社会主义的全国性的民族的统一。①

这不仅指出了中国是一个统一的多民族国家，而且强调了这是一个辩证的发展过程，从而避免对这个问题作形而上学的简单化的理解和说明；同时，充分表明了中华民族中的各个民族在推动祖国统一事业中都曾经做出过重要的贡献。关于中国历史上民族关系的"主流"问题，史学工作者尤其是民族史和民族关系史研究者曾有过激烈的争论。针对这些争论，白寿彝先生于 1981 年在中国民族关系史座谈会上指出：

> 几千年的历史证明：尽管民族之间好一段、歹一段，但总而言之，是许多民族共同创造了我们的历史，各民族共同努力，不断地把中国历史推向前进。我看这是主流。这一点是谁都不能否认的。②

面对激烈的学术争论，白寿彝先生高屋建瓴，透过纷繁复杂、矛盾错综的历史现象揭示出历史的本质，并从中国历史发展的全局着眼，

---

① 白寿彝主编：《中国通史》第一卷《导论》，上海：上海人民出版社，1989 年，第90 页。
② 白寿彝：《白寿彝民族宗教论集》，北京：北京师范大学出版社，1992 年，第53 页。

阐明了这一历史本质意义和价值。这一认识对于如何看待现实的中国各民族的关系，有重大的理论意义和实践意义。

从白寿彝先生的治史宗旨与创新历程中，我们可以得到两点重要启示。

第一点是：马克思主义唯物史观是指导历史学研究的科学的理论体系，具有强大的生命力。20世纪五六十年代，中国马克思主义史学在迅速发展并取得重大成就的同时，曾经出现过对唯物史观作简单化、绝对化的理解和运用，在"文化大革命"中唯物史观更遭到"四人帮"的严重歪曲，这是严重的教训。但这并不是唯物史观本身的"过错"所造成的。相反，当人们经过"文化大革命"后的理论上的拨乱反正，并接触到大量涌入国门的西方史学的历史理论，冷静地来思考、学习、运用唯物史观时，更加确信了它的真理的价值。在这方面，白寿彝先生是始终不渝的、坚定的信仰者和实践者，他近20年来在历史的诸多领域所取得的许多重大成就，以及中国马克思主义史学在这个阶段所取得的新的重大成就，都证明了唯物史观对于指导历史学研究的重要性及其不可替代的意义。

第二点是：在唯物史观指导下，充分吸收中国史学的优秀遗产，使马克思主义史学具有中国的民族特点，这是批判继承史学遗产的需要，也是发展当前史学的需要。白寿彝先生在这方面为我们做出了榜样。首先，他十分重视历史资料的多方面功能。他认为："历史资料，第一，它是记载过去的事情，记载过去的历史，同时，还是用于解释现在的资料。如果不懂历史资料，我们无法解释现在，对当前的好多问题解释不了。""第二，历史资料不只是研究历史的资料，同时还是好多种学科的研究资料。"他进而认为，这些资料，既是学术史资料，又是学术资料："我们可以把它们叫作历史资料的二重性。"①显然，对于历史资料作这样的理解和运用，必然使历史著作不仅反映着中国历史的内容和特点，而且还带着中国民族的精神传统和思想传统，显示出鲜明的民族特色。其次，他十分重视中国史书的丰富多彩的表现形式及其在当今历史撰述上的借鉴意义。他担任总主编的《中国通史》和他主编的《回族人物志》，都是对中国史书多种体裁的综合运用和新的创造，受到学术界和广大读者的普遍关注与好评。最后，他十分重视中国史学注重文字表述的优良传统，即历史著作之文字表述的审美要求。他的论著，尤其是近50年来的论著，大多写得深入浅出，使人读来容易理解，而又深受启迪。至于说到他对回族的深厚感情，对中华民族历史文化的深厚感情，对中华民族大家庭的深厚感情，都充溢在他的论著之中，是阅读过他的著作的人都可以感受到的。

三、突出的通识器局

中国史学传统上有两点很突出，一是贵通识之才，二是贵独断之学。白先生继承了这个优良传统并加以发扬光大，使其具有时代特点和科学精神。

白先生称道史学上的通识之才，他在发掘和阐发这方面的思想遗产的研究上，显示了他的深思与卓识。他论《史记》的"通古今之变"历史思想时指出："《史记》重视历史变化，重视推动社会发展的历史变革。……《史记》要求以'通古今之变'的态度去看历史，这是跟正宗儒学对立的又一个方面，是跟后者所倡言的'天不变，道亦不变'，'古之天下亦今之天下'相对立的，也就是以一种历史态度跟武断的非历史态度相对立的。"他十分重视《史记》的十表，认为："《史

---

① 白寿彝：《白寿彝史学论集》（上），北京：北京师范大学出版社，1994年，第308、309页。

记》十表是最大限度地集中表达古今之变的。"白先生还深入分析了司马迁提出的"原始察终，见盛观衰"的原则，认为这是《史记》"提出来的'通古今之变'的方法。总的来说，这八个字有要求考察诸历史现象、诸历史事件全部发展过程的意思。分开来说，'原始察终'似注意于考察原委者较多，而'见盛观衰'似注意于历史的转折者较多"。他进而举出许多篇章对此进行论证①。

在中国史学上，司马迁是最早以"通古今之变"为撰述宗旨的史家，对后世有很大的影响。郑樵、马端临、章学诚等人都是盛赞贯通古今作史宗旨的。除了古今的通以外，还有思想的通，《史通》、《文史通义》是这方面的代表作。白先生综合古代史家之"通"的底蕴，提出以杜佑《通典》、郑樵《通志》、马端临《文献通考》即世称"三通"为基础，加上《史通》、《资治通鉴》和《文史通义》合为"六通"，并撰《说六通》一文。他认为："在'三通'以外，加上《资治通鉴》，再加上刘知幾的《史通》和章学诚的《文史通义》。这'六通'和《史记》、《汉书》、《后汉书》、《三国志》可合称为'四史六通'，这是我国中古时期历史著作中的代表作。"②他的文章对"六通"分别作了分析和评论。

在教学中，白先生也力主"通"。早在1950年，他在《对于大学历史课程和历史教学的一些实感》一文中，就批评对于中国史学不能贯通讲授的做法，即"教到哪里算哪里，教到秦汉就结束了的有，教到南北朝结束了的有。即使勉勉强强地教到清末，也往往是到后来跑跑野马，并不是事先就有计划"③。他根据当时的实际情况，提出了改进中国通史教学的具体意见。30年后，他再次批评类似现象：

---

① 白寿彝：《白寿彝史学论集》（下），北京：北京师范大学出版社，1994年，第885、886页。

② 白寿彝：《白寿彝史学论集》（下），北京：北京师范大学出版社，1994年，第660页。

③ 白寿彝：《白寿彝史学论集》（上），北京：北京师范大学出版社，1994年，第155页。

"培养出来的中青年教师，在大学毕业多年以后，还难以胜任一门完整的课程。甚至于一个教师只能教一章一节的课程，一门课程要好几个人合教。"①他针对中国通史、世界通史两门"通史"的教学现状指出："一门课程搞了四年，要经过好多位教师去讲授。这个'通'字很难做到，可以说'通史'不'通'。"②他建议压缩通史的分量和课时，多开专门史、断代史、国别史。通史压缩了，就有可能讲得好，这要求教师"在轻重去取之间，在脉络贯通之间下功夫"，"教师要有点'别识心裁'"。③白先生自己授课多年，教学经验丰富，他的这些见解都有很强的实践性，容易被人们理解和实施。

从 20 世纪 70 年代后期起，白先生的通识主要反映在历史研究中和历史撰述上。关于中国历史，白先生提出了一个总纲：《中国历史年代：一百七十万年和三千六百年》(1978 年)。这篇文章，实际是提出了关于认识和撰写中国通史的一个框架，它涉及年代、社会历史分期及各个时期的特点，以及与之相关的许多问题。《关于中国封建社会的几个问题》(1977 年)、《关于中国封建社会的发展》(1984年)二文，反映了他对中国封建社会的总的认识。白先生主编的《中国通史纲要》和多卷本《中国通史》，在内容上差别很大，在表述上也风格各异，但在"通"字上下功夫，则是一致的。《中国通史纲要》是一部通俗性和科学性相结合的著作，全书仅 30 万字，为的是便于中外一般读者的阅读和理解。此书的"通"突出地贯穿在它的体系和脉络方面。

《中国通史纲要》在体系上的特点，是对每一时期的经济、政治、

---

① 白寿彝：《白寿彝史学论集》(上)，北京：北京师范大学出版社，1994 年，第 202 页。

② 白寿彝：《白寿彝史学论集》(上)，北京：北京师范大学出版社，1994 年，第 203 页。

③ 白寿彝：《白寿彝史学论集》(上)，北京：北京师范大学出版社，1994 年，第 204 页。

思想文化作综合的叙述。例如，它把科学技术的发展同生产力的发展结合在一起叙述，把思想文化的发展和政治状况结合起来考察，揭示了历史发展的内在联系。表象的多样性和内在的统一性体现了历史前进的辩证法则，而《中国通史纲要》的这一体系正是要向读者展示这个法则。

《中国通史纲要》在勾画历史轮廓时，是采用"粗线条"的手法。这是因为，唯有用"粗线条"，才能使轮廓清晰、醒目。《中国通史纲要》中的"远古的遗存"跟"古老的神话和传说"两章，概括了奴隶社会以前的全部历史。而关于奴隶社会，《中国通史纲要》径自从商代说起，对于夏朝是不是奴隶社会这个目前尚在研究、探索的问题，则不去深究。根据同样的道理，作者把东周初年和春秋战国作为奴隶制向封建制过渡的时期，而不勉强论证奴隶制究竟亡于何时，封建制究竟兴于何时。至于封建社会，作者明确提出了"成长"（秦汉时期）、"发展"（三国两晋南北朝隋唐时期）、"继续发展"（五代宋元时期）和"衰老"（明清时期）四个发展阶段。从1840年至1949年，是半殖民地半封建社会时代，"五四运动"把它划分为前期和后期。《中国通史纲要》勾画的这样一个中国历史轮廓，既反映了作者对中国历史发展的总进程的独到见解，也易于给读者留下鲜明的印象。

多卷本《中国通史》在"通"的方面的要求是：作为通史，一方面，要求全书各卷之间脉络贯通，要求于阐述沿革流变之中体现"通"的精神，体现历史发展的规律。另一方面，要求每一卷阐述各个历史时期中国社会诸因素间的关系，包含生产力、生产关系和上层建筑之间的关系，各民族相互之间的关系；也要求各卷阐述中国和世界的关系，包含中国各个历史时期在世界史上的地位、中国与外国的往来和经济文化的交流，以及中外社会历史比较研究。此外，在年代上，它始于远古，迄于中华人民共和国的成立，这也是它在"通"的方面不同于现有许多中国通史著作的地方。当然，由于本书部帙浩繁，参与撰写的作者人数很多，在对"通"的要求上和体例上各卷情况有所不同，这是难以避免的，也是可以理解的。

在中国史学史研究和撰述方面，白先生的通识同样有丰富的、广阔的展开。他在 20 世纪 60 年代发表的《谈史学遗产》、《中国史学史研究任务的商榷》两篇文章，是在具体研究方面和宏观把握方面对中国史学史作了"通"的概括①。他在 1986 年出版的《中国史学史》第一册中，以大约 10 万字的"叙篇"，就"史学史研究的任务和范围"、"中国史学史的分期"、"有关史学史的古今论述"、"我的摸索和设想"等问题做了系统的阐说。我们可以认为，这个"叙篇"，是白先生关于中国史学史的一部论纲，其理论上的见解、脉络上的连贯、学科建设上的构想，真正达到了融会贯通的境地，是通识的一种很高的境界。

白先生在治史上的通识，还反映在关于民族史、民族关系史、宗教史、交通史、历史教育等领域的研究中。大家知道，在学术研究中，能够在某个领域中达到"通"的要求，很不容易；要达到通识的境界，就更不容易了。清代史家章学诚论史学上的"史部之通"说：

> 总古今之学术，而纪传一规乎史迁，郑樵《通志》作焉；统前史之书志，而撰述取法乎《官礼》，杜佑《通典》作焉；合纪传之互文，而编次总括乎荀、袁，司马光《资治通鉴》作焉；汇公私之述作，而铨录略仿乎孔、萧，裴潾《太和通选》作焉。此四子者，或存正史之规，或正编年之的，或以典故为纪纲，或以词章存文献，史部之通，于斯为极盛也。②

---

① 参见白寿彝：《白寿彝史学论集》（上），北京：北京师范大学出版社，1994 年，第 462～486 页；白寿彝：《白寿彝史学论集》（下），北京：北京师范大学出版社，1994 年，第 595～601 页。
② 章学诚：《文史通义》卷四《释通》，叶瑛校注，北京：中华书局，1985 年，第 373 页。

杜佑、裴潾是唐朝人，司马光、郑樵是宋朝人，章学诚把他们的著作看作是"史部之通"的"极盛"的表现，足见他对"通"的推许。这里，章学诚说得很概括。明清之际的史家王夫之对《资治通鉴》的"通"有比较具体的说明，可与章学诚所论互相发明。王夫之写道：

> 其曰"通"者，何也？君道在焉，国是在焉，民情在焉，边防在焉，臣谊在焉，臣节在焉，士之行己以无辱者在焉，学之守正而不陂者在焉。虽扼穷独处，而可以自淑，可以诲人，可以知道而乐，故曰"通"也。①

章学诚论《资治通鉴》的"通"是在于"合纪传之互文"，主要是从史事上和体裁上说的；而王夫之的这一番议论，则是从内容上和思想上道出了《资治通鉴》之"通"的含义。

由此可见，一个领域的"通"尚如此不易，若干领域的"通"以及各领域之间的"通"，就更加难得、更加可贵了。白先生正是在这三个层面上的"通"都做出了努力、都取得了成就的史学家。他关于史学史和民族史的研究，对通史的研究和撰述有促进和深化的作用；反之，通史的研究和撰述，也有益于对史学史、民族史的认识和把握。从专史中可以看到通史的背景和修养，从通史中可以看到专史的功力和见识。这是白先生之通识给予我们的最重要的启示，也是我们借以探讨和认识他的史学成就的一条"捷径"。

中篇　史学成就

白寿彝先生的史学成就是多方面的，其中以中国史学史、中国

---

① 王夫之：《读通鉴论》卷末《叙论四》之二，北京：中华书局，1975年，第1114页。

通史、民族史最为突出。同时，他在伊斯兰教史、中国交通史研究方面，也有重要的成果。他对于历史理论的重视，贯穿于他的许多论著之中，这使他的著作具有鲜明的理论色彩，不仅受到学术界的关注，而且产生了广泛的社会影响。

一、中国史学史：三个时期的三个稿本和史学史思想的发展

白先生从 20 世纪 40 年代起致力于中国史学史研究，至 90 年代止，前后约 60 年时间。在这 60 年中，在三个不同的历史时期，他写出了三个中国史学史稿本。他在《白寿彝史学论集·题记》中这样写道：

> 本书所谓史学，主要是指史学史。像民族史那样，这是一门新兴的学科，更确切地说，是一门在树立中的学科。史学史的任务是阐述史学发展的过程及其规律，阐述史学在发展中所反映的时代特点以及史学的各种成果在社会上的影响。对于中国史学史来说，是要我们对本国史学做出系统的自我批评和自我总结。这是一个艰巨的任务，没有长期细致的工作，是做不好的。我在 40 年代初，因学校要开设这门课程，我开始试写讲稿，讲稿写到清末。60 年代初，我另起炉灶，重新写史学史讲稿，写到刘知幾，因社会主义教育运动开展起来，没有能继续写下去。这一次的讲稿，在北京师范大学排印了，题作《中国史学史教本》。1983 年六月，我开始写史学史的第三个稿本，在 1984 年十二月完成了第一卷，题名《中国史学史》，由上海人民出版社出版。……第一个稿本已不知弄到哪里了。第二个稿本虽只印了五百本，但毕竟是印出来了，因而得以保存下来，并在相当范围内得以流传。现在的第三个稿本，虽在不少地方已与《教本》大不相同，但《教本》仍有可以参考的地方，还有不少

章节是第三稿还没有写到的。①

对于第一个稿本，我们已无从得知其面貌。第二个稿本是《中国史学史教本》初稿，曾经作为教材在北京师范大学历史系使用过，并在国内广泛流传。它包含两篇十章。第一篇是"先秦、秦汉间的史学"，从"远去的传说"写到"战国、秦汉间的私人著述"，凡四章。第二篇有六章，从"司马迁"写到"刘知幾"。《中国史学史教本》在学术上有两个方面的突出成就。一个成就是，它把刘知幾以前的中国史学发展的脉络梳理出了一个流畅的头绪。另一个成就是，它提出了一些新的问题，如"远去的传说"同史学的关系，怎样看待"原始的历史观念"、"神意的崇奉"与"人事的重视"对于史学发展的影响，对"战国中叶以后诸子的史论"的概括，等等。《中国史学史教本》有一个特点，即不仅脉络清晰，而且重点十分突出，如对司马迁、刘向、班固、范晔、刘知幾等的史学的评论，都十分精到。本书在当时产生的主要影响，是它重视了史家、史书的思想的研究，如论司马迁的"究天人之际"、"通古今之变"，指出《三国志》与'风化'"的关系，袁宏的重视"名教"，以及评论刘知幾的历史思想等。这在中国史学史的研究史上，确实给人耳目一新的感觉。

第三个稿本是《中国史学史》第一册。这是白先生主编的六卷本《中国史学史》的第一卷，它包含"叙篇"和"先秦时期中国史学的童年"两个部分。这两个部分在中国史学史研究领域，分别展示出全新的气象。"叙篇"论述了理论问题、分期问题、思想遗产问题和关于史学史学科建设的设想。这对于史学史学科的"树立"，具有重要的理论意义和学术意义。关于先秦时期的史学，白先生在第二个稿本的基础上又提出了新的认识，一是提出了"历史观点的初步形成"，

<hr>

① 白寿彝：《白寿彝史学论集》（上），北京：北京师范大学出版社，1994年，第1～2页。

二是提出了"历史知识的运用"。前者进一步强调了对于历史观点的研究；后者则明确地提出了史学同社会的密切关系，从而进一步阐明了史学的社会作用和社会价值。

在撰写三个中国史学史稿本的同时，白先生还发表了许多论文。1999年，在白先生九十华诞之际，中华书局出版的《中国史学史论集》，正是从这些论文中精选出来结集而成的。白先生在这本论集的题记中说：

> 本书是1946年至1993年陆续写出的，其中包含两类性质的文章。一类是专论性质的，大抵是分别就某一史学家或某一历史著作来立论的，分量比较多，这里只能收入18篇。又一类是通论性质的，大抵是分别就史学史某些方面来立论的，多少总有一些新的看法，也收了18篇。
>
> 中国史学史的研究尚处在建设阶段，所发表的有关作品多带有起步性质，很期待同志们的指教。

不论是"专论性质的"，还是"通论性质的"，作者都提出了许多真知灼见，对史学史学科的建设起到了重大的推动作用。

下面，我想着重从白先生的史学史思想方面，谈谈他对中国史学史学科的"树立"和"建设"所做的贡献。①

---

① 1994年，为祝贺白先生八十五华诞，北京师范大学史学研究所主编了《历史科学与历史前途——祝贺白寿彝教授八十五华诞》论集。其中有几篇论文是关于白寿彝先生与中国史学史研究的，如安作璋、耿天勤先生的《白寿彝先生对中国史学史研究的杰出贡献》，龚书铎先生的《对史学社会功能的一点思考》，王桧林、李秋沅先生的《史学遗产的继承和史著的创新》，刘家和先生的《先秦史学传统中的致用与求真》，陈其泰先生的《推进史学史学科的建设》等，或全面地或有侧重点地对白寿彝先生的中国史学史研究做了评价。这些论文，在阐发白寿彝先生在中国史学史研究领域的贡献方面，提出了许多有启发的见解。在此基础上，我想概括地谈几点认识，有些地方虽然难以避免重复，而有些地方或许也有一点拾遗补阙的参考价值。

——关于中国史学史学科建设的理论。这里，首先要谈到的，是白寿彝先生关于中国史学史学科建设的理论，尤其是关于学科性质的界定。20 世纪 20 年代，梁启超在《中国历史研究法（补编）》中，首次提出撰写中国史学史的问题，并具体讲到了中国史学史应包含史官、史家、史学的成立及发展、最近史学的趋势①。从中国史学史专业或学科的创立来看，梁启超位居首功，自无疑义。在他之后，研究和撰写中国史学史的人逐渐多了起来。但是，尽管梁启超提出了"史学的成立及发展"这样的问题，他却没有说明"什么是史学"、"史学研究是什么"这些关键问题。与此相联系的，还有"什么是史学史"、"史学史的根本任务是什么"，自也未能得到明确说明。当然，事物本有一个发展过程，我们不应苛求梁启超。1938 年，金毓黻撰《中国史学史》，深受梁启超的影响，从史官、史家讲起，亦未曾涉及什么是"史学"等问题。1944 年，周谷城发表《中国史学之进化》（后更名为《中国史学史提纲》）一文，指出："历史为人类过去之活动，属于生活的范围；史学为研究这种活动的结果，属于知识的范围。"②这是中国史学史研究者关于"历史与史学之别"的较早的说明。此前，早在 1924 年李大钊出版的《史学要论》中，已十分详尽地讨论了"什么是历史"、"什么是历史学"的问题③。但李大钊所论并未引起史学界的广泛注意，正如周谷城所说："虽然历史与史学之别，固截然不可混同者；但过去治史者或完全不知有这等区别，或知有这等区别而不十分措意，或十分措意而无适当之词以表示这两个截然

① 梁启超：《中国历史研究法（补编）》，《饮冰室合集》第十二册专集之九十九，北京：中华书局，1989 年，第 153 页。
② 周谷城：《周谷城学术精华录》，北京：北京师范学院出版社，1988 年，第 263 页。
③ 李大钊：《史学要论》，《李大钊全集》第四卷，北京：人民出版社，2006 年，第 399～414 页。

不同的范围"①。周谷城是在论中国史学的进化时讲这番话的,其着眼点在"史学",故必须明确史学的对象。这一点很重要。然而此文在表述上没有强调"史学史",所以也就没有从理论上涉及"史学史"研究的对象。刘节撰于 20 世纪 50 年代的《中国史学史稿》,是继金毓黻《中国史学史》之后又一部很有成就的著作,但它也没有对"什么是史学"、"什么是史学史"等问题做出明确的阐述。这种情况表明,关于中国史学史的研究和撰述,虽已有了一定的展开,但从学科建设来说,却仍处在起步阶段。

20 世纪 60 年代初,史学界关于史学史的讨论,推动了史学工作者对史学史的认识。在这个学术背景之下,白寿彝先生于 1964 年在《人民日报》上发表了《中国史学史研究任务的商榷》一文②,提出了阐明规律、总结成果以及理论和资料等问题,用马克思主义的理论和方法说明中国史学史研究的任务。这篇论文涉及学科建设的一些重要问题,对学科建设有突出的积极意义,产生了很大的影响。但是,"文化大革命"中断了这一发展势头。正如有的论者所指出的:"白先生这篇论文明确提出了中国史学史的研究任务,系统地论证了中国史学史的研究任务,系统地论证了中国史学的发展规律问题,从而把关于中国史学史基本问题的讨论引向深入。此后,随着'文化大革命'的开展,讨论也就中止,问题没有根本解决。"③白寿彝先生关于中国史学史学科性质的探讨和论述,在 20 世纪八九十年代进入了一个新阶段。从 1983 年他主编的《史学概论》一书的出版,人们已经可以看到这一趋势。本书开宗明义,论述了历史、史料、史学等

---

① 周谷城:《周谷城学术精华录》,北京:北京师范学院出版社,1988 年,第263 页。

② 白寿彝:《白寿彝史学论集》(下),北京:北京师范大学出版社,1994 年,第595~601 页。

③ 北京师范大学史学研究所编:《历史科学与历史前途——祝贺白寿彝教授八十五华诞》,郑州:河南人民出版社,1994 年,第 324 页。

范畴，指出："历史，就其本身而言，是客观世界的发展过程。""有了人类就有了人类的历史。史学以人类历史为研究对象，当然跟自然史也有密切的关系。"又进而指出："什么是史学？史学是通过史料研究历史发展过程本身的学科。"①这是继李大钊《史学要论》之后，又一次比较集中而又十分明确地以马克思主义观点阐述"历史"与"史学"的联系与区别的理论成果。这一理论成果为进一步探索史学史学科的性质提供了直接的前提。1986 年，白寿彝先生撰写的《中国史学史》第一册的"叙篇"，是中国史学史学科建设的里程碑。"叙篇"第一章分别论述了"'历史'一词的歧义"、"史学的任务和范围"、"史学史的任务和范围"等基本问题。它论史学的任务和范围是："史学的任务是研究人类社会发展过程及其规律。它的范围可以包括历史理论、史料学、编撰学和历史文学。"②显然，这一概括是对前引《史学概论》有关论述的发展。它论史学史的任务和范围是："史学史，是指史学发展的客观过程。我们这部书③，就是以中国史学史为对象，按照我们的理解，对于中国史学发展的过程及其规律的论述。按照这样的任务，本书论述的范围，包括中国史学史本身的发展，中国史学在发展中跟其他学科的关系，中国史学在发展中所反映的时代特点，以及中国史学的各种成果在社会上的影响。"④这一概括，比起前引《中国史学史研究任务的商榷》一文的论述，又前进了一大步。从这些论述来看，我们可以认为，中国史学史学科性质这一基本问题，得到了明确的论证。这距离白先生发表《中国史学史研究任务的商榷》已有 20 个年头，上距梁启超提出撰写中国史学史已整整 70年了。

这是白寿彝先生对中国史学史学科建设在理论上的最重要的贡献。

---

① 白寿彝主编：《史学概论》，银川：宁夏人民出版社，1983 年，第 1、2、7 页。
② 白寿彝：《中国史学史》第一册，上海：上海人民出版社，1986 年，第 11 页。
③ 指《中国史学史》第一册——引者。
④ 白寿彝：《中国史学史》第一册，上海：上海人民出版社，1986 年，第 29 页。

——关于史学史领域一些重大问题的认识。白寿彝先生在中国史学史研究方面的贡献，还突出地反映在他具有丰富的史学史思想。这是他的中国史学史研究的特点，也是他在这一研究领域的别出心裁和卓尔不群之处。

白寿彝先生的史学史思想有丰富的内容和多方面表现，本文只根据我目前认识到并以为是一些重要的方面做初步的概括：

第一，对史学遗产的高度重视和精辟分析。这是白先生史学史思想的一个重要出发点。白先生在 1961 年发表的《谈史学遗产》长篇论文，可以看作是他关于史学遗产的一份"宣言"。文中论到了整理史学遗产"是一种有意义的工作"，并从史学在意识形态和现实社会的关系中的地位、中国史学发展的规律、史学遗产中的重大问题同当前历史的关系三个方面论证了这种意义。文章从史学基本观点、历史观点在史学中的地位、史学工作的作用、史料学、历史编纂学、史学家和史学著作、史书体裁七个方面的遗产做了精辟的分析。文章还就"精华和糟粕"、"要百家争鸣"等问题发表了见解①。这篇论文首次详尽地论证了史学遗产的重要性，反映了作者对于史学遗产同现实社会、历史研究、探讨史学发展之密切关系的认识。我个人认为，先生后来的许多论著，如《中国史学史研究任务的商榷》(1964年)、《中国史学史教本》上册(1964 年)、《谈史学遗产答客问》(1981年)、《史学概论》(1983 年)等，都是从这篇论文发展而来。40 年过去了，我们今天重读此文，仍然感到它有很高的文献价值和思想价值。

第二，科学地认识历史发展过程。所谓科学的认识，不只是讲先出现了什么史家、什么史书，后出现了什么史家、什么史书；也不只是阐述先有什么修史制度，后有什么修史制度。所谓科学的认

---

① 白寿彝：《白寿彝史学论集》(上)，北京：北京师范大学出版社，1994 年，第462～486 页。

识，主要是在根据充分事实的基础上揭示出史学发展规律，而其核心是捕捉一定的社会历史条件如何创造出来一定的史学、产生出来一定角色的史家。1984 年白先生在讲"中国史学史上的两个重大问题"时指出：在新的历史形势下，"我们的史学史工作也应该甩掉旧的躯壳，大踏步前进，把新的史学史学科早日建立起来"。为此，他认为"有两个重要问题，是应该多下点功夫及早解决的"。他说的第一个问题，"是对于历史本身的认识的发展过程"，如"是社会存在决定社会意识，还是社会意识决定社会存在？社会发展是有规律的，还是无规律的？群众是历史的主人，还是杰出人物是历史的主人？""还有，生产状况的升降，地理条件的差异，人口的盛衰，以及历代的治乱盛衰，史学家、思想家和政治家对于这些现象如何认识"，等等，都是属于这一类问题。所谓规律，就是要通过对这些问题的研究和提升去发现，去概括。先生举出《史记》、《通典》、《资治通鉴》、《通志》、《明夷待访录》、《日知录》、《文史通义》等著作，说明规律是可以被认识的。他尖锐地指出："我们对于以上这些著作，在理论上的发掘很不够，对于历史本身的发展过程，缺乏总结，以至我们关于史学史的专书中的表述，显得内容贫枯。"①白先生的中国史学史论著富于理论色彩和理论深度，皆出于探索规律这一撰述宗旨。人们从这里可以得到两点重要启示：一是科学地认识历史发展过程，是认识史学发展的基础；二是对史学名著在理论上进行发掘和总结，是科学地认识历史发展过程的途径之一。

第三，全面地和深入地认识"史学的社会作用的发展过程"。这是他讲的两个重大问题的另一个重要问题，主要是指"史学的成果是否对社会有影响，史学家是否重视历史观点对社会的影响，以及历史知识的传播对社会的发展是否起作用"。白先生举出《诗》、《易》言

---

① 白寿彝：《白寿彝史学论集》(下)，北京：北京师范大学出版社，1994 年，第603、604 页。

论和汉、唐史事进行论说，指出："其实，在中国史学史上，这是一个老问题，不少古人曾经用言论或实践回答了这个问题，但在我们研究史学时，很少注意这个问题，甚至有时还觉得这是一个狭隘的、实用的问题，不愿理睬。我觉得，应该把这个问题重视起来，给它以应有的地位。"①这个问题以及上面所讲的那个问题的提出，都是有针对性的、为着推进中国史学史研究而提出来的。白寿彝先生认为，直到20世纪80年代初，关于中国史学史的著作，"有一个比较共同的地方，就是它们受到《隋书·经籍志》和《四库全书总目提要》的影响相当大，史书要籍介绍的味道相当浓。金毓黻先生的《中国史学史》和刘节先生的《中国史学史稿》，是两部比较好的书，但也似乎反映它们由旧日的史部目录学向近代化的史学史转变的艰难过程"②。金著撰于20世纪30年代，出版于40年代；刘著撰于50年代，经后人整理、出版于80年代初。白先生的这番话，指出了80年代治中国史学史的路径。关于上述两个重大问题，他的结论性意见是："在中国史学史上，重要的问题不少，这两个问题，恐怕是当前更为重要的问题。在史学史的编撰上，一个史学家一个史学家地，一部史学名著一部史学名著地写，这可以说是必要的，也可以说是研究过程中所难免的。但是否可以要求更高一些，要求更上一层楼，是否可以把这些以人为主、以书为主的许多框框综合起来，展示出各个历史时期史学发展的清晰面貌呢？这当然不容易，但总还不失为一个可以考虑的前进方向吧。"③按照我的理解，这就是先生说的"甩掉旧的躯壳"，研究和撰写新的中国史学史著作的基本要求。

---

① 白寿彝：《白寿彝史学论集》（下），北京：北京师范大学出版社，1994年，第603、605页。

② 白寿彝：《白寿彝史学论集》（下），北京：北京师范大学出版社，1994年，第603页。

③ 白寿彝：《白寿彝史学论集》（下），北京：北京师范大学出版社，1994年，第605页。

第四，史学史对于历史教育的意义。古往今来，论历史教育的人很多，确有不少卓见。白先生关于历史教育的思想超出一般论历史教育之处者，在于他不仅是从史事方面阐述历史的教育作用，而且是从史学的科学价值和社会功能方面阐述历史教育的作用，尤其是从史学史的视野来阐述历史教育的必要性及其社会价值。这一点，似未引起人们应有的关注。但是，从史学史研究来看，这是至关重要的思想遗产。需要指出的是，1994 年出版的《白寿彝史学论集》，阐述历史教育的论文多达 20 篇；而在 1982 年，白先生的《历史教育和史学遗产》论集，已由河南人民出版社出版，从中不难看出他从史学和史学史领域来探讨历史教育价值的学术特色。白先生认为："研究史学史是大工程。史学史就是研究历代史学家对过去的看法，对自己所处时代的看法。把这些看法同有关的不同时期的历史结合起来，看看他们受了时代的什么影响，看看他们如何影响社会。从这里，我们可以看出史学的科学成就和社会功能。要从史学史的学习、研究上，总结历史经验，继承发扬优良传统，吸取外来的新的血液，对推动历史前进这一问题上一定要清楚一些，要不辜负我们这个时代。史学史工作是一生的事业，也应该发展成为一门博大精深的学问。"[1]这些话是对青年史学工作者讲的，但它涉及了历史教育的许多问题。从客体来看，历史上的史家如何看历史、看自己所处的时代，以及他们如何受时代的影响和他们如何影响社会，这里饱含着辩证法思想。从主体来看，总结经验、继承发扬优良传统、推动历史前进、不辜负时代，以及如何正确看待史学史工作，这里也饱含着辩证法思想。同时，主体与客体之间，也是建立在对立统一原则基础上的。按我的理解，这就是从史学史的知识、见识、责任和视野来看待历史教育的价值和意义的。可以认为，白寿彝先生关于历

---

　　[1]　白寿彝:《白寿彝史学论集》(上)，北京:北京师范大学出版社，1994 年，第296 页。

史教育的思想和论著，是 20 世纪中国马克思主义史学在这方面最集中、最有代表性的反映。白寿彝先生关于历史教育的思想，在史学工作和社会实践中具有重要的理论意义和实际意义。首先，它把关于历史教育的认识从一般属于实用的或感性认识的阶段提升到理性认识的阶段；其次，它提高了人们对史学史之社会意义的认识，有益于人们对史学史的深入研究。

白寿彝先生在史学史思想领域的成就，还反映在他关于史学同经学、子学之关系的认识，关于对史学史之古今论述的重视，关于中国史学史分期的标准和原则等方面。白先生很重视中国古代史学同经学、子学的关系。他指出：《诗》、《书》、《易》、《礼》、《春秋》等，"是最早的史"，尤其是"三礼"中的若干篇，"都是比较早期的不同形式的古代史书"，只是后来才变成了经典。他又指出："史学上的几个重要问题，经中都谈到了"，这是从思想上讲；如若"从史书体裁上讲，经书中包含了多种体裁，后来史书的编年、纪传、纪事本末、典志和文选等体裁，在经书里早就有了"。他又举出《老子》、《韩非子》、《吕氏春秋》等，证明子书同史学的关系，并强调说："从历史上看，儒、法两家根据过往的历史来观察历史的未来，都有说对的那一面。"①值得注意的是，白先生讲经史关系、子史关系，不是如同现在人们讲的"交叉学科"的那种含义，而是指出它们在渊源上、思想上、表现形式和实际运用上的相通之处，意在拓展和丰富史学的内涵，开阔中国史学史研究者的视野，增加他们的兴趣，深化他们的认识。

20 世纪 80 年代中期，白寿彝先生主持了"中国史学史之史"的座谈，同时他在《中国史学史》第一册"叙篇"的第四章"有关史学史的古今论述"中，列举有关论述，上起司马迁《史记》，下迄侯外庐《中国

---

① 白寿彝：《白寿彝史学论集》（下），北京：北京师范大学出版社，1994 年，第 348、349 页。

思想通史》》^①。白先生之所以要这样做、这样写，一是尊重前人，二是自觉教育。他在1984年12月的一次座谈会上讲道："我们正在编纂的多卷本《中国通史》的体例，有一条规定，即在每一卷的开卷（篇），要谈谈基本材料及与本卷有关的问题和研究成果。那就是说，我们研究一个问题，要知道过去人和当时学者的论述及其成就，以便于在这个已有研究成果上起步走。这对于工作很有好处。一方面可以参考旁人已经提出来什么问题进行参考，另一方面也可了解某些问题的研究发展到什么程度，如何才能更好地继续向前发展。如果不管过去，我们就从头搞起也不是不可以，但那就可能费时多而功效小。了解、研究一门学科的已有成就，实际是对本学科的自我批评。这不是对个人，而是对这个学科已有的成果进行探讨、评论。对我们的史学史这样做，是我们史学史研究工作者进行自觉教育的一课。"^②这些论述，集中地反映出了白先生的学术史思想和严谨治学的态度与方法。现今学术界有许多人在讲学术规范问题，这是很必要的。所谓"学术规范"，首先就是要尊重学术史上的成果和当代人的成果。在这方面，先生的思想和治学实践，给我们做出了榜样。

白寿彝先生所撰《中国史学史》第一册的"叙篇"，以两章的篇幅论述了"中国史学史的分期"，上起先秦，下迄20世纪前期。这两章的文字，名为"分期"，实为一部中国史学史论纲，其学术价值和思想价值远在一般讨论分期问题之上。这是我们首先要注意到的。其次，从中国史学史的分期来看，作者没有特意提出有关分期原则的论述；但分期的原则确是存在的，即史学史分期大致与历史的分期相吻合。作者也没有特意提出有关分期标准的论述，但分期的标准也确是存在的，即充分考虑到时代的特点和史学的特点之相互关系。先生关于中国史学史分期的思想，依我的肤浅认识，一方面是不脱

---

① 白寿彝：《中国史学史》第一册，上海：上海人民出版社，1986年，第137~172页。
② 《史学史研究》编辑部：《座谈中国史学史之史》，载《史学史研究》1985年第1期。

离历史发展来论述史学发展，另一方面是从时代特点去揭示史学面貌，并以史学面貌反观时代特点。辩证唯物论、历史唯物论的原则在这里都得到了应有的体现。这使我们得到一个重要的启示：研究史学或其他文化现象，都不应脱离客观历史的发展及其阶段性特点，这样才能"根深叶茂"，源远流长。

——关于发展史学史研究的设想。白寿彝先生治学有两个特点，一是永无止境，二是重在创新。白先生的研究领域很广阔，在每一个领域都有许多设想。关于史学史研究，他从不满足于现状，因而也有不少设想。"处在建设前段"，这是白先生近些年来常常提到的，表明他对发展史学史研究的期待和信心。1985年，白先生在第一次全国史学史座谈会上的讲话中讲到了教材建设问题、举办讲习班问题、试办专题座谈会问题、提倡开拓性研究问题、编辑史学史丛书问题，以及办好《史学史研究》季刊问题①。白先生设想的这些工作，有的开始做了，有的尚未进行；而已经开始做的，也还需要坚持下去，尚未进行的，我们有责任创造条件，逐步做起来。我们应该特别注意的是，白先生关于提倡开拓性研究的问题，提出了许多重要的设想。第一，关于研究和撰写中国"全民族的史学史"问题。他指出："兄弟民族的史学史工程很大，内蒙古、新疆的研究工作有一定成绩，可彼此没有联系。西南也有一些，云南、贵州是多民族的地区，也要进行这项工作。我们史学史将来要发展成全民族的史学史，应该把进行少数民族史学史的研究工作作为一项重要科目加以提倡。"②中国自秦、汉以后是统一的多民族国家，客观上拥有多民族的历史和多民族的史学，史学史应对此有真实的反映。在先生的倡导之下，目前中国史学史研究，已注意到加强对各少数民族和少数

---

① 白寿彝：《白寿彝史学论集》（上），北京：北京师范大学出版社，1994年，第352～355页。

② 白寿彝：《白寿彝史学论集》（上），北京：北京师范大学出版社，1994年，第354页。

民族地区的历史记载与史学发展的研究。这是一个长期的任务，现在只是起步阶段。第二，进一步开展对外国史学史的研究。白先生认为："西方史学史项目大，'西方'两字包含内容太多了，但光有西方史学史还不够，要有国别的、地区的，要想办法逐渐发展。日本的、东南亚各国的、伊朗、阿拉伯、土耳其等各国的史学史，也要逐步地展开。开展有关的史学工作要采取一个迎头赶上的做法，人少不怕，先熟悉大概情况，有所鉴别，有所批判，再跟具体研究的问题联合起来，工作情况就不同了。许多事情不是一提到就能办出来的，但我们应该做，我们是一个大国，怎么能不做呢？"①从这些话里，可以看到白寿彝先生的开阔的思路、具体的设计、对困难的估量、对前景的信心，以及作为一个史学工作者的责任感。以上关于中国的全民族的史学史和外国的国别与地区的史学史之研究及撰写的设想，可以看作是史学史研究者在 21 世纪应当努力实现的目标。

此外，白寿彝先生还在《中国史学史》第一册"叙篇"的最后，具体地提出了"关于史学史研究的四件事"。他写道："关于中国史学史研究工作，我想约几位同志办四件事。第一件，是把现在进行中的《中国史学史》②写出来"；"第二件事，是写《中国史学史教本》"；"第三件事，是编一部《中国史学论著选》"；"第四件，是组织一些力量，试编一些供更多的人看的读物。希望在这个工作上，能做出一点成绩，能有一点突破"。③ 先生说的第二件事即撰写《中国史学史教本》，本来计划在 20 世纪 80 年代完成，后因多卷本《中国通史》编撰工作的展开而搁置下来，直到 1999 年春天全部出版后，夏、秋两

---

① 白寿彝：《白寿彝史学论集》（上），北京：北京师范大学出版社，1994 年，第354 页。

② 即指本文所引之《中国史学史》第一册及计划中的其余各册——引者。

③ 白寿彝：《中国史学史》第一册，上海：上海人民出版社，1986 年，第 195、196 页。

季，先生才有时间为《中国史学史教本》定稿，并于年底为其写了"题记"，交付北京师范大学出版社，于 2000 年 10 月出版，了却先生的一桩遗愿。先生说的第三件事，早在 20 世纪 80 年代已编出初稿，油印成册，后因给《中国通史》让路，搁置下来。90 年代，因《中华大典》编纂工作的展开，北京师范大学史学研究所的史学史研究室承担了《历史典·史学理论及史学史分典》的编纂任务。这项工作的性质，同先生提出的《中国史学论著选》相近，它的完成，可以看作是实现了先生的又一个遗愿。先生说的第四件事，我想可能是指前面说到的史学史丛书，"宣传史学史知识，开阔大家的眼界，［每本］字数在十万字左右"①。这项工作，还有待于进一步筹划和准备。先生列在第一件事的，是全书共六册的《中国史学史》。它的第一册是先生亲自撰写的，包含"叙篇"和先秦史学部分；以下有魏晋南北朝隋唐史学、五代宋元史学、明清史学、近代前期史学、近代后期史学五册，根据先生生前的安排，有关作者正在撰写之中，可望于近期完成这项工程。关于这部书，白寿彝先生是这样定位和要求的："这主要是供专业工作者阅读，希望能得到他们的帮助，得以不断提高。我认为，这是一项基本建设工作。这项工作可能做得好些，别的事情就好办一些。我试图把中国史学史划分为几个历史阶段，对每一个历史阶段的史学代表人物和代表作能做出比较明确的论述，但是要把他们放在整个历史时代的潮流中去观察他们，看他们所受当时社会的影响及他们对于当时社会的影响，并且还要观察他们对于前辈史学的继承关系，对后来的史学留下了什么遗产。"②白先生对这一部书看得很重，期望很高；所有参与这部书的作者，要努力把《中国史学史》这部书写好，以不辜负先生的期望。

---

① 白寿彝：《白寿彝史学论集》（上），北京：北京师范大学出版社，1994 年，第 354 页。

② 白寿彝：《中国史学史》第一册，上海：上海人民出版社，1986 年，第 195 页。

二、中国通史：历史使命和世纪工程

1999 年 3 月，上海人民出版社出版了《中国通史》的最后一卷，即第十二卷。至此，以白寿彝先生为总主编的 12 卷本、22 册、1400 万字的《中国通史》，历经 20 个年头的研究和撰写，终于全部出版。

1999 年 4 月 26 日，北京师范大学举行"祝贺白寿彝教授九十华诞暨多卷本《中国通史》全部出版"大会。会前，白寿彝教授接到了江泽民同志写于当天并委托专人送来的贺信。江泽民同志在信中说："……《中国通史》的出版，是我国史学界的一大喜事，您在耄耋之年，仍笔耕不辍，勤于研究，可谓老骥伏枥，壮心未已。对您和您的同事们在史学研究上取得的重要成就，我表示衷心的祝贺！""我相信，这套《中国通史》，一定会有益于推动全党全社会进一步形成学习历史的浓厚风气。"①江泽民同志的信在社会各界引起了热烈的反响，《中国通史》也越来越受到人们的关注。

白寿彝教授为什么要编撰《中国通史》？很多史学界的朋友和热心的读者谈到这个话题。

白先生在九十华诞的庆祝会上回答了这个问题，他说：

> 多卷本的《中国通史》的完成和出版，确实让我感到很激动。想起在 1962 年巴基斯坦史学会召开的国际学术讨论会……在会上，中国代表第一个宣读了学术论文。巴基斯坦的学者说，过去我们讲历史以欧洲为中心，现在我们要以东方为中心，用的教材是日本人编的。他们希望看到新中国史学家编出的教材来。1974 年我们又一次访巴，对方用的教材是林语堂编写的课本《我

---

① 江泽民：《中共中央总书记江泽民给白寿彝同志的贺信》，载《史学史研究》1999 年第 3 期。

们的国家、我们的人民》。他们仍然没有看见新中国的作品。这两次访问，外国朋友对中国文化、对中国历史是这样重视，我感到吃惊，同时也为没有写出一个字而感到惭愧。从那时到现在，二十多个年头过去了，我们终于写出了自己的通史，终于可以宣布，我们有了新中国的历史书了。①

从这里我们可以看到，是一种什么样的历史条件，使他深感编撰一部完整的、适合于外国读者阅读的中国通史，是多么重要、多么紧迫。他还联想到，1972 年，周恩来总理在全国出版工作会议上提出编写中国通史的任务。他感受到一个史学工作者的神圣使命和重大责任。

1975 年，白寿彝先生在十分艰难的条件下，约请一些同行，开始了研究、编撰工作。从 1977 年至 1979 年，历时两年，白寿彝先生主编的小型中国通史即《中国通史纲要》完稿，并于 1980 年 11 月由上海人民出版社出版。按原先的设想，《中国通史纲要》一书是由外文出版社出版，面向外国读者，因此在写法上多有独特之处，如基本上不引用原始材料，尽可能不用或少用历史上的专用名词，表述上力求明确、凝练，等等。不料上海人民出版社先行出版中文版后，立即受到社会的关注。到 20 世纪末，此书已是第 27 次印刷，累计印数达 94 万余册。目前已经出版的外文本有英、日、德、法、世界语等七八种版本，在国外也拥有广泛的读者。

《中国通史纲要》的中文版，是一本只有 30 万字的著作。它在学术上和撰述上的成功，根本的一点，是恰当地把科学性和通俗性结合起来。白先生在谈到编撰《中国通史纲要》的体会时，有这样一些认识：

---

① 白寿彝：《白寿彝教授在大会上的讲话》，载《史学史研究》1999 年第 2 期。

《中国通史纲要》是一本通俗的历史读物。所谓"通俗"，我们的理解是：第一，一般读者能够看得懂，容易理解。第二，历史专业工作者也可以读，而且在读了之后能够得到一些新的收获。因此，撰写通俗的历史读物，不是仅仅把现成的研究成果加以综合、复述就行了，也不是可以随意下笔、信手写来，而是应当下很大的功夫的。而这个功夫的尺度是：不仅视此为编书，更应视此为著书。这样想，这样做，使我们从事编著工作的同志都增强了事业心和责任感。

　　在这个思想的指导下，我们在编著《中国通史纲要》过程中力求做到这样几点：

　　（一）把问题阐述清楚，凡笼统的概念、不可捉摸的词句以及陈言滥语，一概不写入本书。我们认为，这是通俗读物的一个首要条件。

　　（二）不求面面俱到，而是立足于构思全书的体系，勾画出历史的轮廓，写出主要的问题。我们认为，通俗历史读物的另一个要求是轮廓鲜明，重点突出。因此，《中国通史纲要》在勾画历史轮廓时，是采用"粗线条"式的手法。因为只有"粗线条"，才来得清晰、醒目。《中国通史纲要》共有十章七十二个标题。可以说，每一个标题都是重点，都是重要的历史问题。尽管这样，我们还是努力在这些问题中突出那些应当特别注意的问题。

　　（三）在文字表述上努力做到明白、准确、凝练。这是通俗读物在文字上的要求。为了达到这一要求，我们在编著《中国通史纲要》时，注意了这样几个问题：第一，一般不引用马克思主义经典作家的原话，而是体会它的原意，在叙述之中贯彻以马克思主义理论作为指导的原则。文字表述上的明白、准确、凝练，为的是给人们以科学的结论。在这方面，我们是颇费斟酌的。应当说，对文字表述上的这种要求，一是我国史学历来有这个传统，二是我们历史工作者应当具有这样的责任心。从史学传统来说，历史文学（这里指的是历史家对历史的文字表述）是我国史学的优良传统，这个传统当然应该首先在通俗的历史读物中反映出来。从历史工作者的责任来说，我们写出书来，不应仅仅是为了给历史工作者们看，而应是写给全体人民看的，这样才能充分发挥史学工作在教育上的作用。我们编著的《中国通史纲要》，是在这方面也做出一个初步的尝试。编著《中国通史纲要》这样的通俗读物，对专业工作者来说，也是一个提高。该书从初稿到定稿，几乎全部改过。内容、结构、写法都有很大变化。这说明作者是下了功夫的，也说明作者的认识水平是提高了。例如，仅《叙论》一章提出的地理、民族、年代三个方面的问题，就是反复考虑了好几年才落笔的，而落笔之后又修改了多次才定下来的。把学术文化置于政治之后来写，把科学技术的发展和生产力的发展放到一起来表述，也是几经摸索才确定的。至于封建社会内部的分期，以及显示各个时期的阶段性的标志和特点，更是经过长时间考虑、多次改写才达到目前这个样子。其中甘苦，可以说是一言难尽。①

《中国通史纲要》的完成，也是多卷本《中国通史》的起点。白先生决心编撰一部大型《中国通史》。值得注意的是：1979 年，白先生度过了他的 70 岁生日。一个学者，已经走过了 70 年的人生道路，他还能实现这个愿望吗？这不能不说是一个严峻的挑战。白寿彝先生以其神圣的历史责任感和开朗的性格，平静地回答了这个挑战。他说出了一句极为平实却极不平凡的话："我七十岁以后才开始做学问。"这句话包含两层含义。一层含义是，他对中国进入了新的历史

---

① 白寿彝：《编著〈中国通史纲要〉的一点体会》（此文由瞿林东执笔），载《书林》1982年第 3 期。

时期，感到欢欣鼓舞。他抚今追昔，感慨万千：青年时代是在战乱中度过的，中壮年时代是在运动中度过的；现在国家安定了，环境上宽松了，不正是坐下来安心做学问的时候吗！另一层含义是，学无止境，以往的治学所得及种种成就，不过是为了新的攀登所做的积累而已。白寿彝先生是一位学识渊博的历史学家，他在70岁以前在中国思想史、中国交通史、中国伊斯兰教史、回族史、中国史学史等诸多领域均有建树。现在，他把这些都看作是新的起点的准备和积累。"七十岁以后才开始做学问"，这是时代的感召和学者的勇气相结合而生成的一种思想境界。在全国许多史学工作者的热情支持之下，白先生集众多史学名家的智慧和卓见，历时20年之久，终于完成了这部世纪性的史学工程。

《中国通史》是一部巨制，它有几个突出的特点：

鲜明的理论体系。《中国通史》以唯物史观为指导，结合中国历史进程的实际，在深入研究的基础上，创造性地提出了关于中国历史发展的一些极为重要的理论性认识。这些认识贯穿于全书之中，而在《导论》卷做了系统的和充分的阐述。《导论》包含九章，阐述了以下问题：统一的多民族的历史；历史发展的地理条件；人的因素，科学技术和社会生产力；生产关系和阶级关系；国家和法；社会意识形态；历史理论和历史文献；史书体裁和历史文学；中国与世界。其中大多属于历史理论范畴的理论问题，只有历史理论和历史文献、史书体裁和历史文学两个问题是属于史学理论范畴的理论问题。对这两类理论问题，《导论》卷都是以唯物史观的基本原则为指导，从中国历史和中国史学的发展中总结出来的，讲理论而不脱离史实，举史实而提升到理论，读来容易理解而多有启发。

内容丰富，资料翔实。《中国通史》包含经济、政治、民族、军事、文化、中外关系、历史人物等多方面内容，史料翔实，读来使人产生厚实、凝重之感。尤其值得提到的是：它把各少数民族的历史都放在中国历史进程的大背景下加以阐述,充分肯定前者在后者之中的重要位置,充分肯定多民族共同创造中华文明的历史业绩;它把科学技术同生产力的发展状况结合起来阐述,反映出科学技术在推进生产力发展方面的重要作用;它展现出从先秦至近代各个历史时期的人物群像,使中国历史更加生动、更加引人入胜地展现在读者面前。

体裁新颖而具有民族特色。白寿彝教授是研究中国史学史的著名学者,他吸收了中国古代多种史书体裁的形式,并以新的历史观念、新的认识水平,制定了一种"新综合体"用于《中国通史》的撰述。全书除第一、二卷外,其余十卷都各包含四个部分:(1)序说,阐述有关历史时期的历史资料、研究状况、存在问题和本卷撰述旨趣。(2)综述,阐述有关历史时期的政治、军事、民族等方面的重大事件,勾勒这个时期历史进程的轮廓,便于读者明了历史发展大势。(3)典志,阐述有关历史时期的各种制度及相关专题,丰富读者对"综述"部分的认识。(4)传记,记述有关历史时期的各方面代表人物,展现"人"在历史运动中的能动作用和历史地位,进一步丰富了读者对"综述"和"典志"的认识,从而增强了历史感,所生兴味更加浓厚,所得启示更加深刻。20世纪以前,中国史书多以纪传体、编年体、典志体、纪事本末体四种体裁为主要表现形式;20世纪以来,章节体逐渐代替了上述各种体裁。《中国通史》以章节体的形式而注入纪传体等传统史书体裁的风格,把古今史书体裁的优点结合起来,形成一种"新综合体",从而容纳了极为丰富的历史内容,也活泼了历史编撰形式,使其具有突出的民族特色。这不仅给人以耳目一新之感,更重要的是使人们对中国历史可以有一个全局的、立体的、动态的认识。

反映了最新的学术成就。《中国通史》各分卷主编,多是有关研究领域的著名学者,且又约请了许多专史研究的学者参与撰述。《中国通史》的编撰，有 500 多位作者参与，可谓人才之荟萃，史识之检阅，故在学术水平上反映了 20 世纪八九十年代的最新成就。如第一卷《导论》对有关理论问题所做的系统论述，是目前关于中国历史之理论认识的最有分量的著作。如第二卷《远古时代》，吸收了 20 世纪以来考古发现的重要成果，重构了对中国远古时代历史的认识，是历史研究同考古研究相结合的最重要的成果之一。又如，各卷的"序说"是学术性极为突出、要求十分严格的一项内容，撰述之难可以想见；《中国通史》第三卷至第十二卷对此都有独到的阐述，具有很高的学术史价值。再如，各卷"综述"对大事的提纲挈领，"典志"对专题的钩稽爬梳，"传记"对历史人物的抉择去取和描述评论等，都反映出著者的卓识。

作为一部历史巨著，《中国通史》同许多鸿篇巨制一样，或许还存在一些不足之处，甚至也难免有个别的讹误，但它的成就和影响，却是无可替代的。随着岁月的流逝，它将愈加受到人们的重视。正如著名史学家戴逸教授所评论的那样：

> 白老是老一辈史学家，现已 90 高龄，可说是鲁殿灵光，岿然屹立，是我们的表率。尤其令我们钦佩的是，以 90 高龄完成《中国通史》巨著。这是一部空前的巨著，是 20 世纪中国历史学界的压轴之作。这是白老心血所萃，是对学术界的重大贡献，是他献给本世纪（20 世纪）的珍贵礼物。对这部书应该给以极高评价。我还没有读完，不能做全面评价，只能谈几点较深的体会。①

戴逸教授强调《中国通史》"最全面、最详尽、最系统，是真正的通

---

① 转引自许殿才：《七十年心血铸就的丰碑——"祝贺白寿彝教授从事学术活动七十周年暨多卷本〈中国通史〉全部出版大会"侧记》，载《史学史研究》1999 年第 3 期。

史"。"它时间跨度最大，从远古时代一直到 1949 年。它内容最丰富、最全面，包括政治、经济、文化、民族、地理环境、典章制度，科学技术，几乎无所不包。它纵通横通，是真正的通史，改变了以往许多只有历史事件和制度，偏而不全，略而不详的缺点。""这是一部高质量、高水平的通史。这部通史不仅详细而且有创新，在吸收已有研究成果基础上又向前推进。"白先生为编写这部书做了充分的理论和学术上的准备，又组织了当代许多名家参与写作。用集体的智慧和力量，完成这一巨著。《中国通史》在"体例上吸收了传统纪传体史书和近代章节体史书之长……创建新的综合体，既能反映历史规律性，又能反映历史的丰富性，大大开拓了历史的广度和深度。在中国史学史上是要大书一笔的"。戴逸教授还指出《中国通史》的其他一些特色：第一是《导论》卷集中阐述理论问题，提纲挈领，理论色彩浓。第二是民族问题讲得深入，占的比重大，反映了中国多民族统一国家的全貌。第三是"序说"部分是一个创造。讲历史最重要的是要言之有据。"序说"非常详细地介绍史料，包括文献的、考古的，有当时人的，也有后人的，既提供原始材料，又讲研究状况，把读者直接带到这一段历史的前沿。今后写通史、断代史、专史，都可借鉴这一做法。①

　　白寿彝先生总主编的《中国通史》，是 20 世纪中国几代史学家编撰中国通史的总结性和创造性相结合的巨著，它开辟了 21 世纪中外读者认识中国历史和中华文明的新途径。

三、关于民族史、宗教史研究的创获

　　白寿彝先生致力于史学工作，是从研究民族史开始的。具体说

---

① 转引自许殿才：《七十年心血铸就的丰碑——"祝贺白寿彝教授从事学术活动七十周年暨多卷本〈中国通史〉全部出版大会"侧记》，载《史学史研究》1999 年第 3 期。

来，是从伊斯兰史和回族史研究开始的。随着这种研究的深入，他的兴趣进而扩大到对民族关系史的研究，并愈来愈增强了理论的色彩。

　　白寿彝先生致力于中国伊斯兰史的研究，始于20世纪30年代后期。从那时起到40年代初，他发表了《中国回教史研究》（1936年）、《中世纪中国书中的回教记录》（1937年）、《回教文化研究之意义》（1939年）、《跋吴鉴〈清净寺记〉》（1942）等论文。从这些撰述中，我们可以看到作者的两个明显的研究意向及研究方法：一是关于中国文献有关伊斯兰史记载的摸索，二是关于伊斯兰史若干专题的考察。关于文献的摸索，《从怛逻斯战役说到伊斯兰教之最早的华文记录》（1936年）的长文是白先生的一篇力作。此文征引繁富，以中国文献为主，也涉及西人的有关记载，至今仍有参考的价值。① 值得注意的是，白先生于文献的摸索，绝不限于现成的各类图籍，而于有关碑记的搜求与阐释亦十分重视。关于专题的考察与研究，则涉及战争、贸易和文化，反映出白先生在伊斯兰史方面开阔的视野。1942年年底至1943年，白先生在六七年文献研究与专题研究的基础上，打算着手写一部中国伊斯兰教史。1942年年底，成书三章，但终因战乱时期，乡居缺书，以致明清时期无法落笔；又因辗转迁徙，已成三章，佚失其二。我们从仅存的一章规模来看②，白先生是试图写一部内容翔实的中国伊斯兰史，而以中西交通、政治和文化为叙述重点。可惜这一愿望终因条件限制而未能实现。次年，白寿彝先生撰成《中国回教小史》一文，发表于《边政公论》。1944年经过修订，由商务印书馆出版单行本。虽为"小史"，但却是中国伊斯兰教的一部通史，它从隋唐讲到"最近三十二年"。作者在"小史"的题记

---

　　① 　参见白寿彝：《中国伊斯兰史存稿》，银川：宁夏人民出版社，1983年，第56～103页。

　　② 　作者题名为《元代回教人与回教》，收入白寿彝：《中国伊斯兰史存稿》，银川：宁夏人民出版社，1983年。

中讲到"中国回教史的研究，是一门很艰苦的学问"；同时讲到研究这门学问的人，应当具备语言、文学、宗教、历史、文献、实地考察等多方面的条件。这些看法，在今天仍然是有意义的。

白寿彝先生在 20 世纪 80 年代初所撰的几篇序跋，又提出了一些值得深入探讨的问题。如关于"伊斯兰的中国化和各宗教间的互相影响问题"①，希望"关于《古兰经》的研究工作能在我国有所展开"的问题②，关于"各地的伊斯兰教石刻能够都陆续汇集起来，编印、出版"的问题③，等等。白寿彝先生于 1982 年年初，把他自 1936 年以来有关中国伊斯兰教史研究的成果编为一集，题名《中国伊斯兰史存稿》，交宁夏人民出版社出版。《中国伊斯兰史存稿》作为作者在 20 世纪三四十年代的研究成果，不仅在当时具有探索与开拓的价值，就是在今天看来，它在理论和方法上的特色，仍然具有学术的生命力。这种生命力不仅表现在伊斯兰教史的研究方面，也表现在一般的宗教史和回族史研究方面。

白寿彝先生的回族史研究始于 20 世纪 40 年代前期，而以 50 年代为第二个阶段，80 年代为第三个阶段。在研究中国伊斯兰教史的同时，白寿彝先生为回族史研究积累了丰富的资料和撰述上的准备。40 年代前期，他写出了《回教先正事略》60 卷，其中回族人物约占 56 卷，有传者 175 人，有附传者 179 人。这虽是一部未刊稿，但它却为他的回族史研究开辟了一条广阔的道路。50 年代，白寿彝先生发表和出版了丰富的回族史研究成果。其中有代表性的著作是：《回回民族底新生》、《回民起义》资料集 1—4 册、《回回民族的历史和现

---

① 白寿彝：《跋〈重建怀圣寺记〉》，《中国伊斯兰史存稿》，银川：宁夏人民出版社，1983 年，第 338 页。

② 白寿彝：《〈古兰经〉马译本序》，《中国伊斯兰史存稿》，银川：宁夏人民出版社，1983 年，第 343 页。

③ 白寿彝：《〈泉州伊斯兰教石刻〉序》，《中国伊斯兰史存稿》，银川：宁夏人民出版社，1983 年，第 345 页。

状》等。白先生这一时期的回族史研究著作有两个鲜明的特点：一是对于回族历史的科学性认识，二是对于历史文献的科学性认识。这两个特点都带有鲜明的时代气息。如在《回回民族底新生》一书中，白先生运用马克思主义的阶级斗争理论来看待历史上的回汉关系问题，以及汉族内部、回族内部的阶级分野问题。又如，在《回民起义》资料集的"题记"中，提出运用阶级观点对待历史资料，并提倡对历史资料采取"冷静"的"分析"的态度。

20 世纪 80 年代，白寿彝先生在主持编撰多卷本《中国通史》的同时，着手主持编撰 4 卷本《回族人物志》。全书编入历史人物 400 人左右，是回族史研究工作中第一部有系统的人物传记，也是中国少数民族史研究工作中第一部有系统的人物传记。《回族人物志》是白寿彝先生 40 年代前期所撰《回族先正事略》未刊稿在新的历史条件下的继续和发展。该书在体例上的创新，撰述上的严谨和所容纳的回族人物数量之多、方面之宽，是它的第三个特点，也是回族史研究工作中的一个新的突破，而且还为一般的人物志的编写工作提供了经验。

从 20 世纪 50 年代起，白寿彝先生关于民族史的研究开始逐步突破回族史研究的范围，而涉及民族关系史研究中的一些理论问题。他撰写的《论历史上祖国国土问题的处理》(1951 年)、《关于中国民族关系史上的几个问题》(1981 年)等论文[①]，提出中国历史上的国土疆域的划分与历史上的民族关系是密切联系的论点，以及用发展的观点、全面看问题的观点来考察中国民族关系史的主流问题的论点，等等，引起了史学界的广泛重视。关于中国民族关系史上的主流问题，白寿彝先生的看法是：关于民族关系史上的主流问题的探讨和研究，可以看得开阔一点。我们研究历史，不能采取割裂历史的方法。从一个历史阶段看问题，固然是必要的；从整个历史发展趋势看问题，则是更为

---

① 分别见白寿彝：《学步集》，北京：生活·读书·新知三联书店，1962 年，第 1～4 页；《北京师范大学学报》1981 年第 6 期。

重要的。在民族关系史上，"友好合作"不是主流，"互相打仗"也不是主流。总而言之，是许多民族共同创造了我们的历史，各民族的共同努力，不断地把中国历史推向前进。这是主要的，也可以说这就是主流。他从历史上各民族在社会生产、社会生活中的互相依存，从盛大皇朝的形成离不开少数民族的支持，从少数民族的进步同样是中国整个社会进步的重要标志三个方面论证了上述看法。

白寿彝先生常说，民族史的研究启发他进行中国通史的研究。他认为，只有对中国历史发展的全过程有了比较正确的把握时，才能对民族史研究做出适当的科学的结论。20世纪50年代以后，寿彝先生在民族史研究上不断提出一些新的论点，这一方面是学习马克思主义理论并用以指导历史研究的结果，另一方面也是他致力于中国通史的教学与研究的结果。

下篇　学风文风

学风和文风对于一个学人来说，是其学养和旨趣的反映，也是其对社会和公众关系之认识的反映，进而更是其对于国家、民族命运与前途所关心的程度的反映。这三个方面，从不同的含义上表明了学风和文风的重要性，即学人的修养、学人与社会及历史运动的关系。从这个意义上讲，学风和文风，浓缩了一个学人的学术面貌和精神境界。

白寿彝先生非常重视学风问题。他指出："历史工作者的学风问题，就是一个风尚问题，是历史工作者如何严格要求自己的问题。"[①]他从中国古代史学家的优良学风传统即史才、史学、史识、史德讲到毛泽东关于学风的论述，阐述了他的精辟见解。白寿彝先生也非常重视文风。他在1989年写过一篇短文，批评两种在文风上

---

① 白寿彝：《白寿彝史学论集》（上），北京：北京师范大学出版社，1994年，第286页。

的偏向："第一，认为文史是两途，治史就不必在文字上下功夫。其实，只要写成文字，就是要让人阅读的；能让更多的人阅读，不比只有少数读者好吗？第二，认为让更多的人阅读的作品，总不免于粗俗。其实，让更多人能阅读的作品倒是更须下功夫的作品；是否粗俗要看作品的质量，与读者的多少，并无关系。我们要打破这两种认识上的障碍，走出自己封锁的牢笼，走向群众。这不只是关系到个人作品的影响问题，也关系到史学工作的开展，史学工作的社会效益。"①他把一个史学工作者的研究所得的如何表述，看得如此重要，分析、阐说得如此透彻、精辟，而且又是同强调多研究点中国历史的特点这样的问题同时提出来的，足见他对文风的关注已达到极高的境界。

白寿彝先生关于学风和文风问题，还有很多论述，如他撰写的《历史科学基本训练有关的几个问题》、《关于历史学习的三个问题》、《治学如积薪，后来者居上》、《与友人谈读书》、《要认真读点书》、《治学小议》、《谈历史文学》、《刘知幾论文风》、《写好少年儿童历史读物》、《绘画本〈中国通史〉序》、《史文烦简》，等等②。都有比较集中、深入的阐说。这里，我想着重指出的，是白寿彝先生在学风和文风上的身体力行，为后学树立了楷模。

白寿彝先生关于学风和文风的论述，给我们许多启发和教益；他本人在这方面的修养、造诣和所达到的境界，尤其值得我们深思和学习。白寿彝先生的治学道路、史学思想以及他个人的不断追求和时代特点的陶铸，使他锤炼成独特的优良学风和文风：既有对中国传统优良学风的继承，又有洋溢着时代气息的创造。白寿彝先生的学风，严谨、通识而勇于创新，突出表现在以下几个方面。

---

① 白寿彝：《白寿彝史学论集》（上），北京：北京师范大学出版社，1994 年，第370 页。
② 均见白寿彝：《白寿彝史学论集》（上、下），北京：北京师范大学出版社，1994 年。

首先是重视理论。白先生早年攻思想史，培养起对于理论的兴趣。新中国成立后，他以饱满的热忱学习马克思列宁主义、毛泽东思想，成为 20 世纪 40 年代末以后接受马克思主义的最有成就的学者之一。早在 50 年代初，白先生积极学习并运用辩证唯物论、历史唯物论的观点，不断改造旧的中国通史教学体系，取得突出成绩①；他关于回族史的论著、关于"历史上祖国国土问题的处理"、关于"爱国主义思想教育和少数民族史的结合"等文②，在史学界产生了广泛的积极影响。60 年代初，白先生运用马克思主义观点，探索中国史学的基本理论问题，先后发表了《谈史学遗产》、《关于中国史学研究任务的商榷》等文，对推动中国史学史学科建设发挥了重要作用。80年代至 90 年代，是白先生在理论上登上新的高峰的时期。1980 年，白先生主编的《中国通史纲要》由上海人民出版社出版，本书的特点是科学性与通俗性相结合，它在中国历史分期方面，尤其是对中国封建社会的认识及其内部分期方面，提出了新的见解。

1981 年，白先生发表《关于中国民族关系史上的几个问题》③。以辩证的、发展的观点阐述了中国历史上民族关系的主流，为认识这一问题提出了新的思路和见解，具有重要的学术价值和现实意义，受到民族研究者和民族关系研究者的关注。1983 年，白先生主编的《史学概论》一书出版，他在"题记"中概括了该书的宗旨："这就是要在马克思主义基本原理的指导下，论述中国史学遗产几个重要方面的成就和马克思主义传入中国后史学的发展，及当前史学工作的重要任务。"该书被史学界同行认为是同类著作中颇具特色的作品。

---

① 参见刘淑娟：《侯外庐同志在北京师范大学历史系》，载《史学史研究》1982 年第 3 期。

② 参见白寿彝：《白寿彝民族宗教论集》，北京：北京师范大学出版社，1992 年，以下简称《民族宗教论集》。

③ 白寿彝：《白寿彝民族宗教论集》，北京：北京师范大学出版社，1992 年，第 46~65 页。

1986 年，白先生出版了他撰写的《中国史学史》第一册，该书"叙篇"就中国史学史研究的任务和范围、中国史学史的分期、有关史学史的古今论述、发展史学史研究的设想等问题，做了全面而精辟的阐述，为史学史学科建设奠定了理论基础。1989 年，白先生主编的多卷本《中国通史》第一卷《导论》卷出版，本书是在马克思主义唯物史观指导下，结合中国历史的进程与特点，阐述了一些重大的历史理论问题。白先生在"题记"中写道："本卷只讲一些我们感到兴趣的问题，不能对中国历史做理论上的全面分析。一九八一年六月，我们在《史学史研究》第二期上发表了《导论》的提纲，提出了中国历史的十二个方面，三百四十六个问题，涉及面相当广泛，但在短时期内不能对这些问题都进行研究，经过反复讨论，拟定了现在这样的内容。"尽管如此，本书仍无愧是 80 年代历史理论研究的最突出的代表作之一，并愈来愈显示出它的重要学术价值和理论价值。

我们可以这样说：白先生在他后半生的 50 年中，在始终不渝地学习马克思主义并用以指导自己的历史研究和史学工作。他之所以在史学上获得重大成就，这是最根本的一个原因。白先生重视理论，能自觉地把中国史学遗产中的积极成果同马克思主义联系起来进行思考和研究，一方面提高了对遗产的全面认识，另一方面也更加坚信马克思主义。白先生曾说：创新的学术才有生命力，今后我仍将走新路。上文讲到他提倡在马克思主义基本原理指导下，在理论上应有所发展，讲的也是创新的道理。同时，创新与通识也有密切的关联。可以认为，理论、通识、创新，在白先生的学术活动中是三位一体的。白先生在学术上的创新，在民族史、史学史、中国通史等领域都有许多成果。举例来说，他认为中国历史上既有"华夷之辨"的一面，也有撰写多民族国家的历史之优良传统的一面①，他认

----

① 白寿彝主编：《中国通史》第一卷《导论》第一章，上海：上海人民出版社，1989 年，第 1~99 页。

为，少数民族地区的封建化，是中国封建社会发展的标志之一①；他认为"统一的多民族国家"，应从三个方面去认识，"一个是统一规模的发展，一个是统一意识的传统，一个是'一'和'多'的辩证关系"②；他关于史学史学科性质的论定、关于中国史学史发展规律的探索、关于发展史学史研究的设想等问题③；他在《中国通史纲要》中关于地主阶级内部各阶层及其历史地位的分析、关于中国历史上同一时期内多种生产方式并存的认识、关于科学技术与生产力结合起来考察和撰述的见解等，大多是带有根本性的创见。这些创见，既是白先生史学思想的特征，又是白先生的史学遗产具有重要学术价值和长久生命力的原因所在。

强烈的使命感，是白先生治学精神的集中体现，也是他的学风的精髓所在。白先生为了维护史学家的尊严和祖国历史的神圣性，为了让世界人民有一部中国史学家用科学观点撰写出来的中国通史，他以 70 高龄奋斗了 20 年，团结数百位同行，写出了多卷本《中国通史》，可谓不辱使命。通观一部《白寿彝史学论集》，论历史教育和史学功用的文章竟多达 20 篇，可见作者所思所想，始于斯，亦终于斯。白先生常说："史学工作者应出其所学，为社会进步服务，为历史发展服务。"这可视为他的治史格言。

白寿彝先生的学风，还反映在他善读书和重师友之益两个方面。善读书，关键在于对"读"的理解。白先生引用古意，认为"读"不是一般的阅览和诵习，而有抽绎之意，即确有所得，犹如"采铜于山"

---

① 白寿彝：《中国通史纲要》第七、八章，上海：上海人民出版社，1980 年，第 157~294 页。

② 白寿彝：《白寿彝民族宗教论集》，北京：北京师范大学出版社，1992 年，第 46~65 页。

③ 白寿彝：《中国史学史》第一册，上海：上海人民出版社，1986 年，第 29、30、195~196 页。

那样①。白先生的善读书，我只举一例说明。前人历来有"三通"、"四通"、"五通"、"九通"、"十通"之说，且相沿已久。白先生另有思考，提出《通典》、《通志》、《文献通考》所谓"三通"之外，加上《资治通鉴》、《史通》和《文史通义》合为"六通"，认为："这六种书读起来很不容易，需要下很大的功夫。对于史学工作者来说，这样的功夫是少不了的。"②他的《说六通》一文，可谓浓缩了他对这六种书的抽绎之意。白先生看重治学、交游中的师友之益，他在简要而深情地回忆了20世纪20年代至80年代的有关人和事之后写道："古语云：'独学而无友，则孤陋而寡闻'，'与君一席话，胜读十年书'。我回忆多年以来师友之益，深感这两句话的深刻。如果我在学术上能提出一点新的东西，这同师友的帮助和教益是分不开的。"③对师友之益的理解和尊重，实在是有关良好学风的一个重要方面。这在中国有古老的传统，白先生继承、发扬了这个传统，我们作为晚辈、后学，也要继承和发扬这个优良传统。

学风和文风是相关联的，可以说，文风是学风在文章、著作上的反映。白先生在学风上有深厚的修养，在文风上也有严格的要求。根据我的肤浅认识，这些要求可以概括为：

第一，尚平实。白先生撰文、著书，崇尚平实。他在总结《中国通史纲要》一书的表述要求时，概括为六个字：明白、准确、凝练。这是平实的三个层次：明白，是基础；准确，是关键；凝练，是提高。可见平实是表述上的一个很高的标准。20多年来，这部书屡屡重印，累计印数近百万册，这当然首先取决于本书的内容和论点，同时也跟它在表述上的平实分不开。

---

① 白寿彝：《白寿彝史学论集》（上），北京：北京师范大学出版社，1994年，第422～423页。

② 白寿彝：《白寿彝史学论集》（下），北京：北京师范大学出版社，1994年，第60页。

③ 白寿彝：《中国史学史》第一册，上海：上海人民出版社，1986年，第192页。

第二，有重点。白先生经常告诫我们，作文不要一个个问题"平摆"，要有重点；对于重点问题要多讲、多分析。他尤其不赞成有人罗列材料、炫耀"博赡"的做法，认为这是一种不好的文风；好的文风，是要在表述中强调那些最重要的材料，以便于深入理解有关的重要问题。白先生著《中国史学史》第一册，在"叙篇"的第二、三两章论述中国史学史的分期，脉络清晰，言简意赅，从先秦到近代，把重点问题都讲到了。他为《中国通史纲要》所撰的"叙论"，其中以"一百七十万年和三千六百年"为题，概述了中国历史演进的过程及其分期，也可看作是这方面的范文。我们读白先生的论著，一篇论文，一部著作，重点都极鲜明，留下的印象自然也极深刻。

第三，戒浮词。白先生作文，力求凝练，没有浮词。所谓戒浮词，是从他主编《史学史研究》的工作中总结出来的。对于一篇论点、论据都不错的文稿，白先生常常批曰："删去浮词，可用。"往事如斯，似在眼前。

第四，讲文采。白先生崇尚平实，也讲求文采。他在 20 世纪 60 年代发表的《司马迁寓论断于序事》、80 年代发表的《谈史学遗产答客问》系列文章，都是富于文采的佳作。他历来认为，中国史学史上有重视历史文学（历史著作在表述上的艺术性要求）的优良传统；因此，他主编的《史学概论》把"历史文学"列为专章论述，认为继承、发扬这一传统，对史学发挥其社会作用有重要的意义。

《论语·宪问》记孔子称道郑国大夫们重视辞令的作风，其文曰："为命，裨谌草创之，世叔讨论之，行人子羽修饰之，东里子产润色之。"白先生经常引用这个事例来说明写文章必须认真推敲，反复修改，几经锤炼，方可成为佳品。

探讨和学习白先生的学风和文风，犹如又在白先生面前聆听他的谆谆教诲。我深信，白先生的学风和文风作为他的精神遗产的一个部分，是不会被后学忘却的。

白寿彝老师的治学风格和特点 [*]

一、关于时代感

白先生常说：史学工作者，既要有历史感，又要有时代感。历史感和时代感是一致的。什么是历史感？就是我们的思想工作，总应有一个古今一条线，不忘记历史，不割断历史的联系和发展。这一点很不容易做到。时代感呢？就更难做到了。他说的时代感，有两层意思：一层意思是要使我们的工作体现出时代的特点、时代的精

---

* 原载《文史知识》2006 年第 7 期。这是一篇资料性兼评论性的文字，写毕于 1981 年 12 月 26 日。1981 年秋，上海《文汇报》的一位记者要写一篇关于白寿彝先生的专访。记者在访问白先生之后，又约我就白先生的学术活动和学术思想作了一次长谈，并希望我把这次长谈的内容写成书面文字，作为撰写专访的参考。事后，记者又将这篇文字寄还给我，并再三表示感谢。近日收拾旧稿，偶然发现这篇写于 25 年前的文字，乃粗粗浏览一遍，尽管时过境迁，仍有无限感慨：我们从中可以体味到一位德高望重的史学家的信念和心声，这就是对国家、民族、社会自觉的责任感，对历史和时代有深刻理解和清醒认识的睿智。现在，我把它原样发表出来，或许在学术研究及学术史研究方面，多少有一点参考的价值。（作者谨记于 2006 年 1 月 24 日）

神、时代的风貌和时代的要求；另一层意思是要使我们的工作推动时代的前进。他说过这样的话：一个史学工作者，既具有历史感，又具有时代感，就能起到推动历史前进的作用。有一次，我请白先生跟我谈谈他几十年的治学道路，他说："几十年来，既简单又曲折。简单，是一直都从事学术研究；曲折，是经历了社会的巨大变化。在这既简单又曲折的几十年中，有一个基本思想，就是想为国家、为民族多做点事情。特别是在50年代初，在党的领导下，更多地接受了马克思主义，这种思想就越来越强烈，也越来越自觉。"我认为：白先生的这种"想为国家、为民族多做点事情"的思想，正是一个历史学家伟大的责任感、使命感的表现。这种责任感和使命感，恰是他的历史感和时代感的推动力。前者是内在的，主要体现在他的精神上；后者是显现的，主要反映在他的工作上。因为有了强烈的时代感，才出现了他在史学领域一系列的开拓工作和创新精神。

二、关于史学领域的开拓和创新

在史学研究中，不断开拓新的领域，勇于提出新任务、新课程，发前人所未发，做前人所未做，这是白先生治学的风格，也是他的治学特点之一。1981年10月初，当我再一次建议白先生把他新中国成立后发表的一部分史学史研究论文编成一个集子时，他说："我现在主要考虑的，不是如何去守旧，而是怎样去创新。"这一句很平常的话，却突出地反映了他的治学风格和特点。

(一)理论上的兴趣和勇气

白先生早年研究哲学，新中国成立之初开始比较系统地阅读马克思主义著作，对理论学习和研究有浓厚的兴趣，这在老年学者中是很突出的。《共产党宣言》、《反杜林论》、《路德维希·费尔巴哈和德国古典哲学的终结》、《家庭、私有制和国家的起源》、《资本论》、《国家与革命》、《俄国资本主义的发展》，以及毛泽东同志的著作，都是他经常阅读和引用的。他在 20 世纪 60 年代培养史学史研究生时，第一课就是指导研究生学习和研究"毛泽东同志关于批判继承历史遗产的理论"这一课题，用了整整两个月时间。我是当时的研究生之一，从中受到了很大的启发和教育。在老师的影响下，这些年来，在教学和研究中，在和学生交谈中，在向学生介绍治学方法时，我都十分强调学习马克思主义理论。七八十年代的大学生，有很多优点值得学习；但是，他们中间，对理论有普遍忽视的倾向，这是应当改变的。白先生说："现在有许多人学习和研究历史，材料薄弱，理论更不行。"

白先生学习马克思主义理论，在理论的指导下，敢于提出新的见解，突出地反映了他的理论勇气。他于 1981 年在《史学史研究》上发表的 4 篇《谈史学遗产答客问》中，第一篇谈的就是理论问题。他认为：在中国古代史学家和思想家中，已有了某种程度的历史唯物主义的萌芽，不赞成用"历史唯心主义"把前者一笔勾销。他从慎到、韩非所说的"势"，论到范晔《后汉书》、柳宗元《封建论》、王夫之《读通鉴论》所说的"理"与"势"，证明中国古代这种"历史唯物主义的萌芽"的存在。他指出："研究这种萌芽的思想，对于史学遗产的理解，有重大的意义。这种萌芽的思想有这样悠久的历史，为什么不能发展成为历史唯物主义的思想体系，这是一个很有理论意义的问题。"这里，他不仅回答了一个新问题（中国古代有历史唯物主义的萌芽），而且又提出了一个新问题（这个萌芽为什么没有发展成完整的思想体系），一个探索结束了，另一个探索又开始了。又如，他说："这些年，我国史学者不大谈地理环境，主要是怕犯地理环境决定论的错误。实际上，这是由于对斯大林著作的误解。"他从马克思、恩格斯论到普列汉诺夫，又从司马迁讲到黑格尔，从理论上和历史上说明了地理环境与历史发展的关系。

(二)历史学科建设方面的创见

白先生治学，不拘泥于某一专题或某一方面，他的思路总是处在纵横驰骋、上下搏击的状态。

1961年，他受教育部委托，编写《中国史学史》教材。当时，这门学科还处在草创时期。关于它的研究对象、范围、任务、规律等，都在探索之中。20世纪60年代的最初几年，他在理论上和具体研究上，做出了突出的成就。他的《关于中国史学史研究任务的商榷》一文①和他编著的《中国史学史教本》上册，在当时具有很大的影响，现在仍有重要的参考价值。

60年代，关于中国史学史学科建设，白先生曾经计划通过几年，编出教本、普及本和多卷本，以及一套参考资料，从而把这门学科真正建立起来。但"文化大革命"中断了他的上述计划。

70年代中期，白先生转而致力于中国通史的研究和编撰。造成这个转变的原因有两个：第一，是他对当时"四人帮"搞的"儒法斗争"的宣传不感兴趣（他曾因做了一个要对秦始皇一分为二的报告而被"四人帮"的爪牙们所白眼，又因以"交白卷"的行动抗议当时"四人帮"所鼓吹的"考"教授而承受着很大的压力），认为应当对国家和民族做一些真正有益的工作；第二，也是更重要的，是出于中华民族的民族尊严和历史学家的责任心。关于这一点，白先生曾经亲自对我说过这样的话："我决心写中国通史，是思想上受了刺激所致。'文化大革命'前夕，我同刘大年等同志出国访问，外国朋友跟我说：'我们很愿意和中国友好，也很尊敬中国的悠久历史文化。但是新中国写的历史书太少了，我们讲中国史没有很好的书籍做依据……因此，很希望你们早日写出新的著作来。'当时，我们觉得外国朋友提的问题和建议很友好、很合理，也满口答应了人家要回来抓紧时间写。可是'文化大革命'一开始，什么也干不成。十二年后，我随乌兰夫同志出国访问，这些外国朋友见到我，问我：'你们的书写得怎样了？'问得我无以为对，只有说回去抓紧时间写。这件事，对我思想上

---

① 载《人民日报》，1964年2月29日。

的刺激很大。作为新中国的历史学家，作为马克思主义史学工作者，我们的担子太重了。因此，我下决心回国后，和史学界的同志们把通史的事抓起来。"

三年前(1978年)，当白先生对我说这番话时，我很快地联想到太史公司马迁的一段名言："西伯拘羑里，演《周易》；孔子厄陈蔡，作《春秋》；屈原放逐，著《离骚》；左丘失明，厥有《国语》；孙子膑脚，而论兵法；不韦迁蜀，世传《吕览》；韩非囚秦，《说难》、《孤愤》；《诗》三百篇，大抵圣贤发愤之所为作也。"①我不是要把白先生类比古人和古代"圣贤"，但我觉得白先生之受"刺激"而编撰通史，确也是"发愤之所为作"。

通史的研究和编撰工作，有三个阶段。第一个阶段，是计划写一部200万字的中国通史。大约进行了两年的时间，写出了大部分初稿，考虑到这部初稿没有什么新的特点，就暂时放下了。在这之前，已经开始着手进行的《中国通史纲要》的编写工作，却显示出某些新特点。所以第二阶段是抓《中国通史纲要》的编写。这部《中国通史纲要》②，是写给外国人阅读的(外文出版社出版了日、英、德、法等版本)。但正如白先生在该书"题记"中写的："我们在努力学习运用马克思主义基本理论的基础上，探索中国历史发展的进程及其特点。"因此，这本书是有自己的特色的。例如，它的叙论，较详细地论述了地理、人口、年代，从而向人们展示了中国历史演进的这个舞台的一般情况。又如，这本书的历史分期、材料选择、语言运用，都有自己的特点③。

在撰写《中国通史纲要》的同时，白先生逐渐感到必须有一部用新观点、新体例编撰的《中国通史》巨著，才能反映我国悠久的历史和丰

---

① 司马迁：《史记》卷一百三十《太史公自序》，北京：中华书局，1959年，第3300页。

② 白寿彝：《中国通史纲要》，上海：上海人民出版社，1980年。我们称它为"小通史"。

③ 参见周征松：《这是一部有特色的书》，载《史学史研究》1981年第2期。

富多彩的文化，反映我们祖先社会生活的各个方面。这是史学发展的需要，也是我国日益增长的国际声望和影响的需要。于是，1978 年年底，白先生提出编撰 12 卷本《中国通史》的设想和计划，并邀请一些专家、学者进行研究。当白先生的设想提出后，史学界同行受到很大的启发和鼓舞。许多老同志纷纷来信表示支持白先生的这一创举，如韩儒林、史念海、季镇淮等先生。这是编撰通史工作的第三个阶段。

这部多卷本《中国通史》，预计写 12 卷、近 20 册，约 600 万字，争取在 5 年内陆续出版。这部大书，不独在卷帙浩繁上是新中国成立以来的创举，而且在编撰体例上也有重大革新。它的每一卷，都将包含"史料史学"、"重大事件"、"专题论述"、"人物评传"四个部分，全书还有表、图、索引等附卷。尤其值得提出的是，这部书的导论就占了 1 卷，共提出中国历史上的 12 个方面 346 个问题，其中包含着许多新问题。这在我国通史编撰的历史上，是不曾有过的。主编这样一部大书，困难是很多的。但白先生总是满怀信心地工作着。

为了把"文化大革命"期间中断的史学史研究工作继续下去，白先生在 1979 年恢复了《史学史资料》这个刊物，并于 1981 年改名为《史学史研究》。这个刊物此前刊登了史学史论文和资料约 200 万字，对联络史学史研究者和培养新生力量起了一定的作用。与此同时，白先生又培养了 7 名史学史专业的研究生（1978—1981 年）。除了进一步办好这个刊物外，在史学史方面，白先生当时还计划做三件事：

1. 编一部三卷本的教材，计划两年内陆续出版。

2. 几年内，编撰一部多卷本《中国史学史》。这项工作，白先生交给他的学生们去完成，他自己做指导和顾问。

3. 和出版部门配合，编一套《中国史学名著选刊》，先搞 50 种，逐步充实到 100 种。

完成这三件事情，将对建立和发展史学史学科，做出一定的贡献。对于一位身兼二三十种社会工作的 72 岁高龄的学者来说，这些工作已是够多的了。但是为了使历史学科的建设更合理、更完善，1981 年

九、十月间，白先生又酝酿着一门新课程的建设问题，即有关史学概论这一课程的建设问题。当年 10 月中旬，他在参加纪念辛亥革命 70 周年学术活动期间，应邀到武汉师院讲学。他在这次讲演中，提出："有两门课很要紧，希望能在短时期内搞上去。一门是史学概论，一门是中国史学史。"他说："讲中国史，讲世界史，这都是通史，史学概论比这更高一层，理论性更强，在一个系的课程里它是主要课程，要讲。你学习四年了，什么是史学不知道，知道点历史知识，不知什么是史学，还是不行。""再一个课程是中国史学史，……这是历史系的基本建设，我看这样两个，一个是史学概论，一个是史学史，如果这两门课开不成，就是说历史系最要紧的东西没有拿出来。"

白先生已经组织了一个班子，着手编写《史学概论》教材。编写提纲已经讨论了第三稿，最近就将定稿，开始编写。全书约 30 万字，1982 年 6 月份定稿。白先生计划在此书定稿之后，举办史学概论讲习班，为全国培养这方面的师资。

此外，白先生对历史文献学和历史编撰学的建设，也有很多可贵的设想①。

为了推动关于历史学科建设的讨论，白先生还打算在《史学史研究》上开展这个问题的讨论，足见他对于这个问题的重视。

(三)学术思想方面不断提出新问题和新看法

白先生曾多次对我说："打倒'四人帮'后，全国形势很好，学术界的形势也是空前的好。我好像感到史学工作开始有点味道了。因此，新的感受多了，新的问题也多了，觉得工作越来越有劲。"

是的，我作为他的学生，也有这样的感觉。我觉得自 1977 年以来，白先生的治学生涯发生了一个巨大的变化。他的学术思想异常

---

① 参见白寿彝：《谈历史文献学——谈史学遗产答客问之二》，载《史学史研究》1981 年第 2 期；白寿彝：《谈史书的编撰——谈史学遗产答客问之三》，载《史学史研究》1981 年第 3 期。

活跃，经常提出一些新的见解、新的观点和新的问题，所涉及的领域有史学史方面、通史方面、民族史方面、历史编纂学方面，以及史学传统和史家修养等方面。这些问题的提出，在各自的领域中或使人有一种居高临下、势如破竹的气概，或使人有一种茅塞顿开、豁然明朗的感觉，或使人产生反复玩味、探索、思考的兴趣。

1. 在通史研究方面，他提出的少数民族地区封建化的程度，是整个中国封建社会划分阶段的主要尺度之一的论点，以及阐述封建社会性质的发展变化，仅仅研究农民的地位、斗争是不够的，还必须研究地主阶级的变化、发展，因为后者是封建生产关系的主导方面的论点，等等，多系前人所未发。

2. 在史学史研究方面，他今年（1981 年）发表的四篇《谈史学遗产答客问》，把许多问题都深化了；而他这样系统、深入地讨论史学遗产问题，本身就是一个开创性工作。

3. 在民族关系史的理论研究方面，他在全国民族关系史座谈会上的讲话（刊于《北京师范大学学报》1981 年第 6 期），是近年来不可多得的一篇好文章。他在讲话中谈到的民族关系和疆域问题，民族关系的主流问题、主体民族的形成问题、民族关系史的研究工作问题，提出了许多有价值的见解。例如，关于我国历史上的民族关系中的主流问题，多年来，史学界存在着不同的认识。有的同志认为，友好合作是民族关系史上的主流；而有的同志则认为，历史上各民族之间的矛盾、斗争是民族关系的主流。究竟怎样看待这个问题，至今仍是民族关系史研究工作者和其他许多史学工作者十分感兴趣的。白先生认为："对于民族关系史上的主流问题的探讨和研究，可以看得开阔一点。我们研究历史，不能采取割裂历史的方法。从一个历史阶段看问题，固然是必要的；从整个历史发展趋势看问题，则是更为重要的。在民族关系史上，'友好合作'不是主流，'互相打仗'也不是主流。主流是什么呢？几千年的历史证明：尽管民族之间好一段、歹一段，但总而言之，是许多民族共同创造了我们的历史，各民族共同努力，不断地把中国历史推向前进，这是主要的，也可以说这就是主流。"①

4. 在历史编撰学方面，白先生结合主编多卷本《中国通史》的实际研究工作，对当前史书编写工作提出了一些新的看法和具体的设想。他对历史上的编年体、纪传体、纪事本末体、典志体、家族史、学案体、表、谱、图等都有论述。其中，他对纪传体和图的论述，尤其给人以新的启发，他说：

> 纪传体史书，其中很大的部分是记人物，但不是一种单一的体裁，而是一种综合的体裁。
>
> 清初，马骕著《绎史》160卷，有编年体，有纪事本末体，有人物传记，有诸子的言论，有书志，有名物训诂，有古今人表，有史论。就体裁上讲，它是更为发展的综合体。
>
> 历史现象是复杂的，单一的体裁如果用于表达复杂的历史进程，显然是不够的，断代史和通史的撰写，都必须按照不同的对象，采取不同的体裁，同时又能把各种体裁互相配合，把全书内容融为一体。近些年，也许可以说近几十年，我们这个传统没有得到很好的发扬，因而我们的历史著作，在很大程度上不能表达更为广泛的社会现象。

这一段论述别具新意。纪传体史书的体裁复活了、改造了，因而也就有了新的价值。白先生主编的多卷本《中国通史》，就是按照这种新的综合体来编撰的。

他又说："近来，我们的史书比较注意了图的使用，但在这方面还是缺乏系统的研究。……我们是否可以创造出来用大量的图来表

---

① 参见1981年12月22日《人民日报》关于这展论文的摘要。

述历史的进程？这不是文物图片的排列，而须有艺术上的创造。我希望历史学家和艺术家共同创造出来这种新型的史书。"①白先生多次指出："历史家的责任是写历史书，但这些不仅是写给史学工作者看的，而且是要给广大人民群众看的，因此文字应当通俗、生动。"像白先生这样认真地来讨论史书编撰问题，在新中国成立以来的史学上，还是没有先例的。

关于史学传统和史家的修养问题，白先生也提出了许多创见。

（四）对历史教育重要性的新认识

历史教育问题，是白先生今年（1981 年）上半年以来，反复论述的一个问题。我认为，这是白先生学术思想中新的重要组成部分。

5 月，他在中国历史学会理事会的讲话中，就开始提出这个问题。他说："咱们的历史教学很陈旧，不能适应新形势的需要。中国历史这么长，这么丰富，中国社会的各个方面之间的关系又这么密切联系在一起，同时还需要了解世界各国情况，可见历史教学的内容是极丰富的，任务是很繁重的。但现在小学没有历史课，中学也就那么两三个课时，哪一个国家也不像咱们这样轻视历史教学。这就是不懂得历史的重要性，不懂得历史科学是指导人类前进的，是关系国家命运的。近年来，人们常常谈论青少年犯罪问题。青少年犯罪的原因是多方面的。我提出一条，是不是跟不教他们历史有关系？那么，是不是教历史他们就不犯罪呢？那也不好做保证，但学点历史总跟不学不一样。李大钊同志在《史学要论》里说：'我们的将来，是我们凭藉过去的材料、现在的劳作创造出来的。这是现代史学给我们的科学态度。这种科学态度，造成我们脚踏实地的人生观。'他号召人们'向历史中寻找人生，寻找世界，寻找自己'。大钊同志讲得很对，我看需要考虑这个问题。中小学的历史课、地理课，

---

① 白寿彝：《谈史书的编撰——谈史学遗产答客问之三》，载《史学史研究》1981 年第 3 期。

应该有，应该上，目前是太少了，太少了；初中教点中国史，高中教点外国史；如果有的高中分文、理科，文科的学点外国史，理科的外国史就不学了。这怎么行呢？学理科的，不教点外国史，中国史教得也很少，这说明对学习历史太不重视了。"

1981年7月，白先生在中国教育学会历史教学研究会（他是这个研究会的理事长）成立大会上的书面发言中，着重讲了历史教育问题："历史教育和历史教学，这两个名词的含义不完全一样。历史教学，可以说只是历史教育的一部分。历史教育，在历史教学以外，还可以有各种方式。但无论历史教学或其他的教育方式，都是为历史教育总的目的任务服务的。离开了历史教育的总的目的任务，历史教学的目的任务是无从谈起的。"[1]他的这些话，把历史教学提高到历史教育上来认识，具有突出的现实意义。他在这篇书面发言中，认为历史教育的目的任务有三条：第一条，"是讲做人的道理"；第二条，"是讲历代治乱兴衰得失之故"；第三条，"是历史前途的教育"。

1981年10月，白先生在武汉师院讲演时，再一次阐述了有关历史教育的问题，并对上述思想有所发展。他说：

　　历史工作在教育上的重大作用和重要意义，我看有四条：第一条，是帮助人们从青少年起一直到老死为止，如何做人、帮助人们了解或是理解做人的道理。这是最要紧的一条。……历史就是人的历史，讲的是人与人的关系，各个方面的关系。有阶级之间的关系，也有一个阶级内部的关系；一直到家庭内部人与人的关系。……历史是一门非常丰富的学习做人道理的学问。绝不能忘记历史不能离开人。……所以说，这个历史教

---

① 白寿彝：《在历史教学研究会成立大会上的书面发言》，载《历史教学》1981年第11期。

育是个很重要的一条，学历史的要有这个信心，要有这个抱负。说是建设四个现代化，好像我们使不上劲，不是。谁来建设四个现代化？要人来建设，没有人不行。……我认为历史教育就是思想的根本教育。我们要有这个信心，要好好学习这个道理，不能把这个事情看成是写两本书、两本讲义而已。

第二条，人与人的关系还有另一方面，就是人类怎样受自然条件的限制，又怎样克服了自然条件的困难，又怎样利用了自然条件为人类谋幸福。……历史告诉我们，一部人类社会发展史，社会不断地上升，同时就是人类改造自然不断取得胜利的历史。……第一条讲做人的道理，第二条讲人类改造自然的道理。

第三条，讲历史还要讲历代治乱兴衰，……就是在政治上给我们以启发，培养一种关心政治的兴趣，培养我们观察政治的能力。这样，对于提高群众政治觉悟有很大帮助。

第四条，学习历史，研究历史。宣传历史知识，进行历史教育，有一个很远大的目标。这个目标是什么？即进行历史前途的教育。要引导大家向前看，不是向后看。……历史的重要责任是要进行历史前途教育。……历史发展是曲折的，有时候会向前，有时候又会倒退的，但是总的倾向是愈来愈进步的。……把历史前途讲清楚，鼓舞大家的斗志，对于提高全民族文化水平、政治思想水平、促进四个现代化有很大作用。[①]

从他的这个充满着激情的讲演中，我们不仅可以看到白先生在关于学习、研究历史的重要性方面的一系列新认识，而且还可以感触这位年事已高，但奋斗精神非常旺盛的历史学家的脉搏和情操。

---

① 白寿彝：《关于史学工作在教育上的作用和史学遗产的整理——1981年10月14日在武汉师范学院的讲话》，载《武汉师范学院学报》1982年第1期。

白先生在学术上的开拓工作和创新精神，还反映在其他一些方面，就不再一一列举。

根据 1981 年《中共中央关于整理我国古籍的指示》的文件精神和教育部的意见，北京师范大学成立了古籍研究所，也由白先生主其事。最近，白先生又在宁夏回族自治区人民政府和宁夏社会科学院的支持下，开始主持《回族人物志》的编写工作，并计划出版《回族史资料》刊物。今年 11 月间，在制订回族史研究规划时，我和其他几位同志都说："这么多工作，白先生会不会太累了?"他爽朗地笑了笑，说："有人工作一多就叫苦，我是工作越多越有劲。不过你们还是应当努力，将来都能独当一面才好!"很平常的一两句话，反映了他的工作精神，以及他对中年同志的期望。

白寿彝史学思想浅论[*]

古往今来，大凡有作为的学人，在治学道路上总是有一种思想上的境界和动力；正是这种境界和动力，使他们能够坚持不懈地追求、攀登，直到光辉的顶点和生命的终结。这些学人，留给后世的，不只是他们的皇皇巨著，还有他们的思想和精神。

白寿彝先生就是这样一位学人，一位享誉中外的史学家。当我们怀着钦敬的心情，去追寻白寿彝先生的治学道路时，就会逐渐感受到他的这种思想动力的巨大和长久。

一、神圣的社会责任意识

白先生治学的动力，首先是出于社会责任感，这也是他的史学思想的根基。1937年，他的第一部专著《中国交通史》由商务印书馆出版。

* 原载《北京社会科学》2002年第2期。

这是中国学术界的第一部中国交通史。这年，白先生 28 岁。作为一个青年史学工作者，白先生已显示出他对于国家命运、社会前途的关注与责任感。他在本书最后一章即第六章"中国交通事业之前途"中，从六个方面分析了"中国交通事业前途之很大的障碍"，进而指出："在这个时候，国难严重到了极点，这种关系国家兴亡的大事业是需要政府和人民拼命去做的。我们的一部中国交通史，究竟是一部失败史或是一部胜利史，在最近的数年中就要决定。这个时代已不是再容我们优游岁月的时候了。"①这一段话，写在"九一八"事变和"一二·九"运动之后，"七七"事变前夕，只要我们回溯历史，就会感受到这些话是多么深沉，多么有分量。

由此可以看出，白寿彝先生从他踏上治学道路之初，就明确地树立起史学工作者的社会责任感。这种神圣的社会责任感伴随他走过 60 多年的治史生涯，直到生命的最后一息。

作为一位有广泛影响的史学家，白先生的社会责任感主要反映在以下几个方面。

——对史学工作有崇高的目标。史学工作是神圣的。在中国古代，这种神圣性固然有针对朝廷和君主的一面，同时也有针对历史、当世和后人的一面。近代以来，这种神圣性主要是针对国家、民族、社会和人民，同时也针对历史和后世。白寿彝先生在这方面有很突出的自觉的意识和深刻的见解。1984 年，在新中国成立 35 周年之际，白先生在《面临伟大的时代》一文中写道：

近几年来，我常常想，一个历史工作者，要使自己所从事的工作有意义，有价值，对人民有好处，就不能没有时代感。我所理解的时代感，有两方面意思。一方面，是要从我们所面

---

① 白寿彝：《中国交通史》，郑州：河南人民出版社，1987 年，第 211 页。

临的历史时代的认识水平去研究历史、阐述历史；又一方面，是我们对历史的研究和阐述要反映时代的要求。这就是说，我们不能脱离时代去认识历史，而只有当我们正确地认识了历史的时候，才能深刻地理解当今的时代，更好地为时代的要求服务。这是历史工作之所以能够教育历史工作者本身、教育广大人民群众的根本所在。①

在这里，白先生把时代的认识与时代的要求和教育自己与教育他人几个方面的关系做了辩证的阐说，从而深刻地揭示出史学工作之神圣性的理论和实践的归宿。史学工作的崇高目标，是必须由史学工作者通过研究所得使自身受到教育，然后再去教育他人，才能实现的。20世纪八九十年代，在经历了种种政治风浪和史学工作的多方面的经验教训之后，白先生在这方面有很多的论述，这是他的史学思想发展到一个新阶段的重要标志之一。

——为学科建设殚精极虑。不断推进学科建设，才能不断提高史学工作的质量，努力实现史学工作的崇高目标。20世纪五六十年代，老一辈的史学家翦伯赞先生为历史学学科建设做出了突出贡献。八九十年代，白先生在这方面继续做出贡献。1978年，在"文化大革命"结束后不久，他发表了《关于史学工作的几个问题》的演讲，就学风问题、理论问题、组织问题提出了系统的认识和具体的建议。他讲学风，是把中国古代史家重视才、学、识、德和当今史家如何认识、运用马克思主义、毛泽东思想结合起来，使人感到真切、具体。他讲理论，是强调根本原则，指出：

　　理论问题，最基本的还是生产力和生产关系，经济基础和

---

　　① 白寿彝：《白寿彝史学论集》(上)，北京：北京师范大学出版社，1994年，第286页。

上层建筑，社会存在和社会意识，阶级和阶级的斗争，个人和群众等问题。

白先生结合历史上的经验教训，尤其是"文化大革命"的历史教训，就这些问题发表了自己的认识。他讲组织，一是强调史学工作者队伍建设问题，二是强调史学工作的规划问题①。显然，只有组织了队伍，制订了规划，史学工作才有可能按照预定的目标顺利前进。白先生的这些话，发表于1978年这个百废待兴的年份，其重要性和影响力是可以想见的。

　　1982年，白先生着手主编《史学概论》一书。次年，此书由宁夏人民出版社出版，并被一些高校历史系用作教材。此书就历史观、历史文献、史书的编著、史书的体例、历史文学、史学与相关学科的关系、中国近代史学、中国马克思主义史学和当前的任务等重要问题，做了系统的论述。这是一本独具特点的著作，所论都是学科建设中的重要问题，至今仍有参考价值。1983年，白先生明确地提出了"建设有中国民族特点的马克思主义史学"的问题，并从历史资料的重新评估、史学遗产的重要性、对外国史学的借鉴、历史教育的重大意义、历史理论和历史现实、史学队伍的智力结构问题六个方面做了阐述②。所有这些，对于史学界同行进一步认识历史学以及在新的历史条件下进行学科建设，都有重要的启示和积极的意义。

　　——强调历史著作走近大众。这里就提出了一个重要问题：史学著作如何才能走近大众、便于大众接受。白先生历来十分重视这个问题。他于1961年在《红旗》杂志上发表《历史学科基本训练有关的几个问题》一文，其中讲到一点，就是史学工作者要注意提高"文

---

　　① 参见白寿彝：《白寿彝史学论集》(上)，北京：北京师范大学出版社，1994年，第322～341页。

　　② 参见白寿彝：《白寿彝史学论集》(上)，北京：北京师范大学出版社，1994年，第307～321页。

字的表达能力，要能写出正确表达自己意思的文章，并且要文理通顺，结构完整"①。1962年，他在《关于历史学习的三个问题》一文中，专门讲到"史与文的问题"，进一步明确指出"不学好语文，就不能普及历史知识，不能普及历史教育"。②从这里可以看出白先生为什么如此重视史学工作者的语文修养。1981年，白先生在《谈史学遗产答客问》的系列文章中，有一篇是专谈"历史文学"的。这里说的"历史文学"，是指"历史著作中对历史的文字表述"。白先生就这个题目，对中国史学上的历史文学传统做了精彩的概括。他在文章的最后强调指出："其实，一个历史工作者必须有一定的文学修养。不要说我们历史上的大历史家都是文学家了，仅就一个普通的历史工作者来说，他对于文学没有一定的修养，是不能胜任这个工作的。"③其后，他在他主编的《史学概论》一书中，又专有一章"历史文学"，进一步明确了它作为史学工作中的一个重要理论问题和实践问题的重要地位④。他在他主编的《中国通史纲要》付排之前，请了专业的和非专业的一些同志参加讨论，逐段进行修改，为的是让人们读得懂。正如他在1989年所发表的一篇短文中所说：

　　问题研究，出了成果，这就须有所表述。古语说得好："书不尽言，言不尽意。"把自己所了解的都表述出来，并不容易。第一，理解得不透彻，就表述不出来。第二，在文字表述上缺乏训练，即使了解得透彻了，也表述不好。这二者，都是功力

---

　　① 白寿彝：《白寿彝史学论集》(上)，北京：北京师范大学出版社，1994年，第176页。

　　② 白寿彝：《白寿彝史学论集》(上)，北京：北京师范大学出版社，1994年，第185页。

　　③ 白寿彝：《白寿彝史学论集》(上)，北京：北京师范大学出版社，1994年，第549页。

　　④ 参见白寿彝主编：《史学概论》，银川：宁夏人民出版社，1983年，第189～229页。

上的问题，只要认识到了，加上不断的努力，是可以不断克服的。现在我想说的是第三种情况，这是由于作者没有为读者设想，没有尽可能使用为更多人所能接受的语言文字，以致减少了阅读的群众。抱有这种见解的人，往往有两种认识上的问题。第一，认为文史是两途，治史就不必在文字上下功夫。其实，只要写成文字，就是要让人阅读的，能让更多的人阅读，不比只有少数读者好吗？第二，认为让更多人阅读的作品，总不免于粗俗。其实，让更多人能阅读的作品倒是更须下功夫的作品，是否粗俗，要看作品的质量，与读者的多少并无关系。我们要打破这两种认识上的障碍，走出自己封锁的牢笼，走向群众。这不只关系到个人作品的影响问题，更关系到史学工作的开展，史学工作的社会效益。①

从史学工作的发展来看，他的这些话尤其具有现实感和紧迫感。

——关心青年史学工作者的成长。史学工作同其他任何社会事业、科学工作一样，要不断有一代又一代年轻人补充进来，以保持它的活力。白先生作为一个史学家，又长期在高等学校执教，不论是从教育事业方面考虑还是从史学事业方面考虑，他都深知培养年轻队伍的重要性。白先生言传身教，在这方面做了许多工作。他发表的《历史学基本训练有关的几个问题》(1961年)、《治学如积薪，后来居上》(1961年)、《关于历史学科教学、研究的几点意见》(1981年)、《要发挥历史教育应有的作用》(1983年)、《在史学史助教进修班座谈会上的讲话》(1987年)等文章和讲话，都满腔热情地期待着青年史学工作者的成长，并在许多方面给予具体的、明确的指导②。

---

① 白寿彝：《白寿彝史学论集》(上)，北京：北京师范大学出版社，1994年，第370页。

② 以上诸文均见白寿彝：《白寿彝史学论集》(上)，北京：北京师范大学出版社，1994年，第165～180、419～422、584～585、265～280、290～298页。

他不论是讲基本训练，还是讲史与论、史与文、精与博的关系，讲认真读书、文章章法，讲历史、史学、史学史的关系等，都贯穿着"加速培养后备军"的思想①，都结合着史学传统来讲，其中也都包含着他自己的甘苦和经验，使人感到亲近、真切，可以身体力行去做。1983 年，他在北京师范大学史学研究所举办的史学概论讲习班结业时，对青年史学工作者讲了这样一番话：

> 希望大家要认真读书，学历史和学旁的都一样，有一个不断补课的过程，没有一劳永逸。要不断地补课，有好多课是要补的。过去我们讲历史，不管中国的和外国的，讲社会生产力总讲得不够。现在，更麻烦了。科学技术在进入了生产力过程以后，就是生产力了，当它没有进入生产过程时，这也是潜在的生产力。我们为了懂得一定社会的社会生产力，还要懂得那时的科学技术状况及其在生产上的使用状况。这样我们就须补充许多知识。此外，经济学、政治学、法学，起码常识都应该有。讲到历史学术文化问题就更多了。大量的有计划的补课，对于我们有十分迫切性。思想上不能安于小成，安于小成就一无所成了。当然，学问是无穷无尽的，我们也不能什么都懂，不能无所不知，无所不晓。但总要要求知道得多一点、深一点，千万不要故步自封。②

"不能安于小成"，这是多么恳切的提示和期待。十七八年过去了，当时的青年人现在已经到了中壮年时期。大家重新再来读一读白先生的这番话，仍然值得深长思之。

----

① 白寿彝：《白寿彝史学论集》（上），北京：北京师范大学出版社，1994 年，第272 页。
② 白寿彝：《白寿彝史学论集》（上），北京：北京师范大学出版社，1994 年，第279 页。

从白先生的工作和论著来看，他对于自己作为一个历史学家所承担的责任，看得很重，也看得很宽。许多史学家都有一种社会责任意识，但在白先生身上，这种社会责任意识要更自觉、更强烈一些。这是他六七十年治学道路上的一个最根本的思想基础。

二、执着的理论追求

白先生史学思想的另一个重要方面，是理论上的兴趣和对真理的追求。

大学时期和读研究生时期的白寿彝先生，对哲学有浓厚的兴趣，并对朱熹的思想和撰述有深入的研究。新中国成立后，他的这种兴趣立即转向对马克思主义理论的学习和研究方面。从他在1951年出版的《回回民族底新生》一书的末章中，可以看出白寿彝先生当时已经在系统地阅读毛泽东的著作，毛泽东关于民族工作的一些论点和论述，格外为白寿彝先生所重视。从1952年出版的《回民起义》资料集的"题记"中，可以看出白先生已经开始运用马克思主义的阶级斗争学说，来观察历史上的民族问题和民族关系问题，分辨历史文献所反映出来的阶级分野和所记史事的真伪。1954年，白先生在《新建设》第1期上发表了《学习马克思主义关于民族共同体的理论，改进我们的历史研究工作》一文，表现出一位忠诚于人民的史学家追求真理的自觉和热忱。他在20世纪60年代发表的《谈史学遗产》、70年代发表的《中国历史的年代：一百七十万年和三千六百年》和《关于史学工作的几个问题》、80年代初发表的《关于中国民族关系史上的几个问题》和《谈史学遗产答客问》等名篇，表明白先生在学习和运用马克思主义理论方面已有很深的造诣。白先生在理论上的追求还有更高的境界，那就是力图使马克思主义与中国历史相结合，与中国史学相结合。他主编的多卷本《中国通史》第一卷以及他主编的《史学概论》，就是在上述两个方面的创造性尝试。然而，他对于这两部书并不是十分满意的，认为在理论上还有进一步提高的必要。这又说明，白先生在理论上的追求是没有止境的。

白寿彝先生对于老一辈的马克思主义史学家在理论上的成就与贡献，时时称说，赞叹不已，并一再告诫我们要认真读他们的著作。白先生培养研究生，也是把提高他们的理论水平放在第一位看待的。对20世纪60年代的研究生，他要求他们学习毛泽东关于批判继承历史遗产的理论；对70年代末的研究生，他要求他们读《资本论》第一卷；对80年代的研究生，他要求他们读《反杜林论》、《路德维希·费尔巴哈和德国古典哲学的终结》等著作。白先生在理论上的追求和造诣，对后学是有力的引导，也是他本人在学术上取得重大成就的重要原因。

由于历史环境和个人经历的不同，在老一辈史学家中，白寿彝先生是在新中国成立以后，才有机会接触和学习马克思主义唯物史观的。他在半个世纪里坚持不懈地运用唯物史观指导历史研究，从而取得了辉煌的成就，成为享誉国内外的史学家。对于他在理论上的追求，我们可以做这样的概括：在马克思主义唯物史观基本原则指导下，结合具体的研究领域或具体的研究对象，根据充分的和可靠的历史资料，以辩证的和发展的视野综合种种问题，提出新的认识和新的理论概括。清人黄宗羲强调说："大凡学有宗旨，是其人之得力处，亦是学者之入门处。"[1]白寿彝先生史学的理论风格，正集中反映出了他的治史宗旨。这就是：其一，对马克思主义唯物史观基本原则尽可能做深入的理解，并善于灵活地把它运用于指导历史研究。其二，这种指导作用，不是对马克思主义关于唯物史观的词句的搬用，而是取其精髓，循其本质，或高屋建瓴，或阐幽发微，

---

[1] 黄宗羲：《明儒学案》发凡，北京：中华书局，1985年，第17页。

皆不脱离其根本，而在思想上又有广阔驰骋的空间。其三，这种指导作用，是紧密地同研究领域和研究对象结合起来的，即反映研究领域和研究对象之丰富而可靠的材料是研究的根据。唯物史观作为分析这些根据的方法论，帮助研究者从中抽象出正确的结论；这些结论不是唯物史观一般词句的组合，而是在唯物史观方法论指导下概括出来的新的结论。一言以蔽之，就是对唯物史观的正确理解和正确运用。

1978年，白寿彝先生在一次学术报告中指出：

> 理论方面有两个问题，一是理解，一是运用。理解上，要求完整地、准确地学习，不容易。怎么样才能做到呢？就是说不能离开经典著作的当时历史条件和经典作家的意图去理解当时的论断。离开当时的历史条件和经典作家的意图去理解经典著作，就不可能完整准确。当然这要下更大的功夫。在运用上，往往在理论运用上运用得好，就是对马克思主义的发展。要求理论上的发展，是符合马克思主义的。不要求发展，停滞不前，让理论僵化，那不是马克思主义。所以，要有这样的认识，要有这样的责任感，也要有这样的气魄和信心。这样，对我们提高信心、推动科学发展才有利。如果光是在那里绕大圈子，没有一点创见提出来，那么，研究工作的意义不大。所以，在马克思主义理论指导下，详细占有材料，得出新结论，就是创造性的结论，就是发展。①

这一段话，可以看作是白寿彝先生关于在马克思主义指导下创造性地进行历史研究的一个总的认识。

---

① 白寿彝：《白寿彝史学论集》（上），北京：北京师范大学出版社，1994年，第328页。

白寿彝先生学术研究领域广泛，在交通史、民族史、宗教史、史学史、中国通史的研究和撰述方面，多有建树。20世纪五六十年代，他以马克思主义唯物史观为指导，在重新认识和阐述中国通史教学体系方面，取得了许多重要研究成果，在历史学界产生了很大的影响，表现出他对马克思主义唯物史观的国家观、阶级观、民族观、宗教观、文化观等，都有深刻的理解。在改革开放的新的历史时期，经过理论上的拨乱反正，白寿彝先生对马克思主义唯物史观在理解上和运用上又发展到了一个新的更高的阶段。这个时期，他以唯物史观为指导，在中国通史、中国史学史、民族史和民族关系史等方面，都提出了许多创造性的见解。

　　例如，关于中国封建社会的发展及其分期问题。这是中国通史中的重大问题之一，史学界在认识上分歧很大。针对这种情况，白寿彝先生在1977年提出这样的观点："讲社会发展规律，首先还要讲经济基础，讲什么呢？生产力、生产关系嘛。封建社会生产力发展很缓慢，抓这个，困难大。生产关系抓哪一个呢？要抓农民阶级，但是首先要抓地主阶级。为什么？因为地主阶级是封建社会矛盾的主要方面。看封建社会变化，在地主阶级身上体现得清楚些。有了这个材料，再分析农民阶级、分析农民战争，就好办得多。……还有一个，从民族关系上来分析。"[1]显然，这个问题的提出，在学术上是带有突破性的进展，其根据则是马克思主义的生产关系学说和辩证法思想。后来，白寿彝先生把这个见解进一步展开，具体论点是：世家地主、门阀地主、品官地主和官绅地主是地主阶级演变的几个主要标志；据此，他把中国封建社会划分为成长时期(秦汉)、发展时期(三国两晋南北朝隋唐)、继续发展时期(五代宋元)和衰老时期(明清)。结合这一论述，他还同时考察了生产力和科学技术的

---

　　① 白寿彝：《白寿彝史学论集》(上)，北京：北京师范大学出版社，1994年，第8页。

进步，考察了农民阶级身份的变化、国税与地租的分离、农民起义口号的演变、民族关系的密切、中外关系的发展等，形成了一个综合多种因素和标志的中国封建社会分期理论。

又如，关于史学遗产的重要性及其与建设有民族特点的马克思主义史学的关系问题。这是研究中国史学史和发展当今中国史学的一个关键问题。1983 年，白寿彝先生在一次题为《关于建设有中国民族特点的马克思主义史学的几个问题》的讲演中明确地指出：

> 我们建设有民族特点的马克思主义史学，必须是在我们过去的历史学的基础上，在对我们过去的史学遗产的总结基础上来进行工作。有人说，马克思主义是普遍真理，……那是讲它的原理、原则方面。但具体起来，它用于不同的民族，不同的国家，就应该有不同的特点。普遍真理体现在不同民族的、不同国家的特点里面，二者并不矛盾。①

提出这个问题的理论意义和实践意义在于：第一，把中国史学遗产研究的重要性，提高到与当今中国马克思主义史学的建设和发展有直接关系的高度上来认识，从而为研究中国史学确定了位置、明确了方向；第二，把中国马克思主义史学的建设和发展同总结中国史学遗产联系起来，这不仅丰富了马克思主义史学的内容，而且也为马克思主义史学的民族特点找到了具体的形式和实现的途径。白寿彝先生对这些问题的思考，有几十年的积累。从 20 世纪 60 年代始，尤其是改革开放以来，白寿彝先生自己所从事的中国史学研究以及在他主持下的各项史学史研究，都恪守上述这一基本思想。

再如，关于"统一的多民族国家"和中国历史上民族关系的"主

---

① 白寿彝：《白寿彝史学论集》（上），北京：北京师范大学出版社，1994 年，第310 页。

流"问题。对于"统一的多民族国家"问题,白寿彝先生在《中国通史》的《导论》中指出:

> 多民族国家的形成是经过一个漫长的过程的。我们的祖国,曾经出现过各种形式的多民族的统一,也曾经有过多次的分裂,但在分裂中还是有统一。我们经历过的统一,有单一民族内部的统一、多民族内部的统一和多民族的统一,后者又包含区域性的多民族的统一和社会主义的全国性的民族的统一。[①]

这不仅指出了中国是一个统一的多民族国家,而且强调了这是一个辩证的发展过程,从而避免对这个问题作形而上学的简单化的理解和说明;同时,充分表明了中华民族中的各个民族在推动祖国统一事业中都曾经做出过重要的贡献。关于中国历史上民族关系的"主流"问题,史学工作者尤其是民族史和民族关系史研究者曾有过激烈的争论。针对这些争论,白寿彝先生于1981年在中国民族关系史座谈会上指出:

> 几千年的历史证明:尽管民族之间好一段、歹一段,但总而言之,是许多民族共同创造了我们的历史,各民族共同努力,不断地把中国历史推向前进。我看这是主流。这一点是谁都不能否认的。[②]

面对激烈的学术争论,白寿彝先生高屋建瓴,透过纷繁复杂、矛盾错综的历史现象揭示出历史的本质,并从中国历史发展的全局着眼,

---

① 白寿彝主编:《中国通史》第一卷《导论》,上海:上海人民出版社,1989年,第90页。
② 白寿彝:《白寿彝民族宗教论集》,北京:北京师范大学出版社,1992年,第53页。

阐明了这一历史本质的意义和价值。这一认识对于如何看待现实的中国各民族的关系，有重大的理论意义和实践意义。

从白寿彝先生的治史宗旨与创新历程中，我们可以得到两点启示。

第一点是：马克思主义唯物史观是指导历史学研究的科学的理论体系，具有强大的生命力。20世纪五六十年代，中国马克思主义史学在迅速发展并取得重大成就的同时，曾经出现过对唯物史观作简单化、绝对化的理解和运用，在"文化大革命"中唯物史观更遭到"四人帮"的严重歪曲，这是严重的教训。但这并不是唯物史观本身的"过错"所造成的。相反，当人们经过"文化大革命"后的理论上的拨乱反正，并接触到大量涌入国门的西方史学的历史理论，冷静地来思考、学习、运用唯物史观时，更加确信它的真理的价值。在这方面，白寿彝先生是始终不渝的、坚定的信仰者和实践者，他在人生的最后20多年中在历史研究的诸多领域所取得的许多重大成就，以及中国马克思主义史学在这个阶段所取得的新的重大成就，都证明了唯物史观对于指导历史学研究的重要性及其不可替代的地位。

第二点是：在唯物史观指导下，充分吸收中国史学的优秀遗产，使马克思主义史学具有中国的民族特点，这是批判继承史学遗产的需要，也是发展当前史学的需要。白寿彝先生在这方面为我们做出了榜样。首先，他十分重视历史资料的多方面功能。他认为："历史资料，第一，它是记载过去的事情，记载过去的历史，同时，还是用于解释现在的资料。如果不懂得历史资料，我们无法解释现在，对当前的好多问题解释不了。""第二，历史资料不只是研究历史的资料，同时还是好多种学科的研究资料。"他进而认为，这些资料，既是学术史资料，又是学术资料，"我们可以把它们叫作历史资料的二重性"①。显然，对于历史资料作这样的理解和运用，必然使历史著

---

① 白寿彝：《白寿彝史学论集》（下），北京：北京师范大学出版社，1994年，第308、309页。

作不仅反映着中国历史的内容和特点，而且还带着中华民族的精神传统和思想传统，显示出鲜明的民族特色。其次，他十分重视中国史书的丰富多彩的表现形式及其在当今历史撰述上的借鉴意义。他担任总主编的《中国通史》和他主编的《回族人物志》，都是对中国史书多种体裁的综合运用和新的创造，受到学术界和广大读者普遍的关注与好评。最后，他十分重视中国史学注重文字表述的优良传统，即历史著作之文字表述的审美要求。他的论著，尤其是他在新中国成立后的论著，大多写得深入浅出，使人读来容易理解，而又深受启迪。至于说到他对同族的深厚感情，对中华民族历史文化的深厚感情，对中华民族大家庭的深厚感情，都充溢在他的论著之中，是阅读过他的著作的人都可以感受到的。

三、突出的通识器局

中国史学传统上有两个方面很突出，一是贵通识之才，二是贵独断之学。白先生继承了这个优良传统并加以发扬光大，使其具有时代特点和科学精神。

白先生称道史学上的通识之才，他在发掘和阐发这方面的思想遗产上，显示了深思与卓识。他论《史记》"通古今之变"的历史思想时指出："《史记》重视历史变化，重视推动社会发展的历史变革。……《史记》要求以'通古今之变'的态度去看历史，这是跟正宗儒学对立的又一个方面，是跟后者所倡言的'天不变，道亦不变'，'古之天下亦今之天下'相对立的，也就是以一种历史态度跟武断的非历史态度相对立的。"他十分重视《史记》的十表，认为："《史记》十表是最大限度地集中表达古今之变的。"白先生还深入分析了司马迁提出的"原始察终，见盛观衰"的原则。认为这是《史记》"提出来的'通古今之变'的方法。总的来说，这八个字有要求考察诸历史现象、诸历史事件全部发展过程的意思。分开来说，'原始察终'似注意于考察原委者较多，而'见盛观衰'似注意于历史的转折者较多"。他进而举出许多篇章对此进行论证①。

在中国史学上，司马迁是最早以"通古今之变"为撰述宗旨的史家，他对后世有很大的影响。郑樵、马端临、章学诚等人都是盛赞贯通古今作史宗旨的。除了古今的通以外，还有思想的通，《史通》、《文史通义》是这方面的代表作。白先生综合古代史家之"通"的底蕴，提出以杜佑《通典》、郑樵《通志》、马端临《文献通考》即世称"三通"为基础，加上《史通》、《资治通鉴》和《文史通义》合为"六通"，并撰《说六通》一文。他认为："在'三通'以外，加上《资治通鉴》，再加上刘知幾的《史通》和章学诚的《文史通义》，这'六通'和《史记》、《汉书》、《后汉书》、《三国志》可合称为'四史六通'，这是我国中古时期历史著作中的代表作。"②他的文章对"六通"分别做了分析和评论。

在教学中，白先生也力主"通"。早在 1950 年，他在《对于大学历史课程和历史教学的一些实感》一文中，就批评对于中国史学不能贯通讲授的做法，即"教到哪里算哪里，教到秦汉就结束了的有，教到南北朝结束了的有。即使勉勉强强地教到清末，也往往是到后来跑跑野马，并不是事先就有计划"。③ 他根据当时的实际情况，提出了改进中国通史教学的具体意见。30 年后，他再次批评类似现象："培养出来的中青年教师，在大学毕业多年以后，还难以胜任一门完整的课程。甚至于一个教师只能教一章一节的课程，一门课程好几个人合教。"他针对中国通史、世界通史两门"通史"的教学现状指出：

---

① 白寿彝：《白寿彝史学论集》（下），北京：北京师范大学出版社，1994 年，第 885、886 页。

② 白寿彝：《白寿彝史学论集》（下），北京：北京师范大学出版社，1994 年，第 286 页。

③ 白寿彝：《白寿彝史学论集》（上），北京：北京师范大学出版社，1994 年，第 155 页。

"一门课程搞了四年，要经过好多位教师去讲授，这个'通'字很难做到，可以说是'通史'不'通'。"他建议压缩通史的分量和课时，多开专门史、断代史、国别史。通史压缩了，就有可能讲得好，这要求教师"在轻重去取之间，在脉络贯通之间下功夫"，"教师要有点'别识心裁'"①。白先生自己授课多年，教学经验丰富，他的这些见解都有很强的实践性，容易被人们理解和实施。

从20世纪70年代后期起，白先生的通识主要反映在历史研究中和历史撰述上。关于中国历史，白先生提出了一个总纲：《中国历史的年代：一百七十万年和三千六百年》(1978年)②。这篇文章实际是提出了关于认识和撰写中国通史的一个框架，它涉及年代、社会历史分期及各个时期的特点，以及与之相关的许多问题。《关于中国封建社会的几个问题》(1977年)、《关于中国封建社会的发展》(1984年)二文③，反映了他对中国封建社会的总的认识。白先生主编的《中国通史纲要》和多卷本《中国通史》，在内容上差别很大，在表述上也风格各异，但在"通"字上下功夫，则是一致的。《中国通史纲要》是一部通俗性和科学性相结合的著作，全书仅30万字，为的是便于中外一般读者的阅读和理解。此书的"通"突出地贯穿在它的体系和脉络方面。

《中国通史纲要》在体系上的特点，是对每一时期的经济、政治、思想文化做综合的叙述。例如，它把科学技术的发展同生产力的发展结合在一起叙述，把思想文化的发展和政治状况结合起来考察，揭示了历史发展的内在联系。表象的多样性和内在的统一性体现了

---

① 白寿彝：《白寿彝史学论集》(上)，北京：北京师范大学出版社，1994年，第202、203、204页。

② 白寿彝：《白寿彝史学论集》(上)，北京：北京师范大学出版社，1994年，第29～37页。

③ 白寿彝：《白寿彝史学论集》(上)，北京：北京师范大学出版社，1994年，第3～28、38～40页。

历史前进的辩证法则，而《中国通史纲要》的这一体系正是要向读者展示这个法则。

《中国通史纲要》在勾画历史轮廓时，是采用"粗线条"的手法。这是因为，唯有用"粗线条"，才能使轮廓清晰、醒目。《中国通史纲要》中的"远古的遗存"跟"古老的神话和传说"两章，概括了奴隶社会以前的全部历史。而关于奴隶社会，《中国通史纲要》径自从商代说起，对于夏朝是不是奴隶社会这个目前尚在研究、探索的问题，则不去深究。根据同样的道理，作者把东周初年和春秋战国作为奴隶制向封建制过渡的时期，而不勉强论证奴隶制究竟亡于何时，封建制究竟兴于何时。至于封建社会，作者明确提出了"成长"（秦汉时期）、"发展"（三国两晋南北朝隋唐时期）、"继续发展"（五代宋元时期）和"衰老"（明清时期）四个发展阶段。从 1840 年至 1949 年，是半殖民地半封建社会时代，"五四运动"把它划分为前期和后期。《中国通史纲要》勾画的这样一个中国历史轮廓，既反映了作者对中国历史发展的总进程的独到见解，也易于给读者留下鲜明的印象。

多卷本《中国通史》在"通"的方面的要求是：作为通史，一方面，要求全书各卷之间脉络贯通，要求于阐述沿革流变之中体现"通"的精神，体现历史发展的规律。另一方面，要求每一卷阐述各个历史时期中国社会诸因素间的关系，包含生产力、生产关系和上层建筑之间的关系，各民族相互之间的关系，也要求各卷阐述中国和世界的关系，包含中国各个历史时期在世界史上的地位，中国与外国的往来和经济文化的交流，以及中外社会历史比较研究。此外，在年代上，它始于远古，迄于中华人民共和国的成立，这也是它在"通"的方面不同于现有许多中国通史著作的地方。当然，由于该书部帙浩繁，参与撰写的作者人数很多，在对"通"的要求上和体例上各卷情况有所不同，这是难以避免的，也是可以理解的。

在中国史学史研究和撰述方面，白先生的通识同样有丰富的、广阔的展开。他在 20 世纪 60 年代发表的《谈史学遗产》、《中国史学史研究任务的商榷》两篇文章，是在具体研究方面和宏观把握方面对中国史学史做了"通"的概括①。他在 1986 年出版《中国史学史》第一册，其中以大约 10 万字撰成的"叙篇"，就"史学史研究的任务和范围"、"中国史学史的分期"、"有关史学史的古今论述"、"我的摸索和设想"等问题做了系统的阐说。我们可以认为，这个"叙篇"，是白先生关于中国史学史的一部论纲，其理论上的见解、脉络上的连贯、学科建设上的构想，真正达到了融会贯通的境地，是通识的一种很高的境界。

白先生在治史上的通识，还反映在关于民族史、民族关系史、宗教史、交通史、历史教育等领域的研究中。大家知道，在学术研究中，能够在某个领域中达到"通"的要求，很不容易；要达到通识的境界，就更不容易了。清代史家章学诚论史学上的"史部之通"时说道：

> 总古今之学术，而纪传一规乎史迁，郑樵《通志》作焉；统前史之书志，而撰述取法乎《官礼》，杜佑《通典》作焉；合纪传之互文，而编次总括乎荀、袁，司马光《资治通鉴》作焉；汇公私之述作，而铨录略仿乎孔、萧，裴潾《太和通选》作焉。此四子者，或存正史之规，或正编年之的，或以典故为纪纲，或以词章存文献，史部之通，于斯为极盛也。②

杜佑、裴潾是唐朝人，司马光、郑樵是宋朝人，章学诚把他们的著

---

① 白寿彝：《白寿彝史学论集》（上），北京：北京师范大学出版社，1994 年，第 462~486 页；白寿彝：《白寿彝史学论集》（下），北京：北京师范大学出版社，1994 年，第 595~601 页。
② 章学诚：《文史通义》卷四《释通》，叶瑛校注，北京：中华书局，1985 年，第 373 页。

作看作是"史部之通"的"极盛"的表现，足见他对"通"的推许。这里，章学诚说得很概括。明清之际的史家王夫之对《资治通鉴》的"通"有比较具体的说明，可与章学诚所论互相发明。王夫之这样写道：

> 其曰"通"者，何也？君道在焉，国是在焉，民情在焉，边防在焉，臣谊在焉，臣节在焉，士之行己以无辱者在焉，学之守正而不陂者在焉。虽扼穷独处，而可以自淑，可以诲人，可以知道而乐，故曰"通"也。①

章学诚论《资治通鉴》的"通"是在于"合纪传之互文"，主要是从史事上和体裁上说的；而王夫之的这一番议论，则是从内容上和思想上道出了《资治通鉴》之"通"的含义。

由此可见，一个领域的"通"尚如此不易，若干领域的"通"以及各领域之间的"通"，就更加难得、更加可贵了。白先生正是在这三个层面上的"通"都做出了努力、都取得了成就的史学家。他关于史学史和民族史的研究，对通史的研究和撰述有促进和深化的作用；反之，通史的研究和撰述，也有益于对史学史、民族史的认识和把握。从专史中可以看到通史的背景和修养，从通史中可以看到专史的功力和见识。这是白先生之通识给予我们的最重要的启示，也是我们借以探讨和认识他的史学成就的一条"捷径"。

---

① 王夫之：《读通鉴论》卷末《叙论四》之二，北京：中华书局，1975 年，第 1114 页。

白寿彝先生的治学精神和学术风格 [*]

一个历史学家怎样才能把自己的学术事业同国家、民族的命运联系起来，从而为社会进步、历史发展做出贡献？白寿彝先生在 70 年的治学道路上所积淀与培养起来的治学精神和学术风格，给了我们许多有益的启示。

1993 年白寿彝先生 85 岁时，北京师范大学史学研究所编辑、出版了一部论文集，以示祝贺，书名叫作《历史科学与历史前途》。1998 年，为祝贺白先生九十华诞，史学研究所又编辑、出版了一部论文集，书名是《历史科学与理论建设》。关心历史前途，注重理论建设，是从两个重要的、带根本性质的方面反映了白先生的治学精神和学术风格，值得我们认真学习。这里，想从几个比较具体的方面，谈谈白先生的治学精神和学术风格。

---

* 原载中国史学会编：《中国历史学年鉴 1999》，北京：生活·读书·新知三联书店，2002 年。

第一，正确的治学方向。这主要是对理论的兴趣和对时代的关注。1937年，28岁的白寿彝先生出版了他的第一本专著《中国交通史》。他在本书第五篇第六章"中国交通事业之前途"中指出，近90年来中国交通事业虽有一定的进步，但是"若和世界各先进国相较，这只能算中国交通事业之现代化的开始，距现代式的规模之形成，尚相去甚远"。他进而深刻地分析了当时中国交通事业发展的六大障碍，认为："在这个时候，国难严重到了极点、这种关系国家兴亡的大事业是需要政府和人民拼命去作的。我们的一部中国交通史，究竟是一部失败史或是一部胜利史，在最近的数年就要决定。这个时代已不是再容我们优游岁月的时候了。"他的理性思考和爱国激情，洋溢在字里行间。从新中国成立之初起，寿彝先生自觉地、积极地努力学习马克思列宁主义、毛泽东思想，陆续发表、出版了以唯物史观阐述民族问题、疆域问题、中国历史进程问题等的论著，开始从进步的历史观向唯物史观的转变，从爱国主义者向马克思主义者的转变。他在20世纪60年代前期发表的《谈史学遗产》、《关于中国史学史研究任务的商榷》等文，反映了他在运用唯物史观分析史学遗产、探讨史学发展规律方面所取得的成就。从70年代后期至90年代，他撰写的《谈史学遗产答客问》系列文章和他主编的《中国通史纲要》、《史学概论》、《中国通史》的《导论》卷，以及对整个《中国通史》框架、脉络的规划等，更进一步反映了他在运用唯物史观研究历史和史学方面的造诣。近20多年来，他反复强调：用马克思主义观点研究中国历史，撰写中国历史，这是一种责任，既是对中华民族的责任，也是对世界各国人民的责任。

第二，通识的学术旨趣。从司马迁提出"通古今之变"到章学诚总结"通史家风"，中国史学历来有追求通识的优良传统。郭沫若、范文澜、吕振羽、翦伯赞、侯外庐等老一辈马克思主义史家也都以通识著称。白寿彝先生的治学道路，也是不断追求通识的过程，而且具有鲜明的特色。这表现在三个方面：一是关于专业内部的贯通，如他关于史学遗产的论述、关于中国史学史研究的任务、范围、分期的论述；其《说六通》一文对通识旨趣的论述，是在中国史学史方面的贯通。又如，在《中国通史纲要》叙论和《中国通史》的《导论》卷中，他关于中国历史进程的认识，尤其是关于中国封建社会分期的认识，关于中国历史发展中重大理论问题的认识等，这是中国历史方面的贯通。这种专业内部的贯通，正是史家得以具有"别识心裁"的基础。二是关于不同专业之间的会通，如中国史学史和中国通史，在历史学科范围里本是两个专业，一般说来，是难以兼顾的。白寿彝先生在会通上述二者方面，显示出了独特的学术风格和很高的通识境界，即史学史方面的深入研究，提高了编撰中国通史的水准；对中国通史的全面认识，提出了史学史研究的许多新问题，从而开拓这一研究的新领域。三是不同学科之间的沟通，如哲学、宗教、民族、文学等，白先生在 70 年的学术生涯中对它们都产生过兴趣，都做过研究，并善于把它们沟通起来，从而在史学这个领域里凸显出不同学科融会贯通所能达到的那种气势、器识和魅力。

第三，突出的创新精神。20 世纪 80 年代初，《文汇报》一位记者访问白先生时，白先生说过这样一句话："创新的学术才有生命力，今后我仍将走新路。"这是一位已经度过了"知天命"之年的学者的格言。前 50 年的回顾，后 20 年的前瞻，都包含在这句话中了。白先生在学术上的创新精神，突出地表现在两个方面：一个方面是撰述上的创新，70 年代后期以来他主编的《中国通史纲要》、《史学概论》、《回族人物志》、多卷本《中国通史》，以及他撰写的《中国史学史》第一册等，不论在内容上还是在形式上都有许多创新之处，受到学术界的关注。另一个方面，也是更重要的一个方面，是理论上、见识上的创新。新中国成立后，白先生努力学习马克思主义，在运用马克思主义指导研究历史方面所取得的成就，堪称一代学人的榜样之一。80年代初，他又明确地提出这样的认识："我们要在唯物史观指导下，进行新的理论创造。"坚持唯物史观的基本原则，结合研究对象提出新的理论认识，这不是矛盾的，更不是对立的，而是辩证统一的。在这个认识基础上，白先生焕发出了极大的理论上的创造力。如他对中国封建社会地主阶级内部统治阶层变化的分析，对科学技术与生产力的关系之认识的阐述，对阶级社会中国家职能的辩证认识，对少数民族地区社会发展在中国历史进程及其分期上的重要地位的论述，等等，都是历史认识方面的重要的新见解，对研究和撰写中国历史具有指导意义。

第四，强烈的责任意识。白寿彝先生近20年来，反复阐述史学在教育上的重要作用。1983年，他出版了一本论集《历史教育和史学遗产》，反映出了他作为一个历史学家的强烈的责任意识。这种责任意识，既是对历史的责任，也是对国家、民族、社会的责任，同时又是对公众的责任。因此，白先生在史学工作上强调历史感与时代感的统一，强调史学工作者要关注现实、要研究和现实有关的重大问题，强调历史教育在推动爱国主义、民族团结、认识历史前途、提高个人修养方面的积极作用，强调历史撰述应力求准确、生动，深入浅出，使更多的人能够读、喜爱读，强调历史教学应有利于教师和学生朝着这些方面发展与提高，等等。他认为："一个史学工作者应出其所学，为社会进步服务，为历史发展服务。"70年的治史道路，白寿彝先生就是这样走过来的。

伟哉，七十岁开始做学问*

今年（2009 年）是已故著名历史学家白寿彝先生诞生一百周年纪念，在北京师范大学举办的纪念会上，参加会议的学者们，往往都要提到白寿彝先生在改革开放初期说过的一句话："我 70 岁才开始做学问。"白先生在世时，这句话在史学界颇已传开。现在，他已经去世近十年，人们对这句话的深意仍在重复着、思考着。

这句话的内涵和魅力究竟在哪里呢？它反映了白寿彝先生怎样的一种精神境界？作为他的学生，起初我并没有认真想过，只是感到白先生有一种十分乐观地从事自己事业的激情。直到 2002 年，北京师范大学百年校庆之际，我得知中央电视台将在一个直播节目中，要我就白先生的学术成就谈谈自己的认识。这样重要的事情，我自然做了应有的准备。然而，当我到了中央电视台时，电视台的记者却向我提出了一个我未曾

* 原载《群言》2009 年第 9 期。

预料到的问题："白寿彝先生曾经说过，他 70 岁时才开始做学问，您是怎样理解他这句话的意思的?"直播很快就要开始，容不得我多想，只能很快地做一些思索，结合白先生平素的言谈，从时代、学品、积累和创新三个方面谈谈自己的认识。

第一，这句话反映了白先生对当时所处时代的欢欣鼓舞。他常说，现在不像过去，总是在"开会"，安不下心来，做不了什么事情。现在好了，会开得少了，能够安心坐下来做点学问了。这几句话，当时讲得很自然、平常。白先生作为一个 70 岁的学者，经历了太多的历史变动。在以往那些年代，不是完全不可以做学问，但比之改革开放之后来说，毕竟有很大的不同。我说他对当时的时代有一种欢欣鼓舞的心情，应是比较贴切的。

第二，这句话反映了白先生虚怀若谷的大家风范。从 20 世纪 50 年代中期起，他任北京师范大学历史系主任，又曾任中国科学院哲学社会科学学部历史研究所研究员，《历史研究》杂志编委，在史学界享有盛誉，并曾多次作为中国文化代表团成员出国访问。他的《中国交通史》、《中国伊斯兰史纲要》、《中国回教小史》、《回回民族底新生》，以及他关于中国史学史的研究等，在学术界都有一定的影响，尤其是他关于中国史学史的研究，有很高的起点，因而受到同行的格外关注和重视。在这样的学术背景和学术影响面前，他在 70 岁时却坦然地表示才开始做学问，表明他对"学问"有深刻的认识和独到的见解，认为那是一个不可穷尽的宝藏，学人在任何时候都处于"学步"之中。白先生把他的第一部论文集命名为"学步集"，正反映了他的这一思想境界。

第三，这句话还反映了白先生对于积累和创新关系的认识。作为一个毕业于燕京大学国学研究院的学人，年届七十，自有相当深厚的学术积累，这是毋庸置疑的。问题在于对这种学术积累如何看待。在白先生看来，以往的积累，只是进行新的学术研究的准备。

有一件事给我留下很深的印象。20 世纪 80 年代初,白先生住在西城区兴华胡同 13 号,有一次我到他家里商量工作时,白先生很兴奋地说,现在条件好,可以坐下来写点东西,这两年几乎每个月都发表文章,这是过去做不到的。听到白先生这样说,我大胆地提出建议:是否可以把改革开放以来这几年发表的文章汇集起来,编成《学步集》二集。白先生摇摇头微笑着说:"我现在想要做的,不是整理过去的东西,而是要创造新的东西!"我听了以后,深悔自己失言。这件事情过去二十七八年了,宛如昨日。现在回想起来,白先生当时着手做的几件学术工作,一是大型《中国通史》编纂的起步,二是《史学概论》和《中国史学史教本》的编写,三是《回族人物志》的筹划等,都是白先生在 20 世纪 80 年代的卓有成效的学术创新工作。正如他在 1982 年接受上海《文汇报》记者郭志坤同志采访时所说的那样:"创新的学术才有生命力!"由此看来,白先生说的"70 岁才开始做学问",其含意之一,是把 70 岁以前的学术积累看作是学术创新的起点,而起点愈高,其创新之意也愈显。白先生的学术生涯确确实实证明了这一点。

人生几十年,往事如烟,时隐时现。但北京师范大学百年校庆之际,中央电视台记者对我的现场采访,以及记者向我提出的问题和我的简要的回答,却记忆犹新,铭刻于心。前不久,北京师范大学举行纪念白寿彝先生诞生一百周年的学术研讨会,有些老先生在讲话中,表示要以白先生说的"70 岁开始做学问"这句话激励自己,表达出向白先生学习的心情,令人感动不已。这又激发起我对那次采访的回忆和思考,于是又有了两点新的认识。第一点认识是:"70 岁才开始做学问"这句出自一个史学家口中的质朴的语言,却有超出其质朴品格的学术影响力。由此我又想到,这句话中或许具有超出一般学术观点之上的一种治学精神,从而产生长久的影响,成为一代代后学激励自己献身于科学事业的格言。第二点认识是:白先生以 70 岁高龄表示"开始做学问"，充分显示出他对生命的热爱和对生命价值的珍惜。对于一个有理想、有社会责任感的学者来说，热爱生命固然重要，但珍惜生命的价值更为重要。这是因为，对于一个有社会影响的学者来说，生命既属于个人，同时也属于社会。因此，他的生命的价值，既是个人价值的体现，同时又是这种个人价值社会化的体现。白先生以其生命中最后 20 余年的时间，做了许多学术工作，尤其是完成了 12 卷 22 册的《中国通史》巨著，为 20 世纪几代学人奋斗的"中国通史"编纂事业画上一个极有分量的句号，矗立起一座中国通史的丰碑，同时也让世人看到了这位历史学家的最后的生命之光。

在白寿彝先生诞生一百周年之际，我想到了许多许多。本文所说的这些，就是其中我最想说的事情之一。这里，我不禁从心底里发出这样的感慨和敬意：伟哉，70 岁开始做学问！

关于《中国通史》的编撰

白寿彝教授和《中国通史》[*]

    1999 年 3 月，上海人民出版社出版了《中国通史》的最后一卷，即第十二卷。至此，以白寿彝先生为总主编的 12 卷本、22 册、1400 万字的《中国通史》，历经 20 个年头的研究和撰写，终于全部出版。

    1999 年 4 月 26 日，北京师范大学举行"祝贺白寿彝教授九十华诞暨多卷本《中国通史》全部出版"大会。会前，白寿彝教授接到了江泽民同志写于当天并委托专人送来的贺信。江泽民同志在信中说："……《中国通史》的出版，是我国史学界的一大喜事，您在耄耋之年，仍笔耕不辍，勤于研究，可谓老骥伏枥，壮心未已。对您和您的同事们在史学研究上取得的重要成就，我表示衷心的祝贺！""我相信，这套《中国通史》，一定

---

* 原载《光明日报》，2002 年 9 月 4 日。

会有益于推动全党全社会进一步形成学习历史的浓厚风气。"①江泽民同志的信在社会各界引起了热烈的反响，《中国通史》也越来越受到人们的关注。

一、中国通史：中国史家百年的追求

白寿彝教授为什么要编撰《中国通史》？其学术背景、历史原因是什么？其主观动因又是什么？这是我们认识《中国通史》的几个前提。

20 世纪开始，自梁启超 1901 年发表《中国史叙论》、1902 年发表《新史学》，提出重新撰写中国历史后，撰写中国通史始终是 20 世纪中国史学家的追求目标之一。1904 年，章太炎在《哀清史》一文末，附有《中国通史略例》，提出了撰写中国通史的设想和框架。此后，夏曾佑写出了《中国古代史》，陈黻宸写出了《中国通史》，章嵚写出了《中华通史》，王桐林、陈恭禄各写出了同名的《中国史》，钱穆写出了《国史大纲》，吕思勉写出了《白话本国史》、《中国通史》，周谷城写出了《中国通史》，邓之诚写出了《中华二千年史》，等等。与这些著述在撰写的时间上相交叉，范文澜写出了《中国通史简编》、吕振羽写出了《简明中国通史》、翦伯赞写出了《中国史纲》第一、二卷等，都是以唯物史观为指导的中国历史著作。

新中国成立之后，翦伯赞主编了《中国史纲要》。郭沫若主编的《中国史稿》历经二三十年，经许多学者的努力，终成完帙。范文澜在 20 世纪五六十年代着手修改《中国通史简编》，并陆续出版修订本。关于《中国通史简编》，刘大年给予高度评价，认为它是"第一部运用马克思主义观点系统地叙述中国历史的著作"，指出它与旧书在

---

① 江泽民：《中共中央总书记江泽民给白寿彝同志的贺信》，载《史学史研究》1999年第 3 期。

许多根本点上的不同。① 蔡美彪教授继续范文澜的事业，于 1994 年出版了 10 卷本的《中国通史》。白寿彝先生于 20 世纪 70 年代中期着手主持中国通史的撰写工作，于 1980 年出版了《中国通史纲要》；又经 20 年的努力，于 1999 年 3 月出版了 12 卷本、22 册的《中国通史》。这些撰述，是 20 世纪 40 年代范文澜、吕振羽、翦伯赞等中国通史撰述的继续和发展。②

我们通过这一极其简略的回顾，可见关于中国通史的研究和撰写，是 20 世纪中国许多史家的愿望和追求。而撰写中国通史之艰难，梁启超、顾颉刚、范文澜等都从不同的角度提出了自己的认识。20 世纪 20 年代，梁启超指出：

> 在整部历史中，可以划分为若干时代，如两汉、六朝、隋唐、宋元、明清；每一个时代中，可以又划分为若干部分，如人的、事的、文物的、地方的。含着若干部分，成为一个时代。含着若干时代，成为一部总史。总史横集前述四种材料，纵集上下几千年的时间。③

这里说的"总史"就是通史；"横集"指内容而言，"纵集"指时代而言。梁启超还认为，"总史"的成功，需要几十人分头进行研究，然后汇集起来，才有可能成功。就研究和撰述来看，梁启超所论是中肯的。

20 世纪 40 年代，顾颉刚在评论"当代中国史学"的时候，就"通史的撰述"写道：

---

① 刘大年：《范文澜历史论文选集》序，北京：中国社会科学出版社，1979 年，第 1~2 页。

② 除此之外，还有一些学者也写出了一些中国通史的著作，其中有蓝文徵的《中国通史》上册，傅乐成、郭廷以、赵铁寒各自所撰的《中国通史》，余又荪的《中国通史纲要》上、下册等。

③ 梁启超：《中国历史研究法（补编）》，《饮冰室合集》第十二册专集之九十九，北京：中华书局，1989 年，第 35 页。

中国通史的写作，到今日为止，出版的书虽已不少，但很少能够达到理想的地步。本来以一个人的力量来写通史，是最困难的事业，而中国史上须待考证研究的地方又太多，故所有的通史，多属千篇一律，彼此抄袭。其中较理想的，有吕思勉《白话本国史》、《中国通史》，邓之诚《中华二千年史》，陈恭禄《中国史》，缪凤林《中国通史纲要》，张荫麟《中国史纲》，钱穆《国史大纲》等。其中除吕思勉、周谷城、钱穆三四先生的书外，其余均属未完成之作。钱先生的书最后出而创见最多。

　　编著中国通史的人，最容易犯的毛病，是条列史实，缺乏见解；其书无异为变相的《纲鉴辑览》或《纲鉴易知录》之类，极为枯燥。及吕思勉先生出，有鉴于此，乃以丰富的史识与流畅的笔调来写通史，方为通史写作开了一个新纪元。他的书是《白话本国史》四册。书中虽略有可议的地方，但在今日尚不失为一部极好的著作。又吕先生近著尚有《中国通史》二册，其体裁很是别致，上册分类专述文化现象，下册则按时代略述政治大事，叙述中兼有议论，纯从社会科学的立场上，批评中国的文化和制度，极多石破天惊之新理论。

　　张荫麟先生亦欲以极简洁的笔调，集合数人的力量，写一通俗的通史。不加脚注，不引原文，使有井水处，人人皆熟于史事。汉以前由张氏自撰，唐以后则属于吴晗先生，鸦片战后的社会变化则属于千家驹先生，中日战争则属于王芸生先生。惜其书未成。张氏所自撰的有《东汉前中国史纲》一册。张氏英年早逝，甚盼吴先生等能本其书的体例，完成其志愿。①

顾颉刚的这些话，扼要地反映了 20 世纪前 40 年有关中国通史编撰

---

① 顾颉刚：《当代中国史学》，上海：上海古籍出版社，2006 年，第 85 页。

的情况，值得重温。他对吕思勉的《白话本国史》和《中国通史》的推崇，是值得人们注意的。同时，顾颉刚也指出了一般性的通史所存在的问题，即"多属千篇一律，彼此抄袭"，"条列史实，缺乏见解；其书无异为变相的《纲鉴辑览》或《纲鉴易知录》之类，极为枯燥"等，确是编撰通史中应竭力避免的弊端。

从 20 世纪 50 年代至 60 年代，范文澜根据自己编著《中国通史简编》的情况，进行反思，在 1963 年写定《关于中国历史上的一些问题》这一长文，深化了对于中国历史的认识，也是对如何编写中国通史做了一个总结。他在此文的最后写道：

> 通史的工作是这样的艰难，要认真做好通史，就必须全国史学工作者很好地组织起来，分工合作，或研究断代史，或研究专史，或研究少数民族史（没有少数民族史的研究，中国历史几乎无法避免地写成汉族史），或研究某一专题，局部性的研究愈益深入，综合性的通史也就愈有完好的可能。以局部性的深入研究来帮助综合性的提高，以综合性的提高来催促局部性的再深入，如此反复多次，庶几写出好的中国通史来。①

范老的这些话，把编著中国通史的艰巨性和必要性都阐述得十分清晰，也给编著中国通史提出了更高的要求。

与此同时，翦伯赞根据 1961 年全国文科教材会议制订的计划，主编《中国史纲要》，作为高校文科教材。其间，他关于如何处理历史上的各种问题，有极为深入的思考，提出了许多富有创见的认识，并于 1963 年发表了《对处理若干历史问题的初步意见》这一名篇②，

---

① 范文澜：《范文澜历史论文选集》，北京：中国社会科学出版社，1979 年，第77 页。

② 参见翦伯赞：《翦伯赞史学论文选集》第三辑，北京：人民出版社，1997 年，第59～74 页。

就如何处理历史上的阶级关系、民族关系、国际关系，怎样对待发展观点、全面观点，以及人民群众和历史人物，经济、政治与文化的相互关系等问题，作了精辟论述。此文可以看作是60年代关于如何研究和撰写中国历史的经典之作。

可以认为，经过20世纪五六十年代的反思、探索和积累，关于中国通史的编撰正逐步走向更高层次的认识水平和学术境界。然而，"文化大革命"的十年使史学家们关于中国通史的研究和撰写都被迫停顿下来。翦老、范老相继去世，郭老主编的《中国史稿》也不得不中止了。20世纪中国史学家关于撰写中国通史的追求遇到了空前的挫折。正是在这个艰难的岁月，白寿彝先生开始酝酿关于中国通史的撰述工作。

二、神圣的历史使命

这里，我们要进一步考察白寿彝先生主持编撰中国通史的直接动因。正如清代史学理论家章学诚所说：

> 不知古人之世，不可妄论古人文辞也。知其世矣，不知古人之身处，亦不可以遽论其文也。①

章学诚说的是对待"古人"，所指的是"文"和"文辞"，但其间贯穿的有关批评的原则和方法，对近人和今人、对其他学术产品，应该都是适用的。

白寿彝先生撰写中国通史的想法，萌生于20世纪60年代，而在70年代升华为一个坚定的信念。对此，他在人们为他举行的九十

---

① 章学诚：《文史通义》卷三《文德》，叶瑛校注，北京：中华书局，1985年，第278～279页。

华诞的庆祝会上又一次讲到了这个问题，他说：

多卷本的《中国通史》的完成和出版，确实让我感到很激动。想起在 1962 年巴基斯坦史学会召开的国际学术讨论会……在会上，中国代表第一个宣读了学术论文。巴基斯坦的学者说，过去我们讲历史以欧洲为中心，现在我们要以东方为中心，用的教材是日本人编的。他们希望看到新中国史学家编出的教材来。1974 年我们又一次访巴，对方用的教材是林语堂编写的课本《我们的国家、我们的人民》。他们仍然没有看见新中国的作品。这两次访问，外国朋友对中国文化、对中国历史是这样重视，我感到吃惊，同时也为没有写出一个字而感到惭愧。从那时到现在，二十多个年头过去了，我们终于写出了自己的通史，终于可以宣布，我们有了新中国的历史书了。[①]

从这里我们可以看到，是一种什么样的历史条件，使他深感编撰一部完整的、能够满足外国学者要求的中国通史，是多么重要、多么紧迫。他还联想到，1972 年，周恩来总理在全国出版工作会议上提出编写中国通史的任务。他感受到一个史学工作者的神圣使命和重大责任。

1975 年，白寿彝先生在十分艰难的条件下，约请一些同行，开始了研究、编撰工作。从 1977 年至 1979 年，历时两年，白寿彝先生主编的小型中国通史即《中国通史纲要》完稿，并于 1980 年 11 月由上海人民出版社出版。按原先的设想，《中国通史纲要》一书是由外文出版社出版，面向外国读者，因此在写法上多有独特之处，如基本上不引用原始材料，尽可能不用或少用历史上的专用名词，表

---

① 白寿彝：《白寿彝教授在大会上的讲话》，载《史学史研究》1999 第 2 期。

述上力求明确、凝练，等等。不料上海人民出版社先行出版中文版后，立即受到社会的关注。到 20 世纪末，此书已是第 27 次印刷，累计印数达 94 万余册。目前已经出版的外文本有英、日、德、法、世界语等七八种版本，在国外也拥有广泛的读者群。

《中国通史纲要》的中文版，是一本只有 30 万字的著作。它在学术上和撰述上的成功，根本的一点，是恰当地把科学性和通俗性结合进来。白先生在谈到编撰《中国通史纲要》的体会时，有这样一些认识：

> 《中国通史纲要》是一本通俗的历史读物。所谓"通俗"，我们的理解是：第一，一般读者能够看得懂，容易理解。第二，历史专业工作者也可以读，而且在读了之后能够得到一些新的收获。因此，撰写通俗的历史读物，不是仅仅把现成的研究成果加以综合、复述就行了，也不是可以随意下笔、信手写来，而是应当下很大的功夫的。而这个功夫的尺度是：不仅视此为编书，更应视此为著书。这样想，这样做，使我们参与编著工作的同志都增强了事业心和责任感。
>
> 在这个思想的指导下，我们在编著《中国通史纲要》过程中力求做到这样几点：
>
> （一）把问题阐述清楚，凡笼统的概念、不可捉摸的词句以及陈言滥语，一概不写入本书。我们认为，这是通俗读物的一个首要条件。
>
> （二）不求面面俱到，而是立足于构思全书的体系，勾画出历史的轮廓，写出主要的问题。我们认为，通俗历史读物的另一个要求是轮廓鲜明，重点突出。因此，《中国通史纲要》在勾画历史轮廓时，是采用"粗线条"式的手法。因为只有"粗线条"，才来得清晰、醒目。《中国通史纲要》共有十章七十二个标题。可以说，每一个标题都是重点，都是重要的历史问题。尽管这

样，我们还是努力在这些问题中突出那些应当特别注意的问题。

（三）在文字表述上努力做到明白、准确、凝练。这是通俗读物在文字上的要求。为了达到这一要求，我们在编著《中国通史纲要》时，注意了这样几个问题：第一，一般不引用马克思主义经典作家的原话，而是体会它的原意，在叙述之中贯彻以马克思主义理论作为指导的原则。文字表述上的明白、准确、凝练，为的是给人们以科学的结论。在这方面，我们是颇费斟酌的。应当说，对文字表述上的这种要求，一是我国史学历来有这个传统，二是我们历史工作者应当具有这样的责任心。从史学传统来说，历史文学（这里指的是历史家对历史的文字表述）是我国史学的优良传统，这个传统当然应该首先在通俗的历史读物中反映出来。从历史工作者的责任来说，我们写出书来，不应仅仅是为了给历史工作者们看，而应是写给全体人民看的，这样才能充分发挥史学工作在教育上的作用。我们编著的《中国通史纲要》，只是在这方面也做出一个初步的尝试。编著《中国通史纲要》这样的通俗读物，对专业工作者来说，也是一个提高。本书从初稿到定稿，几乎全部改过。内容、结构、写法都有很大变化。这说明作者是下了功夫的，但也说明作者的认识水平是提高了。例如，仅《叙论》一章提出的地理、民族、年代三个方面的问题，就反复考虑了好几年才落笔的，而落笔之后又修改了多次才定下来的。把学术文化置于政治之后来写，把科学技术的发展和生产力的发展放到一起来表述，也是几经摸索才确定的。至于封建社会内部的分期，以及显示各个时期的阶段性的标志和特点，更是经过长时间考虑、多次改写才达到目前这个样子。其中甘苦，可以说是一言难尽。①

---

① 白寿彝：《编著〈中国通史纲要〉的一点体会》（瞿林东执笔），载《书林》1982年第3期。

本文之所以要如此详尽地论及《中国通史纲要》，一方面在于它产生了重大的社会影响，这一影响还在较大的范围波及海外；另一方面在于它反映了白寿彝先生对把握中国历史整体面貌之认识上的积极成果。1977年，他发表了长篇演讲《关于中国封建社会的几个问题》，其中讲到"中国历史上的国土问题，或者说是中国历史上的疆域问题"、"中国封建社会发展的阶段问题"、"中国封建社会史上统一和割据、集权和分权"等问题。1978年，他发表了《中国历史的年代：一百七十万年和三千六百年》，对中国历史发展的过程和阶段划分作了论述。此外，他还发表了两篇论纲式的短文，一是《关于中国封建社会的发展》(1984年)，二是《说豪族》(1987年)。① 白先生非常重视这几篇论文，他在《白寿彝史学论集·题记》中写道：

> 封建社会史在中国历史上占了很长的时期，对中国社会的发展有很重要的影响。封建社会的特点，在中国近现代历史里，应或多或少地保持着传统的地位。研究中国历史，一般地说，不能不研究中国封建社会史。现在，我把关于封建社会的几篇文章，也收到这里。《中国历史的年代》一文，是我对于中国社会发展及轮廓之总的看法，其中关于封建社会也写得比较多些。在《中国通史纲要》和《中国通史》第一卷里都写入了这篇文章，只是文字上有小的修改。现在也把它收在这里，以便接触到更多的读者，增加向大家请教的机会。

这一段简要、平实的文字，给人们留下很多的思考与回味：怎样看待中国历史？怎样撰写中国通史？为此，白寿彝先生殚精极虑，在前人的基础上，提出了自己独到的见解和系统的认识。

---

① 以上四文见白寿彝：《白寿彝史学论集》(上)，北京：北京师范大学出版社，1994年，第1～45页。

三、《中国通史》的成就

《中国通史纲要》的完成，也是多卷本《中国通史》撰述的起点。白先生决心编撰一部大型《中国通史》。值得注意的是：1979 年，白寿彝先生度过了他的 70 岁生日。一个学者，已经走过了 70 年的人生道路，他还能实现这个宏伟的愿望吗？这不能不说是一个严峻的挑战。白寿彝先生以其神圣的历史责任感和豁达、开朗的性格，平静地回应了这个挑战。他说出了一句极为平实却又极不平凡的话："我 70 岁才开始做学问。"这句话包含两层含义。一层含义是，他对中国进入了新的历史时期，感到欢欣鼓舞。他抚今追昔，感慨万千：青年时代是在战乱中度过的，中壮年时代是在运动中度过的；现在国家安定了，环境宽松了，不正是坐下来安心做学问的时候吗！另一层含义是，学无止境，以往的治学所得及种种成就，不过是为了新的攀登所做的积累而已。白寿彝先生是一位学识渊博的历史学家，他在 70 岁以前在中国思想史、中国交通史、中国伊斯兰教史、回族史、中国史学史等诸多研究领域均有建树。现在，他把这些都看作是新的起点的准备和积累。"70 岁才开始做学问"，这是时代的感召和学者的勇气相结合而生成的一种思想境界。在全国许多史学工作者的热情支持之下，白先生集众多史学名家的智慧和卓见，历时 20 年之久，终于完成了这部世纪性的史学工程：多卷本《中国通史》。

《中国通史》是一部巨著，它的主要成就体现在以下几方面。

(一)鲜明的理论体系

《中国通史》以唯物史观为指导，结合中国历史进程的实际，在深入研究的基础上，创造性地提出了关于中国历史发展的一些极为重要的理论认识。这些认识贯穿于全书之中，而在《导论》卷做了系统的和充分的阐述。《导论》包含 9 章，阐述了以下问题：统一的多民族的历史；历史发展的地理条件；人的因素，科学技术和社会生产力；生产关系和阶级关系；国家和法；社会意识形态；历史理论和历史文献；史书体裁和历史文学；中国与世界。其中大多属于历史理论范畴的理论问题，只有历史理论和历史文献、史书体裁和历史文学两个问题是属于史学理论范畴的理论问题。对这两类理论问题，《导论》卷都是以唯物史观的基本原则为指导，从中国历史和中国史学的发展中总结出来的：讲理论而不脱离史实，举史实而提升到理论，读来容易理解而多有启发。

——关于中国历史上的统一问题：认为统一的多民族国家是逐渐形成起来的，提出了统一的四个类型的论点，即单一民族内部的统一、区域性多民族的统一、全国性多民族的统一和社会主义的全国性多民族的统一。

——关于历史分期：认为分期问题的讨论不要局限于中原，要努力在全国范围内考察，应当从社会发展的不平衡的状态上掌握一个时期的整体性。提出了封建社会可以分为四个时期的见解，而分期的标准，应当考察生产力的发展、地主阶级身份的变化、农民阶级身份的变化、少数民族地区和广大边区的发展变化、中外关系的变化等综合考察的标准，这是在历史分期理论与方法上的一家之言。

——关于地理条件与历史发展：厘清了地理条件决定论和承认地理条件对历史发展有重大影响二者之间的界限，提出了中国地理条件的特点及其与中国历史发展的关系的理论认识，即地理条件的复杂性和经济发展的不平衡性，地理条件之局部的独立性和整体的统一性及其与历史上政治统治的关系，地理条件与民族、民族关系，地理条件的变化及其对社会的影响。

——关于生产者，科学技术和社会生产力：突出了直接生产者在社会生产力发展中的作用，提出了中国历史上的直接生产者在不同时代的不同特点；把科学技术作为生产力的一个方面看待，把科学技术和生产力问题作为中国历史之基本理论看待，这在当代历史编纂上都是少见的。

——关于生产关系、阶级结构：提出了封建社会中多种生产关系的并存、封建社会阶级结构的等级，以及地主阶级在封建社会的社会矛盾中之居于矛盾的主要方面的论点，并把世家地主、门阀地主、品官地主、官绅地主视为封建社会中地主阶级变化的四个阶段。

——关于国家职能：全面阐述了国家职能，即国家不仅具有统治职能，还具有社会职能；认为简单地把剥削掌权的国家看成是一无所取，是不符合历史情况的。

——关于中国与世界：阐述了中国历史发展之连续性的两个主要方面，一是中国作为一个政治实体在其发展过程中未曾为外来因素所中断，二是中国文明在文化发展上也未曾有断裂现象，同时阐述了中国史在世界史中的重要性。

以上几个方面，都程度不同地显示了该书在理论上的创新。

(二)内容丰赡，资料翔实

《中国通史》包含经济、政治、民族、军事、文化、中外关系、历史人物等多方面内容，史料翔实，读来使人产生厚实、凝重之感。尤其值得提到的是：它把各少数民族的历史都放在中国历史进程的大背景下加以阐述，充分肯定前者在后者之中的重要位置，充分肯定多民族共同创造中华文明的历史业绩；它把科学技术同生产力的发展状况结合起来阐述，反映出科学技术在推进生产力发展方面的重要作用；它展现出从先秦至近代各个历史时期的人物群像，使中国历史更加生动地、更加引人入胜地展现在读者面前。如第十二卷《近代·后编》的传记部分，就写出了50多人的传记，他们是：毛泽东、周恩来、刘少奇、朱德、李大钊、瞿秋白、李立三、张闻天、宋庆龄、陈独秀、王明、蒋介石、胡汉民、孔祥熙、宋子文、张群、何应钦、李宗仁、白崇禧、曹锟、吴佩孚、段祺瑞、张作霖、孙传芳、阎锡山、邓演达、李济深、冯玉祥、张澜、黄炎培、沈钧儒、谭平山、章伯钧、罗隆基、张君劢、陈嘉庚、汪兆铭(精卫)、虞洽卿、荣宗敬、荣德生、范旭东、蔡元培、胡适、梁漱溟、郭沫若、邹韬奋、陶行知、冯友兰、张东荪、李四光、华罗庚、鲁迅、沈雁冰(茅盾)、徐悲鸿、齐白石、梅兰芳、周信芳等。至于资料的翔实，各卷都很突出，同时也各有特点。以第八卷《元时期》为例，其"序说"部分凡八章，依次是：汉文资料；蒙、藏、回鹘文资料；国外资料(含波斯文资料、阿拉伯文史料、欧洲文字史料、亚美尼亚文资料、叙利亚文史料、俄文和日文资料)；明清两代的元史著述；20世纪20年代以后元史研究的进步；新中国成立以来的"蒙元"史研究；国外的"蒙元"史研究；本书编写旨趣。这240页的文献概述，足以表明本书编撰的坚实的史料基础。

(三)体裁新颖而具有民族风格

白寿彝先生是研究中国史学史的著名学者，他吸收了中国古代多种史书体裁的形式，并以新的历史观念、新的认识水平，制定了一种"新综合体"用于《中国通史》的编撰。全书除第一、二卷外，其余十卷都各包含四个部分：甲编为序说，阐述有关历史时期的历史资料、研究状况、存在问题和本卷撰述旨趣。乙编为综述，阐述有关历史时期的政治、军事、民族等方面的重大事件，勾勒这个时期历史进程的轮廓，便于读者明了历史发展大势。丙编为典志，阐述有关历史时期的各种制度及相关专题，丰富读者对"综述"部分的认识。丁编为传记，记述有关历史时期的各方面代表人物，展现"人"在历史运动中的能动作用和历史地位，进一步丰富了读者对"综述"和"典志"的认识，从而增强了历史感，所生兴味更加浓厚，所得启示更加深刻。概括地说，"序说"是研究的起点、撰述的基础，"综述"是纲，"典志"是目，纲举目张，而"传记"则是贯穿于纲目之间的主体。20世纪以前，中国史书多以纪传体、编年体、典志体、纪事本末体四种体裁为主要表现形式；20 世纪以来，章节体逐渐代替了上述各种体裁。《中国通史》采用章节体的形式而注入纪传体等传统史书体裁的特点，把古今史书体裁的长处结合起来，形成一种"新综合体"，从而容纳了极为丰富的历史内容，也活泼了历史编撰形式，使其具有突出的民族风格。这不仅给人以耳目一新之感，更重要的是使人对中国历史可以有一个全局的、立体的、动态的认识。白寿彝先生创立这种"新综合体"，不仅有学术上的原因，而且也反映了他对历史的深刻认识。1981 年，他在讲到"史书的编撰"的时候，对史书的体裁发表了十分开阔的议论，可以看作是对刘知幾、章学诚之论史书体裁的新发展。其中有一段话是这样讲的：

> 历史现象是复杂的，单一的体裁如果用于表达复杂的历史进程，显然是不够的。断代史和通史的撰写，都必须按照不同的对象，采取不同的体裁，同时又能把各种体裁互相配合，把全书内容融为一体。近些年，也许可以说近几百年，我们这个传统没有得到很好的发扬，因而我们的历史著作，在很大程度上不能表达更为广泛的社会现象。就专门史来说，体裁的问题，比写通史要简单一些，但单一的形式还是不行的。今天我们要采用综合的体裁来写历史，不只是要吸收古代历史家的长处，还应该超过他们。①

可以这样说，《中国通史》所采用的体裁，就是上述认识在历史编撰上的一次成功的实践。这一认识和实践，就其本质来说，具有广泛的意义。

---

① 白寿彝：《白寿彝史学论集》（上），北京：北京师范大学出版社，1994 年，第525 页。

（四）反映了最新的学术成就

《中国通史》各分卷主编，多是有关研究领域的著名学者，而他们又约请了许多专史研究的学者参与撰述。《中国通史》的编撰，有500多位作者参与，可谓人才之荟萃，史识之检阅，故在学术水平上反映了20世纪八九十年代的最新成就。如第一卷《导论》对有关理论问题所做的系统论述，是目前关于中国历史之理论认识的最有分量的著作。如第二卷《远古时代》，吸收了20世纪以来考古发现的重要成果，重构了对中国远古时代历史的认识，是历史研究同考古研究相结合的最重要的成果之一。又如，各卷的"序说"，是学术性极为突出、要求十分严格的一项内容，撰述之难可以想见；《中国通史》第三卷至第十二卷对此都有独到的阐述，具有很高的学术史价值。再如，各卷"综述"对大事的提纲挈领，"典志"对专题的钩稽爬梳，"传记"对历史人物的抉择去取和描述评论等，许多地方都反映出著者的卓识。举例来说，第四卷对秦汉社会形态的深入分析，显示了该卷的突出成就，尤其是"对秦汉阶级结构和土地所有制等级特点的分析，是该书的一大特色，也是全书最精彩的部分之一"[①]。与此相类似，第五卷的典志编有专章论述"门阀制度"，"取得一系列重要的成果"，指出"中国中古的门阀制度，整个看来，最主要的特征在于按门第高下选拔与任用官吏；至于士族免徭役，婚姻论门第，'士庶之际，实自天隔'等特征，都是前者派生出来的"[②]。这对认识门阀制度的特点有重要启示。第九卷中关于"阶级结构"一章，也被认为是"较有理论水平的论著"，它阐明了"明中叶以后社会的变化是人们对旧的社会等级观念的变化，而不是等级社会结构的根本改变"[③]，

---

① 林甘泉：《继承·探索·创新——读〈中国通史〉第四卷》，载《史学史研究》1997第2期。

② 陈琳国：《写出三国两晋南北朝的历史特点和历史地位——多卷本〈中国通史〉第五卷读后》，载《史学史研究》1997年第3期。

③ 习之：《读〈中国通史·明时期〉卷》，载《回族研究》1999年第3期。

这对认识明代社会面貌是很重要的。再有，第七卷关于统一的多民族国家的历史在撰述上的处理，也颇具新意且内涵深刻。本卷包含五代、辽、宋、夏（西夏）、金各朝，是一个多民族活跃的时期。著者遵循这一撰述思想："撰写统一的多民族国家的历史，还是要把汉族的历史写好，因为汉族是主体民族。同时，也要把各民族的历史适当地做出安排，这是我们必须尽量克服的难点。"①该卷的撰写，在这方面做出了可贵的努力。凡此，不一一枚举。

四、《中国通史》的价值

《中国通史》具有重要的学术价值和社会价值，对此，我们至少可以从两方面去估量，一方面是政治家的评价，另一方面是史学家的评价。江泽民同志致白寿彝教授的信，鲜明地表达了政治家的评价，他写道：

> 您主编的二十二卷本《中国通史》的出版，是我国史学界的一大喜事。您在耄耋之年，仍笔耕不辍，勤于研究，可谓老骥伏枥，壮心未已。对您和您的同事们在史学研究上取得的重要成就，我表示衷心的祝贺！

> 以史为鉴，可以知兴替。中华民族历来重视治史。世界几大古代文明，只有中华文明没有中断地延续下来，这同我们这个民族始终注重治史有着直接的关系。几千年来，中华文明得以不断传承和光大，一个重要原因就是我们的先人懂得从总结历史中不断开拓前进。我国的历史，浩森博大，蕴含着丰富的治国安邦的历史经验，也记载了先人们在追求社会进步中遭遇

---

① 陈振：《谈谈白寿彝先生史学思想中的民族平等思想——主编〈中国通史〉第七卷的一点体会》，载《史学史研究》1998 年第 4 期。

的种种曲折和苦痛。对这个历史宝库，我们应该运用历史唯物主义的观点不断加以发掘，在前人研究的基础上不断作出新的总结。这对我们推进今天祖国的建设事业，更好地迈向未来，具有重要的意义。

中华民族的历史，是全民族的共同财富。全党全社会都应该重视对中国历史的学习，特别是要在青少年中普及中国历史的基本知识，以使他们学习掌握中华民族的优秀传统，牢固树立爱国主义精神和正确的人生观、价值观，激励他们为中华民族的伟大复兴而奉献力量。我一直强调，党和国家的各级领导干部要注重学习中国历史，高级干部尤其要带头这样做。领导干部应该读一读中国通史。这对于大家弄清楚我国历史的基本脉络和中华民族的发展历程，增强民族自尊心、自信心和奋发图强的精神，增强唯物史观，丰富治国经验，都是很有好处的。同时，我们也要学习和借鉴外国历史。历史知识丰富了，能够"寂然凝虑，思接千载"，眼界和胸襟就可以大为开阔，精神境界就可以大为提高。我提倡领导干部"讲学习、讲政治、讲正气"，而讲政治、讲正气，也是要以丰富的历史知识作基础的。

我相信，这套《中国通史》，一定会有益于推动全党全社会进一步形成学习历史的浓厚风气。①

这里引用了信的全文，读者从中可以看到：江泽民同志热情赞扬了白寿彝教授的史学工作，对中国史家的治史传统给予高度评价，对中华民族的历史及其在现实历史运动中的伟大意义作了精辟的论述，对《中国通史》的出版的重大社会意义作了充分的肯定。我们相信，随着时间的推移，这封信的理论意义和现实意义必将更加突出地显

---

① 江泽民：《中共中央总书记江泽民给白寿彝同志的贺信》，载《史学史研究》1999年第 3 期。

示出来。

作为一部历史巨著，《中国通史》同许多鸿篇巨制一样，或许还存在一些不足之处，甚至也难免有个别的讹误，但它的成就、价值和影响，却是目前无可替代的。可以相信，它将愈来愈受到人们的重视。对此，史学家们已有许多评论见于报刊和专书。其中，戴逸教授的评论具有一定的代表性，他在祝贺《中国通史》全部出版的大会上指出：

> 白老是老一辈史学家，现已 90 高龄，可说是鲁殿灵光，岿然屹立，是我们的表率。尤其令我们钦佩的是，以 90 高龄完成《中国通史》巨著。这是一部空前的巨著，是 20 世纪中国历史学界的压轴之作。这是白老心血所萃，是对学术界的重大贡献，是他献给本世纪（20 世纪）的珍贵礼物。对这部书应该给以极高评价。

戴逸教授强调，《中国通史》在撰述上"最全面、最详尽、最系统，是真正的通史"。"它时间跨度最大，从远古时代一直到 1949 年。它内容最丰富、最全面，包括政治、经济、文化、民族、地理环境、典章制度、科学技术，几乎无所不包。它纵通横通，是真正的通史，改变了以往许多只有历史事件和制度，偏而不全，略而不详的缺点。""这是一部高质量、高水平的通史。这部通史不仅详细而且有创新，在吸收已有研究成果基础上又向前推进。"他赞扬白先生为编写这部书做了充分的理论上、学术上的准备，又组织了当代许多名家参与写作。用集体的智慧和力量，完成这一巨著。《中国通史》在"体例上吸收了传统纪传体史书和近代章节体史书之长，……创建新的综合体，既能反映历史规律性，又能反映历史的丰富性，大大开拓了历史的广度和深度。在中国史学史上是要大书一笔的。"戴逸教授还指出《中国通史》的其他一些特色：第一是《导论》卷集中阐述理论问题，提纲挈领，理论色彩浓。第二是民族问题讲得深入，占的比重大，反映了中国多民族统一国家的全貌。第三是"序说"部分是一个创造。讲历史最重要的是要言之有据。"序说"非常详细地介绍史料，包括文献的、考古的，有当时人的，也有后人的，既提供原始材料，又讲研究状况，把读者直接带到这一段历史研究的前沿。今后写通史、断代史、专史，都可借鉴这一做法。①《中国通史》在这方面的价值，在中国史学的发展上，将长久地发挥出它的积极作用。

《中国通史》全部出版后一年左右，白寿彝先生于 2000 年 3 月 21 日安详辞世。在他身后，矗立着多卷本《中国通史》和他的多种著作。这是一座史学丰碑。白寿彝先生总主编的《中国通史》，是 20 世纪中国几代史学家编撰中国通史的总结性和创造性相结合的巨著，它开辟了 21 世纪中外读者认识中国历史和中华文明的新途径。

---

① 参见许殿才：《七十年心血铸就的丰碑——"祝贺白寿彝教授从事学术活动七十周年暨多卷本〈中国通史〉全部出版大会"侧记》，载《史学史研究》1999 年第 3 期。

关于多卷本《中国通史》的编撰工作[*]

新中国成立以来，一部规模最大的多卷本《中国通史》，正在有条不紊地、积极地编撰当中。这部大型《中国通史》，由北京师范大学白寿彝教授发起和主编，我国历史学界、考古学界、科学技术界的许多学者和专家参加编撰工作。多卷本《中国通史》全书 14 卷，43 分册，约一千二百万字（最后两卷字数另计）。其总目如下：

第一卷 导论 1 册。

第二卷 远古时代 1 册。

第三卷 上古时代 3 册。

第四卷 中古时代·秦汉 2 册。

第五卷 中古时代·魏晋南北朝 4 册。

第六卷 中古时代·隋唐 4 册。

第七卷 中古时代·五代宋夏辽金 4 册。

第八卷 中古时代·元 4 册。

第九卷 中古时代·明 4 册。

———————
* 原载《历史教学》1985 年第 5 期。

第十卷 中古时代·清 6 册。

第十一卷 近代·前编（1840—1919）4 册。

第十二卷 近代·后编（1919—1949）4 册。

第十三卷 大事编年 1 册。

第十四卷 图版 1 册。

最近一两年来，国内外有些同行和读者，对编撰多卷本《中国通史》的工作表示关切。承《历史教学》月刊编辑部之约，并受《中国通史》编委会秘书组的委托，我就多卷本《中国通史》编撰工作中的几个问题，做一点介绍。

一、从构想到编撰

关于多卷本《中国通史》的构想，经历了一个比较长的过程。在这个过程中，有几个方面的原因对促成这种构想起了直接的作用。

国际上友好人士提出的要求。1962 年，白寿彝教授在达卡参加一个国际史学家会议。会议期间，有的外国朋友说：过去我们讲历史，是以欧、美为中心；现在我们要多讲东方尤其是要多讲中国的历史。可是我们没有书，不好办。国际友人的态度是很友好的，要求也是善意的，但我们在撰述中国通史的工作上还不能满足他们的这种要求。1974 年，白寿彝教授访问巴基斯坦，史学界的朋友又纷纷打听关于中国史的新著。这距离上次史学家会议整整 12 年了，但中国学者正经历着"文化大革命"，不可能拿出什么新的成果来。作为历史学家，白寿彝教授无言可对，感到心里很难过。在这样的场合，任何一位有责任心的中国历史学者，都会产生这样的心情。

党和国家领导人的希望。1971 年，第二次全国出版工作座谈会召开了。周恩来总理在会上提出来要写一部中国通史。这在当时来说，对历史学界是一个很大的鼓舞。从后来所见到的报道看，毛泽东在"文化大革命"中，曾派人给范老传话，"中国需要一部通史"，"通史不光是古代、近代，还要包括现代"①。这说明毛主席和周总理都关心中国通史的撰述。

周总理的指示和国际友人的要求，使我国史学工作者产生了一种紧迫感。白寿彝教授在跟一些同行酝酿编写中国通史的工作时，大家认为，中国是一个具有悠久历史文明的世界大国，没有一部大型的中国历史著作，这同中国的历史是不相称的，同中国的国际地位也是不相称的。大家认为，我国老一辈马克思主义史学家郭沫若、范文澜等同志，都十分重视研究和撰述中国通史的工作，曾分别主持出版过几种中国通史，但都没有出齐。一方面，要把这几种通史的撰写工作继续下去，直到最后完成；另一方面，也需要把他们开创的马克思主义的中国通史事业加以发扬光大。

经过一段相当长的酝酿过程，白寿彝教授打算约请一些同志，陆续编写大型的、中型的、小型的三种中国通史。编撰工作从 20 世纪 70 年代中期开始，先从编撰中型的中国通史入手。经过两年多的时间，写出了二百几十万字的一部草稿。经过讨论，大家不满意，用白寿彝教授的话说，叫作"题无特色，文无新意"。出于高度的责任心，中型的中国通史虽然暂时搁下了，但却从中获得了认识上和撰写工作上的经验。于是，从 1977 年开始筹划撰写小型的中国通史。这就是 1980 年上海人民出版社出版的《中国通史纲要》（以下简称《纲要》）。这部不到 30 万字的《纲要》，整整写了三年，经过数十次的讨论和修改，在内容上和体例上都有一些新的考虑。《纲要》出版以来，已经印刷六七次，累计印数在 50 万册以上。外文出版社先后出版了《纲要》的英、日、西班牙等版本，世界语和法文、德文版也正在翻译中。国外有的高等学校已把《纲要》作为中国史教材。现

① 参见《范文澜历史论文选集》所附《范文澜生平年表》，北京：中国社会科学出版社，1979 年，第 376 页。

在，中、外不少读者都希望《纲要》的续篇（即 1919 年至 1949 年的中国历史部分），能早些出版。预计，这一部分的撰述工作将在今年（1985 年）完成。

小型的中国通史的编撰和出版，为编撰大型的中国通史进一步提供了经验，也进一步丰富了对于多卷本《中国通史》的构想。这一构想可以从小型的中国通史和大型的中国通史之间的联系和区别中看得很清楚。白寿彝教授认为：《中国通史纲要》的目的，是勾画中国历史的大的轮廓，讲清基本线索和重要问题，要有新观点、新见解，要把科学性和通俗性结合起来；而多卷本《中国通史》的任务，是要对 170 万年以来，特别是 3600 年以来的中国历史进程做系统的和详尽的阐述，要包含极其丰富的内容，并使这些内容能够以较好的形式表现出来。许多同行对这一构想很支持，表示乐于参加这部大型的中国通史的编撰工作。

多卷本《中国通史》各卷的编撰工作，从 1982 年起陆续铺开了。在这个过程中，本书主编和各卷主编在组织编撰队伍、制订各卷编撰提纲等工作中，都付出了辛勤的劳动。现在，多卷本《中国通史》的第一卷已经定稿，第三、五、六、八、十等卷已接近完成，其余各卷也在加紧撰写。从今年或明年起，它的部分卷、册就将陆续和读者见面。

二、三个鲜明的特点

多卷本《中国通史》是一部规模宏大的著作。但是，规模大并不足以说明它在编撰上的要求和特点。多卷本《中国通史》在编撰上的总的要求是：以马克思主义、列宁主义、毛泽东思想为指导，结合历史资料，分析和表述中国历史的发展过程及其规律，包含各历史时期的特点，历史发展过程中各方面的相互关系、代表人物和人民群众的历史作用。应避免堆砌史料，也应避免以经典著作中的词句代替具体的历史表述。在这个总的要求之下，多卷本《中国通史》有三个鲜明的特点。

第一个特点：它参照古今史书体裁优点，采用一种新的综合体裁。具体说来，全书除第一卷、第二卷应按具体情况分别处理外，一般都分为"序说"、"综述"、"典志"、"传记"四个部分。

"序说"，包括有基本史料的论述，研究概况的论述，本卷的编撰意图和要旨。

"综述"，对各个历史时期的民族关系，政治、军事大事和社会发展的基本情况进行论述。对每一个时期的历史发展，可以划分为若干阶段，在每一阶段内部，可以根据具体情况采用纪事本末体的形式进行表述。"综述"的开端，可以总论这一时期总的发展形势，结尾可以论述一下历史发展的趋势。各卷还注意到开端和末尾跟前后两卷联系起来。

"典志"，是关于经济、政治、军事及法典等制度的撰述。这一部分将包括必要的专门论述，有很大的容量，也有很大的灵活性，不必求全责备。"典志"这个名称，曾经有些同志提出用"分论"、"专论"等称法，也曾一度采用刘向"别录"的旧称，最后还是认为用"典志"这个名称比较恰当。

"传记"，主要是各方面代表人物的传记。创业的君主、割据地方的首脑人物（旧史所称"世家"）、"载记"中的人物也可以按具体情况，考虑立传。此外，对于那些能反映代表社会某一方面的发展的情况，但不属于社会制度，不便列入"典志"的，也可以写出类传，如文学传、艺术传之类。人物传记，历来是我国史书中的一个重要组成部分。近几十年，我国的历史著作不大重视写人物，从中更看不到完整的人物形象。有一个时期，甚至还有意地尽量回避对历史人物的表述，怕被说成是英雄史观的表现。但历史毕竟是由人的活动所构成的，有人民群众的活动，也有杰出人物的活动。这是不应回避，也回避不了的。从史学的社会目的来看，我们讲述历史、撰写历史容易引起人们兴趣，具有比较突出的社会效果的，主要还是各方面人物的传记。中国史学上有写历史人物传记的优良传统，多卷本《中国通史》把"传记"列为重要部分，也是试图继承这个优良传统。

这四个部分，包含着史论、编年、纪事本末、典志、传记等多种体裁，故谓之"综合体"。这是从各卷的情况来说的。从全书来说，第一卷是历史理论，第二卷是大量的图和说明这些图的文字表述。第三卷至第十二卷都包含"序说"、"综述"、"典志"、"传记"，这是更广阔的"综合体"。所谓"新综合体"者，是为了区别于传统的纪传体那样的旧综合体。

多卷本《中国通史》采用这种新综合体裁，主要有两个考虑：(1)中国史书的传统体裁很丰富，这是中国史学遗产的一个重要方面，批判地继承这一部分遗产，将有利于扩大我国马克思主义史学的表现形式，促进我国的历史科学朝着具有"中国作风和中国气派"的方向发展。(2)历史现象是复杂的，单一的体裁如果用于表述复杂的历史进程，显然是不够的。因此，史书的编撰，应按照不同的对象，采取不同的体裁，同时又能把各种体裁互相配合起来，使全书融为一体。多卷本《中国通史》在编撰体裁上的创造性的尝试，受到史学界许多同志的重视。

第二个特点：它在"通"的方面，有明确的要求。作为通史，一方面，要求全书各卷之间脉络贯通，要求于阐述沿革流变之中体现"通"的精神，体现历史发展的规律。另一方面，要求每一卷阐述各个历史时期中国社会诸因素间的关系，包含生产力、生产关系和上层建筑之间的关系，各民族相互之间的关系，也要求各卷阐述中国和世界的关系，包含中国各个历史时期在世界史上的地位，中国与外国的往来和经济文化的交流，以及中外社会历史之比较研究。此外，在年代上，它始于远古，迄于中华人民共和国的成立，这也是它在"通"的方面不同于现有许多中国通史著作的地方。

第三个特点：它在历史分期上，把马克思主义关于人类历史发展阶段的理论跟中国历史的特点结合起来。多卷本《中国通史》把中国历史划分为远古时代（第二卷）、上古时代（第三卷）、中古时代（第四卷至第十卷）和近代（包括第十一卷，近代·前编，1840—1919 年；第十二卷，近代·后编，1919—1949 年）四个阶段。中古时代各卷的划分，则注意到中国封建社会一些重要皇朝之历史的完整性和中华民族这一部分历史的特点。

多卷本《中国通史》在编撰上的特点并不限于以上三个方面。例如，它强调把兄弟民族的历史作用在全国历史发展上的地位明确起来，以阐明中国历史是多民族共同缔造的历史；它重视科学技术在中国历史进步中所起的积极作用，提出了全书科学技术史部分的撰写在内容上要注重科学性、全面性和系统性的要求，并专门组成《科学技术志》编写组，等等。这些也都具有鲜明的特点。

三、盛大的学术协作

多卷本《中国通史》规模大，体裁新，特点鲜明，但是，这样一个宏大的工程，绝不是少数人在短时期内所能完成的。作为编撰这部大型《中国通史》的发起人和总主编，白寿彝教授从酝酿的时候起，就得到一些著名史学家和许多史学工作者的关注和支持。几年来，我们深深感到：社会主义制度下我国史学工作者共同的奋斗目标和团结一致的精神；党的十一届三中全会以来，史学工作者对民族、对国家的责任感和对史学工作的事业心愈来愈强烈；老一辈史学家之间的诚挚友谊和他们在研究工作上的互相支持与激励，中、壮年史学工作者的开拓精神和敢于挑重担子的勇气，等等。这些条件，使多卷本《中国通史》的编撰工作成为我国史学工作者的一次盛大的学术协作。著名史学家侯外庐热情地担任全书编撰工作的顾问，多次同白寿彝教授筹划、切磋有关多卷本《中国通史》的工作。全书编委会由著名史学家邓广铭、王振铎、邱汉生等和各卷主编组成，白寿彝教授任主任委员。第一卷至第十二卷的主编人是：第一卷，白寿彝主编；第二卷，苏秉琦主编；第三卷，白寿彝、徐喜辰、杨钊主编；第四卷，白寿彝主编；第五卷，何兹全主编；第六卷，史念海、陈光崇主编；第七卷，陈振主编；第八卷，陈得芝主编；第九卷，王毓铨主编；第十卷，周远廉、孙文良主编；第十一卷，林增平、章开源、龚书铎主编；第十二卷，王桧林主编。这里，既有德高望重的老一辈名家，也有成绩斐然的中、壮年学者。这样一个编委会，是很令人鼓舞的。

还有一些名家和学者，也热情地为多卷本《中国通史》撰稿，他们当中有王静如、周一良、胡厚宣、张政烺、孙秉莹、万九河、斯维至、韩国磐、田余庆、安作璋、高敏、陈述等几十位教授、研究员、副教授、副研究员。

尤其要提出的是，有些研究机构慨然把多卷本《中国通史》中的某些需要撰写的部分，直接列入本机构的研究计划，并作为重点项目对待。如中国科学院自然科学史研究所，把多卷本《中国通史》各卷的"科学技术志"的编写工作纳入本所的科研计划；河南社会科学院历史研究所，把第七卷纳入本所的科研计划；北京师范大学历史系魏晋南北朝史研究室，把第五卷作为近期的主要科研项目；陕西师范大学历史系唐史研究所，把第六卷的撰写工作作为近期的主要工作；南京大学历史系元史研究室，也把第八卷的编写工作跟本室的科研计划统一起来；北京师范大学历史系中国现代史教研室，在教学工作繁忙的情况下，也将把第十二卷的编写工作作为今后三四年中的主要科研任务；北京师范大学史学研究所，将自始至终把协助白寿彝教授作好全书的组织工作、联络工作视为本所主要工作。

这里，我不便过多地占用《历史教学》杂志的宝贵的版面，来叙述在这个过程中已经出现的一些动人之事，感人之言。我只是通过上面那些介绍性的叙述来说明：多卷本《中国通史》的编撰工作，的的确确是我国历史学、考古学、文博学、自然科学史等方面的学者、专家的盛大的学术协作和联合攻关；这支编撰队伍的形成，从一个侧面反映了近几年来我国学术工作者为发展我国的历史科学事业的进取精神和现实可能性。当然，编撰这样一部大型的中国通史，还会遇到不少的困难。但是，有了这样一支编写队伍，可以相信，困难是会被一一克服的，这项大的历史撰述工程是能够获得成功的。

多卷本《中国通史》的编撰工作，一直得到中国社会科学院、教育部的支持，得到全国许多高等学校和研究机构的支持，得到上海人民出版社的支持，得到其他方面许多同志的支持。1983年，它先后被全国历史学科规划会议列为全国重点研究项目和教育部重点研究项目。新华社、中国国际广播电台、全国许多报刊先后报道了多卷本《中国通史》的编撰工作。对此，主编白寿彝教授曾一再说："这是对我们的鼓励，也是对我们的鞭策。我们一定要加紧工作，不辜负各方面同志们的希望！"

通史撰述之志与封建社会史论[*]

——读《白寿彝文集》第一卷

2008 年 12 月，河南大学出版社出版了 7 卷本《白寿彝文集》（以下简称《文集》）。2009 年 2 月，是白寿彝先生 100 周年诞辰，《文集》的出版，自是对先生最好的纪念。

《文集》第一卷，收录了白先生"论中国通史"的有关文章和讲话 6 篇，"论中国封建社会"的有关文章和讲话 7 篇，以及撰于 20 世纪 40 年代的《秦始皇帝》。读了《文集》第一卷，我想就先生的通史撰述之志与封建社会史论讲几点认识。

一、通史撰述之志的由来

中国史学有"通古今之变"的优良传统，在古代，司马迁《史记》和司马光《资治通鉴》最负盛

---

* 原载《史学理论与史学史学刊》2009 年卷。

名。20 世纪伊始，梁启超、章太炎等在倡导"新史学"时，亦以撰述"中国通史"为其核心内容之一。此后，几代中国史学家，在百年之中写出了百余种中国通史。1994 年，范文澜、蔡美彪所著 10 卷本《中国通史》问世；1999 年，白寿彝总主编的 12 卷、22 册《中国通史》出版，把近代以来中国史学家通史撰述之志推进到了一个新的阶段，这是中国史学界的幸事，也是中国国民的幸事。

在 20 世纪百年中，史学家关于中国通史的撰述，各有其因，归根到底，都是时代的要求。白寿彝先生的通史撰述之志的产生和日渐强烈，同样也是时代使然。1983 年 3 月，白先生在高等院校古籍整理规划会议上的发言，对此做了简要的回忆，他说：

> 大概在 1971 年，开了第二次全国出版工作座谈会。周总理在会上提出来要写一部中国通史。后来，国家出版局为此组织了两次写作班子，都没有成功。当时，我正在中华书局参加二十四史标点的工作，没有参与编写中国通史的事，但也引起我对 1962 年在达卡召开的国际史学家会议的回忆。在那次会议期间，巴基斯坦的朋友曾说："过去我们搞历史，是以欧美为中心，现在我们是以东方为中心。我们要大讲中国的历史，可是我们没书，不好办。"人家的态度很友好，但我们的工作跟不上。1974 年，我在巴基斯坦又遇到史学界的朋友，人家打听关于中国史的新著。这距离上次的史学家会议整整 12 年了，我们还没有拿出成果，心里很难过。①

从这个谈话中可以看出，20 世纪六七十年代，编撰中国通史，既有国内的需要，也有国际上同行的要求。白先生作为一个有高度责任

---

① 白寿彝：《古籍整理和通史编纂》，《白寿彝文集》第一卷，郑州：河南大学出版社，2008 年，第 173 页。

感的历史学家，"心里很难过"这句话，实在有太多的感受、太重的分量。当然，这也成了白先生通史撰述之志的根本原因。此外，根据我的粗浅认识，这同白先生自身在学术上的特点和修养有密切的关系。这至少有三个方面的原因：第一，白先生在新中国成立初期，先在中央大学讲授中国通史，而后在北京师范大学历史系，在侯外庐先生指导下，从事中国通史教学改革的探索①，这两次经历尤其是第二次经历，不能不对白先生的学术思想产生影响。第二，白先生从 20 世纪 30 年代末从事中国史学史教学，五六十年代致力于中国史学史研究和教学，对于中国史学上"通古今之变"的传统和历史编纂的旨趣和方法，自有独到的见解。第三，白先生在学术上的气魄和待人的宽厚，有可能组织起来一个有力的学术群体去实现共同的目标。正是这样的学术特点和学术修养，促使他在通史撰述问题上有一种自觉的敏感和强烈的愿望。这也就是他所说的"史学工作者出其所学，为社会服务，这是我们的天职，不容推脱"②。在这里，客观需要和主观条件的吻合，乃是实现某种社会要求或个人愿望的重要基础。

二、中国历史的年代和分期

自司马迁著《史记》始，撰写通史就有了叙事起讫与断限的问题。近代以来，尤其是 20 世纪以来，中国通史的起讫年代和历史分期更是备受关注，而且众说纷纭，至今仍有争论。对此，白先生十分重视，并且提出了自己的见解。他在 1978 年发表的《中国历史的年代：

---

① 参见刘淑娟：《侯外庐同志在北京师范大学历史系》，载《史学史研究》1982 年第 3 期。

② 白寿彝：《中国史学史》第一册，上海：上海人民出版社，1986 年，第 42 页。

一百七十万年和三千六百年》①，是一篇关于中国通史起讫年代和历史分期的重要文章。根据这篇文章的观点，作者把距今170万年至距今约5000多年，称为"远古时期"即原始社会时期。公元前21世纪至公元前16世纪是传统说法的中国历史上第一个朝代夏朝，此时中国历史已进入奴隶制社会。白先生认为，尽管考古工作者为此做出了许多努力，以探明夏朝的历史，但至今我们所知道的仍是传说中的夏朝。作者强调"三千六百年"，是因为这时已经有了商朝甲骨文可以作为有力的证据。从公元前16世纪到公元前11世纪的商朝，以及从公元前11世纪到公元前771年的西周，都是奴隶社会。而从公元前770年到公元前221年，史称东周初年和春秋战国时期，是奴隶社会逐渐解体，封建社会逐渐形成时期。值得注意的是，白先生把奴隶制社会向封建制社会的过渡，看作是一个漫长的历史过程。

白先生关于中国历史的分期，其独到的见解，主要反映在封建社会内部分期方面。他认为："公元前221年，秦始皇建立了第一个皇朝，同时也标志着封建制在全国占支配地位的时代开始了。""从公元前221年到公元220年，中间经历了秦、西汉和东汉三个皇朝，是中国封建社会的成长时期。"这个时期，世家地主"在地主阶级中占有支配地位"。"从220年到907年，中间经历了三国、西晋、东晋、南北朝的分裂时期和隋唐皇朝，是中国封建社会的发展时期。"这个时期，门阀地主在地主阶级中占有支配地位。"从907年到1368年，是中国封建社会的进一步发展时期。在这个时期，先有五代十国，继有辽、西夏、金跟北宋、南宋的分立，后有元的统一。"这一时期，势官地主在地主阶级中占有支配地位②。"从1368年到1840年，经历了明朝及清朝的大部分年代，是中国封建社会的衰老时期。"这个

---

① 白寿彝：《中国历史的年代：一百七十万年和三千六百年》，《白寿彝文集》第一卷，郑州：河南大学出版社，2008年，第3～11页。

② 按：势官地主，作者后来称作品官地主，参见白寿彝主编：《中国通史纲要》，上海：上海人民出版社，1960年，第19页。

时期，官绅地主在地主阶级中占有支配地位①。在封建社会发展的四个时期，白先生对各个占支配地位的地主阶层的特点、农民阶级地位的改变、地租形态的发展、少数民族地区的发展，以及中外关系的演变，都做了概括的论述，反映了作者对此有长久的和全面的思考。对 1840 年以后的中国历史年代和分期，作者是这样表述的："从 1840 年到 1949 年，是半封建半殖民地时代，也是中国各族人民反对帝国主义封建主义时代。在 1919 年五四运动以前，是这个时代的前期，是旧民主主义革命时期。自 1919 年五四运动以后，是这个时代的后期，是新民主主义革命时期。""1949 年，中华人民共和国成立了，中国跨进了社会主义的新时代。"②白先生关于中国通史的年代和分期的看法，在中国史学界并不是唯一的看法，但它确是有独特见解的、系统的看法，在史学界有较大的影响。尤其是他关于民族史在中国通史中的地位和封建社会内部分期的理论依据，具有突出的社会意义和学术价值。

三、民族史在中国通史中的地位

对于这个问题的认识和分析，是白先生在中国通史编纂理论上的重要贡献之一。他指出："编撰统一的多民族的历史，有三个重要的问题需要研究。一个是疆域问题，一个是历史时期的划分问题，再一个是多民族的统一问题。"③在白先生的论述中，这三个问题都与民族有关，或者说，其核心问题是对民族问题在中国历史上之重

---

① 以上参见白寿彝：《中国历史的年代：一百七十万年和三千六百年》，《白寿彝文集》第一卷，郑州：河南大学出版社，2008 年，第 4～8 页。

② 白寿彝：《中国历史的年代：一百七十万年和三千六百年》，《白寿彝文集》第一卷，郑州：河南大学出版社，2008 年，第 9、11 页。

③ 白寿彝：《统一的多民族的历史》，《白寿彝文集》第一卷，郑州：河南大学出版社，2008 年，第 74～75 页。

要地位的认识，以及在中国通史编纂中民族史的重要地位的认识。关于疆域问题，白先生明确指出：

> 疆域是历史活动的舞台。中华人民共和国的疆域是中华人民共和国境内各民族共同进行历史活动的舞台，也就是我们撰写中国通史所用以贯串今古的历史活动的地理范围。
>
> 这个疆域基本上包括了汉族的历史活动的地理范围，但并不局限于这个地理范围。如果局限于这个范围，许多少数民族的历史都要排挤出去了。①

以中华人民共和国的疆域为中国通史研究和撰述的范围，这是白先生在 20 世纪 50 年代初就提出来了②。同时，白先生也指出："我们既要注意疆域问题同祖国各族人民的密切联系，也要注意到中华民族和其他民族或国家间的历史关系。"③这就是说，我们要以科学的态度看待中华民族的历史，同时也要以科学的态度看待"中华民族和其他民族或国家间的历史关系"。这种科学态度是对现实和历史的尊重，因而具有普遍的意义。任何一个严肃的历史学家，不论是研究、撰写本国史，还是研究、撰写别的国家的历史，都应当遵循这一科学态度。

关于历史分期问题，白先生强调两点：一是不要把眼光局限在中原地区，要看得开阔一些；二是要重视封建社会内部的分期。他认为：

---

① 白寿彝：《统一的多民族的历史》，《白寿彝文集》第一卷，郑州：河南大学出版社，2008 年，第 75 页。

② 白寿彝：《论历史上祖国国土问题的处理》，《白寿彝文集》第二卷，郑州：河南大学出版社，2008 年，第 26～29 页。

③ 白寿彝：《统一的多民族的历史》，《白寿彝文集》第一卷，郑州：河南大学出版社 2008 年，第 76 页。

新中国成立以来，史学界对于中国历史分期展开了不同意见的争论，至今仍在继续。但对于这个问题的讨论，基本上是关于中原地区奴隶社会跟封建社会的分期问题。我们应当放开视野，努力在全国的范围内考察这个问题，不要局限于中原地区。封建社会历史很长，记载很多，对中国历史的发展影响也很大。我们也应该重视封建社会内部的分期问题。近代史距离我们的时代近，跟今天现实关系密切，我们更应该重视近代史的分期。

历史上，我国各民族的发展是不平衡的，但不平衡是社会发展的正常现象。各民族之间的发展不平衡，一个民族内部的发展也不平衡，我们应当从不平衡的状态上掌握一个历史时期的整体性。[①]

中国封建社会的历史，时间长而文献丰富，对中国历史进程影响大，鉴于这几个原因，有必要加强封建社会内部分期的探索，这是白先生重视封建社会内部分期的根据。同时，他还强调各民族发展不平衡的事实，其中自然包括汉族和各少数民族发展的不平衡，也包括各少数民族之间发展的不平衡。因此，讨论历史分期问题，"我们应当从不平衡的状态上掌握一个历史时期的整体性"。做到这一点，固然不容易，但并不是做不到。白先生对这个问题的思考和处理，是值得参考的。

白先生认为，在封建社会成长时期，少数民族发挥了重要作用："围绕中原地区的少数民族，有相当部分登上历史舞台，而匈奴、羌族特别活跃，有时还给中原皇朝以武力的威胁。但当时所有的少数民族，都还处在前封建社会阶段。作为中国主体民族的汉族，是经过有关部落和民族的融合而在秦汉时期形成的。汉族的名称，也是

---

① 白寿彝：《统一的多民族的历史》，《白寿彝文集》第一卷，郑州：河南大学出版社，2008年，第76~77页。

跟这一伟大朝代的名称相一致的。"他认为，三国两晋南北朝隋唐时期，由于各民族的流动、移居和重新组合，民族杂居地区扩大了，而这些地区的封建化过程，正是"封建社会发展时期的一个重要特征"。他在评论五代至宋元时期的民族关系时写道："五代以后，到了元末，是中国封建社会的进一步发展时期。在这时期，先有五代十国，继有辽、西夏、金跟北宋、南宋的分立，后有元的统一。广大的边区，从东北的部分地区到西北，再到西南，基本上都进入了封建社会，而汉族与各民族间又经历了一次新的组合。这是封建社会进一步发展时期的重要标志。"对于明清（1840 年以前）的民族关系，白先生作了这样的概括："一方面，民族间的关系比前一历史时期要密切了，但属于民族性质的封建枷锁却更加沉重了。"①

　　白寿彝先生关于封建社会内部分期的思想及具体见解十分丰富，本文特别强调关于少数民族历史在分期中地位的见解，不论在学术价值上，还是在现实意义上，都是十分重要的。

四、关于封建社会发展的几个理论问题

　　白先生在主编《中国通史纲要》即我们常说的"小通史"过程中，思考并阐述了一些关于封建社会发展的理论问题，其后，他在主编多卷本《中国通史》时，又一次阐述了有关理论问题。这对于进一步认识中国封建社会的特点，很有启发，也可以说在有些理论问题上是一个深入。

　　在"文化大革命"以后，白先生第一次就中国封建社会发表意见，是 1977 年在中国历史博物馆所做的讲演。我有幸聆听了他的讲演，并在征得白先生同意后，铅印了这次讲演的录音整理稿《关于中国封

---

　　① 以上参见白寿彝：《统一的多民族的历史》，《白寿彝文集》第一卷，郑州：河南大学出版社，2008 年，第 78、79、80 页。

建社会的几个问题》。因为这个讲演是在"四人帮"垮台仅隔一年左右的时间，所以讲演的有些内容是针对"四人帮"歪曲历史而展开的。如他讲的第一个问题"中国历史上的国土问题，或者说是中国历史上的疆域问题"，旨在批判"四人帮"把秦汉时期的长城作为中国的"国界"，以此来判定所谓的"爱国主义"和"卖国主义"，是完全错误的[①]。上文曾经提到，白先生早在 20 世纪 50 年代初，就对中国历史上的疆域问题做了明确的阐述，他在此次讲演中再一次阐发了他的观点，以清除"四人帮"所散布的迷雾。又如，他讲的第三个问题"中国封建社会史上的集权和分权、统一和割据、复辟和反复辟的问题"，指出"四人帮"把郡县制和分封制说成是集权和分权的矛盾，这是不符合历史事实的。他认为，中国封建社会历史上，如两汉时期，郡县、分封都存在，但两汉还是统一的。其实，同样的道理，三国两晋南北朝时期的"分权"，亦非分封所致，而中唐以后的"分权"势力是来自藩镇，明朝有分封，却是高度的中央集权。至于统一和割据问题，应作辩证的看待，一则有的统一到了后期极其腐败，只有改变它才能有新的发展，而每一次割据又都为新的统一与发展创造了条件。还有所谓历史上奴隶主阶级和地主阶级的"复辟反复辟"的斗争，那更是"四人帮"对阶级问题的混淆而用以影射现实，为其反动政治张目[②]。

在这个讲演中，白先生还提出了一个重要的理论问题，即"中国封建社会发展的阶段性问题"，这也就是他所讲的第二个问题。白先生认为，对封建社会内部分期及其阶段性特点的讨论，仅仅从阶级斗争入手是不够的，仅仅从农民起义进行分析也是不够的。就是讲阶级斗争，一方面要分析农民阶级，另一方面也要分析地主阶级，而分析后者更

---

① 白寿彝：《关于中国封建社会的几个问题》，《白寿彝文集》第一卷，郑州：河南大学出版社，2008 年，第 195 页。

② 以上参见白寿彝：《关于中国封建社会的几个问题》，《白寿彝文集》第一卷，郑州：河南大学出版社，2008 年，第 193～197、205～216 页。

为重要，因为后者在阶级关系中占主导方面。他这样写道：

> 专讲农民战争还是不够的。那应该怎么讲呢？讲社会发展规律，首先还要讲经济基础。不从经济基础上解决这个问题，讲农民战争就有好多问题不好解释。讲农民战争的发展，也要从经济基础的发展上来讲。那么讲经济基础，讲什么呢？生产力、生产关系嘛。封建社会生产力发展很缓慢，抓这个，困难大。生产关系抓哪一个呢？要抓农民阶级，但是首先要抓地主阶级。为什么？因为地主阶级是封建社会矛盾的主要方面。看封建社会变化，在地主阶级身上体现得清楚些，材料也多些。有了这个材料，再分析农民阶级、分析农民战争，就好办得多。在封建社会两三千年里面，阶级斗争有一定的量的变化，在不同的阶段里，显示着不同的情况。这一点可以帮助咱们对于封建社会发展线索多知道一点。我个人的意思，就是先从这儿来分析：从地主阶级变化来分析；然后再从农民战争的口号、行动来分析。还有一个，从民族关系上来分析。[①]

综观白先生的上述阐释，主要有三点：一是讲封建社会内部分期，不能只是考察阶级斗争；二是讲封建社会内部分期，首先应从经济基础入手；三是讲封建社会内部分期，应从在生产关系中占主导地位的地主阶级的变化入手，然后兼及其他各种因素。这一分期标准，既不同于单纯从阶级斗争观点入手分析农民起义的动机和目标，也不同于从政治上考察专制主义中央集权的不断强化，是关于封建社会内部分期问题的一种新见解。

其后，白先生在其另一篇文章《关于中国封建社会的发展》中，

---

① 白寿彝：《关于中国封建社会的几个问题》，《白寿彝文集》第一卷，郑州：河南大学出版社，2008年，第197～198页。

从理论上进一步阐明这一见解，认为：根据马克思、恩格斯在《共产党宣言》中把"我们的时代"称作"资产阶级时代"，可见"阶级社会的各个历史阶段，是可以不同的统治阶级作为主要的标志的"①。从这一观点出发，结合中国的历史文献，白先生把中国封建社会内部分期划为四个阶段，而作为统治阶级中占支配地位的分别是世家地主、门阀地主、品官地主和官绅地主②。同时，白先生又根据马克思的《资本论》第三卷中对封建社会的土地所有制、劳动者身份和赋税制度的关系的有关论述③，结合中国封建社会历史，指出："随着历史的发展，直接生产者的依附程度要不断地减少些，但依附的性质是不容易摆脱的。关于赋税制度，中国确实存在过国税和地租统一的情况，但同时也存在着两者分离的情况。"④由此可见，白先生对于中国封建社会内部分期，注意到中西某些共同之处，并且有一个从材料到理论、从局部到全局的思考和处置，因而有比较充分的说服力。

关于中国通史编纂中的理论问题和中国封建社会的特点及其内部分期，都是中国历史研究和撰述中的基本问题，对于有关问题的探讨，尤其是从理论和材料的结合上进行探讨，并做出合理的、深入浅出的阐释，对历史研究者和社会公众正确认识中国历史，都具有重要的意义。白先生在这方面的建树甚多，本文只是涉及笔者认为是比较重要的问题，讲讲读了《白寿彝文集》第一卷后的几点认识，不当之处，请史学界同行和读者朋友予以指正。

---

① 白寿彝：《关于中国封建社会的发展》，《白寿彝文集》第一卷，郑州：河南大学出版社，2008，第217页。
② 白寿彝：《中国历史的年代：一百七十万年和三千六百年》，《白寿彝文集》第一卷，郑州：河南大学出版社，2008年，第5～9页。
③ 参见马克思：《资本论》第3卷，北京：人民出版社，1975年，第891页。
④ 白寿彝：《关于中国封建社会的发展》，《白寿彝文集》第一卷，郑州：河南大学出版社，2008年，第119～120页。

历史进程与通史编纂[*]

一、一个古老的优良传统

在司马迁以前，关于历史进程的认识，思想家们已经提出了不少见解。孔子说："天下有道，则礼乐征伐自天子出；天下无道，则礼乐征伐自诸侯出。自诸侯出，盖十世希不失矣；自大夫出，五世希不失矣；陪臣执国命，三世希不失矣。"①这是孔子从考察历史和现实的比较中得到的结论，其中包含着他对历史进程反映出来的权力分配现象的认识。而对于"礼乐"的实施，正是权力的象征。所谓"礼乐征伐自天子出"和"礼乐征伐自诸侯出"，实质上表示出两个时代的划分。孟子从另一个角度提出了大致相同的认识，他

  * 原载《历史科学与历史前途——祝贺白寿彝教授八十五华诞》，郑州：河南人民出版社，1994 年。
  ① 《论语·季氏》，杨伯峻译注，北京：中华书局，1958 年，第 181 页。

说："王者之迹熄而《诗》亡，《诗》亡然后《春秋》作。晋之《乘》，楚之《梼杌》，鲁之《春秋》，一也：其事则齐桓、晋文，其文则史。孔子曰：'其义则丘窃取之矣。'"①采诗，是王者之事；而《春秋》所记，是齐桓、晋文等诸侯之事。孟子从历史的变化来说明历史记载内容的变化，其中也包含了他对历史进程的认识。《易·系辞下》说"古者包牺氏之王天下也"如何如何，"包牺氏没，神农氏作"如何如何，"神农氏没，黄帝、尧、舜氏作"又如何如何等，虽非尽合于历史事实，但它所包含的关于历史进程的思想更加突出了，显示出对于社会进步的阶段性的朦胧认识。类似这样的、认识，还见于《韩非子·五蠹》篇等书。能够触及历史进程中带有本质性的变化的，是《礼记·礼运》篇关于"大同"和"小康"的描述，它说："大道之行也，天下为公。选贤举能，讲信修睦。故人不独亲其亲，不独子其子，使老有所终，壮有所用，幼有所长，矜寡孤独废疾者皆有所养。男有分，女有归。货恶其弃于地也，不必藏于己；力恶其不出于身也，不必为己。是故谋闭而不兴，盗窃乱贼而不作，故外户而不闭，是谓大同。"它又说："今大道既隐，天下为家。各亲其亲，各子其子，货力为己。大人世及以为礼，城郭沟池以为固，礼义以为纪：以正君臣，以笃父子，以睦兄弟，以和夫妇，以设制度，以立田里，以贤勇知，以功为己。故谋用是作，而兵由此起。禹、汤、文、武、成王、周公，由此其选也。此六君子者，未有不谨于礼者也。以著其义，以考其信。著有过，刑仁讲让，示民有常。如有不由此者，在埶者去，众以为殃，是谓小康。"②这里说的"大同"社会和"小康"社会，用今天的认识来看，那是人类步入文明门槛前后的两种社会情景，只是多带有某些理想化的成分罢了。在这里，历史进程的阶段性被表述得十分鲜明。

① 《孟子》卷八《离娄下》，杨伯峻译注，北京：中华书局，1960年，第192页。
② 《礼记》卷二十一《礼运》，《十三经注疏》，北京：中华书局，1980年，第1414页。

以上这些情况表明，在司马迁以前，许多思想家从不同的角度提出了对于历史进程的认识，而关于历史进程的阶段性的认识是其中一个重要方面。尽管当时人们对这种阶段性的表述和不同阶段之特征的概括，跟现今人们的认识有很大的不同，但它毕竟反映了当时人们对于历史进程的理论思考所取得的成果，在历史理论的发展上有重要的意义。

　　司马迁继承了前人重视思考历史进程问题的优良的思想传统，并在此基础上提出了自己的认识，进而把这种认识运用于通史编撰之中。这是中国古代史家第一次把历史进程与通史编撰结合起来的杰出的尝试。司马迁所著《史记》，记事上起黄帝，下迄汉武，是一部通史。《史记》是纪传体史书，司马迁以《五帝本纪》至《今上本纪》（即《武帝本纪》）共十二本纪记述历史进程及重大历史事件；以八表中的前四表，即《三代世表》、《十二诸侯年表》、《六国年表》、《秦楚之际月表》，显示自黄帝至西汉建立之历史进程的阶段划分。司马迁划分历史阶段的思想，在《十二诸侯年表》序中有明确的表述，他写道：

　　　　太史公读《春秋历谱牒》，至周厉王，未尝不废书而叹也。……及至厉王，以恶闻其过，公卿惧诛而祸作，厉王遂奔于彘，乱自京师始，而共和行政焉。是后或力政，强乘弱，兴师不请天子。然挟王室之义，以讨伐为会盟主，政由五伯，诸侯恣行，淫侈不轨，贼臣篡子滋起矣。齐、晋、秦、楚其在成周微甚，封或百里或五十里。晋阻三河，齐负东海，楚介江淮，秦因雍州之固，四海迭兴，更为伯主，文武所褒大封，皆威而服焉。

　　司马迁把"共和"以后"兴师不请天子"、"政由五伯，诸侯恣行"

的局面，看作是一个新的历史阶段，即与"三代"不同的历史阶段；
他把这个历史阶段的下限定在孔子在世之时，这是因为孔子作《春
秋》"以制义法，王道备，人事浃"，反映了这个历史阶段的特点。这
大致就是后来人们所说的春秋时期。司马迁又在《六国年表》序中
写道：

> 是后陪臣执政，大夫世禄，六卿擅晋权，征伐会盟，威重
> 于诸侯。及田常杀简公而相齐国，诸侯晏然弗讨，海内争于战
> 功矣。三国终之卒分晋，田和亦灭齐而有之，六国之盛自此始。
> 务在强兵并敌，谋诈用而从衡（纵横）短长之说起。矫称蜂出，
> 誓盟不信，虽置质剖符犹不能约束也。

这个历史时期的特点是"陪臣执政，大夫世禄"，"征伐会盟，威
重于诸侯"；它开始的标志是韩、赵、魏三国分晋和田和代齐，其终
止的标志是秦国的"卒并天下"、"讫二世"。这就是后来人们所称的
战国时期和秦的统一。

《史记·秦楚之际月表》序称：

> 太史公读秦楚之际，曰：初作难，发于陈涉；虐戾灭秦，
> 自项氏；拨乱诛暴，平定海内，卒践帝祚，成于汉家。五年之
> 间，号令三嬗，自生民以来，未始有受命若斯之亟也。

这一段话，是讲秦、汉交替，但也承认了陈涉、项羽在历史变动中
的作用，所谓"号令三嬗"，是包括了他们的。在这首序中，司马迁
一方面指出历史进程的步伐加快了（"五年之间，号令三嬗"）；另一
方面指出汉高祖无尺土之封，"卒践帝祚"，说明历史进程也会出现
"王迹之兴，起于闾巷"这种不同于"三代"的现象。

总之，在司马迁看来，五帝、三代是一个大的历史阶段，因其久远，有些史事说不清楚了，"故疑则传疑，盖其慎也"。"政由五伯，诸侯恣行"时期即春秋时期，是第二个历史阶段，孔子以下不少人对此都有记载，"颇著文焉"。"六国之盛"与秦的对峙及秦的"一统"，是第三个历史阶段。在这三个历史阶段中，"征伐会盟"之令，先出于天子，继而出于诸侯，最后是出于大夫，显示了各个历史阶段的不同特点。而秦的称帝，是历史进程中的大事，司马迁评价为"世异变，成功大"，而汉的继起，"此乃传之所谓大圣"：秦、汉帝业，都是历史进程中的新阶段。当然，司马迁关于历史阶段划分的思想，还没有完全摆脱历史循环论的影响，他说："夏之政忠。忠之敝，小人以野，故殷人承之以敬。敬之敝，小人以鬼，故周人承之以文。文之敝，小人以僿，故救僿莫若以忠。三王之道若循环，终而复始。周秦之间，可谓文敝矣。秦政不改，反酷刑法，岂不缪乎？故汉兴，承敝易变，使人不倦，得天统矣。"①在这里，司马迁把夏、殷、周三代之政的特点概括为忠、敬、文，并认为它们是循环往复的过程，秦政违背了这个法则而招致速亡，汉之兴正是"承敝易变"，符合了这个法则。但是这个看法，不是司马迁观察历史进程的基本看法，这从以下事实看得很清楚。例如，他虽然批评"秦政不改，反酷刑法"，但他还是高度评价秦的地位，指出："秦取天下多暴，然世异变，成功大。传曰'法后王'，何也？以其近己而俗变相类，议卑而易行也。学者牵于所闻，见秦在帝位日浅，不察其终始，因举而笑之，不敢道，此与以耳食无异。悲夫！"②所谓"世异变，成功大"，是从客观形势的变化来估量秦的历史功绩，这是极重要的见解。同时，司马迁又以肯定的口气解释了"法后王"的说法的合理性，

　　① 司马迁：《史记》卷八《高祖本纪》后论，北京：中华书局，1959 年，第 393～394 页。
　　② 司马迁：《史记》卷十五《六国年表》序，北京：中华书局，1959 年，第 686 页。

即"以其近己而俗变相类，议卑而易行"；他嘲笑人们用陈旧的观念来看待秦的事业，只看到它存在的短促而不深入探究它兴亡的原因就轻易地否定它，是一种可悲的"耳食"之言。司马迁的深刻的历史见识，在这个问题上反映得十分突出，所谓"世异变，成功大"，已完全突破了历史循环论的窠臼，看到了历史变化中的进步。又如，司马迁论汉的兴起，是充分肯定了"王迹之兴，起于闾巷，合从（纵）讨伐，轶于三代"①，民间也能产生出王者，而功业却又超出了三代。这些认识，才真正反映出司马迁对历史进程认识的基本看法。

《史记》是中国史学上第一部纪传体通史，它所反映出来的司马迁对历史进程的表述和对历史进程之划分阶段的认识与处理，对后世历史编纂思想与方法有重要的影响。司马光主编《资治通鉴》，以周威烈王二十三年（公元前 403 年）"初命晋大夫魏斯、赵籍、韩虔为诸侯"为记事之始，并发表了有关纪纲、名分的长篇议论，认为"三晋之列于诸侯，非三晋之坏礼，乃天子自坏之也"；"君臣之礼既坏矣，则天下以智力相雄长，遂使圣贤之后为诸侯者，社稷无不泯绝，生民之类糜灭几尽，岂不哀哉！"②司马光认为三家分晋，"先王之礼于斯尽矣"，因而把此事作为一个新的历史阶段的开端。《史记·六国年表》以周元王元年（公元前 475 年）起始，但作为"陪臣执政"的标志，司马迁还是明指田氏代齐和三国分晋的。这说明司马光在历史阶段的划分上，跟司马迁有相通之处。当然，他们在对时代的估量上是有很大差别的：司马迁肯定了秦的"卒并六国"，"世异变，成功大"；司马光更看重"先王之礼于斯尽矣"，以及"以智力相雄长"所带来的消极后果。这个事实说明，史学家们即便对同一历史阶段在划分上有相近之处，而在评价上却又不尽相同，表现了主体在反映客

① 司马迁：《史记》卷十六《秦楚之际月表》序，北京：中华书局，1959 年，第760 页。

② 司马光：《资治通鉴》卷一，周威烈王二十三年，"臣光曰"，北京：中华书局，1956 年，第 6 页。

体上的差别。

中国古代史家关于历史进程和历史进程之阶段的划分，在不少史书中都有不同程度的反映，甚至也有一些理论性的说明。中国古代史学在这方面的优良传统，尚有待于做进一步的总结。

二、通史编纂与历史分期

自《史记》以下，中国古代史学在通史编撰方面不断有新的成就，涌现出一批通史名著，其中以唐、宋两代史家的成绩最为突出。章学诚《文史通义》的《释通》、《申郑》等篇，总结了中国史学上的"通史家风"，在理论上多有阐发。可以认为，编撰通史，是中国史学的一个优良传统。如前所说，要编撰通史，就会碰到如何表述历史进程及如何处理历史进程的阶段的问题，用今天的话来说，就是如何处理历史分期问题。严格说来，在中国史学发展中从科学的意义上提出通史编撰中的历史分期问题，是 20 世纪二三十年代以后的事情，而以 50 年代以来的讨论收获最大[①]。这里说的"从科学的意义上"的含义，至少包括以下两点认识：第一，它在总的原则上是以马克思主义的社会形态学说为基础；第二，它是在历史唯物主义一般原理指导下，以中国历史发展的具体史实为依据。显然，这两点认识，是 20 世纪以前的中国史学家不可能提出来的。而不论以往的和现今的讨论，如果不是在这两点认识的基础上展开，那就或是脱离科学探讨的轨道，或是成为无谓的论争。

大家知道，历史分期问题是一个很广泛的概念，它包括奴隶制社会和封建制社会的分期问题（中国史学界也习惯地称之为"古史分期"问题）、封建社会内部分期问题，以及近现代史分期问题。这几

---

① 田居俭：《中国奴隶社会与封建社会分期讨论三十年》，《建国以来史学理论问题讨论举要》，济南：齐鲁书社，1983 年，第 33 页。

个问题，在近十几年来都有热烈的讨论，有种种不同见解的争辩，是历史学界的"热点"问题之一。历史分期问题之所以成为"热点"问题，是因为它本身的重要性。就拿中国古代史分期问题来说，从形式上看，似乎仅仅是两种社会制度（奴隶制和封建制）断限的时间问题。实则不然，它包含了有关奴隶社会和封建社会一系列重要的历史理论问题，如奴隶社会形成的条件、中国奴隶社会的特点、奴隶制和封建制的基本区别、奴隶制向封建制过渡中生产关系一定要适合生产力性质的规律如何起作用、封建制取代奴隶制的标志、中国从奴隶制社会过渡到封建社会的具体途径，等等。因此，正确认识中国古代史分期问题，不仅可以揭示中国古代社会发展的特点和规律，直接推动中国古代史（包括通史、断代史、专史）的教学和研究，而且有助于对中国古代哲学、经济学、政治学、法学、军事学、文学、教育学、社会学和考古学等学科的研究，所以，中国古代史分期问题的讨论，遂成为中国史学界乃至整个社会科学界普遍关注和力求解决的一个重大课题。

中国封建社会史分期问题也是这样，它涉及的方面也相当广泛，如它同中国古代史分期问题、中国封建社会为什么长期延续问题、中国封建社会历史发展动力问题、中国封建社会农民战争问题、中国资本主义萌芽问题等，都有直接的联系。因此，新中国成立以后，我国史学工作者就中国封建社会内部分期的问题发表了不少论著，提出了各自的看法和研究成果，展开了热烈而有益的讨论。①

可见，历史分期问题不是一个简单的时间断限的问题，而是涉及对历史进程的总的认识问题。刘知幾《史通·断限》篇里指出："书之立约，其来尚矣。"他批评《汉书》"表志所录，乃尽牺年"、《宋书》志"上括魏朝"、《隋书》志"仰包梁代"等，超出它们"断限"的范围。

---

① 参见《历史研究》编辑部编：《建国以来史学理论问题讨论举要》，济南：齐鲁书社，1983年，第32～33、63页。

他说的"断限"，主要是指对某些史事和人物在历史编撰上的时间处置，比我们今天所说的断限即历史分期问题要单纯得多。但古今史家在这个问题上有一点是相通的，即不论是司马迁的历史分期思想还是刘知幾提出的"断限"问题，以及今天的史学家们所热烈争论的历史分期问题，都跟历史编撰有关，而跟通史编撰的关系要更密切一些。

举例来说，中国有文字可考的历史，就目前的认识与研究看，以封建社会时期的时间最长久，材料最丰富，故在通史研究与通史编撰中，关于封建社会历史分期的问题就显得很突出了。1954年，著名历史学家范文澜发表了《关于中国历史上的一些问题》一文[①]。在这篇文章里，他用很大的篇幅论述"汉族封建社会的分期"，比较系统地阐明他对于这个问题的看法。文章引述列宁的论点并加以论证说："'发展似乎是重复以往的阶段，但那是另一种重复，是在更高基础上的重复（"否定的否定"），发展不是按直线式而是按所谓螺旋式进行的。'中国封建社会正是费了三千年时间，按照螺旋式的路线在行进。""历史走着大螺旋式和无数小螺旋式的发展路线，这就是为什么封建社会延续很久的一个基本原因。"[②]可见，范文澜提出这个问题，是要用来说明中国的漫长的封建社会的历史不是一成不变的，而是经历了一个由低级向高级的螺旋式的发展过程；中国封建社会延续很久的原因，也可以由此得到说明。这里，有一点是要说明的：作者关于"汉族封建社会的分期"的提法，未必妥当。一是秦

[①] 1953年，范文澜的《中国通史简编》（修订本）第1编出版，作者为了进一步说明书中涉及的一些问题而撰成此文。初稿写于1954年，发表在《中国科学院历史研究所第三所集刊》第1集上。1955年，作为"绪言"收入《中国通史简编》（修订本）第1编第3版。1963年，作者又对本文做了较多的修改，刊入1964年出版的同书第4版。最后，由中国社会科学院近代史研究所的同志将此文收入《范文澜历史论文选集》一书（北京：中国社会科学出版社，1979年）。

[②] 范文澜：《范文澜历史论文选集》，北京：中国社会科学出版社，1979年，第41～42页。

汉以前，汉族并未形成，而自秦汉以下，即使在封建经济最发达的区域，民族构成也不是单一的；二是有些封建皇朝的统治者本身就是少数民族。当然，这并不妨碍人们对作者关于封建社会历史分期问题看法的理解。同一年，著名历史学家侯外庐发表了《中国封建社会土地所有制形式问题——中国封建社会发展规律商兑之一》一文①，阐述皇族土地所有制形式的发展变化，同时论及中国封建社会历史分期的问题。范文澜是著名的中国通史撰述者，侯外庐是著名的中国思想通史撰述者，他们提出的问题，是有代表性的。

继范文澜、侯外庐之后，束世澂发表了长篇论文《试论中国封建社会的分期》②，把问题提得更明确了。束文是着重从通史教学的角度提出问题的，作者写道："我国的封建社会历史很长，朝代更换很多，好像是循环的，不论是在中学或大学的历史教学中，学生们常常反映说：'本国史学到后来越没有兴趣，老是一个王朝建立起来，起初还比较好，后来逐渐矛盾尖锐化，便产生农民大起义，推翻了这一王朝。接上来换一个新王朝，一个接一个地循环反复着，老一套。'我们知道社会的各个不同的阶段是有其本质上的区别的，只拿封建社会的共同概念来解释历史过程是不够的。我们应对三千年封建社会历史，进行分期、分阶段、再细分段落的分期研究，明确提出各期、各阶段、各段落的具体内容和特征及其发展方向。这样进行教学就不会发生老一套的毛病了。'中国封建社会分期问题'的研究，已成为提高本国史教学质量的基本问题。"毫无疑义，束文从中国通史教学的角度提出这个问题，也是有代表性的。束世澂的文章，在 1957 年收入他撰写的《中国的封建社会及其分期》一书，由新知出版社出版，在史学界产生了影响。

---

① 侯外庐：《中国封建社会土地所有制形式问题——中国封建社会发展规律商兑之一》，载《历史研究》1954 年第 1 期，后收入侯外庐：《中国封建社会史论》，北京：人民出版社，1979 年。

② 束世澂：《试论中国封建社会的分期》，载《华东师范大学学报》1956 年第 1 期。

以范、侯、束这几篇文章为契机，20 世纪 50 年代末至 60 年代初，史学界关于中国封建社会历史分期的讨论逐步开展起来，形成了讨论的第一次高潮。70 年代末至 80 年代初，史学界在沉寂了十年之后，尤其是在解放思想、实事求是的思想路线指引下，形成了新的"百家争鸣"的局面，关于中国封建社会历史分期的讨论出现了第二次高潮。这两次讨论的高潮，波及的方面是很广泛的，甚至有的大学历史系的中国古代史教研室都组织了专门的讨论。

综观这两次广泛的讨论，主要涉及两个共同性问题：一是分期标准，二是时间断限。关于分期标准，有这几种代表性的看法：(1)以生产关系的变化和发展作为分期的标准。范文澜、侯外庐等持这种看法。(2)以阶级斗争的发展作为分期的标准。漆侠、胡如雷等持这种意见。(3)以封建国家政权的发展变化作为分期的标准。束世澂持这种看法。(4)以生产方式的变化为基础、以阶级斗争为线索作为分期的标准。刘静夫、赵吕甫持这种意见。(5)以综合考察历史的多方面因素作为分期的标准。这是白寿彝先生提出的新见解。(6)以生产力和生产关系的矛盾的发展变化作为分期的标准。周銮书提出了这种看法。此外，还有主张以资本主义萌芽的出现作为分期的标准，以地租形态的变化作为分期的标准，以具有重大影响的革命斗争或重大事件为界标来划分封建社会的各个时期，根据经济特征来划分封建社会各个时期，等等。在时间断限上，则有二分法、三分法、四分法、五分法、六分法、九分法等多种断限；而在有些断限中，因持西周封建说与战国封建说的不同，又存在具体划分上的区别。因此，总计起来，关于中国封建社会历史分期的具体划分，有十几种不同的见解①。这真是一个重要而又众说纷纭的课题。

---

① 瞿林东：《中国封建社会内部分期的几种观点》，《建国以来史学理论问题讨论举要》，济南：齐鲁书社，1983 年，第 63~96 页。

三、历史的多方面因素与封建社会历史分期

究竟以什么标准来划分封建社会内部分期，使其既符合历史唯物主义原理，又符合中国封建社会历史的实际？这个问题，既使人们感到兴奋，又使人们感到困惑。争论的波澜虽已趋于平静，但固有的分歧仍将可能酝酿成新的辩难。主体如何更接近于客体的真相，这本是一个反复认识的过程。

在关于封建社会历史分期讨论的第二次高潮出现之初，白寿彝先生以综合考察历史的多方面因素作为分期的方法和标准，提出了他对于中国历史分期尤其是封建社会历史分期的见解。1977 年 6 月，白寿彝先生在题为《关于中国封建社会的几个问题》的讲演中，明确地阐述了"中国封建社会发展的阶段性问题"[①]。他指出："中国封建社会时期的历史长，有两三千年。这两千多年？在史学研究上存在的问题特别多。这两三千年的历史，是怎么发展下来的，这个发展线索怎么看？这个问题没有解决。因为这个问题没解决，所以写这两千多年的历史课本或一般读物，好像没有规律似的。读者读不清，给同学们讲不清，讲到末了，往往是一大堆的朝代的更替。中国封建社会究竟怎么发展下来的？这个问题，我看还是个首先要解决的问题。"白寿彝先生于 20 世纪 50 年代初在北京师范大学历史系主持中国通史教学改革，于 70 年代中期着手编纂中国通史；他在这里提出的问题，既是从教学上着眼的，也是从通史编纂上着眼的。他把这个问题提到了"首先要解决"的迫切程度，正是从这两方面考虑的。

关于分期的标准问题，白寿彝先生结合对五六十年代讨论中提出的一些观点的分析，阐述他的新认识。他认为："光抓农民起义、

[①] 白寿彝先生在中国历史博物馆所做的这个讲演，共讲了三个问题。其中第二个问题即中国封建社会发展的阶段性问题，后发表于《历史知识》1981 年第 6 期。

农民战争，解决不了中国封建社会历史发展的问题。不是说打仗了，才有阶级斗争。阶级斗争的表现形式不一样：有时是显著的，有时是潜伏的；有时是紧的，有时是松的；有时是高的，有时是低的。专讲农民战争是不够的。那应该怎么讲？讲社会发展规律。首先还要讲经济基础。不从经济基础上解决这个问题，讲农民战争就有好多问题不好解释。讲农民战争的发展，也要从经济基础的发展上来讲。那么讲经济基础，讲什么呢？生产力、生产关系嘛。封建社会生产力发展很缓慢，抓这个，困难大。生产关系抓哪一个呢？要抓农民阶级，但首先要抓地主阶级。为什么？因为地主阶级是封建社会矛盾的主要方面。看封建社会变化，在地主阶级身上体现得清楚些，材料也多些。有了这个材料，再分析农民阶级、分析农民战争，就好办得多。在封建社会两三千年里，阶级斗争有一定的量的变化，在不同的阶段里，显示着不同的情况。这一点可以帮助咱们对于封建社会发展线索多知道一点。我个人的意思，就是先从这儿来分析：从地主阶级变化来分析，从农民战争的口号、行动来分析；还有一个，从民族关系上来分析。"①在这个讲演中，白寿彝先生阐明了为什么要从地主阶级的变化入手来分析历史分期问题的根据，一是强调了地主阶级居于封建社会矛盾的主要方面，二是指出了应有比较多的历史资料作为分析的依据，是理论和文献的结合。同时，他也认为阶级斗争的发展仍不可忽略，而着重点在于分析农民战争提出的口号和行动。再有，中国自古是多民族国家，封建社会历史分期问题不可避免这个历史特点。他的这种关于分期的考虑，很明显地区别于已有的一些看法而具有独到的见解。

后来，白寿彝先生在《中国历史的年代：一百七十万年和三千六

---

① 白寿彝：《中国封建社会发展的阶段性问题》，载《历史知识》1981 年第 6 期。

百年》一文和《中国通史纲要·叙论》里①，明确地提出了划分封建社会历史分期的标准和具体的断限时间。他认为，从东周初年到战国结束，是中国奴隶制社会向封建制社会的过渡期；从秦的统一到鸦片战争爆发，是封建制在全国确立、成长、发展、衰老的历史。他认为，中国封建社会应划分为这样四个时期：

从公元前 221 年到公元 220 年，中间经历了秦、西汉和东汉三个皇朝，是中国封建社会的成长时期。

从 220 年到 907 年，中间经历了三国、西晋、东晋、南北朝的分裂时期和隋唐皇朝，是中国封建社会的发展时期。

从 907 年到 1368 年，是中国封建社会的进一步发展时期。在这时期，先有五代十国，继有辽、西夏、金跟北宋、南宋的分立，后有元的统一。

从 1368 年到 1840 年，经历了明朝及清朝的大部分年代，是中国封建社会的衰老时期。

这个分期在断限上有两点跟多数分期意见有所不同，一是把三国、两晋、南北朝和隋唐视为同一个发展阶段，二是把五代和宋元看作是同一个发展阶段。

白寿彝先生以综合考察历史的多方面因素作为封建社会历史分期的标准，可以概括为以下五个方面：

第一，社会生产力（包括科学技术）的发展。他主张从生产工具、生产技术、生产规模的发展，以及不同地区的生产力水平的提高、经济重心的转移和资本主义萌芽的出现等方面，来说明封建社会生产力发展的阶段性。

第二，生产关系的相对变化。他着重阐述了作为封建生产关系主导方面的地主阶级的变化，认为世家地主、门阀地主、品官地主、

---

① 前文载《北京师范大学学报》1978 年第 6 期；后文见白寿彝主编：《中国通史纲要》，上海：上海人民出版社，1980 年，第 1～26 页。

官绅地主分别是封建社会上述各个发展阶段中占主要地位的剥削阶级；与其相对应的被剥削阶级则是编户农民、荫附农民、佃农，反映出农民阶级的封建身份性印记逐渐淡化的历史发展过程。

第三，阶级斗争的发展。在封建社会的前两个阶段，农民起义表现为争取人身生存权的斗争，后两个阶段则表现为争取财产权的斗争，这种不同的斗争要求，也反映了农民封建性身份的逐渐松弛。

第四，少数民族地区的封建化。这反映了封建社会不断发展、在地域上逐步扩大的过程，也是中国古代民族关系不断发展的过程。把这个问题提到封建社会分期标准上来认识，一方面可以如实说明中国是一个多民族的统一国家，另一方面也从根本上回答了少数民族地区的发展在中国封建社会历史发展中的作用和地位问题。

第五，中外关系的发展变化。隋唐以前，中国不断加强了同外域的联系。在对外关系上，隋唐宋元时期都居于主动的地位；明清时期出现了逆转，表现出了封建社会末世的腐败、保守和虚弱。

白寿彝先生提出的这个综合考察历史诸方面因素的分期标准，在他主编的《中国通史纲要》一书中有比较具体的运用和阐述。这种关于封建社会历史分期的观点和方法，较之其他各种分期的观点和方法，有两个明显的特点：第一，在很大程度上避免了以某种单一的标准分期所造成的理论上的不力和史实上的抵牾，也避免了可能出现的对于某种单一的社会历史因素的作用的过分夸大，从而减少了片面性。第二，由于这些标准是从客观历史中概括出来的，故它们都能符合各个时期的历史面貌和社会特点，从而给人们以整体的历史发展的观念，加深了人们对历史的认识和理解。

在提出上述认识 15 年之后，白寿彝先生在他的史学论集的题记中又写下了下面这段话："封建社会史在中国历史上占了很长的时期，对中国社会的发展有很重要的影响。封建社会的特点，在中国近现代史里，应或多或少地保持着传统的地位。研究中国历史，一般地说，不能不研究中国封建社会史。现在，我把关于封建社会的几篇文章，也收在这里。《中国历史的年代》一文，是我对于中国社会发展及轮廓之总的看法，其中关于封建社会也写得比较多些。在《中国通史纲要》和《中国通史》第一卷里都写入了这篇文章，只是文字上有小的修改。现在也把它收到这里，以便接触到更多的读者，增加向大家请教的机会。"①这些话，一方面表明作者对于《中国历史的年代》所提出的问题的重视，另一方面也进一步证明了史学家对于历史进程的认识实为通史编纂中的一个根本性问题。

---

① 白寿彝：《〈白寿彝史学论集〉题记》，载《史学史研究》1993 年第 4 期。

卓尔不群的巨著[*]

——谈《中国通史》的特点

白寿彝教授担任总主编的大型《中国通史》，始撰于 20 世纪 70 年代末，自 1989 年 4 月出版第一卷《导论》，至 1999 年 3 月出版第十二卷《近代·后编》，历时 20 年，全书凡 12 卷、1400 万字，全部出版面世。1999 年 4 月 26 日，北京师范大学举办"祝贺白寿彝教授九十华诞暨《中国通史》全部出版"大会，并收到江泽民、李鹏、李瑞环、李岚清等党和国家领导人的贺信、贺电，实为学术界一大盛事。

江泽民同志致白寿彝教授的信，对中国历史做了精辟的概括，对学习中国历史的重要性做了透彻的阐述，对史学工作和白寿彝教授的治学精神及《中国通史》的出版给予高度评价。江泽民同志指出："我相信，这套《中国通史》，一定会有

---

* 原载《深圳特区报》，1999 年 9 月 26 日。

益于推动全党全社会进一步形成学习历史的浓厚风气。"①

我作为一个史学工作者,面对这一盛事,深受鼓舞。这里,我想根据目前我的理解,就《中国通史》的特点讲讲自己的认识,作为对江泽民同志这封重要信件的响应。以我的肤浅理解来看,《中国通史》有如下几个特点:

第一,鲜明的理论体系。《中国通史》以唯物史观为指导,结合中国历史进程的实际,在深入研究的基础上,创造性地提出了关于中国历史发展的一些极为重要的理论性认识。这些认识贯穿于全书之中,而在《导论》卷做了系统、充分的阐述。《导论》包含九章,阐述了以下问题:统一的多民族的历史;历史发展的地理条件;人的因素,科学技术和社会生产力;生产关系和阶级关系;国家和法;社会意识形态;历史理论和历史文献;史书体裁和历史文学;中国与世界。其中,大多属于历史理论范畴的理论问题,只有历史理论和历史文献、史书体裁和历史文学两个问题是属于史学理论范畴的理论问题。对这两类理论问题,《导论》卷都是以唯物史观的基本原则为指导,从中国历史和中国史学的发展中总结出来的,讲理论而不脱离史实,举史实而提升到理论,读来容易理解而多有启发。

第二,内容丰富、资料翔实。《中国通史》包含经济、政治、民族、军事、文化、中外关系、历史人物等多方面内容,史料翔实,读来使人产生厚实、凝重之感。尤其是它把各少数民族的历史都放在中国历史进程的大背景下加以阐述,充分肯定前者在后者中的重要位置,充分肯定多民族共同创造中华文明的历史业绩;它把科学技术同生产力的发展状况结合起来阐述,反映出科学技术在推进生产力发展方面的重要作用;它展现出从先秦至近代各个历史时期的人物群像,使中国历史更加生动、引人入胜地展现在读者面前。

---

① 江泽民:《中共中央总书记江泽民给白寿彝同志的贺信》,载《史学史研究》1999年第 3 期。

第三，体裁新颖而具有民族特色。白寿彝教授是研究中国史学史的著名教授，他吸收了中国古代多种史书体裁的形式，同以新的历史观念、新的认识水平所表述的历史内容相结合，制定了一种"新综合体"用于《中国通史》的编撰。全书除第一、二卷外，其余十卷都各包含四个部分：一是序说，阐述有关历史时期的历史资料、研究状况、存在问题和本卷撰述旨趣。二是综述，阐述有关历史时期的政治、军事、民族等方面的重大事件，勾勒这个时期历史进程的轮廓，便于读者明了历史发展大势。三是典志，阐述有关历史时期的各种制度及相关专题，丰富读者对"综述"部分的认识。四是传记，记述有关历史时期的各方面代表人物，展现"人"在历史运动中的能动作用和历史地位，进一步丰富了读者对"综述"和"典志"的认识，从而增强了历史感，所生兴味更加浓厚，所得启示更加深刻。20世纪以前，中国史书多以纪传体、编年体、典志体、纪事本末体四种体裁为主要表现形式；20世纪以来，章节体逐渐代替了上述各种体裁。《中国通史》以章节体的形式而注入纪传体等传统体裁的风格，把古今史书体裁的优点结合起来，形成一种"新综合体"，容纳了极丰富的历史内容，也活泼了历史编撰形式，使其具有突出的民族特色。这不仅给人以耳目一新之感，更重要的是使人对中国历史可以有一个全局的、立体的、动态的认识。

　　第四，反映了最新的学术成就。《中国通史》各分卷主编，多是有关研究领域的著名学者，且又约请了许多专史研究的学者参与撰述。《中国通史》的编撰，有500多位作者参与其事，可谓人才之荟萃，史识之检阅，故在学术水平上反映了20世纪八九十年代的最新成就。如第一卷《导论》对有关理论问题所做的系统论述，是目前关于中国历史之理论认识的最有分量的著作。如第二卷《远古时代》，吸收了20世纪以来考古发现的重要成果，重构了对中国远古时代历史的认识，是历史研究同考古研究相结合的最重要的成果之一。又如，各卷的"序说"是学术性极为突出、要求十分严格的一项内容，撰述之难可以想见；《中国通史》第三卷至第十二卷对此都有独到的阐述，具有很高的学术价值。再如，各卷"综述"对大事的提纲挈领，"典志"对专题的钩稽爬梳，"传记"对历史人物的抉择去取和描述评论等，都反映出著者的卓识。

白寿彝教授总主编的《中国通史》，是 20 世纪中国几代史学家编撰中国通史的总结性和创造性相结合的巨著，它开辟了中外读者认识中国历史和中华文明的新道路。

白寿彝总主编《中国通史》第一卷简介 [*]

本卷是多卷本《中国通史》的导论，白寿彝主编，全书包括：

题记

第一章 统一的多民族的历史

第二章 历史发展的地理条件

第三章 人的因素、科学技术和社会生产力

第四章 生产关系和阶级关系

第五章 国家和法

第六章 社会意识形态

第七章 历史理论和历史文献

第八章 史书体裁和历史义学

第九章 中国与世界

附录一 中国历史上的 12 个方面 346 个问题

附录二 新增少数民族自治地方

以上正文共九章，是按照三个部分结构起来的：前六章，依照从物质到精神，从经济基础到

---

* 原载《史学史研究》1996 年第 2 期。

上层建筑，再到意识形态的逻辑编次，作者在历史唯物主义指导下，简述了本书对中国历史发展中的一些重要的理论问题的认识。

第七、八两章，结合中国史学遗产，阐述了本书对历史编撰中的理论、文献、体裁、表述等几个方面的理论性认识，以及对《中国通史》全书在这些方面的设想与要求。

最后一章，阐述了本书对中国历史在世界历史上的地位的认识。

本书共论述了中国历史上的 9 个方面 66 个问题。

作为多卷本《中国通史》的导论，本书的基本观点是：

概括地说，本书是在历史唯物主义指导下，结合中国历史发展的史实，一是阐述了如何认识中国历史的一些基本理论问题，二是阐述了本书在历史编纂上的理论依据和基本要求，三是阐述了中国历史与世界历史的关系。

具体说来：

第一章，着重从理论上阐述了中国历史上的民族关系及其主流，新中国成立后党的民族政策和民族分布现状，以及统一的多民族国家的历史之撰写所应注意的方面：疆域问题、历史分期、多民族的统一。

第二章，从普遍的意义上论述了地理条件与历史发展的关系，进而从理论上阐述了中国地理条件的特点及其与中国历史发展的关系，包括地理条件对经济、政治、民族、社会发展变化的影响。

第三章，主要论述了中国历史上的直接生产者在不同时代的不同特点，他们都有技术性和社会性的两个方面，同时还论述了科学技术与社会生产力的相互关系，以及中国生产史上的科学技术及其特点。

第四章，论述了生产关系、阶级结构和阶级斗争，如关于封建社会中多种生产关系并存、封建社会阶级结构的等级制，以及地主阶级在封建社会的社会矛盾中之居于矛盾的主要方面等。

第五章，论述了国家职能的起源流变，探索其发展规律，并通过对国家职能的具体分析肯定了它在历史发展中所起的作用，国家不仅具有统治职能，还具有社会职能，二者往往有密切的联系，不可分割。

第六章，论述了马克思主义关于意识形态的学说，以及中国哲学、社会政治学说的历史发展及其特色：唯物主义的优良传统，社会政治思想的革新进取精神，人性论及道德学说的丰富遗产。

第七章，论述了历史理论的两个基本问题即历史的客观性和历史的可知性，以及中国史学在这方面的探索，同时论述了中国历史文献的发展和历史文献学的形成。

第八章，阐述多卷本《中国通史》编撰体裁的具体构思，以及它采用中国历史上各种优秀的史书体裁的缘由，说明了运用多种体裁相互配合，以求多层次地反映历史面貌的必要性，既可以反映历史的进程，又可以反映历史发展的规律性、丰富性，达到贯通古今的要求。

第九章，论述了中国历史的特点，一是中国历史的连续性，二是国家统一的发展和巩固；同时论述了中国史和世界史的关系，即中国史有结合世界背景考察的必要以及中国史在世界史中的重要性。

这是一本关于历史理论的著作，它的理论创新主要表现在：运用历史唯物主义的基本原则，结合中国历史的进程和面貌，系统地论述了关于中国历史的一些重要理论问题，填补了历史理论研究与中国历史研究这两个方面的空白。

本书在不少问题上，有突出的理论创新。

——关于中国历史的范围。认为中国的历史是中华人民共和国境内各民族共同缔造的历史。

——关于中国历史上的统一问题。认为统一的多民族国家是逐渐形成起来的，提出了统一的四个类型的论点，即单一民族内部的统一、区域性多民族的统一、全国性多民族的统一和社会主义的全国性多民族的统一。

——关于历史分期。认为分期问题的讨论不要局限于中原，要努力在全国范围内考察，应当从社会发展的不平衡的状态上掌握一个时期的整体性。提出了封建社会可以分为四个时期的见解，而分期的标准，应当考察生产力的发展、地主阶级身份的变化、农民阶级身份的变化、民族地区和广大边区的发展变化、中外关系的变化等综合考察的标准，这是在历史分期理论与方法上的一家之言。

——关于地理条件与历史发展。厘清了地理条件决定论和承认地理条件对历史发展有重大影响二者之间的界限，提出了中国地理条件的特点及其与中国历史发展的关系的理论认识：地理条件的复杂性和经济发展的不平衡性，地理条件之局部的独立性和整体的统一性及其与历史上政治统治的关系，地理条件与民族、民族关系，地理条件的变化及其对社会的影响。

——关于生产者、科学技术和社会生产力。突出了直接生产者在社会生产力发展中的作用，提出了中国历史上的直接生产者在不同时代的不同特点；把科学技术作为生产力的一个方面看待，把科学技术和生产力问题作为中国历史之基本理论看待，这在当代历史编纂上都是少见的。

——关于生产关系、阶级结构。提出了封建社会中多种生产关系的并存、封建社会阶级结构的等级制以及地主阶级在封建社会的社会矛盾中之居于矛盾的主要方面的论点，并把世家地主、门阀地主、品官地主、官绅地主视为封建社会中地主阶级变化的四个阶段。

——关于国家职能。全面阐述了国家职能，即国家不仅具有统治职能，还具有社会职能；认为简单地把剥削阶级掌权的国家看成是一无所取，是不符合历史情况的。

——关于中国通史编撰的形式。提出了新综合体的理论和框架，阐明了《中国通史》以序说、综述、典志、传记四部分结合而成的基本内容和主要优点，为中国通史编撰开创了一种新的形式。

——关于中国与世界。阐述了中国历史发展之连续性的两个主要方面，一是中国作为一个政治实体在其发展过程中未曾为外来因素所中断，二是中国文明在文化发展上也未曾有断裂现象，同时阐述了中国史在世界史中的重要性。

以上 9 个方面，都不同程度地显示了本书的理论创新。

本书在历史科学和社会实践方面的意义是：

第一，本书在帮助人们以科学的态度认识中国历史方面，有指导的意义；第二，本书在历史理论研究、中国通史编撰两个方面，都有较高的科学参考价值，对推进这两个方面的研究和学科建设的发展，有积极的作用；第三，本书对于在较高的层次上进行历史唯物主义教育、爱国主义教育、历史教育，是一部较好的专著。

通俗性和科学性的统一*

——评白寿彝主编《中国通史纲要》

白寿彝主编，杨钊、方龄贵、龚书铎、朱仲玉分纂的《中国通史纲要》①，是一本简明的通史著作。全书不到 30 万字，上起远古，下迄"五四运动"前夕。以这样简略的文字反映如此悠久的历史，当然只能提纲举要，作者以《纲要》名书，是很恰当的。

从《纲要》一书的性质来看，它是一本通俗的历史读物，一般的读者，都读得懂，可以从中了解中国历史发展的概貌；《纲要》也是一部学术著作，历史工作者可从中发现作者对中国历史（特别是封建社会史）多年研究所取得的新成果并汲取到有益的养料。作者在"题记"中写道，《纲要》"是一个普通读物"；写书的旨趣是要"在努力学

---

* 原载《历史教学》1983 年第 2 期，本文系与朱尔澄同志合作。

① 白寿彝主编：《中国通史纲要》，上海：上海人民出版社，1980 年，以下简称《纲要》。

习运用马克思主义基本理论的基础上，探索中国历史发展的进程及其特点"。这表明：《纲要》一书是要努力把通俗的形式跟科学的探求统一起来。可见，作者所理解的通俗读物，绝不仅仅是综合与复述别人现成的结论，而是同时包含着他们自己对中国历史的系统的研究和反复的探索。这里，仅就我们对《纲要》一书的理解，谈谈它在通俗性和科学性的统一方面的几个特点。

一、注重体系、轮廓、线索

作为通俗读物，《纲要》在内容上不求面面俱到，而以独特的体系、明晰的轮廓、清楚的线索见长。《纲要》在体系上的特点，是对每一时期的经济、政治、思想文化做综合的叙述。例如，它把科学技术的发展同生产力的发展结合在一起叙述，把思想文化的发展和政治状况结合起来考察，揭示了历史发展的内在联系。表象的多样性和内在的统一性体现了历史前进的辩证法则，而《纲要》的这一体系正是要向读者展示这个法则。

《纲要》在勾画历史轮廓时，是采用"粗线条"的手法。这是因为，唯有用"粗线条"，才能使轮廓清晰、醒目。《纲要》中的"远古的遗存"跟"古老的神话和传说"两章，概括了奴隶社会以前的全部历史。而关于奴隶社会，《纲要》径自从商代说起，对于夏朝是不是奴隶社会这个目前尚在研究、探索的问题，则不去深究。根据同样的道理，作者把东周初年和春秋战国作为奴隶制向封建制过渡的时期，而不勉强论证奴隶制究竟亡于何时，封建制究竟兴于何时。至于封建社会，作者明确提出了"成长"（秦汉时期）、"发展"（三国两晋南北朝隋唐时期）、"继续发展"（五代宋元时期）和"衰老"（明清时期）四个发展阶段。从1840年至1949年，是半殖民地半封建社会时代，"五四运动"把它划分为前期和后期。《纲要》勾画的这样一个中国历史轮廓，既反映了作者对中国历史发展的总进程的独到见解，也易于给读者留下鲜明的印象。

《纲要》对历史发展的主要线索也阐述得十分清楚，使读者在纷繁的历史现象中把握住主要的脉络和演进的过程。这突出地反映在作者对封建社会各个发展阶段的论述上。第一，社会生产力（包括科学技术）的发展。作者从生产工具、生产技术、生产规模的发展，不同地区的生产力水平的提高，经济重心的转移和资本主义萌芽的出现等方面，揭示了封建社会生产力发展的阶段性。第二，阶级关系的变化。作者着重阐述了作为封建生产关系主导方面的地主阶级的变化，认为世家地主、门阀地主、品官地主、官绅地主分别是封建社会四个发展阶段中占主要地位的剥削阶级；与其相应的被剥削阶级，则是编户农民、荫附农民、佃农，反映出农民阶级封建身份性印记逐渐淡化的发展过程。第三，阶级斗争的发展。在封建社会的前两个阶段，农民起义表现为争取人身生存权的斗争，而在后两个阶段则表现为争取财产权的斗争，这种不同的斗争要求，反映了农民封建性身份的逐渐松弛。第四，少数民族地区的发展。这反映了封建社会的发展在地域上不断扩大的过程。把这个问题提到划分阶段的标志之一来认识，一方面如实说明了我国是一个多民族的统一国家，另一方面从根本上正确回答了少数民族地区在我国古代历史发展中的作用和地位问题。第五，中外关系的发展。在封建社会的第一阶段，中国加强了同外域的联系；第二、第三两个阶段，这种联系在积极、主动、平等的基础上得到很大发展；而在第四个阶段，中国的对外关系发生了明显的逆转，显示出封建社会末世的腐败、保守和虚弱。显然，这样一个系统的封建社会分期的历史理论，是作者从"纵通"和"横通"两个方面对中国封建社会进行综合研究的结果。它揭示了中国封建社会发展的连续性、阶段性和多层次发展的历史特点，把关于封建社会分期问题的研究推进到一个新的水平。

上述关于封建社会分期的五个标志，无疑是我们了解、研究封建社会历史的几条基本线索。

此外，作者还注意到把有关皇朝划分为几个明显的层次加以叙述，例如：以"建立和巩固"、"盛世"、"衰落"论说西汉史事；以"盛世"、"变乱"、"没落"概括唐代历史；以"建立"、"中衰"、"腐朽"略述明朝兴亡；等等。同时，还注意到揭示前一阶段发展到后一阶段的历史原因。这样明显的层次和准确的概括，突出了各个封建王朝的兴衰过程以及在每一个发展阶段上的主要特征。体系、轮廓、线索，它们都与通俗性相关联，同时又是科学性的体现。

二、讲清重点、难点、特点

人们常常误把简单的、一般化的书刊视为通俗读物的特征，其实这是不完全正确的。通俗读物之所以被称为"通俗"，是因为它易于为人们所理解、所接受。而对于有较高质量的通俗读物来说，是它能够在叙述一般问题的同时，着力于讲清重点、难点、特点，使读者不仅仅停留在对一般性知识的了解上，而且还能对某些问题有较深入的认识。《纲要》的作者在这方面做出了可贵的尝试。例如，多数历史著作对两千年封建社会中地主阶级的发展变化很少有明确的、扼要的阐说，我们经常见到的是"大地主"和"中小地主"这种没有准确含义的提法。《纲要》在叙述封建社会历史时，不只是阐述了农民阶级斗争的发展和农民身份的变化，而且刻意剖析了地主阶级的发展变化。这就是：两汉时期的世家地主被魏晋南北朝隋唐时期的门阀地主所代替，而五代宋元时期的品官地主又发展为明清时期的官绅地主。作者认为，地主阶级的这个变化，既是封建经济、政治发展的结果，又是衡量这一发展的尺度之一。而对于"大地主"、"中小地主"这种模糊的概念，《纲要》则很少使用。

封建剥削关系是个比较复杂的问题。《纲要》作者一方面对封建社会各个时期的赋税和地租作确切的说明，另一方面又着重讲清它们同农民跟国家、农民跟地主、地主跟国家相互间关系发展变化的一致性。例如，《纲要》在讲到秦汉时期的封建剥削关系时指出："皇家把沉重的封建负担加在广大的农民身上，……这种封建负担，实质上就是直接生产者向地主交纳的地租，其中有一部分是实物地租，而更多的部分是劳役地租，人头税也不过是劳役地租的另一种表现形式。在这里，国税是跟地租统一起来的，更没有另外形式的国税。世家地主对农民的剥削，主要是从农民向皇家交纳的地租中分割出来的一部分。"[1]在叙述三国两晋南北朝隋唐时期的封建剥削关系时，《纲要》写道：门阀地主跟世家地主不同，"首先是，他们有世代传袭的私有土地，而不是国家的封国、封邑。其次，他们掌握的劳动人手大量是荫附于他们的农民，其中包括相当数量的部曲，不向国家纳税服役，不是国家户籍上的民户。再次，他们的剥削所得，不是跟国税统一起来的地租，而是跟国税分离的地租"[2]；封建国家为了争夺劳动人手亦即争夺剥削对象，"也为了跟这些地主进行斗争，采取了具体的措施。一种措施，是用整理户籍的办法，使国家户籍上的户口增加。又一种措施，是实行授田，为农民附着于土地创造了条件"[3]。至于宋元以下出现的租佃制度，与上述两个时期的封建剥削关系又有很大的区别，"在租佃制度下，田税和地租的区别更明显了。主户要向国家缴田税。客户要向地主缴地租，同时还要对封建国家交身丁钱、服徭役。这时，地主和农民的租佃关系有的是具有契约形式的，但这并不意味着佃农可以完全摆脱封建的人身依附。不过他们在一定条件下可以徙乡易主，比起以前的依附农民，有了

---

① 白寿彝：《中国通史纲要》，上海：上海人民出版社，1980年，第155页。
② 白寿彝：《中国通史纲要》，上海：上海人民出版社，1980年，第227页。
③ 白寿彝：《中国通史纲要》，上海：上海人民出版社，1980年，第231页。

较多的自由"①。从以上这些叙述中,我们清楚地看到:第一,国税和地租由统一到分离的发展过程;第二,这个发展过程是同地主阶级的发展变化相一致的;第三,这一发展过程同农民阶级的封建人身依附关系的逐渐松弛也是一致的;第四,为适应上述这些变化,封建国家的经济政策亦在不断地调整、变化。《纲要》作者在阐述这样一个复杂问题时,言简意赅,条分缕析,不独对专业工作者颇有启发,而且也使一般读者都能够理解。我们常说"深入浅出","深入"是基础,"浅出"是要求;没有"深入"的功夫,便不会达到"浅出"的要求。《纲要》对封建剥削关系的阐述,就是突出的一例。

中国是多民族国家,中国历史是中国各民族共同创造的。怎样说明汉族以外其他各少数民族在中国历史发展中的作用? 这是不少历史著作未能很好解决的一个重要问题。作者提出了这样的新认识:"民族杂居地区的封建化,在中国历史发展过程中意义甚为重大。"②从这一认识出发,作者把少数民族地区和民族杂居地区的封建化,作为中国封建社会不断发展的标志之一,在讲到"封建关系的发展"时,突出了"民族杂居地区的封建化"③,在讲到"封建关系的继续发展"时,又强调了"广大边区的封建化"④,从而改变了一般历史著作讲封建社会发展时只偏重讲汉族地区的发展的倾向,加深了读者对于多民族国家的历史的认识和了解。

像上面所说的这样一些重点、难点,《纲要》都阐述得十分清楚,而不拖泥带水,含含糊糊。

《纲要》全书共 10 章 72 个标题,每一个标题都可视为一个重点。而在这些标题中,作者还特别注意概括出历史发展的某些特点,如"最早有文字记载的历史"、"秦,第一个封建皇朝"、"经济重心南

---

① 白寿彝:《中国通史纲要》,上海:上海人民出版社,1980 年,第 283 页。
② 白寿彝:《中国通史纲要》,上海:上海人民出版社,1980 年,第 233 页。
③ 白寿彝:《中国通史纲要》,上海:上海人民出版社,1980 年,第 227 页。
④ 白寿彝:《中国通史纲要》,上海:上海人民出版社,1980 年,第 282 页。

移"、"中外交通的发展"、"西方殖民势力的东来"等标题，都体现了各有关历史时期的某些特征。从这些标题的设计上，也可以看到作者的匠心和风格。《纲要》在着重讲清重点、难点、特点方面所做的这些卓有成效的努力，是它受到广大读者欢迎的重要原因，历史工作者也可以从中窥见作者对某些重大问题进行多年研究所获得的学术成果。

三、力求明白、准确、凝练

这是《纲要》在文字表述上的特点。通观全书，它的这个特色主要表现在：

第一，以马克思主义理论为指南，但一般不引证马克思主义经典作家的原话。例如，《纲要》指出："耶稣会传教士曾被称颂为西方近代科学的输入者。这是不符合事实的。近代的自然科学是从神学中解放出来的自然科学，而罗马教廷是反对近代自然科学的死敌，是迫害科学家的狠毒的凶手。耶稣会不可能不站在这种迫害活动的最前列，因而决不能想象耶稣会传教士会把近代科学带进中国来。"[①]"他们带进中国的不是近代科学，而是已被近代科学所取代的对立物。"[②]《纲要》在另一个地方，还对什么是"西方近代科学"作了极明确的表述[③]。显然，作者所说的这些话，是以恩格斯的《自然辩证法》作为理论根据的，但是作者并没有大段大段地引证恩格斯的原话。

第二，以史料为根据，但一般很少引用现成的原始材料。《纲要》通常把原始材料加以今译后予以引用，而在非引用原文不可时，

---

① 白寿彝：《中国通史纲要》，上海：上海人民出版社，1980年，第374页。
② 白寿彝：《中国通史纲要》，上海：上海人民出版社，1980年，第375页。
③ 白寿彝：《中国通史纲要》，上海：上海人民出版社，1980年，第411页。

也只引用关键性的语句，把恰当的引证、扼要的分析和明确的评价结合在一起加以叙述，比之于抄录大段原文来说，显得通俗、明白、可读。

第三，避免使用过多的术语和专用名词。这一方面固然是考虑到外文版本翻译上的便利和国外读者阅读上的容易理解，同时也是为国内大多数读者着想。因此，《纲要》在说到占田制、均田制、租庸调制、两税法等问题时，只把内容交代清楚，而不写出某制、某法。这就不能不要求文字上的明白、准确、凝练。又如作者在表述韩非的法、术、势时写道："'法'是君主制定的成文法，是据以统治人民的条规。'术'是手段，是君主驾驭臣民的权术。……'势'是君主至高无上的权势。……他主张集一切权力于君主，君主凭势、用术，通过法来统治人民。"[①]这就把法、术、势的内涵、作用、本质都说清楚了，而所用的笔墨并不多。作者在文字表述上的这种认真的功夫，使《纲要》一书既有通俗的形式，又包含着丰富的科学结论，它体现了白寿彝先生的著述思想。近年，白先生曾多次撰文，反复阐说继承我国史家对历史文字表述的优良传统，强调历史学家应为全体人民群众著书立说的伟大责任。《纲要》的编著，可说是一个初步的尝试。

此外，《纲要》在体例上的独创风格、图版的选编均能与本书主要内容相辉映。

诚然，《纲要》也并非无瑕之璧，它还存在一些可以修改和提高的地方。首先，关于断限问题。首章"叙论"讲年代时，下限断至1949年中华人民共和国成立，而正文末章"半殖民地半封建社会·旧民主主义革命"则仅写至1919年"五四运动"前夕，这就前后不一致了。这可能有编著工作上的困难。我们建议：第十章"半殖民地半封

---

① 白寿彝：《中国通史纲要》，上海：上海人民出版社，1980年，第110页。

建社会"可写成上、下两篇，以现有的"旧民主主义革命"部分为上篇，补撰"新民主主义革命"部分为下篇，以成完璧。其次，关于地理环境和历史发展的问题。第一章讲地理环境一节，介绍了我国自然地理概貌，便于读者了解中国历史演进的这个巨大的"舞台"，然美中之不足的是未能说明这样的地理环境对我国历史的发展产生了什么影响。读白寿彝先生近年发表的论著，对此颇有精到见解，希望将来有机会修订《纲要》时，能将这些见解补写进去。最后，《纲要》全书 469 页，仅有 33 条脚注，似乎过于少了一点。我们的这些意见，未必妥当，谨供作者参考。

民族史思想

略论白寿彝的民族史思想[*]

白寿彝先生（1909—2000 年）是 20 世纪中国
著名的史学家，尤其是 20 世纪八九十年代，他
成为中国大陆最有学术影响的史学家之一，受到
国内外同行的关注。

白寿彝的学术成就主要反映在中国史学史研
究、中国民族史研究、中国封建社会史研究和中
国通史编撰，以及有关历史学的理论研究等领
域①。白寿彝是中国唯一一份史学史专业杂志
《史学史研究》的创办者，并长期担任主编直至他

　＊　原载李金强主编：《世变中的史学》，桂林：广西师范大学出版社，2010 年。本文是
作者应邀于 2008 年赴香港浸会大学参加题为"横看成岭侧成峰——20 世纪中国史学回眸"
的学术研讨会时所发表的论文。

　　①　白寿彝所著《白寿彝史学论集》（上、下，北京：北京师范大学出版社，1994 年）、
《民族宗教论集》（北京：北京师范大学出版社，1992 年；石家庄：河北教育出版社，2001
年）、《中国史学史论集》（北京：中华书局，1999 年）等，他主编的《中国通史纲要》（上海：
上海人民出版社，1980 年）、《中国通史》（多卷本，上海：上海人民出版社，1999 年）、
《中国史学史》（六卷本，上海：上海人民出版社，2006 年）、《回族人物志》（凡 4 卷，银川：
宁夏人民出版社，1985～1997 年先后出版）、《中国回回民族史》（北京：中华书局，2003
年），以及《史学概论》（银川：宁夏人民出版社，1983 年）等，都是具有广泛学术影响的
著作。

逝世为止。这本学术杂志在促进学科建设、联系国内外同行方面，发挥了重要作用。

我的这篇文章，拟着重探讨白寿彝在民族史思想方面的见识及其学术价值。

白寿彝在民族史研究方面的成就，受到了学术界尤其是民族史研究者的高度重视，他们发表了许多有深度的研究论文①。本文在此基础上，着重就以下三个方面问题作一点粗浅的述评，以就教于各位同行。

一、论史学上撰写多民族统一国家历史的传统

中国历史是多民族共同创造的，这在最早的传世文献如《尚书》、《诗经》中有突出的反映。在《春秋》、《左传》等书中，更有进一步的记述。自秦统一后，中国事实上成为一个统一的多民族国家。尽管在历史的进程中，民族间的矛盾、冲突时有发生，但统一多民族国家的发展趋势却是一个基本的历史潮流。在这个历史潮流中，中国先贤们的民族观呈现出复杂的情况。面对这样的历史事实，白寿彝善于把握历史现象中的本质问题，进而揭示出历史的真相。如他对孔子的民族观，就提出了与传统看法不同的见解。他认为："在思想上，由于民族区别的存在，就不免在民族关系上出现这样或那样的看法。孔子被后世的经学家宣传为'尊周室，攘夷狄'的圣人，好像

---

① 这方面的论文主要有：刘先照《中国民族史研究的一代开拓者》，陈连开《开拓·创新·富于启发的理论成果》、《回族史研究是一门很艰苦的学问》(以上见《历史科学与历史前途——祝贺白寿彝教授八十五华诞》，郑州：河南人民出版社，1994 年，第 285～321 页)；武尚清《科学的民族史观的主要成果——读多卷本〈中国通史·导论〉第一章》，陈振《白寿彝先生史学思想中的民族平等思想——谈主编〈中国通史〉第七卷的一点体会》，李松茂《白寿彝先生关于回族史和伊斯兰教史的研究》，杨怀中《积累四十年终成四册书——记白寿彝先生主编〈回族人物志〉》(以上见《历史科学与理论建设——祝贺白寿彝教授九十华诞》，北京：北京师范大学出版社，1999 年，第 381～456 页)。

孔子对于所谓'夷狄'是很严厉的。其实，孔子在这个问题上的态度是很理智的。"他列举孔子的有关言论并作分析，以证明孔子在民族观上是"理智"的。如孔子说："言忠信，行笃敬，虽蛮貊之邦行矣。言不忠信，行不笃敬，虽州里，行乎哉！"①"居处恭，执事敬，与人忠，虽之夷狄，不可弃也。"②白寿彝对此做如下解释，并结合孔子的其他言论，做进一步发挥，他写道："这在口气上对夷狄蛮貊，有点不以平等相看，但认为他们和诸夏之间存在着共同的道德标准，是与一些持狭隘的民族观念的人大不相同的。孔子还认为，夷狄也有长处，有的地方比诸夏还好。他说：'夷狄之有君，不如诸夏之亡也。'③对于'夷狄'的一些落后的东西，孔子认为是可以改变的。有一次，他表示要到九夷去，有人说：'那地方陋，怎么能住下去啊？'孔子答复说：'君子居之，何陋之有！'④对于夷狄的干扰，孔子是反对的，所以他虽不大赞许管仲之为人，却推重管仲能联合诸侯，保卫诸夏的功绩，而说：'管仲相桓公，霸诸侯，一匡天下，民到于今受其赐。微管仲，吾其被发左衽矣。'⑤这种看法，无疑也是正确的。"⑥白寿彝对孔子民族观的认识，有几点是值得重视的。第一，他不赞成前人的传统看法，认为孔子在民族问题上的态度是比较"理智"的。我理解这里说的"理智"，意即不偏激，能持冷静的态度。第二，他认为孔子的民族观中包含着朴素辩证的思想，即认为夷狄中落后的东西是可以改变的。第三，认为孔子肯定管仲"攘夷狄"，是

---

① 《论语·卫灵公》，杨伯峻译注，北京：中华书局，1958年。第169页。

② 《论语·子路》，杨伯峻译注，北京：中华书局，1958年，第147页。

③ 《论语·八佾》，杨伯峻译注，北京：中华书局，1958年，第26页。这句话有不同解释。朱熹《论语集注》引程子曰："夷狄且有君长，不如诸疆之僭乱。"这个解释近是。——引者：注中按语系白寿彝先生所加。

④ 《论语·子罕》。杨伯峻译注，北京：中华书局，1958年，第98页。

⑤ 《论语·宪问》。杨伯峻译注，北京：中华书局，1958年，第159页。

⑥ 白寿彝主编：《中国通史》第一卷《导论》，上海：上海人民出版社，1989年，第5～6页。

表明孔子不赞成夷狄对中原的干扰，反映了孔子对民族间复杂关系的全面认识。白寿彝对孔子民族观的分析，其基本的思想方法，是对具体问题做具体分析，避免做绝对肯定或绝对否定的评价。

运用同样的方法，白寿彝对古代"圣贤"的错误的民族观，也不讳言。如他论孟子的民族观，指出："孟子在一次责备楚人陈良的弟子陈相时说：'吾闻用夏变夷者，未闻变于夷者也。陈良，楚产也，悦周公、仲尼之道，北学于中国，北方之学者，未能或之先也。彼所谓豪杰之士也。子之兄弟事之数十年，师死而遂倍之。''今也南蛮鴃舌之人，非先王之道，子倍子之师而学之。……吾闻出于幽谷迁于乔木者，未闻下乔木而入于幽谷者。《鲁颂》曰：戎狄是膺，荆舒是惩。周公方且膺之。子是之学，亦为不善变矣。'①孟子的话，不只是表示了学术上的门户之见，而且表示了他对其他民族的严重歧视。所谓'南蛮鴃舌'简直就是骂人了。"②由此可以看出，孟子的民族观比之于孔子来说，显得十分狭隘，而且表示出对"夷狄"、"南蛮"的"严重歧视"。看来所谓"圣人"和"亚圣"在民族问题认识上的差异是非常突出的。正如白寿彝进一步指出的那样："孔孟对民族关系的两种态度，实际上是民族关系史上两种观点上的根本分歧，到了秦汉以后就更为明显了。"③这一判断，显然也是从中国历史上不同民族观的存在而做出的。如司马迁、班固的民族思想就表现出明显的不同。而西晋江统著《徙戎论》，强调所谓"内诸夏而外夷狄"，对战国、秦汉、三国以来的民族关系作消极的评价④。当然，江统的主张并未得到统治集团的采纳。其后，又有唐太宗的比较开明的民

---

① 《孟子》卷五《滕文公上》，杨伯峻译注，北京：中华书局，1960年，第125～126页。

② 白寿彝主编：《中国通史》第一卷《导论》，上海：上海人民出版社，1989年，第6页。

③ 白寿彝主编：《中国通史》第一卷《导论》，上海：上海人民出版社，1989年，第6页。

④ 参见房玄龄等：《晋书》卷五十六《江统传》，北京：中华书局，1974年，第1529页。

族思想和民族政策及其实施所带来的积极效果。而西夏、辽、宋、金、元时期，是中国历史上民族纷争和进一步走向融合的时期，民族思想出现了更为复杂的情况。尽管如此，辽、金最高统治者还是认同中原文化和以炎黄为始祖。元朝扩大了大一统政治格局，并且修撰了宋、辽、金三朝正史，而清朝在民族政策的执行方面也有许多新的创造，并最终奠定了统一多民族国家的版图。所有这些，都是同一定时代的民族观相关联的。

正是在这样的历史背景之下，中国史学上存在着撰写多民族统一国家的历史的传统。对此，白寿彝从历史发展进程的角度作了这样的概括，即"古老的传说和记录"；"多民族撰述的杰作"；"民族重新组合的历史记录"；"民族史撰述和地方志、纪事本末的发展"；"民族史撰述的近代化倾向"。这既是一个历史的划分，同时也显示出各个发展阶段的特点。如关于"古老的传说和记录"，作者通过对《诗经》的有关篇章的举例，指出："荆蛮、淮夷、氐羌，还有猃狁，都是殷周以外的重要民族，各有自己的文化系统。"他在引用《尚书·牧誓》后指出："友邦冢君等是一类人，庸、蜀、羌、髳、微、卢、彭、濮是八个民族的名称，这些民族是又一类人。这可见，武王伐纣的队伍，是一支多民族的联军。"作者认为："《春秋》、《左传》、《公羊传》、《穀梁传》和被称为'春秋外传'的《国语》，都是政治史性质的书，但记载了大量的民族史材料，这可以说是民族史撰述的正式开始。"同时指出这些文献中所记述的一些古代民族及当时活跃的许多民族，"经过春秋、战国长时期的历史陶冶，其中大量融合为汉族，也有不少成为秦汉以后的少数民族。"值得注意的是，白寿彝还明确地指出：《春秋》经传所记述的民族史料，因为它们是编年体史书，故还不能对民族做出比较集中的反映。而《国语》是按王国和侯国记述的"政治史资料"，其中《楚语》、《吴语》都是记述南方民族的史料，而《郑语》中也记述了史伯论南方民族的言论，都是很有民族史史料价值的内容①。又如，关于"多民族史撰述的杰作"，白寿彝着重评论《史记》、《汉书》、《后汉书》在这方面的贡献，他这样写道："司马迁是中国史学的奠基人，他的《史记》和班固的《汉书》、范晔的《后汉书》，都是有卓越成就的史书。它们在民族史方面也都有杰出的撰述。"②作者评论《史记》在这方面的成就，着墨最多。

第一，他从总体上评价《史记》所具有的民族史价值，写道："《史记》把环绕中原的各民族，尽可能地展开一幅极为广阔而又井然有序的画卷。它写了《匈奴列传》、《南越列传》、《东越列传》、《朝鲜列传》、《西南夷列传》、《大宛列传》，分别按地区写出北方、南方、东南、东北、西南、西北的民族历史。把这六个专篇合起来，可以说是一部相当完整的民族史，其中有些记载是超越当时和今日国境范围的。这与先秦记载之局限于一个民族或几个民族的有关事迹，是大不相同的。秦汉的空前统一局面及其对外交通的发展，使当时人大开眼界，也使我们的历史家能写出这样包容广大的民族史。"③这一段话，不仅概括了《史记》在民族史上的重要贡献，而且也扼要地指出了《史记》之所以取得这一重大贡献的历史条件。

第二，他从民族的区域分布上评价了《史记》各个民族传记所记内容的历史价值，而以详细评价《匈奴列传》为其重点。作者评价《匈奴列传》，很宏观，也很细致。从纵向看，《匈奴列传》分为三个部分：一是"从夏后氏少康之衰说起，直到冒顿称单于之前"的历史及其"与汉族先民的关系"；二是冒顿称单于，写出"匈奴最强盛的时期"；三是写老上单于即位直至天汉四年(公元前 97 年)。这是司马

---

① 参见白寿彝主编：《中国通史》第一卷《导论》，上海：上海人民出版社，1989 年，第 2～5 页。

② 白寿彝主编：《中国通史》第一卷《导论》，上海：上海人民出版社，1989 年，第 6 页。

③ 白寿彝主编：《中国通史》第一卷《导论》，上海：上海人民出版社，1989 年，第 6～7 页。

迁笔下匈奴历史的三个重要阶段。从细致方面来说，作者指出：《匈奴列传》"还写了在老上单于时，汉降人中行说'教单于左右疏记，以计刻其人众畜物'。这也是关系匈奴社会发展的一项重要记事。对于这一类好像细小但有历史意义的事，司马迁往往不轻易放过"。这几句话，反映了作者对民族史史料的重视和细致观察，并给予应有的评价。尤其重要的是，作者揭示出司马迁对汉匈关系的独到见解，指出：在老上单于在位时，"在这一时期，因汉降人对匈奴的教唆和汉家将相贪图战功，匈奴跟汉朝的关系复杂化了。列传在写这一时期的双方关系时，很有分寸，透露了作者对双方关系的独到见解"①。上面这两处评论，反映了作者对司马迁的民族观和民族关系的深刻的认识。

白寿彝还从民族史的全局观念出发，指出了司马迁写《匈奴列传》的意义，他写道："匈奴的活动，主要是在今内蒙古自治区和蒙古人民共和国（今蒙古国）境内。后来，鲜卑、突厥、回纥、蒙古等几个在全国历史上有重大影响的民族也都在这里活动，使这里成为中国历史上少数民族特别活跃的地方，因而《匈奴列传》也就越来越加强它在民族史文献上的重要地位。"②他的这一评价，是从更广泛、更深层的意义上揭示出《匈奴列传》所记内容与后世民族史及民族关系史的历史联系，在一定的意义上使人们对中国古代北方民族的历史渊源有一个整体的认识，从而使人们对司马迁的民族观与民族史撰述之历史意义产生了深深的钦佩和崇高的敬意。

当然，人们的这种钦佩和敬意，还会因白寿彝的这一见解得以进一步地加深。白寿彝在概括《匈奴列传》所记汉、匈关系时，这样写道："《匈奴列传》对于汉廷在民族问题上所犯的错误，是委婉其词

---

① 白寿彝主编：《中国通史》第一卷《导论》，上海：上海人民出版社，1989年，第8页。

② 白寿彝主编：《中国通史》第一卷《导论》，上海：上海人民出版社，1989年，第8~9页。

的。所以在列传的结尾，感慨于《春秋》'隐、桓之间则章，至定、哀之际则微，为其切当世之文而罔褒，忌讳之辞也。'但以《平准书》和《匈奴列传》合观，可见作者对自己的真实思想还是不愿掩盖的。司马迁死后两千多年的悠久岁月中，在汉与匈奴的问题上，很少有人能像他这样看的。"①作者对司马迁在民族关系史上的卓识，一则反映了作者透过现象看本质的治学方法，二则也反映了他作为一个少数民族出身的史学家的敏锐观察力，这或许就是司马迁所说的"好学深思，心知其意"②吧。总的看来，作者对《史记·匈奴列传》所做的多方面、多角度的分析，不论是在历史方面，还是在理论方面，都显示出其独到的见解。

作者对于《汉书》和《后汉书》在民族史方面的成就，也作了评价。白寿彝写道："班固的《汉书》和范晔的《后汉书》，继承《史记》，在民族史方面，对前史或续或补，对创兴的新史专立篇目。它们在资料上可说是收集得不少，而见识上要比司马迁差得多。"③作者强调《汉书》、《后汉书》是对《史记》的"继承"，这就越发显示出《史记》在民族史撰述方面的开创性贡献。当然，作者也肯定了《汉书》、《后汉书》的新贡献，即一是对《史记》的"或续或补"，二是专立新的篇目。对此，白寿彝做了十分具体的分析，认为《汉书》主要在资料和史事的续与补上，而《后汉书》除续与补外，还多立新的篇目，例如："《后汉书》的民族史部分，收罗繁富，甚见功力。《西域传》、《南匈奴传》接续前史，记录了匈奴和西域在东汉时期的重大变化。《东夷传》、《南蛮西南夷传》好像是因袭旧规，而记载翔实，过于前史。西羌问

---

① 白寿彝主编：《中国通史》第一卷《导论》，上海：上海人民出版社，1989年，第12页。

② 司马迁：《史记》卷一《五帝本纪》后论，北京：中华书局，1959年，第46页。以上所引白寿彝的记述，见白寿彝主编：《中国通史》第一卷《导论》，上海：上海人民出版社，1989年，第12页。

③ 白寿彝主编：《中国通史》第一卷《导论》，上海：上海人民出版社，1989年，第12页。

题是东汉时期比较突出的民族问题，乌桓和鲜卑是这时期新兴的民族，而鲜卑对后来中国历史的发展大有影响。《西羌传》和《乌桓鲜卑传》是《后汉书》新创的篇章。陈寿的《三国志》，一向同《史记》、《汉书》、《后汉书》并称'四史'，而陈书民族史部分很简略，仅有乌丸、鲜卑、东夷传，但也可与《后汉书》有关部分相参证。"①这一段评论，把《后汉书》在民族史撰述上的贡献写得十分明确，给人们以清晰的认识，其中尤其强调了"鲜卑对后来中国历史的发展大有影响"，这从三国史、十六国史和北朝史看得十分清楚。这段评论中，还兼及对《三国志》的有关评论，其记述虽简略，亦可与《后汉书》"相参证"。② 值得注意的是，白寿彝对《汉书》、《后汉书》在民族史撰述方面的评价，是把"资料"和"见识"分开来讨论的，认为它们在见识上"要比司马迁差得多"。对此，本文就不一一征引了。

综上，我们是否可以认为，白寿彝是以《史记》为重点，而《史记》中又以《匈奴列传》为重点，兼及《汉书》、《后汉书》、《三国志》，从而写出了"多民族史撰述的杰作"的基本面貌。

关于其他几个阶段的民族史撰述，白寿彝也都对它们的特点做了概括性评论。他论"民族重新组合的历史记录"，指出："三国两晋南北朝隋唐时期是民族重新组合的时期。五代辽宋夏金元时期是民族重新组合的又一时期。关于这两个时期的历史记录，在数量上的丰富是远远超过前代的。"③

这是从总体上的评价，即指出数量上的丰富远远超过前代。而对于这两个时期关于民族史记录之丰富及其具有什么具体的特点，

---

① 白寿彝主编：《中国通史》第一卷《导论》，上海：上海人民出版社，1989 年，第12～13 页。

② 白寿彝主编：《中国通史》第一卷《导论》，上海：上海人民出版社，1989 年，第13 页。

③ 白寿彝主编：《中国通史》第一卷《导论》，上海：上海人民出版社，1989 年，第14 页。

作者进而论道："关于这两个时期的民族史，资料是相当多的，但真正说得上是民族历史撰述的并不多，系统地记述民族重新组合的书简直就没有了。至于记述民族重新组合中某一过程或某一过程的片断记载是不少的。在这两个时期，汉文撰述以外，用少数民族文字的有关撰述究竟还有些什么，这还需要进行长期的工作。"①这两个具体特点是：第一，系统记述多民族重新组合的著作极少见；第二，出现了少数民族文字撰述的有关文献，对此，尚需做进一步研究。按我的肤浅理解，白寿彝在这里说的"民族重新组合"，"组合"是一个含义丰富的词汇，既包含了不同民族之间的冲突，也包含了不同民族间的融合。值得注意的是，作者对这个时期之民族史的多种撰述形式作了概括，并给予充分的肯定。

白寿彝认为，"明清时期的民族史撰述跟地方志和纪事本末的发展有密切的关系"②，这一个特点，同史学上明清时期方志的大发展和清代以"方略"为主体的纪事本末体史书的大发展是一致的，在某种意义上也是相互促进的。而关于"民族史撰述的近代化倾向"，白寿彝指出："鸦片战争前夜和战后百余年间，中国民族史撰述上出现了近代化倾向。"其具体表现是："第一，它反映了各民族联合反清反封建压迫的历史。""第二，少数民族的历史地位，在这时期有了重大改变。""第三，民族史在中国史中的地位受到重视。"第四，在 20 世纪 20 年代，"开始有近代形式的中国民族史出现。所谓近代形式，主要是指它基本上脱离了政治史的附属地位，而向一个有丰富内容、有自己体系的独立学科发展。梁启超倡之于前，王桐龄、吕思勉、

---

① 白寿彝主编：《中国通史》第一卷《导论》，上海：上海人民出版社，1989 年，第 17 页。

② 白寿彝主编：《中国通史》第一卷《导论》，上海：上海人民出版社，1989 年，第 21 页。

林惠祥、吕振羽等相继编写于后"①。作者从民族史的撰述思想、撰述内容、历史地位和撰述形式等方面，概括地阐述了中国民族史撰述从古代史学的窠臼里走出来，这同中国近代历史的特点、中国近代史学的萌生、发展的步伐是一致的。文中提到的几位史学家，可以看作是中国近代史学中的民族史撰述的开拓者，为20世纪30年代以后中国民族史的撰述开辟了新的道路。

白寿彝在总结中国历史上的民族史撰述传统时，这样写道："我们简单而扼要地回顾了新中国创立前，我国多民族历史撰述的一些情况。它们已形成了悠久的历史传统，留下了相当多的历史资料，运用了各种不同的撰述体裁，表达了不同的民族思想，反映了各个时期的历史特点。这些宝贵的遗产为我们研究民族史，提供了大量资料和编写上的借鉴。那些认为中国史书只记载汉族不记载少数民族的历史的看法，是没有根据的。"②我们知道，20世纪以来，中国民族史的研究和撰述有了很大发展，尤其是20世纪八九十年代，这方面的撰述出版甚多。但是，学术界对中国民族史的撰述史做总结性研究的论著尚不多见。白寿彝的上述研究与评论，从民族史思想、民族史资料、民族史撰述形式等几个方面的结合上，总结并评价了中国历史上不同时期的民族史撰述成就及其特点，反映了他本人是自觉地从中国历史、中国民族史和中国史学史的结合上，对中国民族史撰述的成就和时代特点，做出了全面的、系统的和独到的评论，显示了他的学术风格和学术特点。

二、少数民族地区的社会发展是中国历史进程标志之一

在中国史学界，关于历史进程和社会分期，主要有两个方面的

---

① 白寿彝主编：《中国通史》第一卷《导论》，上海：上海人民出版社，1989年，第26~28页。

② 白寿彝主编：《中国通史》第一卷《导论》，上海：上海人民出版社，1989年，第32页。

问题，一是古史分期问题，即奴隶制社会和封建制社会的分期问题，二是封建社会内部分期问题①。这两种分期，史学界有许多不同的看法，每一种看法都提出各自的理由和根据，这里不来讨论。

在封建社会内部分期问题上，白寿彝提出了十分明确的、有独立见解的观点。他认为，中国封建社会内部的分期，很难采用一个单一的标准来划分它的发展的阶段性，而应以能够贯穿始终的、综合的标准来考察其阶段划分的特点。因此，他认为：

> 光抓农民起义、农民战争，解决不了中国封建社会历史发展的问题。不是说打仗了，才有阶级斗争。阶级斗争的表现形式不一样：有时是显著的，有时是潜伏的；有时是紧的，有时是松的；有时是高的，有时是低的。专讲农民战争是不够的。那应该怎么讲？讲社会发展规律。首先还要讲经济基础。不从经济基础上解决这个问题，讲农民战争就有好多问题不好解释。讲农民战争的发展，也要从经济基础的发展上来讲。那么讲经济基础，讲什么呢？生产力、生产关系嘛。封建社会生产力发展很缓慢，抓这个，困难大。生产关系抓哪一个呢？要抓农民阶级，但首先要抓地主阶级。为什么？因为地主阶级是封建社会矛盾的主要方面。看封建社会变化，在地主阶级身上体现得清楚些，材料也多些。有了这个材料，再分析农民阶级、分析农民战争，就好办得多。在封建社会两三千年里面，阶级斗争有一定的量的变化，在不同的阶级里，显示着不同的情况。这一点可以帮助咱们对于封建社会发展线索，多知道一点。我个人的意思，就是先从这儿来分析：从地主阶级变化来分析；从

---

① 参见田人隆：《奴隶社会与封建社会分期讨论简述》及瞿林东：《中国封建社会内部分期的不同见解》，肖黎主编：《20世纪中国史学重大问题论争》，北京：北京师范大学出版社，2007年，第40～86页。

农民战争的口号、行动来分析。还有一个，从民族关系上来分析。①

我们从这一段话里，可以看出他对于封建社会历史分期问题的观点和方法。后来，白寿彝在《中国历史的年代：一百七十万年和三千六百年》②和《中国通史纲要·叙论》③里，明确提出划分封建社会历史分期的标准是：(1)社会生产力(包括科学技术)的发展。他主张从生产工具、生产技术、生产规模的发展，以及不同地区的生产力水平的提高、经济重心的转移和资本主义萌芽的出现等方面，说明封建社会生产力发展的阶段性。(2)生产关系的相对变化。他着重阐述了作为封建生产关系主导方面的地主阶级的变化，认为世家地主、门阀地主、品官地主、官绅地主分别是封建社会各个发展阶段中占主要地位的剥削阶级；与其相应的被剥削阶级则是编户农民、荫附农民、佃农，反映出农民阶级封建身份性印记逐渐淡化的发展过程。(3)阶级斗争的发展。在封建社会的前两个阶段，农民起义表现为争取人身生存权的斗争，后两个阶段则表现为争取财产权的斗争，这种不同的斗争要求，反映了农民封建性身份的逐渐松弛。(4)少数民族地区的封建化。这反映了封建社会在地域上逐步扩大的过程。把这个问题提到封建社会分期标准上来认识，一方面可以如实说明中国是一个多民族的统一国家，另一方面也从根本上回答了少数民族地区的发展在中国封建社会历史发展中的作用和地位问题。(5)中外关系的发展。隋唐以前，中国加强了同外域的联系。在对外关系上，隋唐宋元都居于主动的地位，明清时期出现逆转，显示了封建社会

---

① 白寿彝：《中国封建社会发展的阶段性问题》，载《历史知识》1981 年第 6 期。

② 白寿彝：《中国历史的年代：一百七十万年和三千六百年》，载《北京师范大学学报》1978 年第 6 期。

③ 参见白寿彝主编：《中国通史纲要》，上海：上海人民出版社，1980 年，第 1～26 页。

末世的腐败、保守和虚弱①。在这几条标准中，我们尤其要关注的是其中的第四条，因为在关于封建社会内部分期问题上，像白寿彝这样提出问题的学者甚为罕见。

白寿彝对历史分期有一个总的认识。指出："史学界对于中国历史分期展开了不同意见的争论，至今仍在继续。但对于这个问题的讨论，基本上是关于中原地区奴隶社会跟封建社会的分期问题。我们应当放开视野，努力在全国的范围内考察这个问题，不要局限于中原地区。封建社会历史很长，记载很多，对中国历史的发展影响也很大。我们也应该重视封建社会内部的分期问题。近代史距离我们的时代近，跟今天现实关系密切，我们更应该重视近代史的分期。"他接着写道："历史上，我国各民族的发展是不平衡的，但不平衡是社会发展的正常现象。各民族之间的发展不平衡，一个民族内部的发展也不平衡，我们应当从不平衡的状态上掌握一个历史时期的整体性。"②白寿彝在这里提出了两个突出的问题，一是关于历史分期问题的讨论，不要局限于中原地区，"应当放开视野"；二是中国历史上各民族发展不平衡，关于历史分期问题的讨论应从整体上来把握这种不平衡状况。正是从这一认识出发，白寿彝在封建社会内部分期问题上，把少数民族地区或广大边区的社会发展，提到分期标准上来处置。

具体地说，白寿彝认为"我国封建社会可以分为四个时期"，"秦汉时期，在中原地区，是中国封建社会的成长时期"。关于这时期的民族状况，他写道："秦汉的统治范围，大大超越了前代，包括了黄河流域、长江流域和珠江流域的广大地区。围绕中原地区的少数民族，有相当部分登上历史舞台，而匈奴、羌族特别活跃，有时还给

① 瞿林东：《中国封建社会内部分期的不同见解》，肖黎主编：《20 世纪中国史学重大问题论争》，北京：北京师范大学出版社，2007 年，第 75～76 页。
② 白寿彝主编：《中国通史》第一卷《导论》，上海：上海人民出版社，1989 年，第 81～82 页。

中原皇朝以武力的威胁。但当时所有的少数民族，都还处在前封建社会阶段。作为中国主体民族的汉族，是经过有关部落和民族的融合而在秦汉时期形成的。汉族的名称，也是跟这一个伟大朝代的名称相一致的。"①他明确指出，这个时期的社会分期所考虑的主要因素，是"中原地区"，但关于少数民族状况，他指出了三点：一是有的少数民族登上了历史舞台，二是所有少数民族都还处在"前封建社会阶段"，三是中国主体民族汉族的形成。这几点，在民族发展史上十分重要，同时在中国封建社会发展史上也十分重要。

关于封建社会发展的第二个时期，白寿彝写道：

> 三国两晋南北朝隋唐时期，是中国封建社会的发展时期。在这时期，发生了民族间的长期斗争，发生了民族的大规模流动和移居。本来在两汉时期就已开始内迁的匈奴人和羌氐人，现在他们深入内地，并且又有鲜卑人、突厥人、回纥人及其他少数民族的内迁。结果是无论在北方和南方，民族杂居的地区都扩大了。因而，汉族充实了自己，少数民族提高了生产水平和生活水平。久而久之，内迁的少数民族，跟汉人很难区别。这就在新的民族关系的局面出现后，有了民族重新组合的出现，而促进了原来地区封建化过程。这是封建社会发展时期的一个重要特征。②

这一段论述，把民族状况同社会分期的关系阐述得更加清楚了。而民族状况的特点是：大规模的流动和移居，民族杂居地区进一步扩大，民族重新组合的出现，尤为重要的是促进了原来地区的封建

① 白寿彝主编：《中国通史》第一卷《导论》，上海：上海人民出版社，1989年，第82、83页。

② 白寿彝主编：《中国通史》第一卷《导论》，上海：上海人民出版社，1989年，第83～84页。

化过程。这样的视野，就把少数民族地区或民族杂居地区的经济社会发展状况，同中原密切结合起来，从而真正进入中国历史进程的大潮之中了。

关于封建社会的第三个时期中的民族状况，白寿彝写道："五代以后，到了元末，是中国封建社会的进一步发展时期。在这时期，先有五代十国，继有辽、西夏、金跟北宋、南宋的分立，后有元的统一。广大的边区，从东北的部分地区到西北，再到西南，基本上都进入了封建社会，而汉族与各民族间又经历了一次新的组合。这是封建社会进一步发展时期的重要标志。"①从分裂走向新的统一，这是政治上的特点。而民族状况的特点，一则是广大边区基本上进入了封建社会，二则是汉族同各民族间再次经历了新的组合。白寿彝把这些看作是"封建社会进一步发展时期的重要标志"。显然，这个时期的民族状况比之于前一个时期的民族状况，又有了很大的发展。

值得注意的是，白寿彝对元朝统治下的民族状况和社会发展，采取辩证的分析方法，而不是做简单的或绝对的判断。他这样写道："元统一全国后，南宋地主阶级的势力基本上保存下来了。他们所在的地区是当时封建经济最有代表性的地方。元代有一大批蒙古贵族地主的出现，还规定了形形色色担负封建义务的民户，又扩大了奴隶的数量。但这基本上是北方的情况。在北方出现的这种生产关系，是这一时期局部地区的倒退现象。广大边区的封建化，是元代社会生产发展的新气象。"②在封建制度下扩大了奴隶的数量，这无疑是一种倒退的现象，而广大边区的封建化又是社会生产中的新气象。在同一个历史阶段中，承认倒退和进步的共存，这一认识符合历史

---

① 白寿彝主编：《中国通史》第一卷《导论》，上海：上海人民出版社，1989年，第84页。

② 白寿彝主编：《中国通史》第一卷《导论》，上海：上海人民出版社，1989年，第85页。

的辩证法则。从这里，我们可以看到白寿彝对待民族史上的问题的真知灼见，可以称得上严峻公正，卓尔不群。

对于封建社会的第四个时期，白寿彝做了这样的概括："明朝及清朝的大部分年代，是中国封建社会的衰老时期。"他认为，在这个时期，一方面是人民所担负的"封建束缚有较多的解除"，另一方面是明清统治集团"企图保持高度的封建专制统治"。白寿彝指出，这"正是一个问题在不同方面的表现"。他是在这样一个总的历史背景下来看待这一时期的民族状况的，即"在民族关系上也是这样。一方面，民族间的关系比前一历史时期要密切了，但属于民族性质的封建枷锁却更加沉重了"。[①] 对于这一扼要的概括，我们或许可以更多地从清代的民族状况来理解。在明清时期，尤其是在清代，由于政治上的长时期的大统一和国家疆域的最终奠定，使全国各民族的联系进一步加强了，相互间的关系更加密切了，这也是各民族间不断重新组合的历史产物。同时，也应该看到，清朝统治者是以满族贵族为主而组成的统治集团，其在统一过程中对其他各族所居地区的用兵以及统一局面下的专制统治的强化，造成"属于民族性质的封建枷锁却更加沉重了"。

白寿彝把少数民族地区、民族杂居地区以及广大边区的经济社会发展状况，纳入中国封建社会的总的进程中进行考察，并以此作为封建社会内部分期的标志之一，反映了他对民族史的重视，也体现了他对中国作为一个统一多民族国家之历史进程的通观全局的器识。

三、民族关系的主流与主体——民族历史作用的重要性

关于我国历史上的民族关系中的主流问题，多年来，史学界存

[①] 白寿彝主编：《中国通史》第一卷《导论》，上海：上海人民出版社，1989 年，第86 页。

在着不同的认识。有的研究者认为，友好、合作是民族关系史上的主流；而有的研究者则认为，历史上各民族之间的矛盾、斗争是民族关系的主流。究竟应当怎样看待这个问题，民族关系史研究工作者和其他许多史学工作者对此十分感兴趣。1981年，白寿彝在一次学术研讨会上发表了自己的意见，并发表了题为《关于中国民族关系史上的几个问题》的文章①。文章第二部分着重阐述了"民族关系的主流"，提出了很有启发的见解。

他认为，对于民族关系史上的主流问题的探讨和研究，可以看得开阔一点。我们研究历史，不能采取割裂历史的方法。从一个历史阶段看问题，固然是必要的；从整个历史发展趋势看问题，则更为重要。在民族关系史上，"友好合作"不是主流，"互相打仗"也不是主流。主流是什么呢？几千年的历史证明：尽管各民族之间好一段、歹一段，但总而言之，是许多民族共同创造了我们的历史，各民族共同努力，不断地把中国历史推向前进。这是主要的，也可以说这就是主流。

白寿彝首先从方法论上回答这个问题，他说：

> 在民族关系史上，民族关系的主流是什么？有两种意见。一种意见。认为友好合作关系是民族关系的主流。这是我们开会以来说得最多的。有些同志不同意这种意见，认为光说友好合作，说不过去。历史上很清楚：今天你打我，明天我打你，老打仗，不能说这也是"友好合作"吧。用友好合作来概括民族关系的主流，恐怕说不通。究竟哪一种意见对呢？是不是像过去的那种说法，民族间的关系只有民族间的斗争，民族间的抗争？但这些年来，我们发现了一些材料，各族之间确实存在着

---

① 白寿彝：《关于中国民族关系史上的几个问题》，载《北京师范大学学报》1981年第6期。

友好合作的关系。这个问题到底是怎样认识才好呢？我认为，无论主张第一说，还是主张第二说，都不可能完全否定对方的提法，因而也就不可能完全说服对方。这个问题也可以看得开阔一点，不要争论不休：哪个是主流，哪个是支流。这样争论下去解决不了问题。这是因为：在这个历史阶段里，可能友好合作比较多，不管什么形式的友好，朝贡也罢，会盟也罢，和亲也罢，总算是和好吧。在另一个历史阶段里，也可能民族间打得难解难分，汉族跟少数民族打，少数民族之间也打。这如何解释呢？一定要在这两种现象之间找出个"主流"，定出个"支流"来，我看不好办。我们研究历史，不能采取割裂历史的方法。从一个历史阶段看问题，固然是必要的；从整个历史发展趋势看问题，则是更为重要的。①

这里提出研究和认识历史的两种不同的视角，但归根结底，则是两种不同的方法论。方法论的问题不解决，这两种意见的争论或许会长期延续下去。我想，这就是为什么白寿彝提出"不能采取割断历史的方法"的必要性。

在讨论了方法论之后，白寿彝从三个方面论证了他的上述见解。

第一，各民族在社会生活、社会生产中的互相依赖、互相支援，对促进历史发展是很重要的。首先，在衣、食、住、行等许多方面，民族关系是很密切的。例如，棉花是从哪儿来的呢？有两条路。一路从海面上过来，另一路从新疆过来。马是从哪儿来的？从蒙古来的，从西北来的。中原人骑马，也是跟北方民族学会的。中原人懂得坐椅子，也是从北方民族那儿学来的。反过来说，少数民族离开汉族行不行呢？比如，北方民族、西北民族不吃盐行不行？不行。

---

① 白寿彝：《白寿彝民族宗教论集》，北京：北京师范大学出版社，1992 年，第53 页。

另外，天天吃肉，不喝茶，也过不了日子。盐、茶都是由汉族供应的。日常生活中这类事情多得很，这就是互相依赖、互相支援。另外，各民族之间这种互相依赖关系，在生产上表现得也极突出。比如，在历史上，一些少数民族在生产上需要汉族地区的铁器。这个问题处理得不好，就会引起民族间的矛盾。

第二，从整个国家历史的发展来看，凡是盛大的皇朝，没有少数民族的支持是不行的。汉，是个大皇朝。它是在它的统治范围内得到了很多少数民族的支援、拥护才强盛起来的。唐，是当时世界上的大国。李世民的成就反映在好多方面，其中有一条，他是"天可汗"。这个称号是少数民族给他取的，表示佩服他、尊重他。李世民当了"天可汗"，唐朝就显得特别强盛。当时长安成为国际市场，经商的有各少数民族商人，还有许多外国商人。从这些事实来看，大的皇朝，没有少数民族的支持，不跟少数民族搞好关系，是不行的。

第三，从历史发展的阶段来看，少数民族的进步，同样是中国整个社会进步的重要标志。秦汉时期是封建社会的成长时期，这时期各少数民族登上历史舞台，但还没有起显著的作用。到了魏晋南北朝隋唐时期，中国的封建社会进入了第二个阶段，是封建社会的发展阶段。所谓发展阶段，其中一个重要的标志，是民族杂居地区进入了封建化。在北方，魏孝文帝提倡"汉化"，按其本质来说就是封建化。在南方，因汉族的大量南迁，促进了汉族跟南方少数民族的杂居，也促进了杂居地区的封建化。如果我们离开了这一时期北方和南方民族杂居地区的封建化，来说明封建社会的发展，那是很不够的。宋元时期，封建社会又进一步发展了。其中，也有一个重要的标志，就是广大边疆地区进入封建化。有了这个变化和进步，我们才能说封建社会继续发展了。明清时期，民族地区的封建化程度加深了。事实证明，每当进入一个新的历史阶段，总是有少数民族的发展，总是有少数民族出了力量、做出贡献。同时，汉族的先进生产技术对他们也有很大影响。这是不可能分开的。

此外，各民族共同促进历史前进，还有一个特点，那就是越到后来越反映出共同反对民族压迫，共同反对殖民主义、帝国主义的压迫。这种共同的斗争，不一定是这个民族和那个民族经过商量后才去进行的，但事实上是反对了共同的敌人。这也促进了历史的前进。①

白寿彝最后做结论说："究竟什么是民族关系中的主流？我看各民族共同促使历史前进是主要的，也可以说这就是主流。在历史上，各民族之间尽管不断打些仗，不断搞些民族不和，但我们要从整个历史的发展去看问题。"②我们可以毫不夸大地说，白寿彝此论一出，原来的"斗争"说与"和好"说，大致可以停止争论了。

同民族关系上的主流问题相联系的，是民族关系中的主体民族问题。在这个问题上，白寿彝也发表了十分重要的见解。他说：

> 汉族是中国历史上的主体民族，这个提法对不对？我说对。为什么？因为汉族在全国各民族中，无论在哪个时期，都是人数最多、生产水平和文化水平最高的民族。在某些方面，汉族可能不如少数民族，少数民族超过了汉族。但总的讲，汉族水平是比较高的。还有一点非常重要，汉族在全国各民族中，始终成为我们国家的稳定力量。没有这个民族不行。值得注意的是，这个稳定力量，并不因为元代是蒙古贵族的统治、清代是满洲贵族的统治而有所削弱或受到排挤。元代和清代的统治，尽管是少数民族的贵族当权，但必须得到汉族地主阶级的拥护，没有汉族地主阶级的拥护，蒙古贵族、满洲贵族的统治也不可

---

① 以上是笔者对白寿彝在此文中提出的论点的概括。

② 白寿彝：《关于中国民族关系史上的几个问题》，《白寿彝民族宗教论集》，北京：北京师范大学出版社，1992年，第56页。

能稳定。这个看法，是符合历史实际的。中国历史几千年连续不断，在世界史上是少有的。这个功劳，汉族应居第一位。如果没有汉族，少数民族做不到这一点。当然，我们说汉族是主体民族，并不是说少数民族无关紧要，并不是说这个老大哥可以欺侮兄弟、压迫兄弟。绝不是这样。我们说尊重汉族的历史地位。这跟大汉族主义是两回事。汉族成为主体民族，可能成为大汉族主义思想滋长因素之一；但不等于说，汉族作为主体民族就一定要产生大汉族主义。①

我之所以说这段话十分重要且作长篇引证，并不在于白寿彝是一位少数民族史学家，而且是一位有很大学术影响和很高学术声望的少数民族史学家，而是因为他真正理解了历史，理解了民族关系史，并敢于实事求是地把他的这些认识表述出来。这里，最重要的论点至少有三个方面：第一，汉族及其所在地区历来是生产力水平和文化发展水平最高的，这不仅对其他各族有很强的吸引力，而且也代表着历史发展的趋势。第二，汉族人口多，加上上述原因，它始终是中国社会历史进程中的稳定因素，尤其在政治上能够使国家保持稳定、保持统一，尽管这种稳定和统一不是绝对的而是相对的，其作用却不可低估。第三，由于上述两个原因，中国历史和中华文明具有连续发展的特点和优点，这是世界上所有文明古国都未曾具备的。因此，我们说白寿彝的上述论点是十分重要的见解。当然，当白寿彝强调"主体民族"的重要作用的时候，仍然指出少数民族的重要地位，并认为大汉族主义是不可取的。他的这一番话，又一次显示出他在中国历史和中国民族史之关系认识上的卓见和大家气度。

---

① 白寿彝：《关于中国民族关系史上的几个问题》，《白寿彝民族宗教论集》，北京：北京师范大学出版社，1992年，第56～57页。

四、结语

白寿彝先生的民族史思想，不仅反映了一个史学家对于中国历史的深刻理解和总揽全局的通识器局，而且反映出一个史学家对祖国历史的挚爱和责任。尤其他作为一个回族出身的学者和史家，他的这些认识具有更加突出的学术影响和社会意义。本文所述评的几个问题，只是白寿彝民族思想中同历史研究、历史撰述关系较密切的几个问题。应当看到，他的其他一些关于民族史的见解，同样是十分重要的，如关于"民族与国家"的认识、关于对"统一的多民族国家"的认识、关于"爱国主义思想教育和少数民族史的结合"的认识、关于"历史上祖国国土问题的处理"的认识，等等①，都具有重要的学术价值和社会启示意义。一言以蔽之，这位史学前辈，留给后人的民族史与民族思想史的遗产极为丰富，值得我们这些后学认真研读和借鉴。

---

① 参见白寿彝：《白寿彝民族宗教论集》，北京：北京师范大学出版社，1992年，第3～32页。

论史学遗产

史学遗产和史学研究[*]

——读《谈史学遗产答客问》书后

　　20 年前，白寿彝先生曾撰写《谈史学遗产》^①一文。今年，他又在《史学史研究》季刊上，连续发表四篇《谈史学遗产答客问》^②。我认为，作者关于史学遗产的许多见解，对推进我们的史学研究工作来说，是很重要的。

一、历史遗产和史学遗产

　　"我们的史学工作者注意一般的历史遗产比较多，注意史学遗产还很不够。"这种情况，今天还是存在的。在这里，作者提出了"历史遗产"和

＊　原载《史学史研究》1982 年第 1 期。

①　白寿彝：《谈史学遗产》，《学步集》，北京：生活·读书·新知三联书店，1962 年。

②　这四篇文章是：《谈史学遗产答客问》、《谈历史文献学——谈史学遗产答客问之二》、《谈史书的编撰——谈史学遗产答客问之三》、《谈历史文学——谈史学遗产答客问之四》，分别载于《史学史研究》1981 年第 1、2、3、4 期。

"史学遗产"两个既有联系又有区别的概念。

"历史遗产"是一个内涵很广阔的概念。作者认为，它应当包括前人在"数学、天文历法、农学、化学、建筑、机械、音乐、舞蹈、雕塑、绘画、文学、哲学，等等"方面所获得的成就(《谈史学遗产》)，当然，也包括前人在史学方面的成就。这就是说，凡前人在科学、技术、文化等各方面的一切成就，都可视为历史遗产。作者的这个看法无疑是正确的。毛泽东同志说过："学习我们的历史遗产，用马克思主义的方法给以批判的总结，是我们学习的另一任务。……从孔夫子到孙中山，我们应当给以总结，承继这一份珍贵的遗产。"①这里所说的"历史遗产"，指的就是在中华民族历史上前人创造出来并遗留至今的一切文化遗产。作者正是从这个意义上来看待历史遗产的。

史学遗产是历史遗产的一个组成部分，它包含着前人在史学方面所创造的一切成就。史学遗产这个概念，在历史学界很少为人们使用，直到今天，也没有引起足够的重视。史学工作者大都习惯于使用"历史遗产"和"文化遗产"这个概念来谈论史学遗产，这虽然在总的方面并不错，但毕竟是不够具体的。作为科学的概念，史学遗产是有它的特定的含义的。作者在《谈史学遗产》中，认为史学遗产应当包括以下六个方面：(1)史学基本观点方面的遗产；(2)历史观点在史学中的地位之认识方面的遗产；(3)对史学工作的作用之认识方面的遗产；(4)史料学和历史编纂学方面的遗产；(5)在诸历史问题上的前人研究之成果；(6)史学家和史学著作。作者在《谈史学遗产答客问》中，则进而概括为这样五个方面：(1)关于历史观点；(2)关于历史文献学；(3)关于历史研究对象；(4)关于历史编纂学；(5)关于历史文学。依我的浅见，后一种提法比前一种提法更明确，也更科学。值得注意的是：作者第一次提出了研究历史文献学的任务，

---

① 《毛泽东选集》第2卷，北京：人民出版社，1991年，第533～534页。

还强调了历史文学的重要。

对于史学工作者来说，弄清历史遗产和史学遗产的联系和区别，这并不只是一个涉及名词概念的问题，而是关系到史学研究工作能否具有更明确的目的性和针对性的问题。这个问题，对中青年史学工作者来说，尤为重要。当然，史学工作者应当研究一般的历史遗产问题，借以了解遗产的全貌和某些带有共同性、规律性的现象，这是必要的。但是，史学工作者为了促进史学研究并在其中做出较好的成绩，就应当着力于史学遗产的研究，这是更加必要的。从认识规律来看，这里有一般和特殊的区别；从研究程度来看，是否也有"登堂"与"入室"的区别。史学工作者倘能认真对待这个问题，不仅有益于个人的史学研究工作的深入，也将促进整个史学研究水平的提高。20 年间，作者两次比较集中地讨论史学遗产问题，都没有离开这个根本的目的。

作者曾经明确地指出，研究史学遗产对于史学研究工作的意义在于："第一，研究史学遗产，可以更具体更深刻地理解史学作为一种社会意识形态在现实斗争中的战斗作用"；"第二，研究史学遗产，可以逐步摸索出来中国史学发展的规律"；"第三，研究史学遗产，可以把历史上提出来的一些史学问题作为当前历史研究的资料，丰富我们研究的内容"。① 作者的这些见解，在今天来看，仍然是正确的。史学跟现实斗争的密切联系，这在经历"文化革命"之后看得更清楚了。可以这样说，历史上的任何一个阶级，特别是统治阶级，都不能没有为本阶级的利益服务的史学。关于中国史学发展规律的问题，或由于缺乏综合的研究，或有待于对现有研究成果的科学概括，至今还没有得到比较系统的说明。至于历史上人们提出来的一些史学问题，那就更不是我们在短时期内所能研究完了的。此外，

---

① 白寿彝：《学步集》，北京：生活·读书·新知三联书店，1962 年，第 129、130、131 页。

我以为还有两点是可以补充说一说的。第一，研究史学遗产，对其做出系统的、科学的总结，从而给后人留下一份新的遗产，这是现时期史学工作者的历史责任。第二，研究史学遗产，发掘和继承中国史学上的优良传统，作为我们创造新的史学的起点，因为社会主义史学的建立，同样"必须首先从已有的思想材料出发"①。这个关于以往传统和当代史学、未来史学的关系问题，正是作者在论述史学遗产过程中十分重视的问题。

二、继承传统和开创新路

"我们要继承优良传统，同时更要敢于打破传统，创造出宏大精湛的新的史学规模。"②这是作者在 20 年前说的话。应当看到：史学遗产和当代史学，这是性质不同的两个事物；但是，它们之间又是紧紧相联系的。恩格斯说："每一个时代的哲学作为分工的一个特定的领域，都具有由它的先驱传给它而它便由此出发的特定的思想材料作为前提。"③当然，每一时代的史学也是如此。如果抛弃了优良的史学传统，就是拒绝当代史学得以发展的前提。因此，作者在讨论史学遗产或阐述其他史学问题时，历来非常强调继承优良史学传统的重要性。值得注意的是，他对 20 年前所写的《漫谈史学传统三事》④一文中提出的若干论点，又都给以丰富和发展，并且还提出了一些新看法。我认为，作者所提出的我国史学上的一些优良传统，以及他对它们所做的分析和评论，是值得史学工作者特别重视的。

---

① 恩格斯：《反杜林论》，《马克思恩格斯选集》第三卷，北京：人民出版社，1995 年，第 355 页。

② 白寿彝：《谈史学遗产》，《学步集》，北京：生活·读书·新知三联书店，1962 年，第 133 页。

③ 恩格斯：《恩格斯致康·施米特(1890 年 10 月 27 日)》，《马克思恩格斯选集》第四卷，北京：人民出版社，1995 年，第 703 页。

④ 白寿彝：《漫谈史学传统三事》，载《人民日报》，1961 年 8 月 12 日。

作者提出的优良传统主要是以下几点。

第一，"从历史上看，过去的得失成败作为当前做人、处事、搞社会政治活动等等借鉴，这在我国有古老的传统"①。作者引用《诗经》说："'殷之未丧师，克配上帝。宜鉴于殷，骏命不易'。这里提出来的'殷鉴'二字，成为两三千年来在政治上重视历史经验、历史教训的重要观念。"他又引用《周易》说："'君子多识前言往行，以畜其德'，这也是要吸取历史经验教训的意思。德，不仅是个人的品德，而且包含个人的才能。"作者认为："研究历史当然要研究历史发展的基本规律……同时，我们也还是要接受我们史学的优良传统，也要研究历史上的得失成败。"②

第二，跟前一个传统相关联的是，"在历史上，每一次大变乱之后，地主阶级的历史家、政治家总是要考虑前一个历史时期的得失成败，作为新皇朝建立的借鉴"③。作者列举了司马迁《史记》、魏徵《隋书》、杜佑《通典》、司马光《资治通鉴》、马端临《文献通考》等为例进行论证。20年前，作者曾经指出："中国史学史上还出现这样一个传统：在中国历史遇到一定显著变化以后，总有带总结性的历史名著出现。"④现在，作者用封建社会史学为了总结历史教训、提供统治经验来说明这个传统，是很中肯的。

第三，由前两个传统而产生了第三个传统："自司马迁倡言'述往事，思来者'，直到章学诚的'神以知来'、'欲来者之兴起'，都是我国史学传统中的光辉思想。"⑤作者在另一个地方又说："我们中国历史学

---

① 白寿彝：《谈史学遗产答客问》，载《史学史研究》1981年第1期。
② 白寿彝：《谈史学遗产答客问》，载《史学史研究》1981年第1期。
③ 白寿彝：《谈史学遗产答客问》，载《史学史研究》1981年第1期。
④ 白寿彝：《谈史学遗产》，《学步集》，北京：生活·读书·新知三联书店，1962年，第131页。
⑤ 白寿彝：《谈史书的编撰——谈史学遗产答客问之三》，载《史学史研究》1981年第3期。

家有个传统，就是察往观来：说明过去的事情，展望将来的事情。"①

第四，"我国有一个要求博学的史学传统"；"一个历史家要具备渊博的知识，并且在这些知识领域里有相当深度的理解，这是我国史学的优良传统"。② 作者引《汉书·司马迁传·赞》说："自古书契之作而有史官，其载籍博矣。"这个博学的传统，从《史记》八书、《汉书》十志开始，中经刘知幾的强调"史才须有三长"③，直到章学诚主张"博学强识"④，龚自珍称道"善入"、"善出"⑤，都是一脉相承的。博学之所以重要，而为历来优秀史家重视和强调，是因为"史学的范围很恢廓，历史问题相互间的关系很复杂，如史家不在广阔的基础上进行工作，很难把工作做好。"⑥这就是说：只有具备了渊博的学识的历史家，才可能"在广阔的基础上进行工作"，把握历史发展过程中诸方面所反映出来的错综复杂的现象及其内在的联系，融会贯通，铸于一炉，撰成鸿篇巨制之史书。

第五，"我国史学在悠久的发展过程中，积累了不少的优良传统。史家对于历史记载真实性的责任感，就是这种优良的传统之一"⑦。在历史编撰学上，"直书是优良传统，曲笔只能说是丑恶了"⑧。作者从春秋时期齐国的太史氏和南史氏论到司马迁，从东晋孙盛著《晋阳秋》说到唐代的褚遂良、吴兢等一批优秀史官，阐述了史学上直书的优良传统。同时，对增饰、回护、褒贬任情等曲笔作

① 白寿彝：《关于中国民族关系史上的几个问题》，载《北京师范大学学报》1981 年第 6 期。
② 白寿彝：《谈史学遗产答客问》，载《史学史研究》1981 年第 1 期。
③ 刘昫等：《旧唐书》卷一百二《刘子玄传》，北京：中华书局，1975 年，第 3173 页。
④ 章学诚：《文史通义》卷二《博约中》，叶瑛校注，北京：中华书局，1985 年，第 161 页。
⑤ 龚自珍：《龚自珍全集》第一辑《尊史》，上海：上海人民出版社，1975 年，第 80~81 页。
⑥ 白寿彝：《漫谈史学传统三事》，载《人民日报》，1961 年 8 月 12 日。
⑦ 白寿彝：《漫谈史学传统三事》，载《人民日报》，1961 年 8 月 12 日。
⑧ 白寿彝：《学步集》，北京：生活·读书·新知三联书店，1962 年，第 138 页。

史的丑恶行为进行了分析和揭露。这些，都是作者在 20 年前写下的。而这 20 年来我国史学所经历的曲折道路，恰恰证明：作者所抨击的"曲笔"，虽说古已有之，而于"四人帮"时为烈；因此，作者所称道的直书传统，也就愈益显示出其夺目的光辉。三年前，作者在一次讲演中发挥了他的上述思想，他说："写历史，要求有德，这在中国是有古老传统的"；"史德是章学诚提出来的，但传统很久，很久就讲史德。尽管社会制度不同，但是历史工作者要求按他那个社会最高的要求来要求自己，不要说假话，要对自己的工作忠诚、负责任，要求达到这样一个目的"；"今天，我们应该在新的高度上讲史德，就是要实事求是，反对主观主义，反对形而上学，更反对不负责的随便说"。① 目睹了"四人帮"曲笔作史的种种丑恶之后，人们对直书的难能可贵的认识就更加深刻了，对作者的上述论断的正确性也就更加深信不疑。

第六，"重视语言有一个古老的传统"，"咱们的历史家对历史文字表述，有优良的传统。特别是写人物、写语言、记战争、表世态，都有独到的地方"。② 作者把这称为历史文学的传统。他在另一篇文章中说："我们平常有句老话，叫作'文史不分家'。这是我们的传统"；"中国历史文学的传统，一是写人物，一是写战争，写得好"。③ 作者列举了一长串《史记》篇目，认为它们"都写得特别精彩，使读者如见其人，如闻其声"。他推崇《左传》、《国语》、《战国策》等书在"语言"方面的特色，赞赏《左传》、《史记》、《资治通鉴》等书写战争场面的技巧。此外，作者还论到"文中见史"的问题，肯定了章学诚所概括的"以词章存文献"的传统和近人陈寅恪先生、贺昌群先生"以诗证史"的治学功力。这些，证明了我国历史上的著名史家都

---

① 白寿彝：《关于史学工作的几个问题》，载《社会科学战线》1979 年第 3 期。

② 白寿彝：《谈历史文学——谈史学遗产答客问之四》，载《史学史研究》1981 年第 4 期。

③ 白寿彝：《关于史学工作的几个问题》，载《社会科学战线》1979 年第 3 期。

有很深的文学造诣。

第七，"中国历史学家还有一个传统，就是把写历史书作为不朽之业来看待。历史上有许多历史家，一生历尽艰辛，终于把历史书写了出来"①。"过去优秀的史家的可贵精神，就在于不惜长期的辛勤，坚持了工作，甚至拿出了毕生的精力，而他们的后继者也能认真地继续了他们的工作，终于出色地写出了有代表性的巨制，在史学上做出了贡献。"②是的，在中国史学史上，这样的历史家确是举不胜举的。黑格尔说："中国历史作家的层出不穷、继续不断，实在是任何民族所比不上的。"③应当说，这是我们民族的骄傲。而此种现象的出现，除了其他的原因之外，这个视写历史书为不朽之业的传统是起了很大的作用的。作者坚定地认为：史学工作者最重要的任务就是要写历史书。……写出历史书可以对各族人民进行历史唯物主义教育，使广大的各族人民有机会懂得祖国的过去、本民族的过去，展望祖国的未来、本民族的未来④。

作者还谈到另外一些传统，这里就不一一列举了。这些优良传统，无疑都是我们创造社会主义史学的"前提"，作者对它们进行发掘、清理，给以理论的说明，是很有意义的。

应当看到，作者谈论史学传统，不仅给人以启迪，而且给人以激励。这突出地表现在：作者重视史学遗产，但不迷信遗产；作者推崇优良传统，但又敢于打破传统，开创史学研究的新的格局。这反映了作者对待遗产的辩证思想和在学术上的创新精神。

例如，司马迁开创的纪传体史书，是我国封建社会"正史"的传

---

① 白寿彝：《关于中国民族关系史上的几个问题》，载《北京师范大学学报》1981年第6期。

② 白寿彝：《漫谈史学传统三事》，载《人民日报》，1961年8月12日。

③ 黑格尔：《历史哲学》，王造时译，北京：生活·读书·新知三联书店，1956年，第161页。

④ 白寿彝：《关于中国民族关系史上的几个问题》，载《北京师范大学学报》1981年第6期。

统体裁，这实际上是一种综合体。在古代史学那里，对这种体裁的每一部分(本纪、世家、列传、载记、书志、表、论赞)，大都以封建伦理观念进行说明。作者扬弃了罩在纪传体史书体裁上的这件封建伦理的外衣，吸取了它作为综合体的正确的形式，并以科学的观点对其进行说明，从而使纪传体获得了新的生命。作者写道："历史现象是复杂的，单一的体裁如果用于表达复杂的历史进程，显然是不够的，断代史和通史的撰写，都必须按照不同的对象，采取不同的体裁，同时又能把各种体裁互相配合，把全书内容融为一体。近些年，也许可以说近几百年，我们这个传统没有得到很好的发扬，因而我们的历史著作，在很大程度上不能表达更为广泛的社会现象。……今天我们要采用综合的体裁来写历史，不只是要吸收古代历史家的长处，还应该超过他们。"①应当公正地指出：近几十年来，史学界还没有人像作者这样郑重地、严肃地、认真地来探索当代史书撰写的体例问题。我认为，作者的这个探索工作，一定会对我国史学研究特别是对史书撰写工作产生积极的影响。使人感到兴奋的是，作者的上述主张，并不是仅仅停留在理论探索上面，而是已经在史学研究的实际工作中加以实践了。作者主编的多卷本《中国通史》，就是采取综合体的体裁进行编撰的。这在新中国建立以来的史学发展上，是一个创举。他的这个主张和编撰工作，得到史学界许多专家、学者的热情赞同。顺便说说，发表在《史学史研究》1981年第2期上的《中国历史的十二个方面346个问题》是经过集体讨论而由作者手订的。《文章》列举了中国历史的12个方面的346个问题。在一卷历史书里这样广泛地提出问题，并且还提出了不少新问题，这在我国史学界也是一个新的尝试。它引起了许多史学工作者的关注和兴趣。

---

① 白寿彝：《谈史书的编撰——谈史学遗产答客问之三》，载《史学史研究》1981年第3期。

再如，作者对以史为鉴的史学传统也有新的阐发。他说："我认为，历史是一门科学，同时也是一种重要的思想教育工具。我们不应该简单地说历史知识、历史教学，还应该强调历史教育。历史教育的重大意义：第一，是要让年轻一代懂得做人的道理。第二，是要他们懂得历代的治乱兴衰，培养他们的政治兴趣，关心当前的政治形势。第三，是历史前途的教育，要引导他们向前看。"①这就赋予史学研究工作以提高全民族的历史科学水平和思想道德水平的双重使命。目前，许多史学工作者对此尚未有充分的认识。跟这个问题相关联的是，作者进一步发展了察往观来的史学传统，指出："有一些人认为，历史只是讲过去的事情，跟现在没有关系。这是错误的看法。学历史，固然要了解过去，但了解过去是为了解释现在，观察未来。我们不能说每一个历史工作者对未来都能做很好的观察，但我们应该要求，对人类的未来、对祖国的未来能做比较清醒的观察。今天是昨天的继续，明天是今天的发展，这是不能割断的。"②这样，察往观来的史学传统便在新的历史条件下获得了新的含义。作者对此是看得很重的，他说："过去说'知来'，是很难做到的。现在的知来，是可以做得到的。史学工作者不是向后看，而是要向前看，这是一条马克思主义的原则。"③由此我们可以认识到这样一个道理：发展史学传统，不仅反映了历史家对传统的新认识，而且也体现出发展了的传统对历史家的新要求。这是继承、发扬优良史学传统过程中的辩证发展关系。作者的许多论断，都是紧紧地把握着这种辩证关系而展开的。

---

① 白寿彝：《谈历史文学——谈史学遗产答客问之四》，载《史学史研究》1981 年第 4 期。

② 白寿彝：《谈历史文学——谈史学遗产答客问之四》，载《史学史研究》1981 年第 4 期。

③ 白寿彝：《谈史书的编撰——谈史学遗产答客问之三》，载《史学史研究》1981 年第 3 期。

又如，作者对历代史书中多有表、谱、图这一传统颇有兴趣，认为："如何在史书的编撰中，对图做有计划的充分的利用，还是一件比较新鲜的事情。"①作者在他主编的《中国通史纲要》（上海人民出版社出版）一书的精装插图本中，对此已作了初步的努力和尝试。但是，作者并不满足于此，进而提出这样的设想："我们是否可以创造出来用大量的图来表述历史的进程？这不是文物图片的排列，而须有艺术上的创造。我很希望历史家和艺术家共同创造出来这种新型的史书。"②可以认为，这是关于建立历史家和艺术家之间的"联盟"的一个大胆而积极的倡议。我们的历史家已首先说话了，不知道我们的艺术家们将如何回答这个积极的倡议？

像这样的例子还有很多。总之，继承优良传统，开创史学新路。这是作者论述史学遗产的主要宗旨之一。在对待史学遗产（包括史学传统）的问题上，作者历来反对国粹主义和虚无主义的态度，不赞成迷信古人和抛弃古人的做法，因为它们是不能创造出来具有民族精神和民族传统的"宏大精湛的史学规模"的。

三、专长之才和通识之才

"目前，我们的史学界面临着一种'老成凋谢'的局面。……后继者不能说无人，但毕竟人数太少，不能适应越来越繁重的史学战线上的需要。培养人才，已成为史学领域里迫不及待的任务。"③作者的这些深沉话语，反映了目前史学界老一辈学者的心声。正因为如此，作者在谈论史学遗产的时候，总是考虑到培养人才的问题，从

---

① 白寿彝：《谈史书的编撰——谈史学遗产答客问之三》，载《史学史研究》1981年第3期。

② 白寿彝：《谈史书的编撰——谈史学遗产答客问之三》，载《史学史研究》1981年第3期。

③ 白寿彝：《回顾和前瞻》，载《中国史研究》1981年第2期。

而使他的这些论述具有明确的针对性和突出的现实意义。

史学是一门包罗万象的科学，它几乎涉及人类社会生活的一切方面，以致马克思和恩格斯说过这样的话："我们仅仅知道一门唯一的科学，即历史科学。"①他们在这里所说的"历史科学"，包含着自然史和人类史两大部分，而主要是指人类史而言。显而易见，历史科学研究对象所包含内容的广泛、丰富、复杂，决定了这一研究领域需要相当数量的学有专长的人才。目前，我们历史学界还很缺乏这方面的人才。这些人才，应当有能力去从事某种专门史研究，或是断代史研究，或是地方史研究，或是国别史研究，或是整理历史文献，或是考订史料，等等。一般地说，这种专长之才的培养，历来比较受到人们的关注和重视。而作者在谈论史学遗产的过程中，则更强调于培养通识之才。综观他所发表的四篇《谈史学遗产答客问》，他对培养史学人才的基本要求是：理论的修养、渊博的知识、全局的史识和文学的素养。

（一）要有理论的修养

恩格斯说："一个民族要想登上科学的高峰，究竟是不能离开理论思维的。"②我们的理论思维是什么？是马克思主义，是在马克思主义指导之下研究理论问题。因此，作者认为："马克思主义的历史理论，是指导我们研究历史的必要的重要武器。离开了马克思主义理论，我们就迷失了研究方向，并且也不可能真正解决历史上的具体问题。马克思主义告诉我们，研究问题要在理论的指导下，详细地占有材料，从而引出新的结论。我们研究历史文献和历史文献学，正为的是要详细地占有材料。我们研究历史，必须按马克思主义指引的方向去做。如果把历史文献和历史文献学跟马克思主义理论对

①　马克思、恩格斯：《德意志意识形态》，《马克思恩格斯选集》第一卷，北京：人民出版社，1995年，第66页。

②　恩格斯：《自然辩证法》，《马克思恩格斯选集》第四卷，北京：人民出版社，1995年，第285页。

立起来，那是很不合适的。"①作者在 20 世纪 50 年代发表《历史教学上的古与今》，于 60 年代又先后发表《谈史学遗产》和《中国史学史研究任务的商榷》，而在 70 年代末发表《关于史学工作的几个问题》②等。这些论文，主要都是讨论理论问题。1981 年，他的第一篇《谈史学遗产答客问》则更为集中地探讨近年来的一些重要的历史理论问题。例如，关于对历史进程的看法问题，他从慎到、韩非说到顾炎武、王夫之，认为在中国封建社会史上，已经产生了历史唯物主义的萌芽；关于对地理环境的看法，他从黑格尔、马克思讲到普列汉诺夫、斯大林，再论到中国古代史书中的《地理志》、《沟洫志》，认为地理环境对社会发展是有影响的；等等。以上这些，反映了作者对于马克思主义理论的重视，以及他运用马克思主义理论为指导探索中国历史的理论问题的浓厚兴趣。这是很值得中青年史学工作者学习的。

(二)要有渊博的知识

作者认为："近代科学分工分得细了，不能要求一个历史家懂得很多学科，但是也绝不能说一个历史家只有一点历史知识就行了。"博学是我国历史家的一个传统，而我们现在高等学校历史系的课程设置是不利于发扬这个传统的。作者指出："现在，我们的高等学校历史系，主要课程还只是中外历史的'八大块'，不要说在自然科学方面的知识很缺乏，就是对于哲学、文学的接触也很少，甚而至于一个教师只能教一段历史，有的还只能教一章一节。我们是 20 世纪80 年代的人，比起两千年前的历史家来，在知识渊博方面应该超过他们，不应该比起他们来还显得抱残守缺。"③目前，一些重点大学

①　白寿彝：《谈历史文献学——谈史学遗产答客问之二》，载《史学史研究》1981 年第 2 期。

②　以上三文，分别载《红旗》1959 年第 11 期，《人民日报》1964 年 2 月 29 日，《社会科学战线》1979 年第 3 期。

③　白寿彝：《谈史学遗产答客问》，载《史学史研究》1981 年第 1 期。

着手试行学分制，各系都增设了一部分选修课程，这对克服"抱残守缺"的现象无疑是会起积极的作用的。应当注意到的问题是，作者强调渊博，乃是在专精的基础上的渊博；离开了专精，也就不成其为渊博了。作者在 1961 年发表的《关于历史学习的几个问题》①，曾对此做了系统的说明，今天仍有参考价值。

（三）要有全局的史识

作者主张：研究历史，"无论是通史、断代史或专门史，总须在特定的范围内有一个全局的看法"②。我认为，作者所说的"全局的看法"主要指：第一，是要从整体上看问题，既看到某一事物发生、发展和衰老的全过程，又看到这一事物与他事物之间的联系。第二，是要抓住历史发展中的重要问题，即带有全局性的或是影响深远的问题；一般性问题不是不要研究，而是不要反复纠缠、沉溺其中。在具体做法上，作者主张："多提新问题，重要的是站得高，要从整个历史发展看问题。所谓从整个历史发展看问题，一个是横着看，看在全国范围里起了什么作用，产生了什么影响。……再一个是纵着看，看上下几千年，看一件事情是怎样发生的，怎样发展的，将来又如何，这样就有意义了。找这样的问题来研究，意义是很大的。"③他认为："研究断代史是需要的，但是必须搞通史。不搞通史，你就不能理解这段历史在历史发展过程中占什么地位。……没有断代史的基础，不能写通史，这是不错的，但是没有通史基础，断代史也写不好。这两个是辩证的，互相联系的，同时都要并进的。"④这种关于断代史和通史的辩证关系的认识，也可以说是"全局

---

① 白寿彝：《关于历史学习的几个问题》，载《江汉学报》1961 年第 5 期。
② 白寿彝：《谈史书的编撰——谈史学遗产答客问之三》，载《史学史研究》1981 年第 3 期。
③ 白寿彝：《关于中国民族关系史上的几个问题》，载《北京师范大学学报》1981 年第 6 期。
④ 白寿彝：《关于史学工作的几个问题》，载《社会科学战线》1970 年第 3 期。

的看法"的一个例子。作者热切地希望:"史学工作者应该重视开阔自己的视野,把天地看得大一些。这首先是要站得高些,要有察往知来、承前启后的抱负。要善于发现重大问题,推动全国史学的前进。"①这应当是史学工作者努力的方向。

(四)要有文学的素养

作者认为:较好的文学素养,是历史工作者必须具备的条件之一。他说:"一个历史工作者必须有一定的文学修养。不要说我们历史上的大历史家都是文学家,仅就一个普通的历史工作者来说,他对于文学没有一定的修养,是不能胜任这个工作的。"②这个问题之所以如此重要,是因为:"写历史文章,写历史书,要写得让人家爱看,这不是个简单的问题。"③"要使我们的作品能吸引人,能让人爱看,才能发生更大的效果。一般的读者反映,说我们的历史书写得干巴巴的,人家不爱看。我们应该接受这个意见,改变我们的文风。尽管做起来很困难,但这是我们应该努力的。"④这种强调史学工作者的文学修养的重要性,是作者一贯的看法。1961年,他在讲《历史学科基本训练有关的几个问题》的时候,特别强调"语文的训练"⑤;他在谈《关于历史学习的几个问题》时,就"史与文的问题"做了详尽的阐述⑥。四年前,他在《关于史学工作的几个问题》一文中,论述了"文史不分家"的传统⑦。现在,他又以专文讨论历史文学的问题。他建议:"我们历史系里,应该开设各种文学课程,任同学选读。这

---

① 白寿彝:《回顾和前瞻》,载《中国史研究》1981年第2期。
② 白寿彝:《谈历史文学——谈史学遗产答客问之四》,载《史学史研究》1981年第4期。
③ 白寿彝:《关于史学工作的几个问题》,载《社会科学战线》1979年第3期。
④ 白寿彝:《谈历史文学——谈史学遗产答客问之四》,载《史学史研究》1981年第4期。
⑤ 白寿彝:《历史学科基本训练有关的几个问题》,载《红旗》1951年第18期。
⑥ 白寿彝:《关于历史学习的几个问题》,载《江汉学刊》1961年第4期。
⑦ 白寿彝:《关于史学工作的几个问题》,载《社会科学战线》1979年第3期。

有助于改善我们的业务水平和写作水平。"①从历史传统，再联系到已故的几位史学大师在文学上的造诣，如郭老的文史兼通，翦老的如同行云流水一般的语言，以及范老的朴实无华、通俗易懂的文字，都使我们更加了解作者为什么多年来这样强调史学工作者的文学素养。

理论的修养、渊博的知识、全局的史识和文学的素养四个方面的提出，是作者对古代史学所谓史德、史学、史识、史才史家四长的继承和发展，也是今天我们要造就的通识之才的几个主要标准。关于培养这种通识之才的重要性，作者是在1978年讨论学风问题时系统地提出来的②。当然，这种通识之才绝不是在专长之才之外出现的，而是产生于专长之才之中；而这种通识之才的出现，又将促进专长之才在比较宽阔的范围内更好地发挥作用。应当看到，在史学上，这种通识之才的造就和出现，并不是一件容易的事情。刘知幾云："史有三长：才、学、识，世罕兼之，故史才少。"③作者指出"我们今天的时代不是刘知幾的时代了……我们不只应该具备这三种，还应该拿新的标准来要求我们具备这三种长处"；"成就有高低，水平可以不一样，但是应该要求自己具备这三种长处。这三个条件不够，在工作上就会有缺陷"，同时，还"应该在新的高度上讲史德"④。作者的这些见解，都渗透在他的"答客问"之中，并在许多方面发展了、丰富了。值得我们注意的是，作者的四篇"答客问"，以论说理论问题开篇，引用和评论了180种左右书刊，提出了一些有价值的见解，而又采取问答体的形式，反映了作者本人也是努力在

① 白寿彝：《谈历史文学——谈史学遗产答客问之四》，载《史学史研究》1981年第4期。

② 白寿彝：《关于史学工作的几个问题》，载《社会科学战线》1979年第3期。

③ 欧阳修、宋祁等：《新唐书》卷一百三十二《刘子玄传》，北京：中华书局，1975年，第4522页。

④ 白寿彝：《关于史学工作的几个问题》，载《社会科学战线》1979年第3期。

用德、学、识、才的标准来要求自己的。这也可以看作是作者对中青年史学工作者的一种"身教"吧。鲁迅说得好:"必须跨过那站着的前人,比前人更加高大。"①我想,这也正是作者和老一辈学者对中青年史学工作者的热切期望。

<hr />

① 鲁迅:《三闲集·鲁迅译著书目》,《鲁迅全集》第四卷,北京:人民文学出版社,1981年,第185页。

怎样对待史学遗产 *

怎样对待史学遗产？新中国成立以后，在史学研究中，有些史学工作者，特别是一些老年史学工作者，曾经做了不少整理史学遗产的具体工作。但是，把史学遗产作为一个重要问题提出来，并从理论上进行研究和概括，还很少有人做过。白寿彝同志在《史学史研究》季刊 1981 年 1—4 期上，连续发表四篇《谈史学遗产答客问》，就史学遗产中几个重要方面的问题，提出了系统的见解。作者力主深入研究和继承这几个方面的遗产，认为这是提高我们史学研究水平所必不可少的。

一、关于历史观点方面的遗产

作者提出："多年以来我们有个看法，认为马克思主义以前，历史观点都是历史唯心论，好

---

* 原载《人民日报》，1982 年 1 月 29 日。

像是一无可取。"作者举例说：前些年，我们在中华书局搞二十四史的标点工作。每一部史书在出版的时候，照例要写一篇出版说明。在出版说明里，差不多都要指出作者的思想是英雄史观，是以帝王将相为历史的创造者，是诬蔑农民起义和劳动人民，是历史唯心论。这就是说，其历史观点是不足取的。那么，为什么要出版这部书呢？出版说明的笔锋一转，接着就说这部书在史料上如何有价值。这种写法差不多成为出版说明的一般公式。作者认为："按照这种写法，二十四史只能是二十四部史料书，再没有其他的价值了。但这是不符合实际的。二十四史，固然给我们留下了大量的历史资料，还给我们留下了不少的思想资料，留下了观察历史的方法，留下了写历史的方法，留下了许多专门知识。从历史观点来说，在二十四史里，在别的很多史书里，在不少有关史事论述的书里，都还是有进步的观点、正确的观点，可以供我们参考、吸取和发扬的。"①他从古代历史家和思想家对历史进程的认识，对地理环境对社会发展的影响的认识，对社会经济条件的作用的认识，对得失成败的认识，论证了我国历史思想资料中的"唯物主义因素"。其中，有的则"可以说是历史唯物主义的萌芽。研究这种萌芽的思想，对于史学遗产的理解有重大的意义"。

二、关于历史文献方面的遗产

白寿彝说："我们今天研究历史，必须要研究历史文献。既然要研究文献，就需要建立历史文献学这门学科。历史文献学可以帮助我们搜集、分析并正确地运用历史文献。"②他认为"文献"这个词，

---

① 白寿彝：《谈史学遗产答客问》，载《史学史研究》1981 年第 1 期。
② 白寿彝：《谈历史文献学——谈史学遗产答客问之二》，载《史学史研究》1981 年第 2 期。

是孔子最初提出来的。孔子说过："夏礼，吾能言之，杞不足征也。殷礼，吾能言之，宋不足征也。文献不足故也。足，则吾能征之矣。"孔子修订《诗》、《书》，就是做的整理文献的工作。作者在概述我国文献学史后进一步提出："历史文献学，一直到现在，也没有一个人给它规定个范围。作为一门学科提出来，还是不久以前的事。我个人的意见，可以包含这样的几个内容：一、目录学，二、版本学，三、校勘学，四、辑佚学，五、辨伪学。"①当然，历史文献学的研究，还要借助于古汉语、古民族语文、甲骨文字、金石文字、年代学、历史地理学，等等。作者强调："我们研究历史，必须按马克思主义指引的方向去做。如果把历史文献和历史文献学跟马克思主义理论对立起来，那是很不合适的。"②他认为：一个史学工作者，掌握了大量的历史文献，但如果不懂马克思主义，他的成就是很有局限的。反过来说，如果把马克思主义理论做简单的理解，不下功夫去掌握大量的历史文献资料，也是不符合马克思主义精神的。

三、关于历史编撰方面的遗产

作者从历史编撰的体裁、方法和要求等几个方面进行了讨论，而以阐说编撰体裁最为突出。作者在列举历史编撰的几种主要体裁后指出："纪传体是本纪、列传、世家、载记、书志、表和史论的综合。……纪传体把这些体裁综合起来，在每一部书里形成一个互相配合的整体。所以它既是多种体裁的混合，又有自己特殊的规格，

---

① 白寿彝：《谈历史文献学——谈史学遗产答客问之二》，载《史学史研究》1981 年第 2 期。

② 白寿彝：《谈历史文献学——谈史学遗产答客问之二》，载《史学史研究》1981 年第 2 期。

形成了一种新的体裁。"①即综合体。白寿彝说："历史现象是复杂的，单一的体裁如果用于表达复杂的历史进程，显然是不够的，断代史和通史的撰写，都必须按照不同的对象，采取不同的体裁，同时又能把各种体裁互相配合，把全书内容融为一体。近些年，也许可以说近几百年，我们这个传统没有得到很好的发扬，因而我们的历史著作，在很大程度上不能表达更为广泛的社会现象。就专门史来说，体裁的问题，比写通史要简单一些，但单一的形式还是不行的。"②他还主张借鉴传统的体裁写出新的编年史、地理书、地方志、家族史、学术史和文化史，加强史书中对于图的使用，建议创造一种"用大量的图来表述历史进程"的著作。他认为目前有关民族史和外国史的撰述，也可参照我国各种史书体裁灵活运用，写出各式各样的史书。在这方面，"还有待于发展，有待于大胆的创新"。③ 作者在谈到历史文学方面的遗产时，首先区分了"历史文学"的两种含义。一种含义，是指文学家用历史题材写成的文学作品，如历史小说和历史剧，作者说，"这不是我们现在所要讨论的历史文学"。另一种含义，是指历史家对历史的文字表述。作者认为：这后一种历史文学，在我国史学上有优良的传统。特别是写人物、写语言、记战争、表世态，都有独到的地方。司马迁是这方面的典范。文章说："《左传》、《国语》、《战国策》，都是大量地记录语言的书。《左传》所记各种辞令，不亢不卑，柔中有刚，是极好的。《国语》说理，指陈形势，战国游士纵横驰骋，又各有特色。这些，在后来的史书里都

---

① 白寿彝：《谈史书的编撰——谈史学遗产答客问之三》，载《史学史研究》1981 年第 3 期。

② 白寿彝：《谈史书的编撰——谈史学遗产答客问之三》，载《史学史研究》1981 年第 3 期。

③ 白寿彝：《谈史书的编撰——谈史学遗产答客问之三》，载《史学史研究》1981 年第 3 期。

几乎难以看到。"①文章说："《左传》、《史记》和《资治通鉴》，都是以写战争著名的。《左传》记各次的战役，都生动有致。""《史记》写战争，仅《项羽本纪》一篇就有很多精彩的描写。""《通鉴》写赤壁之战和淝水之战，都是有名的篇章。它写刘裕伐南燕，韦孝宽守玉璧，都写得很出色。它写李愬雪夜入蔡州……这写的是战争，但写出了一幅恬静的雪夜行军的画卷。"②此外，作者还对"文章烦简"、"于序事中寓论断"和"文中见史"等问题做了论述。作者于文末着重指出："一个历史工作者必须有一定的文学修养。不要说我们历史上的大历史家都是文学家了，仅就一个普通的历史工作者来说，对于文学没有一定的修养，是不能胜任这个工作的。"③

———————

　　① 　白寿彝：《谈历史文学——谈史学遗产答客问之四》，载《史学史研究》1981 年第 4 期。
　　② 　白寿彝：《谈历史文学——谈史学遗产答客问之四》，载《史学史研究》1981 年第 4 期。
　　③ 　白寿彝：《谈历史文学——谈史学遗产答客问之四》，载《史学史研究》1981 年第 4 期。

《史学遗产六讲》前言[*]

本书（指《史学遗产六讲》）是白寿彝先生论史学遗产的代表性著作，其中所收录的六篇论文，写于两个不同的历史时期。《谈史学遗产》这篇长文撰于1961年，其余5篇撰于1981—1982年，前后相隔20年，而其撰述旨趣显然是一脉相承的。

中国是一个史学大国，拥有连续不断的和丰富厚重的史学遗产。所谓史学遗产，是历史上流传下来的前人在史学活动中的创造和积累，是文化遗产的重要部分。把史学遗产从历史遗产中"分离"出米，并把它作为一个专门的学术问题和理论问题提出来进行研究，白寿彝先生的这几篇文章不仅开其先河，而且从理论上和研究对象上奠定了探讨这一领域的学术基础，因而产生了较大的学术影响。

《谈史学遗产》一文从理论上阐述了研究史学

* 原载《文献》2004年第2期。《史学遗产六讲》，北京：北京出版社，2004年。

遗产的重要性及研究史学遗产的方法。关于研究对象，作者从七个方面作了概括，即归纳了史学遗产中的主要成就，并将其比喻为一个个"花圃"。这就是：中国史学上有关基本观点的遗产，包含历史观、历史观点在史学中的地位、史学工作的作用；史料学遗产；历史编纂学遗产；历史文献学遗产；重大历史问题研究成果；有代表性的史学著作；历史启蒙书方面的遗产。关于研究史学遗产的必要性，作者指出：第一，研究史学遗产，可以更具体更深刻地理解史学在社会中的作用；第二，研究史学遗产，可以逐步摸索出来中国史学发展的规律；第三，研究史学遗产，可以把历史上人们提出来的一些史学问题作为当前研究的资料，丰富我们的研究内容。① 这些见解，在今天看来，仍有重要的启发意义。回顾 20 世纪中国史学，自梁启超 1901 年发表《中国史叙论》、1902 年发表《新史学》对中国古代史学进行激烈的批评后，直至 20 世纪五六十年代，中国古代史学始终处于不被重视甚至被否定的地位。白寿彝先生在 1961 年撰写此文，这在当时不仅要有学术上的见识，而且要有理论上的勇气。

作者在 20 世纪 80 年代撰写的 5 篇文章，集中讨论了 4 个问题，即历史观点、历史文献学、历史编纂学、历史文学。关于历史观点问题，作者在《谈史学遗产答客问》一文中，着重分析了中国史学上关于历史进程的看法、关于地理环境的看法、关于社会经济的看法、关于得失成败的看法、关于有民主思想内容的看法。作者继《谈史学遗产》之后，再次提出了在马克思主义史学出现以前，中国史学上是否存在"历史唯物主义的萌芽"的问题。从作者的观点来看，他的回答是肯定的。同时他也指出，这些问题需要做长期的讨论。②

《谈历史文献学》和《再谈历史文献学》这两篇文章，是作者在一

---

① 白寿彝：《白寿彝史学论集》（上），北京：北京师范大学出版社，1994 年，第 462～465 页。

② 白寿彝：《谈史学遗产答客问》，载《史学史研究》1981 年第 1 期。

年多的时间里撰写的。这两篇文章不仅可以相互补充，而且还可以从中看出作者在一些问题上思考的轨迹。在《谈历史文献学》一文中，作者指出了历史文献学的重要性，认为："历史文献学可以帮助我们搜集、分析并正确地利用历史文献，使我们的历史工作在文献方面具有良好的条件，这就是历史文献学的主要用处。"[1]在《再谈历史文献学》一文中，作者提出了历史文献学学科建设的设想，指出："历史文献学，或者更正确地说，中国历史文献学，可以包含四个部分。一、理论的部分。二、历史的部分。三、分类学的部分。四、应用的部分。这样的分法，未必合适。现在这样分，也只是便于说明问题。"[2]从这四个方面着手来建设历史文献学，是作者的一个重要的创见。其中，关于"理论的部分"，提出了"历史文献学的多重性"问题；关于"历史的部分"，提出了历史文献同历史时代的关系；关于"分类学的部分"，提出历史文献学的分类学与目录学有一定的区别，即前者"有统观全局的要求"；关于"应用的部分"，认为可以包含目录学、版本学、校勘学、辑佚学和辨伪学等。这些论点极大地开阔了人们关于历史文献学的理解和认识，对历史文献学的学科建设有重要的参考价值。

《谈史书的编撰》一文，反映了作者的历史编纂学思想。文章全面地评价了中国传统的各种史书体裁，指出了它们各自的特点及相互间的联系，以及前人在对史书体裁的认识方面留给后人的启示。尤其值得注意的是，作者第一次提出了"综合体"史书的概念并强调这样一个论点："历史现象是复杂的，单一的体裁如果用于表达复杂的历史进程，显然是不够的。断代史和通史的撰写，都必须按照不同的对象，采取不同的体裁，同时又能把各种体裁互相配合，把全

---

① 白寿彝：《谈历史文献学——谈史学遗产答客问之二》，载《史学史研究》1981年第2期。

② 白寿彝：《白寿彝史学论集》（上），北京：北京师范大学出版社，1994年，第558~559页。

书内容融为一体。"①作者总主编的《中国通史》，正是在这一撰述思想指导下进行并获得重大成功的。

《谈历史文学》一文，首先区别了两种不同的"历史文学"的含义和性质：一种含义，"是指用历史题材写成的文学作品，如历史小说和历史剧"。另一种含义，"是指历史著作中对历史的文字表述"，如写人物、写语言、记战争、表世态，都有优良的传统。继而作者从史文的运用上举《左传》、《国语》、《战国策》、《史记》、《资治通鉴》为例进行论述，并有广泛的涉及；又从理论上举《史通》、《日知录》的有关论述作进一步分析。在讲到文与史的关系时，作者的这一段话是值得格外予以关注的，这就是："是否有这样的作品，既可以说是历史书，又可以说是文学书？""《史记》、《汉书》、《后汉书》、《三国志》既是历史书，也可以说是文学书，但究竟是历史书。它们是历史书，而具有相当高的文学水平。但确实有一些书，同时具备了历史书和文学书的性质，而不好说它主要是属于哪种性质的。如《盐铁论》、《世说新语》等就是这样的书。但这样的书毕竟不多。"②这些见解。对于人们正确认识历史书和文学书的界限是有帮助的。作者撰写这篇文章，除了阐述中国史学上的历史文学的优良传统外，还有一个鲜明的旨趣，就是为了说明这样的道理："一个历史工作者必须有一定的文学修养。不要说我们历史上的大历史家都是文学家了，仅就一个普通的历史工作者来说，他对于文学没有一定的修养，是不能胜任这个工作的。"③当今的史学工作者，如能在这方面有所提高，对于历史学成果走向社会并广泛传播，进而充分发掘历史学的

---

① 白寿彝：《谈史书的编撰——谈史学遗产答客问之三》，载《史学史研究》1981 年第 3 期。

② 白寿彝：《谈历史文学——谈史学遗产答客问之四》，载《史学史研究》1981 年第 4 期。

③ 白寿彝：《谈历史文学——谈史学遗产答客问之四》，载《史学史研究》1981 年第 4 期。

社会功用，是大有裨益的。

通观全书，《史学遗产六讲》是作者从理论上对中国史学遗产进行系统地发掘、爬梳的开创性成果，反映了作者恢宏的视野和渊博的学识。书中对史学遗产之精华所做的分析及其在当今史学事业中之价值的阐释，其真知灼见，在在多有，对史学理论与史学史研究者和广大史学工作者来说，尤其对青年史学工作者和史学爱好者来说，既是入门之书，又是指导之书，成为人们走进史学遗产这一辽阔繁茂的园地，从而走进宏伟庄严的史学殿堂的一条路径。

本书作者对《史记》有精深的研究，为世所重，所撰《〈史记〉新论》和《司马迁寓论断于序事》两文，卓尔不群，成为《史记》研究的传世之作。现以其附录于本书，一则可以进一步窥见作者对史学遗产之"细部"研究的精深，再则也可以帮助读者通过认识《史记》这部书去体味史学遗产的丰富底蕴。这或许可以达到从宏观到微观、再从微观到宏观之双重感受的学术佳境。

北京出版社编辑出版的"大家小书"，可谓立意新颖而又颇具学术眼光。《史学遗产六讲》（附《〈史记〉新论》）收入其中，对"大家小书"和广大读者，都是很有意义的。编者嘱我为此书撰写一篇前言，一是对所收文章略作介绍，二是也谈谈我的一点认识。这对我来说，更重要的，当是一个"温故而知新"的过程。

史学家的自觉精神[*]

——读白寿彝著《历史教育和史学遗产》

中国史学家历来有一种自觉精神。据孟子说，"孔子成《春秋》而乱臣贼子惧"，他是要通过撰述历史去改变"世衰道微，邪说暴行有作"[①]的现实社会的。司马迁著《史记》，"网罗天下放失旧闻，考之行事，稽其成败兴坏之理"[②]，气魄宏大，纵论古今，以总结历史经验为己任。刘知幾撰《史通》，"盖伤当时载笔之士，其义不纯，思欲辨其指归，殚其体统。夫其书虽以史为主，而余波所及，上穷王道，下揽人伦，总括万殊，包吞千有"[③]，反映了史学家对史学工作的深刻的反省。杜佑自谓"不达术数之艺，不好章句之

　＊　原载《读书》1983 年第 12 期。
　①　《孟子》卷六《滕文公下》，杨伯峻译注，北京：中华书局，1960 年，第 155 页。
　②　班固：《汉书》卷六十二《司马迁传》，北京：中华书局，1962 年，第 3735 页。
　③　刘知幾：《史通》卷十《自叙》，浦起龙通释，上海：上海古籍出版社，1978 年，第 291～292 页。

学，所纂《通典》，实采群言，征诸人事，将施有政"①，表明他撰述
《通典》的目的是为了经世致用，等等。这些，都反映了史学家的自
觉精神。当然，这种自觉精神在不同的时代会有不同的内容，而就
各个史学家来说也会显示出不同的特点。

20世纪20年代以来，我国老一辈的马克思主义史学家继承并且
发扬了古代史学家的这种自觉精神，进而把史学工作和中国人民的
革命斗争事业紧密地结合起来，使这种自觉精神成为时代精神的反
映。郭沫若同志在中国的第一部马克思主义中国史著作《中国古代社
会研究·自序》中写道："对于未来社会的期望逼迫着我们不能不生
出清算过往社会的要求。古人说：'前事不忘，后事之师。'认清楚过
往的来程也正好决定我们未来的去向。"②这种把历史研究同民族、
国家的命运、前途直接联系起来的自觉精神是多么可贵，正是它指
导和激励着我国老一辈的马克思主义史学家筚路蓝缕，创立和发展
了中国马克思主义史学。

现在，我们国家又处在一个新的历史时期。凡具有时代感的马
克思主义史学工作者，都在不同程度上开始了新的探索、新的觉醒，
并逐步凝聚成新的自觉精神。这种新的自觉精神使史学工作者认识
到，"每一个时代的历史学家都应有高瞻远瞩的战略眼光，认准当时
社会的客观要求，力争为自己的时代唱出'时代的最强音'"③。基于
这种认识，有的史学工作者通过专业课的讲授，对年青一代进行社
会主义的爱国主义教育，激发了青年们的爱国主义激情，增强了他
们对民族、国家的责任感；有的史学工作者则把自己的研究工作跟
经济建设直接联系起来；还有一些史学工作者孜孜致力于符合我们
这个时代要求的科学论著的撰述，等等。努力为社会主义"四化"建
设，为社会主义精神文明建设和振兴中华做出贡献，这是新时期史

---

① 杜佑：《通典》卷一引言，北京：中华书局，1988年，第1页。
② 郭沫若：《郭沫若全集·历史编》第一卷，北京：人民出版社，1982年，第6页。
③ 胡如雷：《时代赋予历史学家的中心使命》，载《光明日报》，1982年1月2日。

学家自觉精神的核心。

最近出版的白寿彝教授的《历史教育和史学遗产》一书，集中地反映了史学家在新的历史时期的这种自觉精神。《历史教育和史学遗产》是一本论文集，它汇集了作者关于历史教育的讲话、文章3篇，关于史学遗产的文章13篇，另外7篇是讲读书和治学的。前两个部分，大多是近几年的作品。作者提出的历史教育问题和史学遗产问题，自新中国成立以来，还没有专门的论著进行阐述，这无疑是值得重视的。但是更吸引我们的，却是作者在本书"题记"中所反映的那种经过数十年的思考的孜孜探索的精神。

作者从事史学研究和教育工作已40余年。但过去着重于把它们看作是客观地研究历史和传播历史知识的工作，联系现实比较少。最近几年，作者更加明确地意识到史学工作与教育工作的密切联系，体会到历史教育的重要性。至于史学遗产问题，作者早在抗战期间讲授中国史学史，实际上就是开始尝试对史学遗产进行总结了。在20世纪60年代初，作者又撰写了《谈史学遗产》一文，正式提出了这一问题。进入新的历史时期的近几年里，作者对此有了更为深刻的认识，他先后写了《谈史学遗产答客问》四篇，明确提出，在新的历史条件下，我们应该扬弃糟粕，吸取精华，赋予祖国的史学遗产以新的生命力，让它为我们的新史学提供营养。作者在"题记"中的记述，反映了一位有历史责任感的史学家，对于两个重要课题从不自觉到自觉的认识发展过程。其言虽质，其意甚深。

历史教育问题和史学遗产问题之所以是史学研究中的重要课题，是因为，从现实的和科学的角度来看，"前一个问题是关系到史学怎样为人民服务的问题，关系到为祖国的社会主义现代化贡献力量的问题。后一个问题，是关系到怎样总结我国史学工作的经验教训，为推进史学的发展提供借鉴的问题"。① 作者在这里提出的，一是史学如何促进历史发展的问题，二是史学本身如何发展的问题。史学只有在不断满足社会现实的需要中和对前人研究成果的批判继承中才能得到发展，而这种发展的结果必然反过来推进社会现实的前进。从这个意义上来看，作者提出的这两个问题，是有其内在的不可分割的联系的。

恩格斯说："同那种以天真的革命精神简单地抛弃以往的全部历史的做法相反，现代唯物主义把历史看作人类的发展过程，而它的任务就在于发现这个过程的运动规律。"②揭示人类发展过程的运动规律，无疑是历史科学的根本任务。由于历史科学研究对象的具体性、丰富性和生动性，从而决定了它借以实现上述任务的方法和途径必然是多方面的，作者提出的史学工作在教育上的作用和意义就是其中一个重要方面。作者认为，历史教育的内容是非常丰富的。

——讲历史，首先要通过对历史的阐述，讲清楚做人的道理。人类社会史，总的说来，是讲人与人之间的关系（在阶级社会里，有阶级与阶级之间的关系，也有阶级内部的关系）。把不同时代的这一关系讲清楚，把这些关系的各种形态之交替发展的过程讲清楚，把过去各种关系同我们的社会主义关系相比较，可以帮助人们正确理解在社会主义制度下人与人之间的关系。这不是要把历史学变成伦理学，也不是要以伦理的关系去衡量历史人物，而是要从历史发展的长河里去估价一个人的作用和价值。

——讲历史，要讲人类改造自然的道理，即人类怎样受自然条件的限制，又怎样克服自然条件的困难、利用自然条件为人类谋幸福。一部人类社会发展史，同时就是人类改造自然不断取得胜利的历史。

---

① 白寿彝：《历史教育和史学遗产》题记，郑州：河南人民出版社，1983 年，第 1 页。
② 恩格斯：《反杜林论》，《马克思恩格斯选集》第三卷，北京：人民出版社，1995 年，第 364 页。

——讲历史，还要讲历代治乱兴衰，讲清楚其中的道理。对历代治乱兴衰问题，作为当时的人，是怎么看待的；作为今天的人，应该如何分析。研究和说明这些问题，可以在政治上给我们以启发，培养人们关心政治的兴趣和观察政治的能力，这具有巨大的理论意义和现实意义。

　　——讲历史，要全面阐述历史上的民族关系。应该讲中国历史上各民族的特点，应该讲各民族对于缔造祖国历史的共同贡献，这对于加强我国的民族团结，对于建设伟大的社会主义祖国，有重大的意义。

　　——讲历史，要进行革命传统教育。中华民族有悠久的革命传统，特别是中国共产党领导中国人民推翻三座大山、建立中华人民共和国的革命斗争精神，是我国各族人民的宝贵精神财富。

　　——讲历史，还要进行爱国主义教育和历史前途教育。要通过学习和研究历史，更深刻地了解我们的祖国。了解她的成就，也了解她的不足；一般地讲，研究历史是研究过去的事情，但研究过去为的是解释现在，解释现在是为了观察未来。我们应该看到祖国几千年来的成就和不足，我们更应该看到祖国的未来。

　　作者在本书中提出的这些看法，不仅反映了党的十一届三中全会以来史学工作者对专业工作的深刻理解，而且也反映了时代的要求，因而在史学理论的建设上和史学的实际运用上都是很有价值的。

　　如果说历史教育问题的提出，反映了作者对于历史科学跟社会生活之间关系的自觉认识的话，那么史学遗产问题的提出，则反映了作者对改善和提高史学工作的自觉认识。本书关于史学遗产问题的论述，显示出作者广泛的兴趣和开阔的视野。评论所及，上起中国史学的童年，下至近 60 年来中国史学的发展历程。中国史学源远流长，遗产极其丰富，但作者的旨趣并不在于试图向读者罗列这些遗产，而是就遗产中那些最重要的方面提出问题，进行探索。

在马克思主义传入中国以前，中国史学家提出过一些值得重视的历史观点，如对历史进程的看法，对地理环境与社会发展关系的看法，对社会经济重要性的看法，对治乱兴衰、得失成败的看法，以及包含有民主思想的对封建专制主义的批判，等等。作者对这些观点进行分析之后认为，其中有些观点应作为历史唯物主义的萌芽来看待。作者不赞成将马克思主义以前的历史观点都看作历史唯心论，好像是一无可取。他认为，承认中国史学上的历史唯物主义的萌芽，研究这种萌芽的思想，对理解史学遗产有重大的意义。作者关于历史文献学的许多见解，有特别值得重视的地方。作者认为，作为科学的历史文献学体系，在我国史学界还没有建立起来。科学的历史文献学体系应当突破版本、目录、校勘、辑佚、辨伪、考证的范围，而做比较广泛的考虑。作者进而提出这样的设想：中国历史文献学可以包含四个部分，即理论的部分、历史的部分、分类学的部分、应用的部分。对于每一个部分应当包含哪些基本内容，作者也一一做了阐述。这无疑是作者关于中国历史文献学的一个论纲，它对当前我国历史文献学的建设是很有参考价值的。关于历史编撰问题，作者提出了系统而深刻的见解。作者不仅分析了编年体、纪传体、纪事本末体、典志体、学案体、表、图、史论等各种史书体裁的特点，比较了它们之间的长短优劣，而且认为这些体裁在今天的史书编撰中都是可以批判地继承的。作者主张把多种体裁做综合的运用，创造出新的综合体裁用以编撰通史或断代史。他的根据是："历史现象是复杂的，单一的体裁如果用于表达复杂的历史进程，显然是不够的。"①作者对章学诚关于区分记注和撰述、"圆而神"和"方以智"、"藏往"和"知来"的论点的阐释，尤为精彩，读来发人深省。这是本书最吸引人的地方之一。作者对中国史学上历史文学的成就

---

① 白寿彝：《谈史书的编撰——谈史学遗产答客问之三》，载《史学史研究》1981 年第 3 期。

有浓厚的兴趣。他很详尽地评论了《左传》、《史记》、《资治通鉴》等史学名著在写战争、写人物、写场面方面的成功经验。作者指出，史学家重视的历史文学，当然不同于文学家所说的历史文学。前者是指真实的历史记载所具有的艺术性的文字表述，而后者则是用历史题材写成的文学作品，二者迥然有别，不可混淆。史书编撰中对历史文学的运用，直接关系到史学著作的社会影响和社会功用，关系到它的生命力，是不能不予以重视的。历史观点、历史文献、史书编撰、历史文学，这四个方面的遗产是本书着重讨论的问题。这些讨论虽然还不是系统的论述，但它向史学工作者提出的问题是广泛而且深刻的，对促进当前史学工作的发展是有意义的。

本书关于史学遗产问题的讨论，还涉及对近 60 年来中国史学发展的评价，其间，对马克思主义史学、非马克思主义史学以至反马克思主义史学都有所论列。这是一个崭新的课题。作者所做的工作，可以说是开拓性质的。史学界要完成这个课题，当然还要花费很大的功夫。尤其是对近 60 多年来中国马克思主义史学的产生、发展，它的辉煌的成就、曲折的道路，它的特点和优点、经验和教训，做出系统的、科学的总结，应当成为当前史学研究的重要课题。这是因为，中国马克思主义史学的进一步发展，必须以它在过去的 60 多年中所取得的成就为起点，为借鉴。

《历史教育和史学遗产》一书，不是史学上的鸿篇巨制，甚至也不是系统的史学著作。有的论点，只是把问题提出来了，还缺少必要的阐述；有的内容，还存在着"先后不完全相同的地方"，说明作者对这些问题的看法还是在不断发展的。但是，本书提出的历史教育问题和史学遗产问题是两个新的课题，它们都是史学领域里宏观研究的重要问题，这是本书的主要成就所在，也是它的作者的自觉精神的反映。

中国史学史学科建设

白寿彝先生和《史学概论》[*]

白寿彝先生主编的《史学概论》(宁夏人民出版社 1983 年出版)问世已经 20 年了,白先生辞世也有 3 年了。然而,白先生主持撰写《史学概论》时的情景,却历历在目,当时的一些事情、一些讨论,还是很值得回忆,甚至有把它们写出来的必要。这一方面是对白先生的纪念,另一方面或许也对人们进一步了解《史学概论》这本书,以至对历史学的理论建设有一点参考作用。

白先生主编的《史学概论》,酝酿于 1981 年,撰写于 1982 年,出版于 1983 年,1985 年第 2 次印刷。全书 22.5 万字,包含白先生撰写的题记和一些同志参与撰写的 10 章内容:第一章叙论,讨论历史、史料、史学的区别与联系,史学遗产的批判继承,本书的编写大意;第二章历史观,论述社会生活和历史观点、历史观所涉及的主要问题、学习唯物史观推进史学工作等内容;第三

* 原载《云南民族大学学报》2003 年第 4 期。

章历史文献，论述中国历史文献的积累、成就及其在史学工作中的地位；第四章和第五章论述史书的编著和史书的体例；第六章讨论历史文学问题；第七章阐述史学和其他学科的关系；第八章概述中国近代史学；第九章论述马克思主义史学在中国的传播和发展；第十章探讨中国史学当前的主要任务。

《史学概论》出版后的若干年间，在史学界有两种不同的评价。一种评价认为，它的史学史色彩比较突出，显得"保守"，甚至有些"陈旧"。另一种评价认为，近 20 多年来，有不少史学概论性质的专书出版，虽然各有特点，但白先生主编的《史学概论》是最具有独特风格、最具有生命力的，因为它是真正同中国史学结合在一起的史学理论著作。学术界的评价见仁见智，这本是十分正常的现象。这本《史学概论》的价值和命运究竟怎样，还是要由时间来做出判断的。

我在这篇短文里，只是想总结《史学概论》撰写的前前后后，白先生和参加撰写工作的同志所碰到的几个问题，也可以说是有关几种关系的问题。我以为，它们在今天都还是可以引起人们思考的。

一、历史唯物主义同史学概论的关系

这个问题曾经困扰了史学界许多年，它本质上是关于历史唯物主义作为科学的世界观和方法论同历史学本身是否存在固有的理论关系的问题。关于这个问题，白先生结合自己的经历和认识做了很坦诚的说明，他在题记中写道：

在 50 年代，同志们在一起谈天，提起史学概论来，都认为应该在马克思主义基本原理指导下，写这么一本书；同时也认为，在高等学校历史系应该开设这门课程。至于这本书应该怎么写，这门课程应该讲些什么，大家一时想不出办法来。一年一年过去了。对这个问题一直没有认真讨论过。后来，我在北京师范大学历史系开了这门课程，主要讲的是历史唯物主义。但我并不认为这种讲法是对的。因为我觉得，如果只讲历史唯物主义，这门课就应该叫历史唯物主义，不应该叫史学概论。我为这个课程内容问题，多年来一直感到不安。①

这些话，在"文化大革命"前是不便讨论的，"文化大革命"中间更不可能来讨论这样的"学术问题"，只有在"文化大革命"后，在解放思想、实事求是的路线之下和较宽松的政治环境中，才可能提出和讨论这样的问题。这段话表明：历史唯物主义和史学概论并不是一回事，它们之间有关系，但二者不能等同起来。如果要讲得更明确、更直白一点，就是历史唯物主义不能等同于也不能代替史学概论。其实，这个道理是极明显的：历史唯物主义作为科学的世界观的一个重要部分，它对于各门学科来说，都具有指导的意义，但它不应代替各门学科自身固有的理论，经济学、哲学、文学、史学等都是如此。当然，历史唯物主义同历史学的关系来得更直接一些，这就使人产生一种误解，认为历史唯物主义就是历史学本身的理论。在"文化大革命"前，如果有人对此提出异议，那就可能被看作是否认历史唯物主义对历史学的指导作用。鉴于上述两个方面的原因，在"文化大革命"前讲授史学概论，就只能讲授历史唯物主义，即使像白寿彝先生这样极有造诣的学者也为之困惑并"感到不安"。

"文化大革命"后不久，白先生把这个问题明确地提出来，这在历史学的研究工作和教学工作上都有突出的理论意义和实践意义。其理论意义在于，史学工作者在坚持和发展历史唯物主义的同时，还应当探索和建设历史学自身的理论，这不仅能推动历史学得到新

---

① 白寿彝：《史学概论》，银川：宁夏人民出版社，1983年，第1页。

的发展，而且也给人们丰富和发展历史唯物主义提供了可能。其实践意义在于，史学工作者在研究和教学中，不应把历史唯物主义视为教条，而是应当把它的基本原理同研究对象、教学内容结合起来，提出新的认识，从而推动科研和教学的发展。由此看来，白先生在题记中开篇所讲的这些话，不仅反映了时代和学术的变迁，也表现出了一位史学家在学理上寻求真知的艰苦历程。

写到这里，我认为有一个问题是值得深思的：20世纪五六十年代，史学界普遍地用唯物史观来代替历史学自身的理论（事实上是取消了历史学自身的理论）；到了八九十年代，尤其是20世纪90年代中期以来，各种各样的历史学的理论，不论其是否具有一定的体系，大多显示出一个基本的倾向，那就是淡化历史唯物主义的指导作用，有的甚至取消历史唯物主义的指导作用。半个世纪当中，历史学在其理论方面出现这样巨大的反差，其合理性何在（如果确有这种合理性的话）？其可以探讨的问题何在（如果存在某种探讨的空间的话）？质而言之，在历史研究中，唯物史观究竟具有什么样的作用和价值？究竟应当居于什么样的位置？新中国成立50多年来，历史学取得了巨大的成就，然其进退得失之故，亦值得认真思考、认真总结。

二、史学遗产同史学概论的关系

这个问题在很长的时间里被人们忽略，直至现在，也未必引起人们应有的（姑且不说足够的）重视。这个问题的实质是，历史学的理论从何而来？白寿彝先生讲到《史学概论》的内容时这样写道：

去年①，因为《史学史研究》季刊的需要，我每一季度撰写

---

① 指1981年——引者。

一篇文章，交它发表，总题目是《谈史学遗产答客问》。在酝酿这四篇文章的过程中，我逐渐产生了写史学概论的思想。这就是要在马克思主义基本原理的指导下，论述中国史学遗产几个重要方面的成就和马克思主义传入中国后史学的发展，及当前史学工作的重要任务。我想在这本书里，提出一些问题，请同志们讨论。也希望它能成为教本，多少给同学们一些帮助。①

这段话提出了一个前提和三个方面的内容：一个前提就是"在马克思主义基本原理的指导下"；三个方面的内容，一是中国史学遗产中的一些重要问题，二是马克思主义史学传入中国后所取得的成就，三是当前史学工作者的任务。显然，这是进一步说明了历史唯物主义同史学概论的关系，即历史学自身的理论可能包含许多方面，而对这些方方面面的问题的论述只有用历史唯物主义的基本理论去分析，才可能真正把它们揭示出来，并使其得到合理的以至科学的解释。这段话的关键所在，是"中国史学遗产"同史学概论的关系②。其实，白先生关于史学遗产的思考和论述，还要由此上溯 20 年，即早在1961 年他就发表了《谈史学遗产》的长篇论文③。白先生认为：史学遗产"是关系到怎样总结我国史学工作的经验教训，为推进史学的发展提供借鉴的问题"④。基于这一认识，我们就不难理解史学遗产同史学概论之间存在的密切关系。上面讲到，本书出版后，有些读者认为它的"史学史"色彩过于浓厚，有的读者甚至认为它过于"陈旧"，其主要"根据"即在于此。那么，历史学的理论究竟指什么，究竟应

---

① 白寿彝：《史学概论》，银川：宁夏人民出版社，1983 年，第 1～2 页。

② 白先生文中说的"这四篇文章"，指的是：《谈史学遗产答客问》《谈历史文献学——谈史学遗产答客问之二》《谈历史编撰——谈史学遗产答客问之三》《谈历史文学——谈史学遗产答客问之四》（分载《史学史研究》1981 年第 1、2、3、4 期）。

③ 白寿彝：《学步集》，北京：生活·读书·新知三联书店，1962 年，第 129～154 页。

④ 白寿彝：《历史教育和史学遗产》，郑州：河南人民出版社，1983 年，第 1 页。

当写些什么呢？其实这个问题并不复杂。在史学史上，人们都知道班彪、班固对司马迁的评论及其提出的一些理论问题，他们的评论都建立在对司马迁以前的史学之认识的基础上。唐代史学理论家刘知幾写出了名著《史通》，系统地提出历史学的一些理论问题；同时，《史通》中的《史官建置》、《古今正史》、《六家》、《二体》、《杂述》等篇，主要都是对"史学史"的概括。① 可见，刘知幾之所以能够提出史学的理论问题，也是从"史学遗产"中提出来的。意大利学者克罗齐的名作《历史学的理论和实际》（原名《历史学的理论和历史》），包含两个部分，第一编是"史学理论"，第二编是"史学史"。② 看来这位西方学者，也是并不脱离史学史来讨论史学理论的。这其中的道理也极显然：因为有了史学的存在和发展，才可能产生理论问题，进而人们把这些理论问题概括出来，加以解说，再以其去指导史学的进一步发展。从这个意义上说，史学遗产是史学理论的源泉和土壤，离开了史学遗产来谈论史学理论，难免流于空论，或者说只能从理论到理论，失却了"源"，其"流"自然不长。

当然，史学理论的发展，也还要注意到另外两个方面的问题，一是当代史学提出的问题，二是吸收外国史学的理论成果。但是，这两个方面，也只有建立在史学遗产同史学理论关系的基础上，才显得有根基、有朝气。白先生主编的《史学概论》，在吸收外国史学的理论成果方面，未曾着墨，是一个明显的缺陷。对此，白先生在题记中很恳切地指出：

> 这书本来也想论述一下国外的史学，因为所知太少，也就不写了。希望对国外史学有研究的同志，分别写出一些关于外

---

① 刘知幾：《史通》，浦起龙通释，上海：上海古籍出版社，1978 年，第 303～329、329～379、1～27、27～33、273～281 页。
② 参见贝奈戴托·克罗齐：《历史学的理论和实际》，道格拉斯·安斯利英译，傅任敢中译，北京：商务印书馆，1982 年。

国史学的专书。如果有条件，我们也希望在这本书里，逐渐得到这方面的充实。①

白先生说的"国外的史学"，也是指的"国外的史学"在理论上提出的问题。当然，古今中外的史学，其具体面貌自有很大的不同，其理论问题与表现形式也会有许多不同之处；但是，既是史学，其中必然也会有一些相同或相通之处。从这个意义上说，一本史学概论缺少了"国外的史学"的有关问题，显然是不够全面的。

白先生提出的这个问题，或者说这个缺憾，受到史学界的关注。1989 年，姜义华教授等编写的《史学导论》一书②，就注意到从中外史学的发展上提出问题，尽管这还只是初步的尝试，但却显示出史学理论发展的一个正确的方向。同时，我们也注意到有一些专论西方史学理论、苏联史学理论的专书出版，这对推动中外史学在理论研究上的互相启发、互相结合提供了一定的条件。

总之，史学遗产是史学理论的源泉，史学理论的研究不能脱离史学遗产，不能脱离外国史学的发展及其提出的理论问题。这个认识，在当前的中国史学界，似乎仍有加以强调的必要。当然，史学理论的研究也不能脱离近现代史学的发展，不能脱离史学工作者当前所面临的任务。

三、近代史学、马克思主义史学同史学概论的关系

白先生主编的《史学概论》的最后三章是：近代史学、马克思主义史学在中国的传播和发展、当前的主要任务。"史学概论"要讲"当前的主要任务"，这是完全必要的，它反映了史学工作者的现实的社

---

① 白寿彝主编：《史学概论》，银川：宁夏人民出版社，1983 年，第 2～3 页。
② 参见姜义华等：《史学导论》，西安：陕西人民教育出版社，1989 年。

会责任感和对学科建设的关注。但是，讲"史学概论"为什么还要讲"近代史学"、讲"马克思主义史学在中国的传播和发展"呢？对此，我曾困惑不解，认为这两章是"史学史"内容，不必放在"史学概论"中来讲授。有的同志跟我有同感。于是，在一次讨论撰写提纲的研讨会上，我讲了自己的想法，并建议更换这两章的内容，如是否可以写一写研究历史的方法等。白先生就我提出的问题，讲了他的看法。他认为：在我们准备编写的这本《史学概论》里，为什么要写近代史学与马克思主义史学在中国的传播和发展？这是考虑到我们史学工作的实际情况，因为我们现在的史学工作，离开近代史学不是很远，又同马克思主义史学密切相关，认清了这两个部分，对认识当前的史学的面貌和任务很有意义。白先生的这个考虑，这个思想，大家都认为很合理，令人信服。至于研究历史的方法要不要写？白先生认为，我们讲史学概论，许多方法都包含在理论问题当中，我们主张把理论和方法结合起来考虑，就不一定专写史学方法一章了。大家也觉得这很有道理，所以《史学概论》一书中没有专讲研究方法的章节，但又确实包含了许多有关史学方法的内容。

至于白先生说的要写出"当前史学工作的重要任务"的设想，这本《史学概论》在第十章"当前的主要任务"中做了系统的阐述，它论述了"研究和进行历史教育"问题，其中包括个人和阶级、民族、国家的关系，爱国主义和革命传统，民族团结和民族关系，历史经验和历史前途，人类社会和自然条件等内容；论述了"开阔视野，治史修史，不断提高史学水平"问题，其中包括纵观与横观、深与广、普及与提高等内容；论述了"强大史学队伍"问题，其中包括壮大史学队伍的紧迫性，德、才、学、识和创新精神，专业队伍和业余队伍等内容。这些问题，在今天看来，不仅没有"过时"，而且仍然显得十分突出，十分重要。

许多年过去了，今天回想起来，白先生关于近代史学、马克思主义史学同当前的史学工作之关系的见解，可谓卓尔不群而意义深远。近年来史学界关于许多问题的讨论和歧义，不是都跟近代史学、马克思主义史学的发展和评价息息相关吗？我有这样一点认识：越是争论得厉害，越是显得分歧突出，越是感到《史学概论》这两章所阐述的基本思路及有关评价的重要性。近代史学思潮的主流是救亡图存，新史观、新史料、新方法，等等。一般地说，也只有同这个思潮结合起来，才能得到历史的说明和中肯的评价。同时，中国近代史学所反映出来的浩然正气和伟大的爱国精神，是从魏源到顾颉刚几代史学家承前继后所积累起来的，这是史学家群体优秀品质所塑造的，绝非一两个史学家所能做到的。至于中国马克思主义史学的产生及其命运，更是同中国的前途、命运紧密地联系在一起。因此，如何认识和评价中国马克思主义史学的产生和发展，自然就跟如何认识中国新民主主义革命、社会主义建设事业所走过的道路相关联。它有学步的阶段，有步履蹒跚的历程，有健足攀登的时期，它自身所走过的道路是艰难曲折的。值得注意的是，马克思主义史学本身还有一个显著的、本质的特点，即它运用辩证唯物主义、历史唯物主义这一科学的世界观和方法论观察历史、现状与未来，不仅在中国有重要的地位，而且在全世界也有巨大的影响。中国马克思主义史学在发展中经历过挫折和失误，经受过极其严峻的考验，但它总是沿着运用科学的历史观来研究历史的方向不断前进，这是马克思主义史学独具的品格、韧性和力量。

究竟怎样认识和评价中国近代史学和中国马克思主义史学，现在和将来，都会有不同的看法，但合理的事物，特别是顺乎历史发展趋势和拥有正确发展方向的事物，尽管千回百转，屡经挫折，但都是经得起历史的检验的。

《史学概论》在撰写过程中，还有一件事是我不会忘记的。现在我们见到的《史学概论》第四章"史书的编著"、第五章"史书的体例",① 计划中是只写一章即"史书的编著"。白先生把这章的撰写任务交给我,预计写两万字左右。可是,文稿写成后,已达 35000 多字。我在把文稿送呈白先生前有一个思想准备:文字超过了预期计划,好在白先生可以删节。过了几天,白先生把我叫去,说是文稿写得不错,只是嫌长了一些,删去有点可惜,我看就把它分为两章吧。白先生问我是否同意,我当即表示,完全听从先生对文稿的处置。当时,我内心很是感动;学生有一点可取之处,当老师的都十分爱惜。记得当时白师母牟传吾先生在一旁说:林东,你们老师每天清早四点钟起床给你们修改稿子,劝也劝不住。我听了,一方面心里热乎乎的,另一方面也为白先生的健康担心,那时他已经是 73 岁的人了。

《史学概论》出版后,经教育部批准,北京师范大学史学研究所举办了全国第一个史学概论助教进修班。全国各地的 20 多个兄弟院校的中青年教师参加了这个进修班学习,他们后来大多成为讲授史学理论的骨干教师,有的已成为研究史学理论的知名学者。

说起《史学概论》这部书,也给我们留下了一个永久的遗憾。那就是:宁夏人民出版社多次提出修订再版的计划,但因白先生忙于多卷本《中国通史》的编纂工作,无暇他顾。1999 年夏秋之际,宁夏人民出版社看到多卷本《中国通史》已经全部出版,于是同白先生联系修订事宜。白先生从医院给我打电话,征求我的意见。我当时考虑到两个因素,一是白先生正在审阅《中国史学史教本》的书稿,同时又在筹划推动多卷本《中国史学史》的撰写工作,二是白先生尚在医院中休养,不宜过多加重负担。因此我向白先生表示,等先生把《中国史学史教本》和多卷本《中国史学史》两件事安排妥当后,我们

---

① 白寿彝主编:《史学概论》,银川:宁夏人民出版社,1983 年,第 123~188 页。

再着手修订《史学概论》。白先生认为我这样考虑比较妥当，就采纳了我的意见。可是，我们不曾想到，白先生这次住院后就再也没有回到他的书斋，于 2000 年 3 月 21 日永远离开了我们。他没有来得及留下关于修订《史学概论》的设想和意见，从而也就留下了永久的遗憾。现在，当我们重温《史学概论》的时候，一方面会体会它的特点和价值，另一方面也会产生遐想，如果天假以年，白先生会怎样主持这本书的修订工作呢？这个问题，也许就成了我们对白寿彝先生永久纪念的标志之一。

白寿彝先生和中国史学史学科建设[*]

在白寿彝先生的学术生涯中，关于中国史学史的研究和中国史学史的学科建设，占有非常重要的位置，他的这方面论著在国内外产生了广泛的影响。

1986年上海人民出版社出版的《中国史学史》第一册，1994年北京师范大学出版社出版的《白寿彝史学论集》（上、下），以及1999年中华书局出版的《中国史学史论集》，可以看作是白先生关于中国史学史研究成果的代表作，也是他留给后人的宝贵的学术遗产。本文所要讨论的内容，是白寿彝先生关于中国史学史学科建设的见识、理论和设想。重温他在这方面的著作及论断，对于当前中国史学史学科的发展，具有重要的启示意义和指导作用。

---

* 原载《回族研究》2004年第2期。

一、确定基本任务

自从 20 世纪 20 年代梁启超倡导撰写中国史学史后，在三四十年代，先后出版了几位作者撰写的中国史学史专书，同时还有不少数量的论文发表出来，其中不少论著都涉及中国史学史研究的对象，反映了那个时代人们对刚刚起步的中国史学史研究的认识。总的来说，这些认识大体上都未超出梁启超所提出的设想，即史官、史家、史学的成立及发展、最近史学的趋势①。20 世纪 60 年代初，全国史学界展开关于研究和撰写中国史学史著作的讨论，许多有价值的见解发表出来。在这样的学术氛围中，白寿彝先生于 1964 年在《人民日报》上发表了《中国史学史研究任务的商榷》一文。这篇文章着重讨论了两个问题，一是"规律和成果"，二是"理论和资料"。显然，从提出问题的思路来看，尤其是从提出问题的高度来看，同以往人们所论，已有很大的区别。所谓规律，一方面是要把史学放到社会中去考察，而不是仅就史学自身来说明史学；另一方面是要揭示史学发展中具有普遍性的现象及其所反映的事物的本质。因此，对于规律的探讨，乃是深入研究史学发展的必然要求。对于这一点，此前学人很少论及。在这篇文章中，白先生提出了要探讨的规律是：在思想领域，历史观的发展总是进步的历史观点在同落后的、甚至反动的历史观点的斗争中实现的，而这种斗争又往往是同社会经济、政治领域中的新旧斗争相关联的。在技术领域，也存在发展规律："第一是史料学发展的规律，第二是历史编写形式发展的规律，第三是历史文学发展的规律。这三个方面的发展，各有其技术性的细节，也各有其理论上的指导及其分歧和斗争。研究这些规律，不在于纠

---

① 梁启超：《中国历史研究法（补编）》，《饮冰室合集》第十二册专集之九十九，北京：中华书局，1989 年，第 153 页。

缠着技术性本身的细节，而在于掌握其理论上的分歧和斗争，并从而分析它们在史学发展上所起的不同作用。"①据笔者的浅见，在思想领域的规律，近几十年来，已有一些研究成果问世，主要表现在对中国史学上历史观发展、演变的重视，许多史书所包含的历史思想都受到了研究者的关注。但是，对于思想领域的规律的认识和总结，依然有许多工作要做。至于技术领域的规律，近几十年来，在历史编撰、历史文学的发展规律方面已有一些研究成果，而在史料学发展规律的研究方面，还有待于引起更多的重视和进一步加强。

白先生所说的"成果"，主要是指对历史上的史学成果进行总结，注意鉴别和区分其中的精华和糟粕。在对待成果这个问题上，白先生十分强调研究者应采取辩证的态度和方法，他指出：

> 我国史学史上的某些真知灼见、优良的治学经验和杰出的篇章，将因历经不同时代的考验而洗练出它们明晰的光辉，以便于我们吸收和发扬。历史上曾经起过积极作用的作品，虽然现在不行了，也仍然受到在历史地位上应有的尊重。并且对于要丢掉的糟粕，一方面决然要肃清它们的毒素，不许借尸还魂，另一方面也还要利用它们作为研究的资料，变无用为有用。②

白先生提出的这些问题，是从很深的层次上反映了史学史研究的任务，而其理论依据，就是唯物辩证法思想。这里，尤其困难的是"变无用为有用"。这无疑是正确的做法，但对研究者来说，却是严峻的考验。究竟哪些东西可以"变无用为有用"呢？例如，历代正史中有所谓五行志、符瑞志、灵征志，等等。其中有不少荒诞的记载，但

---

① 白寿彝：《白寿彝史学论集》（下），北京：北京师范大学出版社，1994 年，第597 页。

② 白寿彝：《白寿彝史学论集》（下），北京：北京师范大学出版社，1994 年，第598 页。

其中也记载了一些自然界的变化和奇特现象，在科学史和自然史上有重要的参考价值。又如，魏晋南北朝时期，"名教"思想在史学上反映得很突出，强调了君臣父子的伦理观念，在一定的程度上影响了史学的健康发展。但是，今天的研究者却可以从"名教"思想氛围中更深刻地认识那个时代的社会，进而认识那个时代的史学的特点，并从一个方面更深刻地揭示史学的社会性。

关于"理论和资料"，白先生提出的总的看法是："要正确地承担起中国史学史的研究任务，需要占有丰富的资料，又需要有较高的理论水平，还需要二者的密切结合。这对于我们都是严重的考验，但经过努力，是可以不断前进的。"[1]他说的"理论水平"，是指马克思主义理论水平，只有不断提高理论水平，才能"从一个十分复杂并充满矛盾的史学发展中发现规律的统一过程"。[2] 他对于"资料"的说明，具有突出的特点和独到的见解，他写道："占有历史资料，就其本质来说，是在马克思主义理论指导下分析资料、掌握资料。我们说详细占有资料，就是要对具体的资料做具体的分析、具体的掌握。一般地抄资料、写卡片，只是帮助记忆、提供检查便利的方法，还说不到就是占有资料。"[3]这一段话，对于"占有资料"做了非常精辟的阐述，今天读来，仍然掷地有声。当然，现在"抄资料、写卡片"的现象在学术界是越来越少见了，人们最普遍的做法是在网上搜索、查找资料，但是"具体的分析、具体的掌握"的原则，恐怕还是不应改变的；改变了这个原则，人们或许就会逐渐远离学术。在"占有资料"的方法上，白先生提出"占领堡垒"和"熟读深思"。"占领堡垒"是

---

① 白寿彝：《白寿彝史学论集》（下），北京：北京师范大学出版社，1994 年，第598～599 页。

② 白寿彝：《白寿彝史学论集》（下），北京：北京师范大学出版社，1994 年，第599 页。

③ 白寿彝：《白寿彝史学论集》（下），北京：北京师范大学出版社，1994 年，第599～600 页。

指研究代表作，"熟读深思"是说要真正下功夫。20 世纪 80 年代，白先生倡导深入研究中国史学史上的 27 部名著①，可以看作是"占领堡垒"和"熟读深思"的具体目标。

综上，白先生关于中国史学史研究任务的论述，是把中国史学史研究的对象以及如何研究这一对象的理论和方法都论到了，其立论之高远，分析之精辟，方法之明确，都达到了一个新的境界。白先生在 1986 年出版的《中国史学史》第一册的"叙篇"中，再次论述了"史学史的任务和范围"，依次讲到"史学发展的规律性：唯物主义历史观和唯物主义历史观因素"、"唯物主义因素在史学发展中的作用"、"史学发展跟其他学科的关系"、"史学的时代特点及其社会影响"等问题②，无疑是他在 1964 年发表的《中国史学史研究任务的商榷》一文的进一步发展。

二、突出重大问题

在中国史学史的学科建设中，尤其是在研究和撰写中国史学史的过程中，会遇到许许多多的问题。那么，哪些问题是最为重要、最应当受到研究者关注的呢？对于这个问题的思考和逐步解决，是关系到中国史学史学科建设能否抓住重点和难点的关键。1984 年，即在发表《中国史学史研究任务的商榷》一文 20 年后，白先生发表了题为《中国史学史上的两个重大问题》的文章。文章的基本宗旨是：

> 近两年，国内的形势很好，在某些战线上，大有突飞猛进之势。在这样的形势下，我们的史学史工作也应该甩掉旧的躯壳，大踏步前进，把新的史学史学科早日建立起来。这件工作

---

① 白寿彝：《读书会编者按》，载《史学史研究》1987 年第 3 期。
② 白寿彝：《中国史学史》第一册，上海：上海人民出版社，1986 年，第 29～44 页。

牵涉的方面比较多，但我认为有两个重要问题，是应该多下点功夫及早解决的。这两个问题如果解决得好，史学史这门学科就可能面目一新。①

这一段话，极其鲜明地表明了作者对学科建设的关注，生动地反映了作者作为一个学科开拓者的胸襟和思想轨迹。

白先生所提出的第一个重大问题，"是对于历史本身的认识的发展"。对这个问题，白先生做了如下的说明：

是社会存在决定社会意识，还是社会意识决定社会存在？社会发展是有规律的，还是无规律的？群众是历史的主人，还是杰出人物是历史的主人？像这样的问题，都是属于第一类的问题。还有，生产状况的升降，地理条件的差异，人口的盛衰，以及历代的治乱兴衰，史学家、思想家和政治家对于这些现象如何认识，这也属于第一个问题的范围。②

在这里，作者提出了一系列问题，都是人们在认识客观历史即认识"历史本身"过程中会碰到的问题，可以说都是一些无法避开的问题。显然，对于任何一个真正涉足于历史研究的人来说，尤其是对于任何一个接触过马克思主义理论的研究者来说，都会清楚地看到，这些问题都离不开唯物史观的基本原理。由此，我们可以得到两点认识，或者说是两点启示：第一点，作者所提出的第一个问题，是以唯物史观的基本原理做指导，去看待历史上的史学家、思想家和政治家在认识"历史本身"方面，是否有唯物史观的因素，以及这些因

① 白寿彝：《白寿彝史学论集》（下），北京：北京师范大学出版社，1994年，第603页。

② 白寿彝：《白寿彝史学论集》（下），北京：北京师范大学出版社，1994年，第603页。

素是怎样在斗争中向前发展的，从而使史学史的研究获得一些规律性的认识，使其达到更高的境界。第二点，作者提出的第一个问题还表明，作为一个史学史研究者，应以认识第一个问题所包含的内容为学术基础和理论基础，如果人们避开了这些本不应避开的问题，那么史学史的研究就难以有新的突破，学科建设也难以有新的进展。因此，对它的重要性应当有充分的估计。

白先生提出的第二个重大问题，"是史学的社会作用的发展过程"。他对此做了这样的说明：

> 史学的成果是否对社会有影响，史学家是否重视历史观点对社会的影响，以及历史知识的传播对社会的发展是否起作用？这些都是属于第二个问题的范围。①

依笔者肤浅的认识，这里所说的，是关于史学与社会的关系，本质上是关于史学的社会性问题。所谓史学的社会性，一方面，是指一定时代的史学必然受到该时代的影响；另一方面，一定时代的史学及其成果也必然要对该时代以至后世产生影响。就后一方面来说，这种影响，除了史学成果的具体内容以外，史学家的历史观点占有极重要的地位。这说明，史学成果的产生，尤其是史学家的历史观点，对于社会，对于各方面的受众群体，都负有重要的责任。这里凝聚着史学工作的神圣性和史学家的社会责任感。总之，对于这些问题的梳理和总结，可以深刻认识到史学与社会的密切关系，也可以据此判断史学发展的进程和各种史学成果的面貌以及史学家的思想境界。

---

① 白寿彝：《白寿彝史学论集》(下)，北京：北京师范大学出版社，1994 年，第 603 页。

白先生在总结上述两个问题之所以格外重要时，做了这样的概括：

> 在中国史学史上，重要的问题不少，这两个问题，恐怕是当前更为重要的问题。在史学史的编撰上，一个史学家一个史学家地写，一部史学名著一部史学名著地写，这可以说是必要的，也可以说是研究过程中所难免的。但是否可以要求更高一些，要求更上一层楼，是否可以把这些以人为主、以书为主的许多框框综合起来，展示出各个历史时期史学发展的清晰面貌呢？这当然不容易，但总还不失为一个可以考虑的前进方向吧。①

自 20 世纪八九十年代以来，不断有新的中国史学史著作出版，但能够自觉地在著作中突出这两个重大问题，至少是比较关注这两个重大问题的，尚不多见。唯其如此，深入研究和反映这两个重大问题，仍然是现今中国史学史撰述的"前进方向"。

综上，对于历史本身的认识的发展过程和对于史学的社会作用的发展过程的研究，是史学史研究中的两个重大问题，前者是后者的基础，后者是前者的延伸和升华。换言之，研究者在考察历史上人们对客观历史认识之发展过程的基础上，进而考察史学活动对于社会产生影响的发展过程，其中包括这种影响所达到的广泛程度和深刻程度，才能把史学置于社会历史运动中展现它的发展脉络及其社会价值，而这对史学史研究来说，无疑是其生命活力之所在。

---

① 白寿彝：《白寿彝史学论集》（下），北京：北京师范大学出版社，1994 年，第 605 页。

三、明确具体目标

中国史学史学科建设，除了确定基本任务、突出重大问题，还应该明确具体的目标，从而把学科建设落到实处。1989 年，白先生在一篇题为《史学史工作四十年》的讲话中，实事求是地提出了中国史学史学科建设中的几个具体目标。他这样讲道：

> 客观的发展形势向我们提出新的任务，要我们迎接新的历史阶段。我个人认为，我们国家的形势是在发展，不发展不行，没有别的出路。一定要往前行。我们的史学工作、史学史工作也是要往前进。我们如何对待新的历史局面，我的很粗浅的看法是要扎扎实实地进行工作。想得高，希望发展得快，这都是可贵的，但做起来，还是要学会毛主席所提倡的战略战术的辩证思想，需要持久地做下去。①

这些话，是在一次史学史座谈会上讲的，具有十分明确的针对性。从这些话中，我们可以感到，关于中国史学史学科建设，没有高标准不行，没有扎实的工作也不行；有了理想、有了高标准作为努力的方向，还要从实际出发，做扎扎实实的工作。这就是作者所说的战略战术的辩证思想。依我的理解，不论是好高骛远而无扎实工作，还是满足于一得之功、一孔之见而无远大理想，都是不可取的。白先生的精辟的学术见解和严谨的治学精神，非常和谐地统一在他的学术活动中，这是值得我们后学认真学习的。

白先生提出的第一个具体目标是："要把中国史学史发展的轮廓

---

① 白寿彝：《白寿彝史学论集》（上），北京：北京师范大学出版社，1994 年，第 359 页。

在现有的研究水平上勾画出一个粗线条。尽管不同的研究者，有不同的研究范围，从不同的角度研究问题，但对于这个问题都应该注意，求得一步一步的解决。"①显然，这个具体目标，是在于贯彻一个"通"字。中国史学史是一门专史，不同的研究者，或研究某一断代，或研究某一专题，都有助于推动研究的深入。但是，研究断代与专题，都应当掌握中国史学史发展的整个轮廓的"粗线条"。只有这样，断代研究也好，专题研究也好，才可能有一个比较恰当的定位，才可能得到合乎整体面貌的结论，从而达到研究者预期的目的，此其一。其二，掌握了整体轮廓的"粗线条"，才可能发现研究工作中存在的薄弱环节，甚至发现某些空白点，从而有助于研究者提出新的研究计划或研究课题，以推进全局的发展。正因为如此，白先生断言："我们的工作，在这个问题上如果没有得到进展，其他方面的进展都可能是很有限的。"②这话的分量很重，值得我们深思。

白先生提出的第二个具体目标是："要研究史学史的科学意义和现实意义，并应该广泛宣传，让群众了解。这关系到我们的史学发展的前途，也包含我们的史学史发展前途在内。"③这个具体目标的提出，可以说是切中史学界研究工作的积弊。多年来，不论是史学史研究者，还是一般的历史研究者，大多只关注自己所研究的那个领域，至于史学工作有什么科学意义和现实意义，似乎只是研究理论的人们的事情，与自身无关。显然，这是一个认识上和实践上的误区。而这个误区的存在，一方面削弱了史学、史学史得到社会公众理解与关注的力度，另一方面也阻滞了史学在理论上不断开拓前

---

① 白寿彝：《白寿彝史学论集》（上），北京：北京师范大学出版社，1994 年，第359 页。

② 白寿彝：《白寿彝史学论集》（上），北京：北京师范大学出版社，1994 年，第359 页。

③ 白寿彝：《白寿彝史学论集》（上），北京：北京师范大学出版社，1994 年，第359 页。

进的步伐。正如白先生所强调的那样："如果我们的工作不为群众所理解，当然在发展上就困难大，所起的效果也小。我们除了做大量的具体工作以外，还要宣传历史工作的理论意义和现实意义。我们不能把我们的研究成果锁在抽屉里，研究的目的就是要告诉大家，要影响大家，要在思想上武装大家。这是很重要的问题。"①白先生在 15 年前说的这些话，依然是摆在我们面前的一个严峻的问题和迫切的任务。

白先生提出的第三个具体目标，具有更广泛的普遍性，这就是，"写文章，写书，还要接受逻辑的训练"。什么是"接受逻辑的训练"？白先生结合实际做了这样的分析：

> 自从我们接触了辩证法以后，觉得逻辑不算什么，不大注意。这反映在我们的研究工作上，普遍的毛病是遇到一个个别的事例，就下一个普遍性的结论，这是犯了一个逻辑性的错误。这样的错误到处都是。写文章不严格，喜欢说过头话，夸大，认为这带劲儿。②

这里指出的犯"逻辑错误"和"说过头话"，不仅在 20 世纪 80 年代的中国史学界存在，"到处都是"，而且自 20 世纪 90 年代以来，更有继续蔓延之势。以个别代替一般的做法，几乎成了时髦；夸大本人研究所得，无视学术史上前人的积累和今人的研究进展，轻言"创新"与"开拓"，不也"到处都是"吗！这是一个学术修养问题，说重了，这是一个学风问题。近 20 年来，中国史学有了很大的进展，涌现出许多优秀人才和优秀成果，成绩是显而易见的。但是，与此同

---

① 白寿彝：《白寿彝史学论集》（上），北京：北京师范大学出版社，1994 年，第 359～360 页。

② 白寿彝：《白寿彝史学论集》（上），北京：北京师范大学出版社，1994 年，第 361 页。

时，我们也应当冷静地、理智地看到，史学工作者的素养的提高和学风建设的迫切，是一个十分突出的问题。我们重温白先生在多年前所讲的这番话，犹如是针对目前史学界的现状所讲的一样，实在值得我们深思。白先生在讲话中也指出了努力的方向，他说："历史著作要求加强科学性，写作应该是一个字、一个字的有根据，不说废话，不夸大，要确切、简练、生动；当然，吸引人的科学著作不一定都生动，只要讲得有道理，能接受，一样地影响大。"[①]可见，对于"科学著作"的理解，并不是一个简单的问题。我认为，有根据、有道理、要确切、读者能接受，这当是白先生所要强调的几个重要因素。今天的史学工作者，自然也包括笔者在内，不妨结合这几个方面来看看自己的论著，做一番自我审视、自我评价，或多或少，总是会得到一点启示的，其目的还是为了把工作做得更好。

白先生关于中国史学史学科建设问题，还有不少精辟论述，不限于本文所提到的这些论断。但是，我认为这里所举出的是比较重要的几个方面。需要特别指出的是，白先生不只是对中国史学史学科建设提出一些见解和构想，而且他身体力行，在许多研究成果上都蕴含着他为学科建设所做出的实际贡献，他撰写的《中国史学史》第一册和《白寿彝史学论集》（上、下）中的许多论文，都证明了这一点。

笔者作为一个中国史学史研究者，作为白先生的学生，虽然在主观上尽力遵循老师所指示的方向去做，但总觉得进展不大，愧对先师。今年是白寿彝先生九十五诞辰，重温他的有关论述，写了这篇文章，一则表示对老师的纪念，再则也是对自己的鞭策。

---

① 白寿彝：《白寿彝史学论集》（上），北京：北京师范大学出版社，1994 年，第 361 页。

历史知识和社会实践*

——读《中国史学史》第一册

　　白寿彝先生在 77 岁的时候，出版了他的又
一部力作《中国史学史》第一册（上海人民出版社
出版）。孔子说过："七十而从心所欲，不逾矩。"
这句话，如果用来比喻科学工作的话，倒是可以
表明：一个科学工作者愈是经过多年的学术积
累，愈是能够提出深邃的见解来。读了白先生的
这部书，觉得它是作者向我们展示的一幅绚丽的
中国史学的画卷，有全景，也有某些细部，读画
的人尽可反复揣摩、遐想。丰富的内容，精深的
思想，新颖的写法，给人一种清新、开朗的感受
和多方面的启迪。

　　《中国史学史》第一册是多卷本《中国史学史》
的首卷，它包含"叙篇"和第一篇"先秦时期，中
国史学的童年"，每篇各五章。"叙篇"约 12 万

---

* 原载《人民日报》，1987 年 2 月 27 日。

字，其内容涉及史学史研究的任务和范围、中国史学史的分期、有关史学史的古今论述、作者40多年来摸索这门学科的经历和当前对于这门学科的设想。有如此丰富内容的叙篇，在著作史上实不多见。第一篇是关于先秦史学的论述。诚如作者在"题记"中所说："这篇的结构、论点，都表示了一些新的看法。"此篇所显示的规模和提出的见解，不仅在史学史的研究上有开创的意义，而且对先秦史的研究及其他专史的研究也颇有值得注意和参考的地方。

　　然而，这部书还从更广泛的意义上提出了一个重要的问题，即历史知识和社会实践的关系问题。我以为，这个问题是每一位读者都会感兴趣的，是每一个从事社会实践的人都会重视的。作者在"叙篇"中讲到史学的社会影响时，深沉地写道："好多年来，经常有人问：学历史有什么用处？我们研究史学的社会影响，可以说，就是要回答这个问题。先从个人说起，史学的用处可以开阔视野，增益智慧。从工作上说，可以从总结历史经验中得到借鉴。从更为远大的地方说，史学可以在总结过去的基础上，更好地认识现在，观察未来，为人们指引一个理想的历史前途。"这是从个人的思想文化修养说到个人的社会实践，再从单个人的意识和实践说到群体的意识和实践，历史知识都在影响着人们，都在默默地发挥着它巨大的作用。作者认为，那种把讲历史仅仅看作是了解过去，仅仅是为了弄清历史真相的看法，是不全面的。作者还指出："在具体的历史实践①中，联系历史知识而做出政治上的重大决策，历代都有其例。"这是从丰富的历史知识中提炼出来的很有分量的结论。诚然，前人关于现实的决策和关于历史前途的论争，对于后人的思想、情感、决心、行动，无疑是会有很大影响的。柳宗元《读书》诗云："上下观古今，起伏千万途；遇欣或自笑，感戚亦以吁！"②这是诗人的感受。

---

① 即社会实践——引者。

② 柳宗元：《柳河东集》卷四十三，上海：上海人民出版社，1974年，第740页。

司马光说，他撰《资治通鉴》是要"监（鉴）前世之兴衰，考当今之得失"①。这是史学家和政治家的考虑。毛泽东同志认为，没有历史知识，是不可能指导革命运动取得胜利的。这是革命战略家的理论。古往今来，人们就是这样来看待历史知识跟自身社会实践的关系的。

这些年来，白寿彝先生十分强调历史教育的重要作用，为此，他撰写文章，发表演讲，接受采访，其意则在于希望有更多的人能自觉地认识到这个问题的重要性。作为史学家，他尤其希望史学工作者以此作为自己的神圣职责。在本书中，他再一次提出这个问题。他说："史学工作者出其所学，为社会服务，这是我们的天职，不容推脱。我们从历史上研究史学的社会影响，一要研究历代史学家如何看待这个问题，二要研究史学在实践中具体的社会效果。这是一件有很大意义的科学工作，也是一件有很大意义的教育工作。相当多的史学史工作者忽视这一点，我们应做好拾遗补阙的工作。"②

这部著作关于历史知识和社会实践的关系的论述，跟白先生以往在这个问题上所发表的文章、演讲相比，有了很大的发展。除了理论的阐述外，白先生在第一篇里以专章总结了先秦时期人们在"历史知识的运用"方面的认识和经验，认为："历史知识的运用，主要的就是这两大类。第一类多是就事论事，第二类涉及的问题比较宽泛，其中包含有规律性的东西。"在具体论述先秦时期人们对历史知识的运用时，白先生概括了三个问题：一是"多识前言往行以畜其德"，二是"疏通知远"，三是直笔、参验、解蔽。白先生对"以畜其德"的"德"和"疏通知远"都提出了独到的见解，认为："这个'德'字不光指道德、品行说，还包含有见解、器识。这一类的目的，主要是'明是非、别善恶'和'观成败'。'明是非'和'观成败'主要是指认

① 司马光：《进〈资治通鉴〉表》，《资治通鉴》，北京：中华书局，1956 年，第 9608 页。

② 白寿彝：《中国史学史》第一册，上海：上海人民出版社，1986 年，第 42～43 页。

识方面说的，'别善恶'是从教育意义上说的，但这三者也很难分开。"①从这一总的认识出发，白先生于先秦文献中一连举出"列举同类事例以说明一个问题"、"从历史的发展过程上说明问题"、"援引史事进行理论上的辩诘"等，同时分析了韩非和《吕氏春秋》对历史知识的运用。② 关于"疏通知远"，白先生说："我们所谓'疏通知远'，主要包含两个问题。一个是依据自己的历史知识，观察当前的历史动向。又一个是依据自己的历史知识，提出自己对未来历史的想法。"③进而列举出孔子、墨子、商鞅、赵武灵王、孟子、荀子、李斯、韩非等人是如何运用历史知识提出对当前历史动向和未来的看法的。白先生对直笔、参验、解蔽的论述，是强调了"历史知识的运用，必须重视所依据的历史资料的可信程度"④，从而充分肯定了直笔的精神、参验和解蔽的方法在书写历史、考察史实和运用历史知识上的可贵性。白先生在对上述三个问题的论述上，融会了先秦的历史文献，贯穿了对先秦历史进程的评价，可谓新意屡见，宏论迭出。这不仅为史学史研究开拓了一条新路，而且也证明了白先生提出的这个看法是应当受到广泛的重视的："历史知识是人类知识的一个宝库，特别是政治家、教育家和思想家都离不开它。"⑤仅此而论，也就大致可以看到这部书的科学价值和社会价值了。

---

① 白寿彝：《中国史学史》第一册，上海：上海人民出版社，1986年，第323～324页。
② 白寿彝：《中国史学史》第一册，上海：上海人民出版社，1986年，第324～334页。
③ 白寿彝：《中国史学史》第一册，上海：上海人民出版社，1986年，第334～335页。
④ 白寿彝：《中国史学史》第一册，上海：上海人民出版社，1986年，第355页。
⑤ 白寿彝：《中国史学史》第一册，上海：上海人民出版社，1986年，第323页。

从梁启超到白寿彝[*]

——20 世纪中国史学家的史学史情结

一、小引

任何事物都有自己的历史，任何学科也都有
自己的历史。中国史学作为一种学问、一种工
作，或作为一门学科，当然也有自己的历史，这
就是中国史学史。

一般说来，人们对于什么是文学史、艺术
史、哲学史、科技史等，都容易理解，而对于史
学史却不免有点陌生之感。应当承认，各门学科
的历史，都有其重要性，都应当受到重视。对于
中国史学史来说，这种重要性显得更加突出一
些。这是因为：中国史学史是阐述中国史学发展

---

* 原载《群言》2003 年第 1 期。

过程及其规律的学问,具体地说,它是探索中华文明进程之记载与撰述的历史。为了认识中华文明的历史进程,人们要研读中国通史;为了认识中华文明进程是怎样被一代代史学家记载下来,又被一代代史学家撰写成内容丰富、形式多样、表述生动的历史著作的,人们就要研读中国史学史。读一点中国史学史,必定会有益于人们加深对中国历史的理解。

正因为如此,在 20 世纪,中国史学家不断凝聚起一个深沉的情结:撰写中国史学史,探索中华文明进程之记载与撰述的历史面貌。为此,他们付出了艰辛的努力,获得了可喜的进展,给 20 世纪中国学术史留下了重要的一页。

二、撰写中国史学史:梁启超提出的问题

"五四"前后,受西学的影响,许多新学科勃然兴起,各种专史的研究成为学术界所关注的问题。1926—1927 年,梁启超在清华大学做"补中国历史研究法"(也称"广中国历史研究法")的讲演,后经门人记录、整理,以《中国历史研究法(补编)》为名出版。梁启超在此书的绪论中说道:

> 本演讲全部组织,可以分为"总论"、"分论"两部。总论注重理论的说明,分论注重专史的研究,其宗旨在使有研究历史兴味的人,对于各种专史知道应该研究并且知道如何研究。旧作所述,极为简单,不过说明一部通史应如何作法而已。此次讲演,较为详细,偏重研究专史如何下手,因为作通史本不是一件容易的事情,专史没有做好,通史更做不好。若是各人各做专史的一部分,大家合起来,便做成一部顶好的通史了。此

次讲演，既然注重专史，所以又可叫做《各种专史研究法》。①

梁启超是从通史和专史的关系来说明研究的重要性的，这同他早年提出研究、撰写通史的主张有关，这是一方面。另一方面，近代学科的创立和发展，越来越明确地提出了专史研究的迫切性，这是"五四"前后学术史上的一个特点。

《中国历史研究法（补编）》所论"专史的做法"，包括五种专史，即人的专史、事的专史、文物的专史、地方的专史、断代的专史等。梁启超所说的"文物的专史"又包含以下这些内容：经济专史、政治专史、文化专史。而"文化专史"又包括语言史、文字史、宗教史、学术思想史、文学史、美术史。其中，"学术思想史"则又包含道术史、史学史、社会科学史、自然科学史。在梁启超看来，"史学史"是属于文化专史中"学术思想史"的一个分支。从历史的眼光来看，这样的学科划分是否合理并不十分重要；重要的是，"史学史"作为文化专史的一个方面被正式提出来了。② 从学术史的发展来看，一门专史是否被明确地提出来，对于这个专史的发展具有极重要的意义：其一，相关的研究可以据此形成共同的出发点和发展目标；其二，这一研究在邻近的专史中才可能找到并确定自己的位置，从而丰富专史的门类，促进学术史的发展。"史学史"这一观念的提出，不仅把中国史学上久已存在的史学史意识推进到更加自觉的境界，而且使它具有了近代意义上的学科史的属性，从而对中国历史学的发展产生积极的影响。梁启超在讲到研究"文物的专史"的重要性时讲了这样一段话，是很有启发意义的。他说：

---

① 梁启超：《中国历史研究法（补编）》，《饮冰室合集》第十二册专集之九十九，北京：中华书局，1989 年，第 1 页。
② 梁启超：《中国历史研究法（补编）》，《饮冰室合集》第十二册专集之九十九，北京：中华书局，1989 年，第 143～168 页。

无论何种学问，要想对于该种学问有所贡献，都应该做历史的研究。写成历史以后，一方面可以使研究那种学问的人了解过去成绩如何，一方面可以使研究全部历史的人知道这种学问发达到何种程度。①

"史学史"研究的重要性，也可以从这段话中得到很好的说明。"史学史"作为一种专史被明确地提到学术史研究的日程上来的时候，其学术价值便有了比较恰当的定位。这一点，是很值得重视的。

三、艰难的探索历程：中国史学史研究的两起两落

20世纪三四十年代至六七十年代，中国史学家关于中国史学史的研究，两度活跃，两度寥落，走过了艰难的探索历程。

在三四十年代，一些史学家起而回应梁启超提出的问题，着手研究中国史学史，并写出了近代以来最早的一批中国史学史论著。

中国有3000多年的历史记载和历史撰述，史籍之丰富性、多样性和连续性，为世界各国所仅见。一部中国史学史，从哪里写起，主要应当写些什么内容？这是首先要解决的问题。梁启超在提出撰写"史学史"的问题时认为："史学，若严格的分类，应是社会科学的一种。但在中国，史学的发达，比其他学问更利（厉）害，有如附庸蔚为大国，很有独立做史的资格。"梁启超这样说，足以表明中国史学的特殊分量以及他对史学的重视。中国史学史究竟研究什么，撰写什么？梁启超提出了初步的设想，认为："中国史学史，最少应对于下列各部分特别注意：一、史官；二、史家；三、史学的成立及发展；四、最近史学的趋势。"他关于"史学史的做法"，就是依照这

① 梁启超：《中国历史研究法（补编）》，《饮冰室合集》第十二册专集之九十九，北京：中华书局，1989年，第169页。

四个方面展开讨论的。可以认为，这是梁启超关于中国史学史研究内容或研究对象的主要论点。他的这些认识，对三四十年代中国史学史的研究有很大的影响。当时的一些史学家，大致循着这个思路进行研究，先后有一批论著面世。就讨论和撰写的内容来看，主要有三个问题。第一个问题，是关于"中国史学史"究竟研究什么，撰写什么？一些通论性的文章试图回答这个问题，其中有朱谦之的《中国史学之阶段的发展》、何炳松的《中国史学史之发展》、周谷城的《中国史学之进化》、罗香林的《中国史学的过去与将来》、朱子方的《中国史学史之起源及演变》等文。周谷城的文章最具代表性，文章讨论了历史与史学的区别、起于实用的记录、道德文学与史书、由史书到史学、史学的独立发展、创造中的新史学。此文的宗旨在于揭示史学进化的历史过程，有开阔的视野和较强的逻辑性，对于中国史学史究竟研究什么，撰写什么，有重要参考价值。第二个问题，是关于怎样撰写中国史学史。这是一个理论认识问题，也是一个撰述实践问题，因而有一批专书面世，或写出了这方面的讲义，它们是：卫聚贤《中国史学史》(1933 年)、蒙文通《中国史学史》(1938 年)、魏应麒《中国史学史》(1941 年)、王玉璋《中国史学概论》(1942 年)、朱希祖《中国史学通论》(1943 年)、金毓黻《中国史学史》(1944 年)、顾颉刚《当代中国史学》(1945 年)等。金著与顾著，可以视为当时中国史学史撰述的代表作。金著依据唐人刘知幾、清人章学诚提出的"义例"和梁启超提出的"条目"，对中国史学做了比较翔实的介绍。顾著着眼于 19 世纪中叶至 20 世纪中叶的中国史学，并对民国前后的史学做了比较，揭示出 20 世纪上半叶中国史学变化的脉络及其主要原因，强调了新史观、新史料、新方法的重要性。金著对中国史学在思想领域的发展用力不多，而顾著所及则只限于"近百年"中国史学，它们的共同点是对史学与社会的关系所论甚少。第三个问题，是关于"新史学"的评价。自从 1902 年梁启超发表《新史学》

后，"新史学"成为一股史学潮流，论者蜂起，各逞其说。周予同的《近五十年来中国之新史学》（1941年）、齐思和的《近百年来中国史学的发展》（1949年），都是数万言的长文。前者着眼于源流的考察和派别的划分；后者则在评梁启超、胡适、何炳松的同时，论及"通史教本"和"社会史运动"，视野显得更为开阔。

综观这个时期的中国史学史的研究与撰述，似可得到这样几点认识：

第一，梁启超提出撰写中国史学史的问题之后的20年左右，涌现出了一批专论、综论、讲义、专著，可见这个问题的重要性已被史学界所认同。

第二，这时期出现的一些著作，大多带有草创阶段的特点，即开创性与幼稚性并存。就幼稚性而言，它们对于时代与史学的关系和某一时代之史学的特点，以及史学的社会作用和史学发展的规律涉及甚少。

第三，这个时期的著作，提出了一些值得重视的积极成果，如蒙文通之重视哲学与史学的关系、重视史学流派的考察；周谷城着意探索史学进化的历程；金毓黻在吸收古今史家论述之成果的基础上，力图把史学的源流、义例、发展及趋势撰为一书，并在书中提出什么是史学、什么是史学史，以及关于史官、史家、官史、私史、撰史、论史之区别的种种见解等，虽也有可以商榷之处，但对推进中国史学史研究是有参考价值的；顾颉刚关于19世纪中期至20世纪中期的"当代中国史学"的考察，以及周、齐二文所论，更加紧密地把史学史的研究同现实的社会与史学结合起来，具有鲜明的时代特色。这些成就的取得，是值得珍惜的。

20世纪50年代，中国史学史研究显得寥落不振，究其原因，或许是人们运用唯物史观来阐明史学发展尚须有一个过程，而人们的注意力又多在运用唯物史观重新研究历史发展方面；再者便是"左"

的思潮的出现，人们在评价以往史学之成就时，多有顾忌。

这种寥落不振的局面，在 20 世纪 60 年代前期，被广泛的讨论和热烈的争鸣完全改变了。其契机就是 1961 年全国高校文科教材会议的推动。这次会议把编纂中外史学史教材列为高校文科教材建设的任务之一，从而唤起了人们对中国史学史研究的记忆和研究的热情。60 年代初，北京、上海、广州、济南、西安等地史学工作者先后召开座谈会，就中国史学史问题展开了热烈的讨论①。根据当时报道者的统计，仅 1961 年在北京师范大学（陈垣校长主持）、中国科学院历史研究所（副所长熊德基主持）和纪念辛亥革命 50 周年学术讨论会期间（在武汉，由学术讨论会秘书处主持），先后参与讨论中国古代史学史有关问题的学者有：方壮猷、王毓铨、尹达、白寿彝、刘盼遂、刘节、张德钧、张鸿翔、孙书城、孙毓棠、何兹全、周春元、郑天挺、郑鹤声、胡厚宣、侯外庐、柴德赓、贺昌群、姚薇元、韩儒林等②。而上海参加讨论的学者有：周谷城、耿淡如、周予同、吴泽、金兆梓、李平心、林举岱、王国秀、田汝康、郭圣铭等③。可以毫不夸张地说，参加这些讨论会的历史学者，可谓极一时之选。此种盛况，前所未有，确是 20 世纪中国学术史上的一段佳话。讨论的问题，大多集中在史学史研究的内容、对象、任务、分期、研究的目的、教科书的撰写原则与方法等。这种活跃的局面以及在许多

---

① 关于这方面讨论的报道，见 1961 年 1 月 4 日《光明日报》载吴高明《西北大学历史系研究讨论史学史问题》，1961 年 12 月 6 日《光明日报》载《上海史学会座谈史学史问题》，1962 年 3 月 13 日《文汇报》载《关于中国史学史的讨论》，1962 年 3 月 14 日《光明日报》载《北京师大历史系邀请校内外史学工作者探讨中国古代史学史内容、分期问题》，1962 年 3 月 23 日《人民日报》载《关于中国史学史的讨论》，《北京师范大学学报》1962 年第 1 期载郭澎《关于中国史学史的讨论》，《历史研究》1962 年第 2 期载《关于中国史学史的讨论》，《学术研究》1953 年第 1 期载《广东历史学会关于中国史学史的范畴、内容与分期问题的讨论》等。

② 郭澎：《关于中国史学史（古代部分）的讨论》，载《中国史学史资料》1961 年第 4 辑。

③ 《上海史学会讨论史学史对象、任务和编写原则》，载《文汇报》，1961 年 11 月 28 日。

问题的思考上，都超过了三四十年代。

在活跃的、热烈的讨论中，研究者们在理论认识上更加深入了。如为什么要研究中国史学史？人们从不同的方面回答这个问题，归结起来主要论点有：任何学科都有其继承性，中国史学源远流长，特点尤为突出，研究中国史学史对发展当今史学有重大的借鉴意义；通晓中国史学史，是每一个中国史学工作者的基本素养；重视中国史学史的研究，对深入研究中国文化史以及中国通史都有重要的启迪。白寿彝教授的《关于中国史学史研究任务的商榷》一文（1964 年），更是进一步从理论和规律上阐明了研究中国史学史的任务和途径。又如怎样总结史学遗产？白寿彝教授撰写的长篇论文《谈史学遗产》（1961 年），深刻地阐述了有关问题。他认为，总结史学遗产有三个方面的意义，一是可以深刻地认识意识形态的作用，二是可以逐步摸索中国史学发展的规律，三是可以把史学上人们提出的一些重大问题作为当前历史研究的资料，丰富我们的研究内容。他还具体地提出了中国史学上的优秀遗产的诸多领域，用若干个"花圃"来比喻它们的存在与价值。正是此文的精辟论述，勾勒出中国史学遗产的风貌，使中国史学史研究有可能开辟出新的境界。

十年"文化大革命"，中国学术界备受摧残，中国史学史的研究陷于沉寂状态。回顾 20 世纪三四十年代至六七十年代，中国史学史研究两起两落的历史，有宝贵的经验，也有沉痛的教训。从学术发展的观点来看，尤其是从学术与社会的关系来看，这是最值得人们总结和借鉴的问题之一，留给人们思考的空间也非常大。

四、中国史学史研究的发展和白寿彝的突出贡献

20 世纪 70 年代后期，随着十年"文化大革命"的终结，在解放思想、实事求是思想路线的确立和改革开放国策的实施这样一个历史

背景之下，中国史学史研究迎来了它的春天。20 世纪八九十年代的中国史学史研究，以其多方面的进展和成就，表明这门学科已经进入它的发展时期。尽管现今我们还不可能对其做深入细致的总结，但以下几点足以证明这一判断是有充分根据的：第一，是研究队伍的扩大；第二，是研究领域的拓展；第三，是研究成果的学术水平的进一步提高，这一方面可以从学术论著的整体面貌来说明，另一方面则可以从该领域的理论创新和学科建设的进展来说明。

这里着重讲中国史学史的研究领域的拓展和研究成果学术水平的提高。据不完全统计，自 1980—2000 年，仅以"史学史"名书的著作，就有 20 种之多，它们是：

书名	作者	字数（千）	出版者	出版时间
中国古代史学史	朱杰勤	300	河南人民出版社	1980.3
中国史学史稿	刘 节	318	中州书画社	1982.12
中国古代史学史简编	仓修良 魏得良	463	黑龙江人民出版社	1983.6
中国史学史（上册）	张孟伦	195	甘肃人民出版社	1983.7
中国史学发展史	尹 达 主编	400	中州古籍出版社	1985.7
中国古代史学概要	高国抗	371	广东高等教育出版社	1985.8
中国史学史（下册）	张孟伦	317	甘肃人民出版社	1986.1
中国史学史（第一册）	白寿彝	224	上海人民出版社	1986.8
中国史学简史	施 丁	220	中州古籍出版社	1987.8
中国古代史学史略	陶懋炳	289	湖南人民出版社	1987.12
中国史学史	周春元	166	贵州师范大学学报编辑部	1989.4
中国近代史学史（上下册）	吴 泽 主编 袁英光 桂遵义 著	766	江苏古籍出版社	1989.5
中国古代史学史纲	邹贤俊 主编	300	华中师范大学出版社	1989.9

书名	作者	字数（千）	出版者	出版时间
中国史学史简明教程	张家璠等 主编	358	广西师范大学出版社	1992.7
中国史学史纲要	宋衍申 主编	344	东北师范大学出版社	1992.12
中国近代史学史概要	高国抗 杨燕起 主编	330	广东高等教育出版社	1994.1
中国近代史学的历程	陈其泰	332	河南人民出版社	1994.1
中国近代史学发展叙论	马金科 洪京陵	369	中国人民大学出版社	1994.5
中国史学近代化进程	蒋 俊	269	齐鲁书社	1995.9
中国史学史纲要	王樹民	191	中华书局	1997.9
中国史学史纲	李炳泉 邸富生 主编	442	辽宁师范大学出版社	1997.10
中国史学史纲	瞿林东	632	北京出版社	1999.9
中国史学史教本	白寿彝 主编	450	北京师范大学出版社	2000.10

这些论著，比之于 20 世纪三四十年代在数量上和学术水平上都有明显的发展。这个时期，中国史学史著作是以多种形式表现出来的：有贯通的中国史学史著作，有专论近代史学的著作，有评论史学思潮和流派的著作，有侧重史学学术史方面的著作，有用志书形式写成的著作，有史学家的集传和专传方面的著作，有史学名著评论的结集，有资料编年，有辞书编纂，有专题论述的专书，以及数量在千余篇的论文和文章。

这个时期的中国史学史研究，突出地反映在理论创新和学科建设的发展方面。关于学科建设：第一，白寿彝先生提出，要关注对于历史本身的认识的发展过程，关注史学的社会作用的发展过程。第二，对重大理论问题的探讨，如从时代特点把握史学的面貌，关于史学的求真原则与致用目的的关系，关于传统史学向近代史学的转变，关于近代史学的形成与发展，关于传统史学在当代史学建设中的位置，关于史学史对历史教育的意义，关于史学批评的研究，关于中国古代历史理论与史学思想的研究，等等。这个时期提出的或深入探讨的理论问题很多，提出的创见也不少，不胜枚举。仅此而论，我们可以真切地看到，中国史学史研究确乎是取得了新的进展，处于欣欣向荣的发展时期，并正在走向新的理论高度。

当然，学无止境，艰苦的攀登永远不会停止。中国史学史研究亦是如此。

在 20 世纪八九十年代的中国史学史研究中，我们要特别提到白寿彝先生的贡献。首先，他在 60 年代前期短短几年中所取得的成就，为他在后来的发展打下了坚实的基础，上面提到他的《谈史学遗产》和《关于中国史学史研究任务的商榷》二文，是当时的代表作，并对后来的中国史学史研究产生了积极的影响。同时，他在 1964 年写成的《中国史学史教本初稿》，也曾广泛流传，推动了这一领域的研究。其次，他关于学科建设，发表了很多论述，尤其是关于建设有中国民族特色的马克思主义史学的理论(1982 年)，在今天仍是我们应当学习、发扬和予以实践的。他在《中国史学史》第一册(1986 年)的"叙篇"中，对史学史的发展提出的理论框架和主要问题，具有重要的学术价值。最后，他创办的史学研究所，经过 20 多年的建设，已经成为海内外有影响的学术群体。大家都知道白寿彝先生总主编的《中国通史》，是 20 世纪关于中国通史研究和撰述的总结性、创造性成果，这无疑是很重要的。同时，我们也要看到，在中国史学史研究方面，自梁启超提出问题之后，几代学人经过艰辛的探索，至 20 世纪八九十年代终于走上阔步前进的大道，而白寿彝先生教授正是这一时期的卓有成效的创造者和学术上的领路人。人们将会永远记住他在这方面的贡献。

五、几点启示

20世纪中国史学家的中国史学史情结，是深沉的、凝重的，是恢宏的、自信的。它向人们昭示了什么，同时又期望着什么呢？我想，以下几点或许反映了这种昭示和期望：

——了解中国史学史，才能更好地认识中华文明之所以不曾中断的深层原因，才能对中华文明的特点和规律有更深入的理解；

——了解中国史学史，是我们学习和研究中国通史的基础之一，有了这个基础，才能真正懂得太史公马迁提出的"究天人之际，通古今之变，成一家之言"的深邃思想及其历史价值，更全面地认识中国通史的风貌和魅力；

——了解中国史学史，才能清晰地、深切地认识到史学在社会活动和人生历程中所占有的重要位置，才能感受到唐代史学家刘知幾说的"史之为用，其利甚博，乃生人之急务，为国家之要道"是多么正确，才能理解马克思、恩格斯所强调的"我们仅仅知道一门唯一的科学，即历史科学"的伟大真理；

——了解中国史学史，才能懂得江泽民同志说的"中华民族的历史，是全民族的共同财富，全党全社会都应该重视对中国历史的学习"的深刻含义，才能懂得他一再号召从高级干部到青少年朋友，都要学习中国历史的战略眼光。

总之，了解中国史学史，我们才能克服种种轻视历史学的偏见，才能真正懂得历史学的重要性，懂得历史学就在我们身边，是帮助我们各项事业走向成功的智慧和动力。

这里我愿借用白寿彝教授的一句名言来结束这篇短文：不重视史学，不是一个民族的光荣。

白寿彝主编《中国史学史教本》
重版后记*

本书(指《中国史学史》)原名《中国史学史教本》,自 2000 年 10 月出版以来,受到读者的广泛关注,并被一些高等院校历史学专业用作教材,至 2004 年已是第 3 次印刷了。现在,北京师范大学出版社把本书收入"新世纪高等学校教材"和"面向 21 世纪课程教材"系列,予以重版,为统一书名的体例,把原书名中的"教本"二字略去,定名为《中国史学史》,并对全书做了进一步的校对。对此,我们表示理解和感谢。

这里,有必要说明的是:本书原来的名称《中国史学史教本》,是主编白寿彝先生在 20 世纪 60 年代撰写中国史学史教材时所使用的名称。当时,这部教材的上编,曾由北京师范大学印刷厂印制成书,供校内使用,同时也供校外同行进

---

* 原载白寿彝主编:《中国史学史》,北京:北京师范大学出版社,2004 年。

行交流。20 世纪 80 年代初，在白寿彝先生主持下，几位中年同志参与撰写中国史学史教材的工作。记得我曾建议白寿彝先生把书名定为《中国史学史纲要》，意思是同他主编的《中国通史纲要》相呼应。但白寿彝先生并没有采纳我的建议，而仍旧用《中国史学史教本》作为书名。我想，这一方面表明他对撰写教材的重视，故要突出"教本"二字；另一方面也表明他对历史的尊重，对学术工作、教学工作之连续性的尊重，故依旧使用 30 多年前已经用过的书名。这两点，从一个方面反映了他的学术品格和做人准则。

白寿彝先生于 2000 年 3 月去世，未能亲自见到本书的正式出版。现在想起来，还使我们深深地感到遗憾。现趁本书改版重印之际，我就本书书名做一点说明，既是对历史的尊重，同时也借以表达对白寿彝先生的怀念之情。

白寿彝著《中国史学史》第一册
再版后记 *

本书（指《中国史学史》第一卷）原是六卷本
《中国史学史》的首卷，是白寿彝先生 20 年前写
成的，1986 年由上海人民出版社出版。它包含
两个部分，一是"叙篇"，即六卷本《中国史学史》
全书的导论；二是六卷本《中国史学史》的第一
卷，即"先秦时期，中国史学的童年"。导论论述
了中国史学史研究的对象、任务、范围、意义，
论述了中国史学史的分期和有关的学术史资料，
论述了作者治学的经历和对中国史学史研究的前
景的设想与期待等，反映了作者对中国史学史研
究及学科建设的全局思考和别识心裁。作者在第
一卷"先秦时期，中国史学的童年"中，运用历史
和逻辑相一致的方法，阐明了中国古代史学的产

    * 白寿彝著《中国史学史》第一卷，是白寿彝先生生前主编的六卷本《中国史学史》的首
卷，原名是《中国史学史》第一册。六卷本《中国史学史》于 2006 年 12 月由上海人民出版社
整体出版，为统一全书名称，改称《中国史学史》第一卷。

生，例如：以"从远古的传说到国史的出现"，论述了史学的产生；以《春秋》经传和战国时期私人历史撰述，作为反映这个时期史学面貌的重点；以史书和子书的适当结合，论述了先秦史学中历史观念的发展；以历史知识在社会实践、思想运动、学术发展中的作用，论述了史学的重要性。所有这些论述，对中国史学史研究者都有许多启发和借鉴意义，从而产生了广泛的学术影响。

2000 年 3 月 21 日，白寿彝先生在多卷本《中国通史》全部出版后溘然辞世。此前，他出版了《白寿彝史学论集》[①]和《中国史学史论集》[②]；此后，由他定稿的《中国史学史教本》也出版了[③]。他没有看到本卷的再版和六卷本的全部出版，实在是一件学术史上的憾事！

本卷此次再版，我们没有对它做任何修改，只是请赵梅春和尤学工两位博士生对文字上存在的讹误做了订正，并用《马克思恩格斯选集》、《列宁选集》、《毛泽东选集》的新版本核对了书中的引文，注明了新的版本和页码，以便于读者阅读。此外，我们考虑到从 20 世纪 60 年代以来，白寿彝先生发表了许多中国史学史研究的专论，大多为史学界所重视。为了尽可能地展现出白寿彝先生在这个领域中的卓识和风采，经征得本书责编和出版社的同意，我们选编了白寿彝先生的几篇专论，作为本卷的附录。这样做，对读者阅读本书进而研究作者的学术思想，也是有帮助的。

1986 年，六卷本《中国史学史》列入国家社会科学基金"七五"规划资助重点项目，由我协助白寿彝先生主持这一项目的实施。根据这个项目所设计的方案，第二卷秦汉时期的史学，由许殿才教授撰写；第三卷魏晋南北朝隋唐时期的史学，由我撰写；第四卷五代宋元时期的史学，由吴怀祺教授撰写；第五卷明清时期的史学，由向

---

① 白寿彝：《白寿彝史学论集》（上、下），北京：北京师范大学出版社，1994 年。

② 白寿彝：《中国史学史论集》，北京：中华书局，1999 年。

③ 白寿彝主编：《中国史学史教本》，北京：北京师范大学出版社，2000 年。

燕南、张越、罗炳良三位同事撰写；第六卷近代史学，由陈其泰教授撰写。近20年来，尽管我们都在努力地工作，不敢有任何懈怠，但由于种种原因，竟使这一研究计划拖延至今才有了初步的结果。我作为白寿彝先生主持这个项目的协助者，没有很好地尽到自己的责任，深为愧疚。

六卷本《中国史学史》得以出版，得到上海人民出版社长期的、始终如一的热情支持，责任编辑张美娣女士为此付出许多辛劳，这使我们所有的作者都十分感动，并借此机会表示我们衷心的谢意。今年是白寿彝先生逝世五周年，此书的出版，可以说是对这位中国史学史执着的研究者和大手笔之开拓者的最好的纪念。

读书·学风·文风

白寿彝教授谈读书[*]

一、一封关于读书会的信

1981 年 12 月上旬的一天，我接到白寿彝教授的一封信。这是一封打印的信，全文是：

×××同志：

多年来，我总想有个经常性的机会，大家谈谈读书心得，交换对于新书刊的意见。我想，这对于开阔眼界，交流学术见解，推动学术工作，都有好处。现在想把这个想法试行一下。拟于一九八二年一月上旬，邀请少数同志谈谈对八一年新出史学书刊的意见。对一本书也好，一本刊物也好，一篇文章也好。希望您准备一下，最好先把题目告诉我。具体聚会日期和地点，另行通知。

＊ 原载《读书》1982 年第 5 期。

此致

敬礼

白寿彝

一九八一年十二月七日

　　读了这封信，深受教育。寿彝先生年事已高，研究任务和社会工作
都十分繁重，为何还要分出宝贵的时间亲自来抓读书会？当然，重
视读书，讲究读书方法，这确是寿彝先生的一贯的治学主张。但是，
恐怕这还不是他主张把有关读书会的想法"试行一下"的直接原因。
这个直接原因是：他认为，现在不少史学工作者，或从事教学，或
从事研究，大多缺乏认真读书、深入钻研问题的功夫。他说："现在
学术界有的同志，抓住几条材料拼凑成文，没有下功夫读书，我看
这不是治学的大路子。"寿彝先生当了多年系主任，近几年来又兼管
北京师范大学史学研究所的领导工作，他始终认为，只有认真读书
才能提高教学质量和科研水平。他抓读书会，看起来似是琐碎的事
情，实则是端正学风的大事。对于史学工作者的队伍建设来讲，亦
可谓"治本"措施之一。

二、"要关心当代人的著作"

　　当代人要读当代书，这好像是不成问题的事情。其实，也不尽
然。我们一些研究历史的同志，特别是一些研究中国古代史和中国
近代史的同志，虽说都是当代人，却未必都对当代书发生兴趣。要
说这是一个优点，大概谈不上；若说是一个缺点，真也有人意识不
到，或者意识到了但不愿承认它。1 月上旬，我参加了寿彝先生邀集
的读书会，他在读书会开始的时候说："我们历史界有个习惯，不大

关心当代人的著作。这就等于把自己封锁在小楼里了：不能广泛地吸取今人的成果，思想很狭隘，水平提不高。现在还是出了一些好书，漠然视之，是不对的。"他的这些话，不仅指出了一些史学工作者治学的缺陷，而且也说明了这缺陷的危害。

治学如积薪，后来者居上。忽视今人的著作，不去汲取今人的研究成果，闭目塞听，自以为是，是难以在学术上有大作为的。有些搞中国史的人，常常慨叹于"浩如烟海"、"汗牛充栋"的原始材料，穷年累月，无暇他顾，所以对当代人的著作也就不免有些冷漠。而冷漠的结果，是孤陋寡闻，常走弯路。记得《吕氏春秋·察今》篇有几句话是："有道之士，贵以近知远，以今知古，以益所见知所不见。"[①]这里讲的"近"与"远"、"今"与"古"、"所见"与"所不见"的关系，主要是指人们对社会和历史的认识方法。这种认识事物的方法，对于读书来说，也还是有启发的。如果不关心今人对史事的研究，不努力从今人已经取得的成果的基础上进一步提高，那么，即便"皓首穷史"，也未必能有所成就。

寿彝先生关于读书会的信，特意强调"交换对于新书刊的意见"，尤其是"对八一年新出史学书刊的意见"，认为"这对于开阔眼界，交流学术见解，推动学术工作，都有好处"。他的这些话，他提倡这样的读书会，正是他循循然希望我们中青年史学工作者在治学的道路上，不要走这种弯路，吃这种亏。

三、"不捧场，也不挑眼"

当代人读当代书，于自己的思想和治学无疑都大有裨益。如果能在读书会上对所读书刊发表一些看法。那么，对其他人也会有所

---

① 吕不韦：《吕氏春秋》卷十五《慎大览·察今》，《诸子集成》第六册，北京：中华书局，1954年，第177页。

启发。倘若再把这种看法写成评论文章，发表出来，那无疑会促进学术的繁荣。可见，开展书评，的确是很要紧的事。

然而，言之容易，行则难矣。寿彝先生常说："我国的文学界就够脆弱的了，而史学界比文学界还要脆弱。缺少评论，缺少批评和反批评。有许多书是费了很大气力才得以出版的，但出版以后，没人过问，久而久之，湮没无闻。这种现象，是有碍于学术的繁荣的。"他说："国外有些杂志，书评所占篇幅达到三分之一以上。这种形式，值得我们借鉴。"

学术上的繁荣进步，要靠评论工作来促进，光有出版物而没有评论，学术界的著作水平是很难迅速提高的。怎样开展书评呢？寿彝先生认为，最重要的是实事求是。他说："我们可以选择一些新书，组织读书会。每次会议，可以以一部书为中心，大家发表不同意见。说书的好处，要确切指出它的优点，不是一般的捧场。说它的缺点，要确切指出它的不足之处，最好能提出补充和修改意见，而不是挑眼。同这种读书会活动并行的，有关报刊可以多组织一些书评。"当然，读书会的形式和有关报刊的支持，是开展书评的重要条件，但关键还在于要有实事求是的态度：赞扬，但不捧场；批评，但绝不挑眼。目前流行的一些介绍性书评，似尚有进一步提高质量的必要，而专题性书评，则无论在数量和质量方面都还需要鼓励、提倡。

寿彝先生对于他的这些主张、想法，并非只是流于空言，而是身体力行、付诸实践的。他主编的《史学史研究》季刊，就把评论当代史家和史书作为重要内容之一。他近年来发表的一些论文，如四篇《谈史学遗产答客问》、《六十年来中国史学的发展》和纪念陈援庵、顾颉刚二位老先生的文章等，对当代史家和史书也都有不少中肯的论断。有一次，寿彝先生带着热烈的情绪对我们说："我们要造成这样一种学风：一部著作出版了，有人关心，有人过问。我们研究史学史的人，更要关心。这样做，不仅有利于自己的提高，而且对作者和广大读者都有益处。"我想，果能如此的话，那么，史学评论的发展一定会成为我国史学繁荣的先兆。

四、"读书之'读'，是有抽绎之意"

开卷有益，这话固然是不错的。然而"益"之多寡，却又在于如何去读。善治学者，首先在于善读书。我们常说："打算多读点书。"但对读书的"读"，却未曾深想过，这是不善于读书的一种表现。

寿彝先生说："读书要下功夫，写书评也要下功夫。"所谓"下功夫"，不应仅仅理解为时间的延续和次数的增加，而是首先在于善读。他说：

> 读书之读，似应理解为书法家读帖读碑之读、画家读画之读，而不是一般的阅览或诵习。
>
> 《诗·卫风·墙有茨》把"不可读"列于"不可道""不可详"之后。意思应比"道"（道说）、"详"（详说）更深一些。《毛传》："读，抽也。"《郑笺》："抽，犹出也。"是读有抽绎之意。这个古义，我觉得很好。《孔疏》以为："此为诵读，于义亦通。"这是孔颖达的浅见。[1]

这是寿彝先生 20 年前发表在《北京师范大学学报》上的一则短文中的一段话，讲得精辟透彻，耐人寻味。当然，他对于读书之"读"的寻讨和阐发，绝不是由于对文字训诂发生了特殊兴趣，而是反映了他自己对于读书的认识、理解和要求。我们通常"看书"、"读书"，可

---

[1]　白寿彝：《白寿彝史学论集》（上），北京：北京师范大学出版社，1994 年，第422 页。

能多是观看、阅览、诵读，而非"抽绎"。前者是一种省气力、少获益的读书方法。读书要能做到"抽绎"，即抽出要指，理出头绪，只有在真正理解了所读之书之后才能达到，而且要有概括和提炼的功夫；否则，是"抽绎"不出什么东西来的。

难，这是当然的。但既要读书，还能怕难吗！

白寿彝先生是一位渊博的学者。他关于读书的这些经验之谈，是很值得我们重视和思考的。

读书，一个历史学家的真诚嘱咐*

——再谈白寿彝教授谈读书

新年伊始，我又想起了白寿彝教授谈读书的事。1982 年，我写了一篇小文，叫作《白寿彝教授谈读书》，发表在《读书》杂志 1982 年第 5 期上面。这篇小文的内容，主要是写了白寿彝先生强调读书的重要性及其有关的主张，如要举办小型读书会，要关心当代人的著作，要以真诚、宽厚的态度来评论当代人的著作，等等。记得当时一位编辑还约我到《读书》杂志编辑部，就白先生倡导举办读书会的问题做了一些交流。18 年后，白先生在完成多卷本《中国通史》总主编的学术工作后，与世长辞。而现在，我写的那篇小文，也已经过去四分之一个世纪了。此时，我之所以又要写"再谈白寿彝教授谈读书"的问题，一方面，是不能忘却他循循善诱地希望晚辈、后学认真读

* 原载《中华读书报》，2009 年 2 月 11 日。

书的那种真诚的嘱咐；另一方面，也是因为今年是这位史学家的百年诞辰，激起自己心中的缅怀之情。

一、读书和功力

1981 年，白寿彝先生写了一篇短文《要认真读点书》。此文开篇，他做了这样的"自我反省"，他写道：

> 1980 年 11 月，陈垣百年诞辰。12 月，顾颉刚先生逝世。为了纪念这两位老先生，我读了他们的一些著作。这些著作使我深深地感动了的，是他们治学的功力，是他们认真读书的精神。在我们这一代，在治学的功力上，在读书的认真上，能赶上他们的，恐怕是不多了。就我和我同辈的一些朋友来说，我们很少认真读历史书，也很少认真读马列的书。多年以来，我们的研究成果不多，尽管有这样那样的原因，而读书不认真至少是一个很大的原因。①

这些话，不是谦辞，也不是为了说说好听，而是真诚的自省。当时白寿彝先生 72 岁，能做这样真诚的自省，在那时也并不多见。我们不妨把这些话看作是对所有史学工作者的期待和激励。白先生常说，他"70 岁才开始做学问"，也从一个方面反映了他的真诚的态度。当今人们由于"竞争激烈"，已经没有"认真读点书"的工夫了。可是，"创造性"的东西似乎比当年要多得多，这是一个值得认真思考和研究的问题。

---

① 白寿彝：《白寿彝史学论集》(上)，北京：北京师范大学出版社，1994 年，第 424 页。

认真读书和治学功力的关系，是人们都懂得的。治学功力，反映了一个学人的多方面修养，但多读书，善于读书，毕竟是一个重要的环节。白先生在这篇短文的结尾处写道："只要能认真读书，读一本就会得到一本的益处。读书不难，认真读书也不难，最难的是要长期坚持下去。只要能长期坚持下去，我们的史学工作是会逐渐改变面貌的。当然，读书不是治史的唯一大事。但在现在来说，这确实是第一件大事。"[1]20多年前，白先生把学人的读书说成是"第一件大事"，我想这在很大程度上是针对十年"文化大革命"无法读书而说的。现在历史条件变化了，社会发展了，科学技术进步了，查寻资料的手段多了，也更快捷了，那么，学人的读书（这里指的是读纸本的书），又该是第几件大事呢？我不敢妄下结论，但是我想，"要认真读点书"，在今天还是非常重要的，因为这是"锻造"学人功力的基础。

二、关于"四史六通"和三十部名著

中国史书浩如烟海，一个人以毕生的精力，也只能阅读其中很有限的一部分。那么，对中国史学史研究者来说，究竟哪些书是最基本的呢？对这个"难题"，白先生作为中国史学史研究的开拓者之一，他无疑也有自己的见解，而他的见解也是在不断思考中逐渐形成的。

20世纪80年代初，白先生写了一篇《说六通》的文章，文章提出："史学史工作者"应当以"四史六通"作为基本的读物。他写道：

> "三通"是大家熟知的重要的史书。"三通"是指杜佑的《通

---

① 白寿彝：《白寿彝史学论集》（上），北京：北京师范大学出版社，1994年，第426页。

读书，一个历史学家的真诚嘱咐 | 383

典》、郑樵的《通志》和马端临的《文献通考》。……我的意思认
为，可以提出"六通"来，就是在"三通"以外，加上《资治通鉴》，
再加上刘知幾的《史通》和章学诚的《文史通义》。这"六通"和《史
记》、《汉书》、《后汉书》、《三国志》可合称为"四史六通"，这是
我国中古时期历史著作中的代表作。在50年代，我曾把这个意
思跟同志们谈过，现在觉得这个看法还符合事实。但"三通"和
《通鉴》卷数多，《史通》的典故多，《文史通义》的创见多而文字
简奥。这六种书读起来很不容易，需要下很大的功夫。对于史
学史工作者来说，这样的功夫是少不了的。①

文章中说到的《史记》、《汉书》、《后汉书》、《三国志》等"四史"，俗
称"前四史"，是"二十四史"中的代表作，这是学术界的共识，故白
先生的这篇文章重在讲述"六通"。而对于"六通"的特点，他根据自
己的见解，一一做了概括性的阐述。他认为："从《史通》全书而论，
主要讲作史的体裁和体例。""《史通》的'通'，可以说主要是史书体例
的'通'，史书编写形式上的'通'。""杜佑《通典》是一部关于典制的通
史巨著。……全书的结构很有逻辑性，这也反映了他的政治思想体
系的构成，和对社会结构的看法。这书内容的丰富，是隋唐史学的
顶点。""司马光说《通鉴》专取'关国家盛衰、系生民休戚，善可为法，
恶可为戒者'，在史料的保存、史料的取舍和一些议论上，《通鉴》都
有所贡献，但指导思想是'资治'二字。""郑樵的《通志》和马端临的
《文献通考》，主要是关于历史文献方面的汇辑工作。郑樵很重视'会
通'。'会通'的意义从《通志》看来，大概是包括两点，一点是讲类
例，又一点是讲'贯通'。他的《二十略》是得到好评的。""《文献通考》
是继《通典》之后更大规模的关于典章制度的通史。……马端临的兴

---

① 白寿彝：《白寿彝史学论集》（下），北京：北京师范大学出版社，1994年，第
660页。

趣在知识性方面，是在历代典章制度的了解方面。这跟《通典》要'将施有政'是不同的。在书的体例上，《通考》基本上继承了《通典》，但在指导思想上这两部书走的不是一条路子。""章学诚的书取名《文史通义》，表明他研究的对象不是史事，而是史文之义。这就是说，他通过史文的研究而达到知义的目的。用现在的话来说，他的研究不在于历史的本身，而在于史学。从认识上说，他这部书比着《通典》等书，都要高一个层次。同《史通》可以说是在一个共同层次，而在这个层次中，《文史通义》比着《史通》，也还是要高一些的。""章学诚重视别识心裁，重视通史，重视记注与撰述的区别，提出了关于方志和校雠的看法。对于这些问题，……还可以再系统地研究下去。"①白先生用深入浅出的文字，表述了"六通"的特点，同时还论及了它们之间存在的联系和区别。他的这些见解，卓然自得，本身就是一种"通识"的反映。

从 20 世纪 50 年代到 80 年代初，关于"四史六通"的认识，是数十年都在白先生脑海中盘旋的问题。到了 80 年代中期，白先生又对中国史学史研究者提出了阅读 30 部名著的建议。1987 年 9 月，他在北京师范大学史学研究所举办的"史学史助教进修班座谈会"上，对进修班的教师做了这样一番谈话，他说：

> 最后，讲讲读书的问题，研究史学史要认真读书。老师在堂上讲书要听，要讨论，要体会，这是间接的读书。但是更重要的是要自己认真读书、直接理解，光靠耳食不行。最近我们选了二十七部书，要求学习史学史的同志必须读。这二十七部书是：
>
> 《书》、《诗》、《易》、《周礼》、《仪礼》、《礼记》、《春秋》、

---

① 白寿彝：《白寿彝史学论集》（下），北京：北京师范大学出版社，1994 年，第660~666 页。

《左传》、《公羊传》、《穀梁传》；《史记》、《汉书》、《后汉书》、《三国志》；《续汉书》的《志》、《五代史志》（即《隋书志》）；《通典》、《通志》、《资治通鉴》、《文献通考》、《史通》、《文史通义》；《宋元学案》、《明儒学案》；《明夷待访录》、《日知录》、《读通鉴论》。此外，我又添上三部，凑成三十部。这三部是《论语》、《孟子》、《读史方舆纪要》。①

为了引导史学史研究者研读这些名著，80 年代中期，白先生在他主编的《史学史研究》学术季刊上专门开辟了"读书会"的栏目，每期评介一部名著，收到很好的效果，亦可见白先生在引导后学认真读书方面的良苦用心。

这里，白先生强调了"要自己认真读书、直接理解，光靠耳食不行"。正因为如此，他所开列的这个书单子，是"要求学习史学史的同志必须读"。这是一个要求，也是一个前提。那么，面对这么多名著，怎么去读呢？白先生作为一位史学前辈，一位史学名家，确能理解晚辈、后进的甘苦，于是他提出了首先阅读《史记》、《史通》、《文史通义》的建议。他指出：《史记》"在史学上、思想上、文学上，都是站在当时社会第一线的，就现在来说，还是光辉的。……《史记》是历史著作中最早、最完整、最有影响的一部书，一直到现在还有影响。自它以后的历史著作中的许多问题、记载以及写作方法，都是从这部书来的"。就我的肤浅理解，这是指出《史记》是我们认识中国古代史学的一把"钥匙"。他还指出："《史通》主要讲历史著作体裁"，"《文史通义》讲道理讲得相当深"。② 对于白先生的这些见解，史学史研究者可以把它们看作是引导自己走向中国古代史学理论与

① 白寿彝：《白寿彝史学论集》（上），北京：北京师范大学出版社，1994 年，第 291～292 页。

② 白寿彝：《白寿彝史学论集》（上），北京：北京师范大学出版社，1994 年，第 292 页。

方法宝库的路标。

三、"奉送一点小小的礼物"

这句话，是白寿彝先生在 1984 年 6 月，会见连云港教育学院干部班的全体学员时所发表的讲话的结束语。白先生讲话的主题是"学习历史与当好干部"，这是针对这些学员都是做领导工作、政治工作而讲的。这是白先生把倡导认真读书从史学领域推向社会的谈话之一。

在这篇简短的讲话中，白先生首先说到"学历史是干什么用的"这个老问题。对于这个问题，他从人们应该认识历史发展规律讲起，他说：

> 学历史是干什么的？学历史就是让我们懂得历史发展的规律嘛！什么叫历史发展的规律呢？过去的社会发展，已经走过的必然的道路，这叫作历史发展的规律，科学历史发展规律的一部分。目前，我们的国家，全世界人类要走什么路？这也是历史发展规律；我们将来，包含我们国家，包含全人类要走什么路？也是历史规律。……要从过去长期历史的发展看今天的现实，当然结合今天的现实，而且要结合过去的历史，现在的历史，展望未来的历史。这是我们学历史的最重要的一条。不懂这一条，学历史就不得要领了。[①]

白先生从认识过去、现在和未来的关系方面来说明历史发展规律，使人们听起来明白、易懂。

---

① 白寿彝：《白寿彝史学论集》（上），北京：北京师范大学出版社，1994 年，第 280~281 页。

其次，他从历史学的角度，针对干部班学员本身的工作，讲了物质同精神的关系。他说："学历史了更应懂得历史的主流、历史要向哪方面去，干部才干得好。我们不是搞具体的经济建设、物质生产，是搞思想工作。什么叫思想工作？现在咱们讲两种建设，一种是物质建设，一种是精神建设。平常讲，说是两个东西，是两个东西又不是两个东西。马克思主义是讲究经济条件的，没有一定的经济条件，精神建设是片面的，这是不错的。还有另外一面，没有一定的精神条件，物质建设也困难。"①白先生进一步分析说：

　　　　我们懂得历史了，特别要在大的方面懂得历史了，真正懂得历史了，就可以拿历史的理解来武装我们的头脑，来武装我们的思想。……同志们想一想，如果我们脑子里老是有个想社会主义发展，想社会主义前途，向四个现代化强大社会主义祖国建设着想，把过去、现在、将来的历史一下子联系起来，那个应该产生巨大的力量。这就是马克思所说的，理论一旦掌握群众，就成为巨大的物质力量。不是一个人的事了，正确思想影响大家，变成共同的意志了，有利于推动历史前进。②

从这里可以看出，白先生是把学习历史看作社会主义建设的一部分，给史学工作以很高的地位。

　　最后，白先生深入浅出地讲到学历史，不能简单地用经济效益来衡量它的价值，而要从思想的层面来看待历史学的作用。他说："有人说，人家搞技术的嘲笑我们搞历史的，'你们搞历史有什么经

_____

　　①　白寿彝：《白寿彝史学论集》（上），北京：北京师范大学出版社，1994 年，第282 页。
　　②　白寿彝：《白寿彝史学论集》（上），北京：北京师范大学出版社，1994 年，第283 页。

济效益呀?'我说,我们搞历史没什么经济效益,讲一堂课也换不了多少钞票,没这个作用。但是你把历史讲对了,那个经济效益不可估计。不能算那十张、一百张、一万、二万、百儿八十万,不能那么算,没法衡量,那个经济效益是其大无穷的。这个话,不是咱们在关着门吹大气,确切是如此。要想得深一些,想得远一些,自己的思想境界就高了,对自己要求也会高了,对我们进行思想教育工作的兴趣、信心也会强了,影响也会更好。"①这些话,是针对社会上一种流行的看法,也是针对人们对历史学社会价值的极大误解而发的。换一种说法,这正是人们是否真正认识到历史学价值的关键。

对于这次讲话,白先生结合自己的思想和认识过程,做了这样一个"小结":

> 刚才这些话是几十年想到的,慢慢积累的。我当过几十年系主任,每年新生入学,这系主任得先给同学讲巩固专业思想,就讲历史有什么用处……每年得说,说罢自己又不满意,总觉得没有说服力。积累几十年了,觉得现在的看法比较符合事实,话虽然不多,也是几十年的心得。今天你们远道而来,奉送这么一点小小的礼物。②

在这篇讲话中,白先生尽管没有直接讲到读书的问题,但其核心思想是希望做政治工作的同志都能读一点历史书,而要真正认真读一点历史书,首先必须认识到学习历史、读历史书有什么用处。他在

---

① 白寿彝:《白寿彝史学论集》(上),北京:北京师范大学出版社,1994 年,第283~284 页。

② 白寿彝:《白寿彝史学论集》(上),北京:北京师范大学出版社,1994 年,第284 页。

祝贺《光明日报·史学》创办 40 周年时，曾这样写道：

> 不少年来，不断有人问，学历史有什么用？这个"用"，如果指的是物质生产的直接需求，恐怕说不上有什么用，如果指的是对国家前途的观察，对国策的制定，对社会风气的改善，那就可能有或大或小的用处。历史不是简单的过去的事情，而是和现实息息相关的。历史是人类经验和智慧的宝库，正确地对待还是有好处的。①

重温白先生的这些见解，感到有两个突出的特点，一是有针对性，二是辩证地看待问题，如历史与现实的关系、物质与精神的关系、读书与工作的关系等。一个历史学家来讲这些辩证法的理论，自然赋予它以历史的内涵，这实际上是在讲为什么要读历史书以及如何读历史书的问题。认真体会起来，对我们这些研究历史和史学的专业工作者来说，同样是有深刻启示的。所谓"一点小小的礼物"，其实包含着这位史学家多年的思考，其分量原本是沉甸甸的。

我的这篇短文所说的白寿彝先生谈读书的问题，只是反映他关于读书问题的几个侧面，并不是对于这个问题的全面论述。最后，我想做这样一个简短的概括：读书，这里主要指读历史书，对史学工作者来说，这是同治学功力关系非常密切的一个问题，也可以说是治学功力的具体度量之一；而史学史研究者要有"看家"的书，那就是"四史六通"；要有"必须"阅读的文献，即文中所提到的 30 种名著；同时，读好历史书，也是思想工作的一部分，读好了，认识提高了，精神会转化成巨大的物质力量，对推动历史前进是一个重要的动力。可见，认

---

① 白寿彝：《白寿彝史学论集》（上），北京：北京师范大学出版社，1994 年，第 303～304 页。

真读点历史书，不仅是史学工作者的事，也是全社会的事。

2009 年 2 月 19 日，是白寿彝先生百年诞辰，我们不应忘记这位历史学家关于认真读书的真诚嘱咐，这也是对这位国内外知名的历史学家的最好纪念。

白寿彝先生的学风和文风[*]

一

　　1999 年 4 月，以著名史学家、北京师范大学白寿彝教授为总主编的多卷本《中国通史》由上海人民出版社全部出版，史学界盛会庆祝，江泽民同志致信白寿彝教授热烈祝贺，是为中国学术界一大盛事。

　　时隔一年，在 20 世纪最后一个春天的 3 月 21 日，白寿彝教授与世长辞，终年 91 岁。他给国人留下了丰厚的史学遗产，而多卷本《中国通史》是他奉献给祖国最后的、工程最为浩大的史学成果。在这方面，史学界已多有记述，本文拟就白寿彝先生的学风和文风，讲一点自己的认识，以托寄崇敬之心和深切哀思，并希望有助于后学对于先生的了解和研究。

---

　　* 原载《光明日报》，2000 年 5 月 12 日。

学风和文风对于一个学人来说，是其学养和旨趣的反映，也是其对待社会和公众的关系之认识的反映，进而更是其对于国家、民族命运与前途所关心的程度的反映。这三个方面，从不同的含义上表明了学风和文风的重要，即学人的修养、学人与社会及历史运动的关系。从这个意义上讲，学风和文风，浓缩了一个学人的学术面貌和精神境界。

白寿彝先生非常重视学风问题。我记得在"文化大革命"结束不久，他在一次学术报告中，首先就谈到学风问题。他指出："历史工作者的学风问题，就是一个风尚问题，是历史工作者如何严格要求自己的问题。"[1]他从中国古代史学家的优良学风传统史才、史学、史识、史德讲到毛泽东关于学风的论述，阐述了他的精辟见解。白寿彝先生也非常重视文风。他在 1989 年写过一篇短文，题目叫作《多研究点中国历史的特点，多写点让更多人看的文章》[2]。文中写道："问题研究，出了成果，这就须有所表述。古语说得好：'书不尽言，言不尽意。'把自己所了解的都表述出来，并不容易。第一，了解得不透彻，就表述不出来。第二，在文字表述上缺乏训练，即使了解得透彻了，也表述不好。这二者，都是功力的问题，只要认识到了，加上不断的努力，是可以不断克服的。现在我想说的是第三种情况，这是由于作者没有为读者设想，要尽可能使用为更多人所能接受的语言文字，以致减少了阅读的群众。抱有这种见解的人，往往有两种认识上的问题。第一，认为文史是两途，治史就不必在文字上下功夫。其实，只要写成文字，就是要让人阅读的；能让更多的人阅读，不比只有少数读者好吗？第二，认为让更多的人阅读的作品，总不免于粗俗。其实，让更多人能阅读的作品倒是更须下

---

① 白寿彝：《白寿彝史学论集》（上），北京：北京师范大学出版社，1994 年，第 322 页。

② 白寿彝：《白寿彝史学论集》（上），北京：北京师范大学出版社，1994 年，第 368～370 页。

功夫的作品；是否粗俗要看作品的质量，与读者的多少，并无关系。我们要打破这两种认识上的障碍，走出自己封锁的牢笼，走向群众。这不只是关系到个人作品的影响问题，也关系到史学工作的开展，史学工作的社会效益。"①他把一个史学工作者的研究所得如何表述，看得如此重要，分析、阐说得如此透彻、精辟，而且又是同强调多研究点中国历史的特点这样的问题同时提出来，足见他对文风的关注已达到极高的境界。

白寿彝先生关于学风和文风问题，还有很多论述，如他撰写的《历史科学基本训练有关的几个问题》、《关于历史学习的三个问题》、《治学如积薪，后来者居上》、《与友人谈读书》、《要认真读点书》、《治学小议》、《谈历史文学》②，《刘知幾论文风》、《写好少年儿童历史读物》、《绘画本〈中国通史〉序》、《史学烦简》③，等等，都有比较集中、深入的阐说。本文所要着重讨论的，是白寿彝先生在学风和文风上的身体力行，堪称一代风范，为后学树立了楷模。

二

白寿彝先生关于学风和文风的论述，给我们许多启发和教益；他本人在这方面的修养、造诣和所达到的境界，尤其值得我们深思和学习。

白寿彝先生的治学道路、史学思想，以及他个人的不断追求和时代特点的陶铸，使他锤炼成独特的优良学风和文风：既有对中国传统优良学风的继承，又有洋溢着时代气息的创造。

白寿彝先生的学风，严谨、通识而勇于创新，突出地表现在以

① 白寿彝：《白寿彝史学论集》（上），北京：北京师范大学出版社，1994 年，第 370 页。

② 以上见白寿彝：《白寿彝史学论集》（上），北京：北京师范大学出版社，1994 年。

③ 以上见白寿彝：《白寿彝史学论集》（下），北京：北京师范大学出版社，1994 年。

下几个方面。

首先是重视理论。白先生早年攻思想史，培养起对于理论的兴趣。新中国成立后，他以饱满的热忱学习马克思列宁主义、毛泽东思想，成为 20 世纪 40 年代末以后接受马克思主义的最有成就的学者之一。早在 20 世纪 50 年代初，白先生积极学习并运用辩证唯物论、历史唯物论的观点，不断改造旧的中国通史教学体系，取得突出成绩①；他关于回族史的论著、关于"历史上祖国国土问题的处理"、关于"爱国主义思想教育和少数民族史的结合"等文②，在史学界产生了广泛的积极影响。60 年代初，白先生运用马克思主义观点，探索中国史学的基本理论问题，先后发表了《谈史学遗产》③、《关于中国史学史研究任务的商榷》④等文，对推动中国史学史学科建设发挥了重要作用。80 年代至 90 年代，是白先生在理论上登上新的高峰的时期。1980 年，白先生主编的《中国通史纲要》由上海人民出版社出版，本书的特点是科学性与通俗性的结合，它在中国历史分期方面，尤其是对中国封建社会的认识及其内部分期方面，提出了新的见解。

1981 年，白先生发表《关于中国民族关系史上的几个问题》⑤，以辩证的、发展的观点阐述了中国历史上民族关系的主流，为认识这一问题提出了新的思路和见解，具有重要的学术价值和现实意义，受到民族研究者和民族关系研究者的关注。1983 年，白先生主编的《史学概论》一书出版（宁夏人民出版社），他在"题记"中概括了本书的宗旨："这就是要在马克思主义基本原理的指导下，论述中国史学

①　参见刘淑娟：《侯外庐同志在北京师范大学历史系》，载《史学史研究》1982 年第 3 期。
②　参见白寿彝：《白寿彝民族宗教论集》，北京：北京师范大学出版社，1992 年。
③　白寿彝：《白寿彝史学论集》（下），北京：北京师范大学出版社，1994 年。
④　白寿彝：《白寿彝史学论集》（上），北京：北京师范大学出版社，1994 年。
⑤　参见白寿彝：《白寿彝民族宗教论集》，北京：北京师范大学出版社，1992 年。

遗产几个重要方面的成就和马克思主义传入中国后史学的发展，及当前史学工作的重要任务。"本书被史学界同行认为是同类著作中颇具特色的作品。1986 年，白先生出版了他撰写的《中国史学史》第一册(上海人民出版社)，本书在"叙篇"中，就中国史学史研究的任务和范围、中国史学史的分期、有关史学史的古今论述、发展史学史研究的设想等问题，做了全面的和精辟的阐述，为史学史学科建设奠定了理论基础。1989 年，白先生主编的多卷本《中国通史》第一卷《导论》卷出版(上海人民出版社)，本书是在马克思主义唯物史观指导下，结合中国历史的进程与特点，阐述了一些重大的历史理论问题。白先生在"题记"中写道："本卷只讲一些我们感到兴趣的问题，不能对中国历史做理论上的全面分析。一九八一年六月，我们在《史学史研究》第二期上发表了导论的提纲，提出了中国历史的十二个方面，三百四十六个问题，涉及面相当广泛，但在短时期内不能对这些问题都进行研究，经过反复讨论，拟定了现在这样的内容。"尽管如此，本书仍无愧是 20 世纪 80 年代历史理论研究的最突出的代表作之一，并愈来愈显示出它的重要的学术价值和理论价值。

我们可以这样说：白先生在他后半生的 50 年中，始终不渝地在学习马克思主义并用以指导自己的历史研究和史学工作。他之所以在史学上获得巨大成就，这是最根本的一个原因。白先生重视理论，有两个特点：一是自觉地把中国史学遗产中的积极成果同马克思主义联系起来进行思考和研究，一方面提高了对遗产的全面认识，另一方面也更加坚信马克思主义的科学性并使其带有中国的风格。二是自觉地把坚持马克思主义基本原则同在马克思主义基本原则指导下进行新的理论创造结合起来，既避免脱离马克思主义的正确指导，又避免教条主义的理解和做法。白先生指出："用马克思主义指导我们的工作，得出新的结论，就是发展。要求理论上发展，是符合马克思主义的。不要求发展，停滞不前，让理论僵化，那不是马克思主义。"①以上这些，是白先生在学风上的最突出之处。

追求通识，是白寿彝先生学风的另一个突出方面。中国史学，自司马迁提出"通古今之变"后，逐步发展起来一种"通史家风"的优良传统。杜佑、郑樵、司马光、王夫之、章学诚等是这方面的优秀代表。白先生继承、发扬了这一传统。他早年撰《中国交通史》，始于先秦，迄于当代；其后，他治回族史，是从回族的形成，讲到回族的新生；他主编《回族人物志》，起于元代，迄于近代；以及他主编的《中国通史纲要》、多卷本《中国通史》、《中国史学史教本》和多卷本《中国史学史》等，都是以"通"见长的。白先生的追求通识，不只是表现在历史编撰方面，尤其反映在历史见识上，如他关于中国历史上民族关系主流的认识、关于中国封建社会发展及其分期的认识、关于中国史学遗产的认识，等等，都包含着通识的深厚底蕴。白先生的《说六通》、《说"疏通知远"》二文②，是分别从学术发展和史识运用两个方面揭示出通识的重要，可见白先生的通识，其严谨和价值并不局限于学术的范围，对于治学、治国都有所启迪。

志在创新，是白先生学风的又一重要方面。20世纪80年代初，白先生在接受一家报社记者采访时曾说：创新的学术才有生命力，今后我仍将走新路。上文讲到他提倡在马克思主义基本原理指导下，在理论上应有所发展，讲的也是创新的道理。同时，创新与通识也有密切的关联。可以认为，理论、通识、创新，在白先生的学术活动中是三位一体的。白先生在学术上的创新，在民族史、史学史、中国通史等领域都有许多成果。举例来说，他认为中国历史上既有"华夷之辨"的一面，也有撰写多民族国家的历史之优良传统的一

---

① 白寿彝：《白寿彝史学论集》（上），北京：北京师范大学出版社，1994年，第328页。

② 参见白寿彝：《白寿彝史学论集》（下），北京：北京师范大学出版社，1994年。

面①；他认为，少数民族地区的封建化，是中国封建社会发展的标志之一②；他认为"统一的多民族国家"，应从三个方面去认识，"一个是统一规模的发展，一个是统一意识的传统，一个是'一'和'多'的辩证关系"③；他关于史学史学科性质的论定、关于中国史学史发展规律的探索、关于发展史学史研究的设想等问题④；他在《中国通史纲要》中关于地主阶级内部各阶层及其历史地位的分析、关于中国历史上同一时期内多种生产方式并存的认识、关于将科学技术与生产力结合起来考察和撰述的见解等，大多是带根本性的创见。这些创见，既是白先生史学思想的特征，又是白先生的史学遗产之具有重要学术价值和长久生命力的原因所在。

强烈的使命感，是白先生治学精神的集中体现，也是他的学风的精髓所在。为了维护史学家的尊严和祖国历史的神圣性，为了让世界人民有一部中国史家用科学观点撰写出来的中国通史，他以 70 高龄奋斗了 20 年，团结数百位同行，写出了多卷本《中国通史》，可谓不辱使命。通观一部《白寿彝史学论集》，论历史教育和史学功用的文章竟多达 20 篇，可见作者所思所想，始于斯，亦终于斯。白先生常说："史学工作者应出其所学，为社会进步服务，为历史发展服务。"这可视为他的治史格言。

白寿彝先生的学风，还反映在他善读书和重师友之益两个方面。善读书，关键在于对"读"的理解。白先生引用古意，认为"读"不是一般的阅览和诵习，而有"抽绎"之意，即确有所得，犹如"采铜于

① 参见白寿彝主编：《中国通史》第一卷第一章，上海：上海人民出版社，1989 年，第 1～99 页。

② 参见白寿彝：《中国通史纲要》第七、八章，上海：上海人民出版社，1980 年，第 157～294 页。

③ 白寿彝：《白寿彝民族宗教论集》，北京：北京师范大学出版社，1992 年，第 11 页。

④ 参见白寿彝：《中国史学史》第一册，上海：上海人民出版社，1986 年，第 29、30、195～196 页。

山"那样①。白先生的善读书，我只举一例说明。前人历来有"三通"、"四通"、"五通"、"九通"、"十通"之说，且相沿已久。白先生另有思考，提出《通典》、《通志》、《文献通考》所谓"三通"之外，加上《资治通鉴》、《史通》和《文史通义》合为"六通"，认为："这六种书读起来很不容易，需要下很大的功夫。对于史学工作者来说，这样的功夫是少不了的"②。他的《说六通》一文，可谓浓缩了他对这六种书的抽绎之意。白先生看重治学、交游中的师友之益，他在简要而深情地回忆了 20 世纪 20 年代至 80 年代的有关人和事之后写道："古语云：'独学而无友，则孤陋而寡闻'，'与君一席话，胜读十年书'。我回忆多年以来师友之益，深感这两句话的深刻。如果我在学术上能提出一点新的东西，这同师友的帮助和教益是分不开的。"③我细想起来，对师友之益的理解和尊重，实在是有关良好学风的一个重要方面。这在中国有古老的传统，白先生继承、发扬了这个传统，我们作为晚辈、后学，也要继承和发扬这个优良传统。

三

学风和文风是相关联的，可以说，文风是学风在文章、著作之表述上的反映。白先生在学风上有深厚的修养，在文风上也有严格的要求。根据我的肤浅认识，这些要求可以概括为：

第一，尚平实。白先生撰文、著书，崇尚平实。他在总结《中国通史纲要》一书的表述要求时，概括为六个字：明白、准确、凝练。这是平实的三个层次：明白，是基础；准确，是关键；凝练，是提

---

① 参见白寿彝：《白寿彝史学论集》（上），北京：北京师范大学出版社，1994 年，第 422～423 页。

② 白寿彝：《白寿彝史学论集》（下），北京：北京师范大学出版社，1994 年，第 660 页。

③ 白寿彝：《中国史学史》第一册，上海：上海人民出版社，1986 年，第 192 页。

高。可见平实是表述上的一个很高的标准。20年来，这部书印刷了20余次，累计印数近百万册，这当然首先取决于本书的内容和论点，同时也跟它在表述上的平实分不开。

第二，有重点。白先生经常告诫我们，作文不要一个个问题"平摆"，要有重点；对于重点问题要多讲、多分析。他尤其不赞成有人罗列材料、炫耀"博赡"的做法，认为这是一种不好的文风；好的文风，是要在表述中强调那些最重要的材料，以便于深入理解有关的重要问题。白先生著《中国史学史》第一册，在"叙篇"的第二、三两章论述中国史学史的分期，脉络清晰，言简意赅，从先秦到近代，把重点问题都讲到了。他为《中国通史纲要》所撰的"叙论"，其中以"一百七十万年和三千六百年"为题，概述了中国历史演进的过程及其分期，也可看作是这方面的范文。我们读白先生的论著，一篇论文，一部著作，重点都极鲜明，留下的印象自然也极深刻。

第三，戒浮词。白先生作文，力求凝练，没有浮词。所谓戒浮词，是从他主编《史学史研究》的工作中总结出来的。对于一篇论点、论据都不错的文稿，白先生常常批曰："删去浮词，可用。"20世纪80年代初，我写了一篇短文，考证《贞观政要》成书的年代，准备在《史学史资料》上发表。发稿前，白先生用了半天时间修改此文，并在事后对我说："作文要避免横生枝蔓，力戒浮词。此文罗列两宋以下目录书，不分别其著录《贞观政要》与否，这就增添了枝蔓和浮词。尤其是考证文章，应写得干净利落，使问题迎刃而解。"20年前的事情，似在眼前。

第四，讲文采。白先生崇尚平实，也讲求文采。他在20世纪60年代发表的《司马迁寓论断于序事》、80年代发表的《谈史学遗产答客问》系列文章，都是富于文采的佳作。他历来认为，中国史学上有重视历史文学（历史著作在表述上的艺术性要求）的优良传统；因此，他主编的《史学概论》把"历史文学"列为专章论述，认为继承、发扬这一传统，对史学发挥其社会作用有重要的意义。

《论语·宪问》记孔子称道郑国大夫们重视辞令的作风，其文曰："为命，裨谌草创之，世叔讨论之，行人子羽修饰之，东里子产润色之。"①白先生经常引用这个事例来说明写文章必须认真推敲，反复修改，几经锤炼，方可成为佳品。

探讨和学习白先生的学风和文风，犹如又在白先生面前聆听他的谆谆教诲。我深信，白先生的学风和文风作为他的精神遗产的一部分，是不会被后学忘却的。

---

① 《论语·宪问》，杨伯峻译注，北京：中华书局，1959年，第154页。

白寿彝先生的文章之道[*]

在庆贺著名历史学家白寿彝教授八十五华诞暨《白寿彝史学论集》出版的盛会上，听着人们热情洋溢的讲话，望着红色的横幅、鲜花和寿彝先生的新书，我不禁想起古人的两句诗来："文章千古事，得失寸心知。"于是，依稀往事，浮现脑际。对于文章，寿彝先生岂止是"得失寸心知"！他作为几代学子的导师，常以"寸心"所"知"教导学生，使人感到他有说不尽的文章之道。我自知愚钝，然经年累月，耳濡目染，却也不断有所领悟，有所长进。

《论语·宪问》记孔子称道郑国大夫们重视辞令的作风说："为命，裨谌草创之，世叔讨论之，行人子羽修饰之，东里子产润色之。"①寿彝先生经常引用这段话来说明文章必须反复修改。他主编的《中国通史纲要》在定稿过程中，发动了史学

---

   * 原载《中国文化报》，1994 年 5 月 4 日。
   ① 《论语·宪问》，杨伯峻译注，北京：中华书局，1958 年，第 154 页。

研究所全体同志逐章、逐节、逐段、逐句地进行修改。先生的要求是：明白，准确，凝练。他认为，做文章，写著作，都应如此。从1980年至今，这本"小通史"中文版印了十几次，还出版了六七种外文本，有很强的生命力，不能不说与先生认真、扎实的作风有关。

1980年，我写了一篇短文，考证《贞观政要》成书的年代，准备在《史学史资料》发表。不料发稿前，寿彝先生花了半天的时间来修改这篇短文。事后，他告诫我说："作文，要避免横生枝蔓，力戒浮词。此文罗列两宋以下目录书，不分别其著录《贞观政要》与否，这就增添了枝蔓和浮词。尤其是考证文章，应写得干净利落，使问题迎刃而解。"此事已过去14年了，我至今记忆犹新。在参加《史学史研究》杂志的工作中，我也常见到寿彝先生在一些稿件上批写"删去浮词"的字样。寿彝先生常用"平摆"来形容和批评有的文章写得重点不突出，只罗列事实而没有把主要问题说清楚，或者抓住了问题却缺乏深入分析。1982年，我参加寿彝先生主编的《史学概论》一书的撰写，在写《毛泽东同志对马克思主义史学理论的杰出贡献》一节时，初稿就存在罗列事实的毛病。后来，经寿彝先生提示，归纳出两个问题，文章的论点就明确了。

寿彝先生认为，史学工作者要懂得和学会运用类例的方法，不懂类例，就不会作文。他说，清代阮元是深知类例之妙的大文献学家，故其一生著述、编纂繁富。寿彝先生不赞成把文章写得很"满"，特别是带有评价性质的文章，立论和评价都应留有余地，要避免形而上学。他还认为，商榷性、批评性的文章，不应板起面孔来写，要写得平和、诚恳，使人能够接受，有共同探讨的气氛。古人说的"温良敦厚，《诗》教也"，这话是有道理的。寿彝先生说，罗列史料而炫耀"博赡"，是不值得提倡的文风和学风，应在"博赡"的基础上捕捉重要的、实质性的史料，并对之做科学的分析，才能写出好文章。他也不赞成以"猎奇"的态度对待资料，认为重要问题还是要根据"大路材料"来说明。

寿彝先生的文章之道很多。他从青年时代起，就编刊物、办书局，直至今天，还任《北京师范大学学报》、《史学史研究》的主编，有五六十年的编辑生涯。因此，他的文章之道，既反映出学者的高深造诣，又反映出编辑的锐利眼光。他目前正在主编的多卷本《中国通史》，工程浩大，可以说正是这两方面高水平的结合。

附录一 《历史科学与历史前途——祝贺白寿彝教授八十五华诞》前言*

　　著名历史学家白寿彝教授在治学道路上已经走过了 65 个春秋。1994 年，适值白寿彝教授的八十五华诞。为了表示祝贺的心情，我们编辑、出版了这本学术文集（指《历史科学与历史前途——祝贺白寿彝教授八十五华诞》）。

　　65 个春秋，在历史长河中只是短暂的一瞬；而对于一个学者来说，不断前进、不断攀登的 65 年的治学道路，可以说是漫长而辉煌了。寿彝先生从一个进步的历史研究者发展为马克思主义史学家，从研究民族史到研究社会史，从撰写中国史学史到编纂多卷本中国通史，正是他的漫长而辉煌的治学道路的记录。

---

　　* 原载《历史科学与历史前途——祝贺白寿彝教授八十五华诞》，郑州：河南人民出版社，1994 年。

寿彝先生不止一次地引用前人的名句"衣带渐宽终不悔"来表明自己锐意治学的心迹；他的挚友、著名诗人臧克家先生曾有诗作相赠，以"黄牛负扼桑榆路，该罢休时不罢休"为喻，赞扬寿彝先生在治学道路上不畏艰辛、年老而志坚的精神。孔子说，"七十而从心所欲"；可寿彝先生却常常讲，他自己是到了 70 岁时才坐下来真正做学问，反映了他对于学问之道的严谨、虔诚和虚怀若谷。

寿彝先生对于自己所从事的事业从来都充满着信心。他对历史科学的社会意义和社会作用有深沉的认识和执着的追求。他的这种认识和追求可以用一句话来概括：历史科学是关系到人们更好地认清历史前途的科学。这是寿彝先生的史学思想的核心之一。它的产生和发展有半个多世纪的历程，而在他所著《中国史学史》第一册（上海人民出版社 1986 年出版）中有比较全面的阐述。他在本书的"叙篇"中讲到史学的社会影响时，深沉地写道："好多年来，经常有人问：学历史有什么用处？我们研究史学的社会影响，可以说，就是要回答这个问题。先从个人说起，史学的用处可以开阔视野，增益智慧。从工作上说，可以从总结历史经验中得到借鉴。从更为远大的地方说，史学可以在总结过去的基础上，更好地认识现在，观察未来，为人们指引一个理想的历史前途。"[①]这是从个体的思想文化修养说到个体的社会实践，再从个体的意识和实践说到群体的意识和实践，历史知识都在影响着人们，都在默默地发挥着它的巨大的作用。

寿彝先生关于历史科学与历史前途的认识，是对中国史学固有的优良传统的继承和发展，也体现出马克思主义史学的理论和方法论原则。恩格斯推崇马克思对法国历史的深入研究，是人们所熟知的事例，他在《〈路易·波拿巴的雾月十八日〉第三版序言》中写道：

---

① 白寿彝：《中国史学史》第一册，上海：上海人民出版社，1986 年，第 42 页。

马克思"不仅特别偏好地研究了法国过去的历史，而且还考察了法国时事的一切细节，搜集材料以备将来使用。因此，各种事变从来也没有使他感到意外"①。对现实的洞察必须建立在对它的历史的洞察的基础上，这是马克思给予人们的一个非常重要的启示。在这方面，毛泽东同志给予我们的启示要更直接一些。毛泽东同志在 1938 年写的《中国共产党在民族战争中的地位》一文中，明确地和有分量地提出了历史知识的重要性与学习历史遗产的重要性，他指出："指导一个伟大的革命运动的政党，如果没有革命理论，没有历史知识，没有对于实际运动的深刻的了解，要取得胜利是不可能的。""学习我们的历史遗产，用马克思主义的方法给以批判的总结，是我们学习的另一任务。我们这个民族有数千年的历史，有它的特点，有它的许多珍贵品。对于这些，我们还是小学生。今天的中国是历史的中国的一个发展；我们是马克思主义的历史主义者，我们不应当割断历史。从孔夫子到孙中山，我们应当给以总结，承继这一份珍贵的遗产。这对于指导当前的伟大的运动，是有重要的帮助的。"②此后，毛泽东同志在《新民主主义论》(1940 年)、《改造我们的学习》(1941年)等著作中，都反复强调了"不要割断历史"和研究历史的重要性。综观毛泽东同志的这些论述，贯穿着一个基本思想，即历史科学对于现实运动的重要性，而归根结底，是对于历史前途的重要性。从毛泽东同志的伟大实践和理论创造活动中，处处可以看到历史知识、历史经验、历史见解所发挥的重要作用。凡读过毛泽东同志的《论反对日本帝国主义的策略》、《中国革命和中国共产党》、《新民主主义论》、《论联合政府》、《论人民民主专政》等具有战略指导性的名篇的，都会感受到毛泽东同志的历史见识在其中所占有的分量。寿彝先生关于历史科学与历史前途的认识，同样得力于"彰往而察来"的

---

① 《马克思恩格斯选集》第 1 卷，北京：人民出版社，1995 年，第 583 页。
② 《毛泽东选集》第 2 卷，北京：人民出版社，1991 年，第 533～534 页。

古训的启示和司马迁的"述往事，思来者"的思想的影响，但更重要的还是得力于他对马克思主义史学的理论和方法论的理解与运用。

正因为如此，寿彝先生高度评价中国马克思主义史学的社会作用。他对老一代的马克思主义史学家的评价，都是把他们的史学跟时代的使命紧紧地联系在一起进行考察的。他在论李大钊的《史学要论》一书时，深刻而又富于激情地写道："他在这本书里高度评价史学对思想教育的重要意义，强调史学的重要作用在于指示社会前进的正确道路……李大钊同志对于史学的崇高的期望，使我们今天读着他的遗著，还觉汗颜。"①他评价郭沫若的《中国古代社会研究》一书说：在大革命失败后的"风雨如晦"的年代里，"沫若同志写这部书，正是要担负起'鸡鸣不已'的任务，揭示中国社会历史发展的规律，从而指出中国历史必然的前途"②。在论到抗日战争时期和解放战争时期的马克思主义史学的成就时，寿彝先生进而写道："在这些战争的岁月里，我们的史学家面对着民族的生死存亡和反动政权的残酷统治，他们以严肃的科学态度，清算祖国的历史，发掘祖国的文化传统，显示了中国人民对历史前途的信心，鼓舞了青年一代反对内外反动派的斗志。"③这些话，反映了寿彝先生对老一代马克思主义史学家的热忱的赞扬和衷心的敬佩之情，也反映了他对史学工作所担负的时代使命的自觉的和深沉的认识。从这里，我们也可以进一步看到寿彝先生提出历史科学与历史前途之关系的深刻的底蕴。

关于当代历史研究的基本要求和价值取向，寿彝先生尤其强调史学工作者的时代感和责任感，指出："我感到有两个问题是要我们

---

① 白寿彝：《六十年来中国史学的发展》，见《历史教育和史学遗产》，郑州：河南人民出版社，1983年，第158页。

② 白寿彝：《六十年来中国史学的发展》，见《历史教育和史学遗产》，郑州：河南人民出版社，1983年，第159页。

③ 白寿彝：《六十年来中国史学的发展》，见《历史教育和史学遗产》，郑州：河南人民出版社，1983年，第160页。

思考、研究和回答的。一个问题是：马克思主义史学和社会主义建设。一个问题是：马克思主义史学和群众教育。马克思主义史学在社会主义时期的根本任务是什么？它对我们建设四个现代化有什么作用？史学工作者在新的历史条件下怎样跟上时代的发展，怎样把历史感同时代感结合起来？这些问题在认识上不搞清楚，就会削弱史学的作用，史学工作者也不可能在四化建设中找到恰当的位置、发挥应有的作用。这些，都跟'马克思主义史学和社会主义建设'这个问题有关。至于马克思主义史学和群众教育问题，同样涉及社会主义建设问题，即涉及建设高度的社会主义精神文明的问题。我们研究历史问题，写历史书，不只是给史学工作者看的，我们的广大读者是全国各族人民。马克思主义史学工作者有责任向全国各族人民提供正确的、丰富多彩的历史书，使他们通过学习历史看到自己的光荣责任，看到中华民族的前途，看到中国和世界的前途。从这个意义上说，史学工作者也是教育工作者。"①他的这些见解，对于当代历史科学的发展是有参考价值的。

寿彝先生的学术兴趣广泛，他的研究所涉包括社会史、思想史、民族史、宗教史、史学史等许多领域。而寿彝先生的治学宗旨却是恒常而坚定的。他在《读点历史有好处——为史学"四十大寿"祝福》一文中写道："人不要离开现实，也不可能完全离开现实。但也不要掉在现实堆里，只看见眼前的一些事物，闭塞聪明，成为井底之蛙。为了避免这种毛病，读点历史有好处。""不少年来，不断有人问，学历史有什么用？这个'用'，如果指的是物质生产的直接需求，恐怕说不上有什么用，如果指的是对国家前途的观察，对国策的制定，对社会风气的改善，那就可能有或大或小的用处。历史不是简单的过去的事情，而是和现实息息相关的。历史是人类经验和智慧的宝

---

① 白寿彝：《开展马克思主义史学理论研究》，载《世界历史》1983 年第 3 期。

库，正确地对待还是有好处的。"①。本书为祝贺寿彝先生八十五华诞而编辑、出版，借着这个机会，着重说说寿彝先生的治学宗旨，更有一番特殊的意义。

本书所收文章，或在某一个问题上提出了研究历史的新成果，或就某一个方面阐述了跟寿彝先生研究领域有关的学术见解，读来都有启发；《寿彝先生学谱》一文，对于读者了解白寿彝先生的治学道路和学术风貌，提供了比较系统的资料。文章作者，不论是寿彝先生的同辈学者，还是寿彝先生的晚辈或学生，都跟他有较多的学术上的联系。寿彝先生的学术联系十分广泛，这里所反映出来的只是这种学术联系的很小的一部分，这是大家可以理解的。

"创新的学术才有生命力。""在学术领域里是没有止境的，我仍将走新路！"这是寿彝先生在接受记者们采访时常说的两句话。最近他还反复称说，对于历史科学与历史前途这个大问题的认识和实践，我们是把它作为一个不断追求的目标来看待的，我们要继续努力。

唯有不断地追求，才有常青的学术！

---

① 白寿彝：《读点历史有好处——为史学"四十大寿"祝福》，载《光明日报》，1993年4月26日。

附录二 《历史科学与理论建设——祝贺白寿彝教授九十华诞》前言[*]

我们怀着欣喜和钦敬的心情编辑这本学术文集——《历史科学与理论建设——祝贺白寿彝教授九十华诞》，热忱地把它献给白寿彝教授，献给史学工作者和各方面的读者！

五年前（1994 年），我们编辑、出版了《历史科学与历史前途——祝贺白寿彝教授八十五华诞》论文集，在此书的"代前言"中有这样一段文字：

寿彝先生对于自己所从事的事业从来都充满着信心。他对历史科学的社会意义和社会作用有深沉的认识和执着的追求。他的这种认识和追求可以用一句话来概括：历史科

---

　　* 原载《历史科学与理论建设——祝贺白寿彝教授九十华诞》，北京：北京师范大学出版社，1999 年。

学是关系到人们更好地认清历史前途的科学。这是寿彝先生的史学思想的核心之一。①

五年过去了，重读这篇文字中所涉及的寿彝先生对历史科学与历史前途之关系的许多论说，仍然使人激动不已，从而深切地认识到科学的学术思想所具有的长久的生命力。现在，我们又高兴地编辑了这本新的学术文集，不论在深层含义上，还是在相关的内容上，后者都是前者的继续。

近20年来，寿彝先生在接受采访和回答人们问题时常说："创新的学术才有生命力。""在学术领域里是没有止境的，我仍将走新路!"何谓"创新"?"新路"何在? 寿彝先生以他的思考和实践在不断地回答和丰富这个问题。在这个问题上，他有一个基本思想："在唯物史观指导下进行新的理论创造。"这个基本思想的含义是：第一，唯物史观是科学的历史观，应当认真遵循；第二，唯物史观不是教条，应在结合具体研究对象中提出新的问题；第三，唯物史观作为科学的理论体系，它并没有限制理论的创造和理论的发展，而是要求有新的理论创造和新的理论发展。可以认为，这是近20年来寿彝先生的学术活动的宗旨。反映这一宗旨的学术成果是多方面的，兹以中国通史和中国史学史两个方面为例。

——关于中国历史发展的理论。寿彝先生从20世纪50年代起致力于中国通史教学改革，到70年代后期致力于中国通史的研究与编撰，至今历时半个世纪，对这一领域有长期的全局性思考。由寿彝先生主编，1980年出版的《中国通史纲要》是一本只有30万字的著作，但却提出了许多新的理论问题，如关于中国历史进程的阶段性划分问题，关于不同历史时期地主阶级之占统治地位阶层的具体分

---

① 北京师范大学史学研究所编：《历史科学与历史前途——祝贺白寿彝教授八十五华诞》，郑州：河南人民出版社，1994年，第1～2页。

析，关于地租和国税的关系，关于地租形态的发展及其与农民阶级依附性人身关系的变化，关于民族地区与广大边区之社会发展在中国历史的进程中所处地位等，这些理论问题的提出和阐述，对于更深入、更正确地认识中国历史具有极重要的意义。此书出版以来，中文本已连续印刷 20 次，累计印数近百万册，这同它在理论上所具有的特色是密切相关的。寿彝先生主编、1989 年出版的多卷本《中国通史》第一卷(即《导论》卷)，是一部把马克思主义理论同中国历史进程相结合、从理论上阐述对中国历史之认识的重要著作。它包括以下九个方面的问题：(1)统一的多民族的历史；(2)历史发展的地理条件；(3)人的因素，科学技术和社会生产力；(4)生产关系和阶级关系；(5)国家和法；(6)社会意识形态；(7)历史理论和历史文献；(8)史书体裁和历史文学；(9)中国与世界。书中对这九个方面问题的理论阐述，多有新意，其显示出来的创造性与系统性，为近年历史学著作领域所少见，反映了 20 世纪 90 年代在相关的一些问题的认识上所达到的新的理论高度。

——关于中国史学发展的理论。抗日战争时期，寿彝先生在云南大学讲授中国史学史，这是他思考中国史学发展历程的开端。60 年代初，他发表以《谈史学遗产》为题的长文[1]，从理论上阐述了总结、继承优秀史学遗产的重要性，并回答了如何继承、继承什么等具体问题。这是中国学人第一次运用马克思主义理论和方法系统讨论中国史学遗产(不是指一般历史遗产)的代表作。1964 年，寿彝先生发表《中国史学史研究任务的商榷》[2]，进一步从规律和成果、理论和资料等理论问题上升华了对史学遗产的认识。80 年代初，寿彝

---

① 见白寿彝：《白寿彝史学论集》(上)，北京：北京师范大学出版社，1994 年，第 462～486 页。

② 见白寿彝：《白寿彝史学论集》(下)，北京：北京师范大学出版社，1994 年，第 595～601 页。

先生就"谈史学遗产答客问"发表系列文章①，从历史观点、历史文献、历史编纂、历史文学等方面阐述了中国史学的优良传统和优秀遗产，并对其做了理论上的概括。为推进学科建设的发展，80 年代中期，寿彝先生撰文指出：对于历史本身的认识的发展过程和对史学的社会作用之认识的发展过程，是"中国史学史上的两个重大问题"。② 概括说来，就是史学家怎样认识社会历史的发展，史学家怎样认识史学的社会作用。这种认识活动是一个历史过程。揭示这个历史过程，不仅有学科建设上的理论意义，而且有史学作用于社会的实践意义。寿彝先生认为，把这两个问题阐述清楚了，中国史学史才能跳出"旧日的史部目录学"的窠臼，逐步建设起新型的、科学意义上的中国史学史学科体系。1986 年，寿彝先生出版了《中国史学史》第一册，他在长达十余万言的"叙篇"里，阐述了中国史学史研究的任务和范围，阐述了中国史学史的分期，阐述了研究中国史学史的方法和目标等，意在为中国史学史的学科建设理论提出比较系统的构想。

寿彝先生在其他一些研究领域，也有许多重要的理论建树。他的《白寿彝民族宗教论集》一书出版后，书中关于民族史、民族关系史、宗教史研究的思想和理论，受到民族史和民族关系史研究者的高度重视，产生了广泛的学术影响。此外，寿彝先生关于文献学的思想、关于史料学的思想、关于历史编纂学的思想、关于历史教学改革的思想、关于历史教育的思想、关于治学的思想等，都具有理论建设的意义。

寿彝先生的史学思想和有关撰述之所以富于理论特色，这跟他的学术旨趣和学术修养有极大的关系。寿彝先生早年研究中国哲

---

① 见白寿彝：《白寿彝史学论集》（上），北京：北京师范大学出版社，1994 年，第 494～550 页。

② 见白寿彝：《白寿彝史学论集》（下），北京：北京师范大学出版社，1994 年，第 602 页。

学史，培养了对于理论思维的兴趣。新中国成立以后，寿彝先生以极大的热情和高度的自觉精神学习马克思列宁主义、毛泽东思想，并用以指导历史研究和历史教学，这使他得以在历史学的诸多领域内不断提出新意和创见。进入新时期以来，寿彝先生总结中国马克思主义史学发展的经验教训，极其深刻地指出：史学工作者应在唯物史观指导下进行新的理论创造。他的这个认识，表明了他对马克思主义唯物史观的坚定信念，对教条主义、形式主义地搬用马克思主义词句的方法的否定，强调创造性地运用马克思主义的重要性。寿彝先生主编的《中国通史纲要》、《史学概论》、《中国通史》的《导论》卷，以及他撰写的《中国史学史》第一册"叙篇"，集中地反映了寿彝先生的这个认识的本质与特色。他的这种认识与实践，对于 21 世纪中国史学的发展，具有重要的启示意义和借鉴价值。

历史科学的理论建设需要越来越多的史学工作者的重视和参与，这是中国历史学在新的世纪里能否获得更大的发展和进步的关键所在。基于这一认识，借着祝贺寿彝先生九十华诞的机会，我们编辑、出版这本论集，突出"历史科学与理论建设"的论题，一则是反映寿彝先生史学的特点，二则是祈望历史科学的理论建设不断有新的发展，开拓中国历史学的新的前景。我们的这些想法，得到了同行们的热情支持，使我们深为感动。本书的许多作者都是在历史理论方面有很高造诣、在相关研究领域多有建树的学者。他们的热情赐稿，不仅是对我们工作上的有力支持，使本书增添光彩，更是对历史科学理论建设事业的关注与促进。

本书的几个方面的论文（包括《史学史研究》1999 年第 1 期"祝贺白寿彝教授九十华诞专刊"的论文），不论是论说一般理论问题，还是讨论中国历史上的具体问题；不论是论说寿彝先生在史学领域各方面的理论建树，还是评论《中国通史》的成就与特色，大多包含有理论方面的思考和理论方面的阐述。我们谨以此献给寿彝先生，祝他健康长寿，祝他的学术永葆青春；我们谨以此献给即将跨入 21 世纪的史学工作者，让我们共同努力，推动历史科学理论建设的进步，推动中国历史学的进步。

后　记

　　到 2010 年，寿彝先生离开我们已经 10 周年了。在这一年，我写了三四篇关于寿彝先生论学、谈读书，以及他的学术思想的文章。其中，有的文章被一些杂志转载，互联网上也有较多关注，这使我深受感动！斯人已逝，学术犹在。有价值的学术和学术思想总是具有长久的生命力。这件事情，更激起了我编辑这本论集的强烈愿望。

　　书中所收 31 篇文章，有专论，也有短评，都是我的学习心得，只是写在不同的时间、针对不同的对象而写的罢了。读者以目次上约略可见其内容区分之意。我为白寿彝先生八十五华诞和九十华诞的两本祝贺文集撰写的前言，作为附录，一并收入本书。

　　这里，我要说明两点：一是原文写于 20 世纪 90 年代以前的文章，文中所引经典著作文句者，均据 20 世纪 90 年代新的版本予以替换，以便读者查阅。但凡引用他人著作中含有经典作家文句者，作者无权改动，则一仍如旧。二是对所收录的文章，如需要做简要说明者，均在标题的页下注中加以说明，以明文章发表之相关背景。

我的两位博士研究生申慧青同学和毛春伟同学帮助我搜集历年发表的有关文章，毛春伟同学协助我编定书稿、统一体例、校正文字，做了大量工作。博士研究生陈安民、杨俊光、张宇同学，对本校样做了校对。

近30年来，许多报刊的编辑朋友，或约我撰写有关寿彝先生的文章，或为我提供发表这方面文章的机会，在此过程中，也给了我多方面的教益。

值此机会，我向上述单位和朋友、博士生同学，衷心表示敬意和谢意！

瞿林东

2011 年 11 月 30 日补记于

北京师范大学

出版说明

　　《白寿彝与 20 世纪中国史学》，高等教育出版社 2012 年 4 月出版。本卷收入作者评介、研究白寿彝先生学术思想和成就的相关论文 31 篇。分为通识和器局、治学道路和学术风格、关于《中国通史》的编撰、民族史思想、论史学遗产、中国史学史学科建设、读书·学风·文风等部分。

图书在版编目（CIP）数据

白寿彝与 20 世纪中国史学 / 瞿林东著 . —北京：北京师范大学
出版社，2017.9
（瞿林东文集；第九卷）
ISBN 978-7-303-21540-9

Ⅰ.①白…　Ⅱ.①瞿…　Ⅲ.①白寿彝(1909—2000)-史学思想-文集
②史学-中国-文集　Ⅳ. K092-53

中国版本图书馆 CIP 数据核字(2016)第 270405 号

营　销　中　心　电　话　　010-58805072　58807651
北师大出版社高等教育与学术著作分社　http://xueda. bnup. com

QULINDONG WENJI

出版发行：北京师范大学出版社 www. bnup. com
　　　　　北京市海淀区新街口外大街 19 号
　　　　　邮政编码：100875
印　　刷：北京盛通印刷股份有限公司
经　　销：全国新华书店
开　　本：787mm×1092mm　1/16
印　　张：27
字　　数：350 千字
版　　次：2017 年 9 月第 1 版
印　　次：2017 年 9 月第 1 次印刷
定　　价：148.00 元

策划编辑：宋旭景　　　　　　　责任编辑：齐　琳　王一夫
美术编辑：王齐云　　　　　　　装帧设计：王齐云
责任校对：陈　民　　　　　　　责任印制：马　洁